## ***ACCESO GRATIS** a la Lectura en la Nube*

Para visualizar el libro electrónico en la nube de lectura envíe junto a su nombre y apellidos una fotografía del código de barras situado en la contraportada del libro y otra del ticket de compra a la dirección:

**ebooktirant@tirant.com**

En un máximo de 72 horas laborables le enviaremos el código de acceso con sus instrucciones.

# EL RETO MIGRATORIO

## Una gobernanza global basada en el respeto a los derechos humanos y sus garantías jurisdiccionales como respuesta sostenible

# EL RETO MIGRATORIO

## Una gobernanza global basada en el respeto a los derechos humanos y sus garantías jurisdiccionales como respuesta sostenible

Fernando Javier Galiana Marina

tirant lo blanch
Valencia, 2025

En caso de erratas y actualizaciones, la Editorial Tirant lo Blanch publicará la pertinente corrección en la página web www.tirant.com.

La aceptación de la presente obra ha tenido en consideración la evaluación y calificación sobresaliente cum laude otorgada por los expertos componentes del tribunal calificador de la tesis doctoral que ahora se publica, cumpliendo con el criterio correspondiente de los revisores externos y ofreciendo la calidad debida a la presente obra.


EDITA: TIRANT LO BLANCH
C/ Artes Gráficas, 14 - 46010 - Valencia
TELFS.: 96/361 00 48 - 50
FAX: 96/369 41 51
Email: tlb@tirant.com
www.tirant.com
Librería virtual: www.tirant.es
DEPÓSITO LEGAL: V-3346-2025
ISBN: 978-84-1071-093-1
MAQUETA: Dissset Ediciones

# *Índice*

# *Prólogo*

Una de las señas de identidad europeas es el respeto a los Derechos Humanos, pilar fundamental que contribuye al fomento de la ayuda al desarrollo y al crecimiento humano y económico, tanto de los países miembros como de aquellos en los que la Unión Europea despliega sus misiones humanitarias.

La defensa de los Derechos Humanos convirtió a Europa en un ejemplo de sociedad pacífica cuyos habitantes parecían caminar hacia una convivencia armónica. Sin embargo, esta senda se ha visto frenada por las dificultades económicas vividas en los últimos años, las cuales han llevado incluso a que los líderes de la Unión comiencen a replantearse los propios cimientos sobre los que se asienta, siendo la política de migración, de la que se ocupa la presente obra, una de las más afectadas.

La actualidad del tema invita a realizar un profundo estudio sobre el estado de la cuestión, incluyendo cuáles son las garantías institucionales que ofrece la Unión para el respeto de los derechos de los migrantes y desarrollando un posible plan de acción que permita trazar una serie de medidas, o propuestas, con las que abordar la delicada situación que se vive actualmente.

Éste es, en esencia, el objeto principal de la presente monografía, que tengo el honor de presentar, en la que se efectúa un riguroso análisis sobre cómo está afectando la globalización al desarrollo de los Derechos Humanos en la Unión Europea, así como el impacto de los nuevos retos sobre la política migratoria, proponiendo una nueva forma de gestión migratoria que, haciendo uso de los avances tecnológicos, beneficie tanto a la población receptora como a la que llega, aprovechando los recursos, consolidando la conectividad y potenciando la colaboración público-privada.

El autor muestra una profunda preocupación por el desarrollo de los Derechos Humanos y propugna su aplicación, en el más amplio sentido de la palabra, con el fin de seguir construyendo una Europa cimentada en los valores de respeto y dignidad que inspiraron su nacimiento.

Para ello, se centra especialmente en los aspectos relacionados con los flujos migratorios, instando a la población europea a evitar caer presa de temores arraigados en el desconocimiento y la suspicacia generada por nuevas realidades.

Con este plan de actuación y partiendo de las migraciones que constituyeron el origen de la Europa que hoy conocemos, GALIANA efectúa un repaso de los movimientos migratorios que se han ido produciendo a lo largo de la historia, describiendo y descubriendo los viajes que tantas personas han realizado hacia las costas de nuestro continente.

Para cimentar su análisis estudia los motores migratorios que impulsan este tipo de movimientos, analizando el modo en que actúan los factores de expulsión y atracción, así como los enlaces migratorios, realizando una diferenciación entre las migraciones innovadoras y las de carácter conservador.

Observando el impacto del actual fenómeno migratorio, el autor no se olvida de los nuevos tipos de migración, dedicando un amplio análisis al comportamiento de las redes de inmigración ilegal que operan en la actualidad, lo que le permite desarrollar y explicar el concepto de "péndulo migratorio", proponiendo una interesante teoría sobre la evolución migratoria en el continente europeo.

A través de un minucioso análisis estadístico, revisa las percepciones y las reacciones que la población europea ha ido experimentando en torno al fenómeno migratorio, así como ante el proceso *securitizador.* De forma simultánea, aborda los discursos de odio, analizando la evolución de los delitos de este tipo, así como su relación con el volumen migratorio.

Con estas observaciones, detalla una teoría cíclica mediante la que explica la motivación que subyace al blindaje de fronteras ante la migración, analizando un conjunto de indicadores institucionales y prácticas migratorias a través de los que examina la relación del fenómeno migratorio con otras actuaciones legislativas y judiciales.

Al mismo tiempo, nos conduce en otro viaje de carácter introspectivo mediante el que invita a reflexionar y cuestionar los parámetros que han regido la gestión migratoria, haciendo un restudio del acervo legislativo y jurisdiccional que ha ido evolucionando, atento al pulso y el sentir de la sociedad.

Comenzando por las bases de la legislación migratoria sentadas por Francisco de Vitoria, el autor analiza los cambios legislativos relacionados con el libre movimiento de personas, la soberanía nacional y el control de fronteras, incluyendo los aspectos relacionados con su externalización.

Con este punto de partida, repasa los principios básicos que dotan de universalidad a los Derechos Humanos, revisando el modo en que se van articulando en el acervo legislativo internacional. Igualmente, estudia las corrientes que impulsan su progreso en la actualidad, así como las instituciones internacionales que trabajan por su promoción.

A continuación, el autor se centra en la idea de Europa y las características que la han convertido en lo que es hoy en día. En su análisis no se olvida de explicar el papel desarrollado por el Tribunal Europeo de los Derechos Humanos, así como por el Tribunal de Justicia de la Unión Europea. Igualmente, analiza detalladamente el modo en el que las garantías jurisdiccionales toman forma en la legislación española.

A través de este recorrido, el autor desarrolla de forma brillante y novedosa una nueva perspectiva de análisis migratorio basada en una combinación de la teoría de juegos y los objetivos de desarrollo sostenible marcados en la Agenda 2030, explorando el fenómeno de la migración a través del dilema del prisionero y la hipocresía organizada, y aplicando el juego de la garantía y el de "llevarse la guinda" para ofrecer dos escenarios diferentes.

Así, desemboca en la creación de un nuevo concepto, "*coomperación*", mediante el que urge a participar en el juego negociador a todos los actores implicados en la gestión migratoria. A través de este concepto busca desarrollar una cooperación estratégica que permita alcanzar el bien común sin olvidar los objetivos individuales.

Desde este nuevo marco, el autor propone de manera magistral la gobernanza multinivel como una herramienta para lograr "hibridaciones fértiles" mediante las que construir una ciudadanía europea capaz de llevar a cabo una regeneración cultural construida sobre un emprendimiento sostenible. Así, reitera la necesidad de generar un clima de confianza multinivel, implicando a los agentes locales.

De esta manera, tiene presente tanto la Agenda 2030 y la importancia del desarrollo sostenible como las enseñanzas de la reciente pandemia, que puso de manifiesto la globalización de los retos a los que se enfrenta la sociedad actual.

Por otro lado, en este libro, también apunta la necesidad de armonizar la jurisprudencia migratoria, subrayando la urgencia de fomentar la creación de mecanismos de cooperación con los países de origen y de tránsito de las migraciones para contribuir a la mejora de su infraestructura, gobernabilidad y gestión económica, desde un enfoque coherente con los Derechos Humanos.

A lo largo de las páginas que componen esta maravillosa obra, se pone sobre el tablero la complejidad que conlleva la gestión migratoria, ofreciendo un valiente punto de partida que nos invita a la acción para lograr un futuro sostenible, teniendo en cuenta la realidad de las pirámides poblacionales.

El estudio subraya cómo una adecuada gestión de la crisis migratoria abriría la posibilidad de situar a la Unión Europea como un modelo internacional que, desde el respeto a los Derechos Humanos, entiende los flujos migratorios como una oportunidad que servirá para remediar algunos de los problemas más acuciantes a los que se enfrenta nuestra sociedad, tales como el envejecimiento y la despoblación.

Ahora bien, para poder integrar los flujos migratorios construyendo una sociedad sostenible en la que todas las partes resulten beneficiadas, el autor enfatiza que es preciso comenzar por el discurso que trata sobre la migración, que ha de evitar el sensacionalismo mediático, ya que genera un clima de alarma que canaliza el descontento social hacia un discurso del odio. Mostrando la evolución de este tipo de titulares y discursos, en su investigación muestra el aumento paralelo de la demanda de medidas *securitizadoras*.

Sin embargo, el autor argumenta, muy sensatamente, que éste no es el camino para lograr la gestión efectiva de los flujos migratorios, sino que ha de realizarse a través de la coordinación de todos los actores implicados, incluidos los organismos judiciales, buscando el beneficio mutuo para aprovechar el potencial de esta oportunidad.

De manos de la *coomperación*, término acuñado en esta investigación, así como promoviendo el civismo y el concepto de ciudadanía europea, el autor defiende la necesidad de utilizar los recursos que la Unión tiene a su disposición para garantizar la sostenibilidad de su proyecto.

En definitiva, nos encontramos ante una obra de imprescindible lectura en la que GALIANA sienta de forma magistral el andamiaje para sustentar la idea de que una gestión cooperativa de los flujos migratorios permitiría incrementar el bienestar del conjunto de la sociedad y posibilitaría el desarrollo sostenible, defendiendo la adopción de una política conjunta y coordinada que convertiría a la migración en una oportunidad, tanto para la Unión Europea como para España.

**MANUEL DÍEZ MARTÍNEZ**
*25 de noviembre de 2023*

# *Presentación*

El presente trabajo es de interés para cualquier equipo de investigación, sector institucional y de la ciudadanía relacionado con la gestión migratoria. En sus páginas muestra que, pese a las fuerzas que impelen a la UE a llevar a cabo una drástica securitización de sus fronteras exteriores, la Unión ha conseguido trazar una hoja de ruta que busca ofrecer todas las garantías jurisdiccionales necesarias para armonizar una gestión humanitaria de los flujos migratorios.

Además de engrosar el acervo de conocimiento sobre flujos migratorios y las garantías jurisdiccionales de los migrantes, este trabajo tiene como objetivo contribuir a disipar las dudas en torno a los beneficios de una gestión migratoria común en toda la UE. Partiendo del análisis de la teoría de juegos, la gobernanza multinivel y la Agenda de Desarrollo Sostenible 2030, esta investigación defiende una gestión favorable a la migración a través del establecimiento de canales legales que conviertan el reto en una oportunidad para todas las partes implicadas.

De este modo, la presente investigación se alinea dentro de la corriente de estudios que argumenta los beneficios derivados de implementar una política migratoria respetuosa con los derechos humanos y las garantías jurisdiccionales. El trabajo propone la conveniencia de que, dejando al margen los miedos que presentan a los flujos migratorios como una amenaza para la identidad europea, se desarrollen programas que primen el desarrollo de un concepto de ciudadanía europea basado en el respeto a los valores de la Unión. Con este punto de partida, plantea los beneficios que obtendrían todas las partes implicadas en el proceso migratorio mediante la creación de programas de acogida que promoviesen el emprendimiento sostenible en lugares como la España vaciada.

Una importante novedad del trabajo que redunda en su interés es su utilización de la teoría de juegos para proponer la creación de un marco de *Coomperación* para la gestión migratoria, entendida como aquella capaz de conciliar la faceta cooperativa y la competitiva de todos los actores implicados en el proceso. Otro de los puntos de especial importancia es cómo la tesis subraya la *pendularidad* de los flujos migratorios, lo que impide declarar el cierre de las diferentes rutas mediterráneas y atlánticas, puesto que, en realidad, permanecen en estado latente hasta que las circunstancias provocan su reactivación.

Resulta de especial interés el análisis de varias sentencias del Tribunal Europeo de Derechos Humanos relacionadas con la migración, especialmente aquellas relativas al cruce irregular de fronteras en Ceuta y Melilla. De este modo, la revisión de la jurisprudencia europea en esta materia presentada en estas páginas permite conocer las aplicaciones que las diversas sentencias tienen para las actuaciones de las instituciones españolas.

Por otro lado, las propuestas plasmadas en este trabajo para utilizar estrategias de gobernanza multinivel desde la perspectiva de la Agenda 2030 como vía para lograr una migración sostenible invitan a crear un modelo de gestión que sirva como hoja de ruta internacional para destacar cómo, desde un enfoque respetuoso con los derechos humanos, los flujos migratorios se convierten en una oportunidad para remediar algunos de los problemas más acuciantes a los que se enfrenta nuestra sociedad (tales como el envejecimiento y la despoblación).

Por todo ello, a través de su observación de la situación migratoria, así como del análisis de la legislación y jurisprudencia en esta materia, tanto a nivel nacional y europeo como internacional, este libro constituye un interesante trabajo de referencia para poner en nuevos mecanismos a través de los que aumentar los beneficios derivados de la migración.

**FERNANDO JAVIER GALIANA MARINA**
*25 de noviembre de 2023.*

## *Abreviaturas, acrónimos y siglas*

| | |
|---|---|
| ACNUR | Alto Comisionado de las Naciones Unidas para los Refugiados |
| ALSJ | Área de Libertad, Seguridad y Justicia |
| APCE | Asamblea Parlamentaria del Consejo de Europa |
| BANI | Frágil (*Brittle*), Ansiedad (*Anxious*), No lineal (*Non-linear*), Incomprensible (*Incomprehensible*) |
| BRICS | Brasil, Rusia, India, China y Sudáfrica |
| CAR | Centro(s) de Acogida de Refugiados |
| CAS | Sistemas Adaptativos Complejos (*Complex Adaptative Systems*) |
| CAT | Convenio contra la Tortura (*Convention Against Torture*) |
| CATE | Centro(s) de Atención Temporal |
| CdE | Consejo de Europa |
| CDFUE | Carta de Derechos Fundamentales de la Unión Europea |
| CE | Constitución Española |
| CCE | Comisión de las Comunidades Europeas |
| CEAS | Sistema Europeo Común de Asilo (*Common European Asylum System*) |
| CEAR | Comisión Española de Ayuda al Refugiado |
| CEDH | Convenio Europeo de Derechos Humanos o Convenio para la Protección de los Derechos Humanos y de las Libertades Fundamentales |
| CETI | Centro(s) de Estancia Temporal de Inmigrantes |
| CIDCP | Convenio/Pacto Internacional sobre Derechos Civiles y Políticos (*International Covenant on Civil and Political Rights*) |

| | |
|---|---|
| CIDESC | Convenio/Pacto Internacional de Derechos Económicos, Sociales y Culturales (*International Covenant on Economic, Social and Cultural Rights*) |
| CIE | Centro(s) de Internamiento de Extranjeros |
| CLI | Comisión de Legislación Internacional (ILC, *International Legislation Committee*) |
| CPI | Corte Penal Internacional o Tribunal Penal Internacional (ICC, *International Criminal Court*) |
| CSE | Carta Social Europea |
| DOUE | Diario Oficial de la Unión Europea |
| DUDH | Declaración Universal de Derechos Humanos |
| DUDHE | Declaración Universal de Derechos Humanos Emergentes |
| EASO | Oficina Europea de Apoyo al Asilo (*European Asylum Support Office*) |
| EB | Eurobarómetro |
| ECRIS | Sistema de Información de Antecedentes Penales |
| EEA | Área Económica Europea (*European Economic Area*) |
| EEAS | Servicio Europeo de Acción Exterior (*European External Action Service*) |
| EOMF | Estatuto Orgánico del Ministerio Fiscal |
| EUBAM | Gestión Integral de Fronteras de la Acción Exterior de la Unión Europea (*Integrated Border Magament Assistance Mission, European Union External Action*) |
| EURODAC | Dactiloscopia Europea (*European Dactyloscopy*) |
| EUROPOL | Agencia de la Unión Europea para la Cooperación en la Aplicación de la Ley (*European Union Agency for Law Enforcement Cooperation*, anteriormente *European Police Office* y *Europol Drugs Unit*) |
| EUROSUR | Sistema Europeo de Vigilancia de las Fronteras Exteriores (*European Border Surveillance System*) |
| FCSE | Fuerzas y Cuerpos de Seguridad del Estado |

| | |
|---|---|
| FEDS | Fondo Europeo de Desarrollo Sostenible |
| FGE | Fiscalía General del Estado |
| FOA | Actividades de Operaciones Terrestres de Frontex (*Frontex Operational Activities Land*) |
| FRA | Agencia Europea de los Derechos Fundamentales |
| FRONTEX | Agencia Europea de la Guardia de Fronteras y Costas |
| GAMM | Política del Enfoque Global sobre la Migración y la Movilidad de la UE (*Global Approach to Migration and Mobility*) |
| GC | Guardia Civil |
| GCIM | Comisión Global sobre Migración Internacional (*Global Commission on International Migration*) |
| GRETA | Grupo de Expertos sobre la Acción Contra el Tráfico de los Seres Humanos (*Group of Experts on Action against Trafficking in Human Beings*) |
| IBM | Sistema de Gestión Integrada (*Integrated Border Management*) |
| ICERD | Convención Internacional para la Eliminación de todas las formas de Discriminación Racial |
| ICMPD | Centro Internacional para el Desarrollo de Políticas Migratorias (*International Centre for Migration Policy Development*) |
| ILC | Comisión de Legislación Internacional (*International Legislation Committee*) |
| LIBE | Comisión de Libertades Civiles, Justicia y Asuntos de Interior del Parlamento Europeo (*European Parliament Committee on Civil Liberties, Justice and Home Affairs*). |
| LOPJ | Ley Orgánica del Poder Judicial |
| LOPSC | Ley Orgánica de Protección de la Seguridad Ciudadana |
| MENA | Menor no Acompañado |

| | |
|---|---|
| MRAX | Movimiento contra el Racismo, el Antisemitismo y la Xenofobia |
| OBERAXE | Observatorio Español del Racismo y la Xenofobia |
| ODM | Objetivos de Desarrollo del Milenio (*Millenium Development Goals, MDGs*) |
| ODS | Objetivos de Desarrollo Sostenible (*Sustainable Development Goals, SDGs*) |
| OIM / IOM | Organización Internacional para las Migraciones (*International Organization for Migration*) |
| OIT / ILO | Organización Internacional del Trabajo (*International Labour Organization*) |
| OMS | Organización Mundial de la Salud (*World Health Organization, WHO*) |
| ONG | Organización No Gubernamental |
| ONU | Organización de Naciones Unidas |
| ONUDD | Oficina de las Naciones Unidas contra la Droga y el Delito (*United Nations Office on Drugs and Crime, UNODC*) |
| PeDRA | Procesamiento de Datos Personales para el Análisis de Riesgo (*Processing of Personal Data for Risk Analysis*) |
| PEV | Política Europea de Vecindad |
| R2P | Responsabilidad de Proteger (*Responsibility to Protect*) |
| SCIFA | Comité Estratégico de Inmigración, Fronteras y Asilo (*Strategic Committee on Immigration, Frontiers and Asylum*) |
| SES | Sistema de Entradas y Salidas |
| SEIAV | Sistema Europeo de Información y autorización de viajes |
| SIS | Sistema de Información Schengen (*Schengen Information System*) |
| STC | Sentencia del Tribunal Constitucional |

| | |
|---|---|
| TC | Tribunal Constitucional |
| TFUE | Tratado de Funcionamiento de la Unión Europea |
| TEDH / ECHR | Tribunal Europeo de Derechos Humanos (*European Court of Human Rights*) |
| TJUE | Tribunal de Justicia de la Unión Europea |
| TUE | Tratado de la Unión Europea |
| UE / EU | Unión Europea (*European Union*) |
| UNESCO | Organización de Naciones Unidas para la Educación, la Ciencia y la Cultura |
| VIS | Sistema de Información de Visados |
| VUCA | Volatilidad (*Volatility*), Incertidumbre (*Uncertainty*), Complejidad (*Complexity*) y Ambigüedad (*Ambiguity*) |
| WECL | Casos de Jurisprudencia Bien Establecida (*Well Established Case-Law Cases*) |

*Capítulo I.*

# *Los procesos migratorios y la transformación de Europa*

## 1. EL MOVIMIENTO MIGRATORIO

La historia de la humanidad está jalonada por movimientos migratorios, impulsados por la búsqueda de sustento, mejores condiciones climatológicas, el descubrimiento de nuevas latitudes o el deseo de escapar de realidades que, por uno u otro motivo, se han tornado inhóspitas. El tránsito de flujos de personas se remonta al comienzo de la propia existencia humana, y sigue siendo una realidad que afecta, cada vez más, a millones de personas que, en muchas ocasiones, se ven obligadas a desplazarse desde su lugar de origen.

Esto fue precisamente lo que ocurrió cuando comenzó la llamada *crisis de los refugiados*, representada en su inicio con las imágenes de un niño de tres años, Aylan Kurdi, inerte en la arena de Kos. Aquellas imágenes dieron la vuelta al mundo en septiembre de 2015, a medida que la crisis migratoria del Mediterráneo iba ganando importancia social, política y económica para toda la UE. Desde entonces, la sensación de celeridad, con la que se ha experimentado el aumento en la llegada de migrantes a las costas europeas, ha convertido a estos flujos en un importante foco de interés. Paulatinamente, se han transformado en el epicentro de un terremoto que ha llegado a hacer temblar los pilares de dignidad y respeto a los derechos humanos sobre los que se asienta la UE.

El aumento de los flujos migratorios coincidió con el desarrollo de la crisis económica que Europa atravesaba desde 2008, y que había alterado drásticamente el nivel de vida de gran parte de la población. Su estado latente exacerbó el miedo que cuestionaba la durabilidad de unos recursos que se percibían como escasos, lo que fomentó la difusión de movimientos xenófobos, nacionalistas y radicales[1], y provocó el endurecimiento del discurso político antinmigración. En esta línea, comenzaron a tejerse campañas cuyos mensajes implicaban que la llegada de migrantes era la responsable del declive económico y del desgaste sufrido por la UE. Este discurso iba acompañado de propuestas de gestión de la migración basadas en la obstaculización del acceso a Europa, y en la reducción de los derechos sociales de quienes consiguiesen llegar al viejo continente.

Como contrapunto al discurso de corte radical, con tintes nacionalistas y xenófobos, proclamado en cada vez más Estados miembros, comenzaron a alzarse voces de indignación reclamando que los migrantes recibiesen un trato acorde a los principios de libertad, igualdad y democracia, sobre los que se cimenta la UE. Al mismo tiempo, la UE publicó una serie de directivas redefiniendo qué significaba llevar a cabo una gestión eficaz en el siglo XXI, poniendo de manifiesto que la política tenía que ir más allá de los tradicionales conceptos capitalistas de calidad y precio. De estas directivas se desprendía que la eficacia en el siglo XXI tiene que estar basada, además, en conceptos como sostenibilidad, igualdad e inclusividad.

El acervo legislativo español fue uno de los primeros en adaptarse a estos nuevos criterios, que han de aplicarse más allá del ámbito puramente económico. De ahí que, pese al empeño de ciertos sectores ideológicos en medir los resultados de la inmigración utilizando datos económicos inmediatos, su gestión sosteni-

---

1 Dado que el concepto 'radical' evoluciona atendiendo al contexto y momento histórico en el que se sitúe, conviene aclarar que aquí se utilizará como término que engloba tanto los movimientos políticos de extrema derecha como los de extrema izquierda, así como las corrientes xenófobas y aquellas relacionadas con políticas extremas de nacionalismo vs. separatismo.

ble y acorde con las nuevas directrices supone contar con criterios de responsabilidad social. La lectura de las directivas muestra que se pueden garantizar los derechos jurisdiccionales de los migrantes, si se presta atención a cómo, y en qué forma y medida se respetan sus derechos humanos.

No obstante, la voluntad garantista de la UE coincidió, en algunos sectores de los Estados miembros, con un giro drástico en el discurso y los debates políticos sobre estas cuestiones. Su efecto se fue reflejando en los resultados electorales en todos los países europeos, incluidos los recogidos en España desde las elecciones andaluzas de diciembre de 2018. Sin duda, uno de los efectos electorales más destacables fue el caso del *Brexit*, por su implicación para toda la UE.

La decisión británica de abandonar el proyecto comunitario es un ejemplo del alcance con el que la crisis migratoria ha ido calando tanto en el comportamiento de los depositarios de los derechos y deberes como en las decisiones sociales, hasta modificar algunos de los valores característicos de la UE. Aunque en la decisión de Reino Unido pesaron otro tipo de factores políticos, económicos y de mercado, el *Brexit* fue una demostración del impacto de la migración en el sentir de la población, y en la senda que siguen las decisiones políticas. El resultado final puso de manifiesto el calibre de las grietas derivadas de estas posturas, que amenazaban con resquebrajar el equilibrio y los textos fundacionales de la UE.

Es importante hacer notar que el punto álgido de la crisis migratoria surgida en torno a 2015 coincidió con uno de los momentos más trágicos de la UE, ya que sucedió durante los meses en los que diversas ciudades europeas sufrían atentados terroristas de origen islamista. Esto creó una inseguridad (todavía presente) derivada de las evidencias que relacionaban las vías migratorias con las entradas de elementos vinculados con el terrorismo. Esta circunstancia facilitó la asociación del fenómeno migratorio con la percepción de inseguridad, lo que, a su vez, pudo redundar en la demanda de medidas más severas para restringir y controlar la llegada de flujos migratorios al continente europeo.

La acumulación de los citados acontecimientos llevó al cuestionamiento del sistema de libre circulación comunitario, haciendo que se reactivasen temporalmente algunos controles de pasaportes, y que se construyeran barreras físicas erigidas con el propósito de evitar el acceso de migrantes a los territorios de la UE. Las medidas adoptadas, en algunos casos, pudieron poner en peligro las garantías jurisdiccionales de los derechos humanos de los migrantes. Ante estas reacciones se intensificaron las críticas que expresaban la necesidad de acoger a los inmigrantes según los principios fundacionales de la UE.

El debate entre una y otra tendencia queda ilustrado, por ejemplo, con el abanico de reacciones ante la acogida del barco *Aquarius* por las autoridades españolas en junio de 2018. Frente al discurso que exigía un trato humanitario hacia los migrantes, y la implementación de medidas que garantizasen su dignidad, proliferaron también los argumentos que expresaban el punto de vista opuesto, y que dieron lugar al crecimiento de opciones radicales, insistiendo en endurecer las fronteras para impedir la llegada de nuevos flujos migratorios.

Este incremento del separatismo y el fomento de los nacionalismos radicales y extremos parece indicar que se están olvidado los llamamientos de la Organización de Naciones Unidas (ONU) a la responsabilidad colectiva de promover el progreso social. A través de instituciones y estrategias conjuntas, las iniciativas de la ONU buscan incentivar el desarrollo y elevar el nivel de vida global dentro de un concepto más amplio de libertad. Dicha interpretación "*incluye la idea de que el desarrollo, la seguridad y los derechos humanos van de la mano*"[2].

---

2 Asamblea General de las Naciones Unidas (2015). *Un concepto más amplio de la libertad: desarrollo, seguridad y derechos humanos para todos*, 21 de marzo, Documento A/59/2005.

Frente a estas propuestas, algunos mensajes publicados en las redes sociales se hacen eco del comportamiento de determinados sectores de la sociedad, que promueven discursos radicales con contenidos nacionalistas y xenófobos. Sin embargo, estas actuaciones no pueden empañar los esfuerzos institucionales realizados para mejorar la situación de quienes acuden a Europa. Tampoco deberían hacer olvidar las historias de éxito que se han ido sucediendo desde el comienzo de la crisis.

Pese a las fuerzas centrífugas que han ido proliferando en diversos puntos del globo, los gobiernos y las agencias de desarrollo son conscientes de la necesidad de regresar a los principios fundacionales de la ONU y de la UE. Para ello, apuestan por estrategias integrales internacionales que vayan más allá de la seguridad. Los nuevos planes de acción prefieren centrarse en aspectos socioeconómicos, humanitarios, legislativos y de desarrollo que presten atención a la faceta humana de cada actuación, fomentando las 3-Ds (Diplomacia, Desarrollo y Defensa).

## 2. HUMANIDAD MIGRATORIA

Una de las arias más famosas de Verdi, inserta en el tercer acto de la ópera *Rigoletto*, afirma que "*la donna è mobile*", la mujer es voluble y cambia de acento (o palabra) y pensamiento. Al hacer referencia a esta pieza musical se busca, por un lado, deshacer el mito de la mutabilidad como una característica negativa de las mujeres y, por otro, afirmar que el germen y el deseo de cambio son inherentes al ser humano, independientemente de su género. Ese rostro amable y hermoso al que hace referencia la ópera (que igualmente pudiera ser menos agraciado y gentil) no es engañoso, sino que busca adaptarse a la realidad cambiante que le rodea.

La referida capacidad de adaptación es, precisamente, la que permite su supervivencia, como la de toda la humanidad. Así, la construcción lingüística italiana con la que se inicia esta sección afirma que "*siamo mobile*", somos móviles y cambiantes, porque somos supervivientes que empleamos todas las herramientas de las que disponemos para adaptarnos a una realidad que muta y se altera, provocando nuevos cambios a su alrededor.

La capacidad de cambiar de pensamiento y modificar la forma de enfrentarnos a nuestro entorno ha sido la cualidad que ha permitido el progreso de la humanidad. De hecho, gracias a esta plasticidad del cerebro, hemos sido capaces de adoptar nuevos prismas para ver antiguos problemas bajo una nueva lente. De este modo, hemos conseguido variar nuestras perspectivas, lo que nos ha ido conduciendo al hallazgo de soluciones novedosas. El *panta rei* de Heráclito ya advertía que la vida está en perpetuo estado de flujo, hasta el punto de que no podemos bañarnos dos veces en la misma agua de un río.

Dada la mutabilidad constante de todos los aspectos relacionados con nuestra existencia y el mundo en el que vivimos, sería erróneo pensar que nuestro lugar de residencia es inmutable, ya que está sujeto a los mismos cambios que el resto de las partículas del universo. De hecho, este tipo de mutaciones puede venir desde dos direcciones: bien porque varíe nuestro entorno (nuevas circunstancias sociales, políticas, medioambientales, culturales, etc.), o bien porque nosotros mismos decidamos trasladarnos a otro lugar.

Partiendo de la afirmación agustiniana del peregrinaje humano, "*San Francisco […] nos habla de la porción de* homines viatores *que hay en todos los [seres humanos]*"[3]. Como viajera sempiterna desde el albor de los tiempos, la humanidad no ha permanecido estable en un territorio, sino que ha ido viajando, bien porque su

---

[3] Carrillo, Jesús (2002). "La experiencia de lo natural en el nuevo mundo. Monstruos y prodigios en la Historia General y Natural de las Indias de Gonzalo Fernández de Oviedo", En Fermín Del Pino Díaz (2002). *Demonio, religión y sociedad entre España y América*, Madrid: Departamento de antropología de España y América, Consejo Superior de Investigaciones Científicas, pp.115-138.

entorno dejaba de proporcionarle los bienes que necesitaba, bien impulsada por la voluntad de progreso y descubrimiento de nuevas realidades, así como de un deseo de mejorar su situación.

En palabras de KANT, la humanidad "*descubrió dentro de sí una capacidad para elegir por sí mism[a] su propia manera de vivir y no estar sujet[a] a una sola forma de vida como el resto de los animales*"[4]. Esto dio comienzo a una diáspora que le impelía a buscar nuevos territorios en los que poner fin a los problemas detectados en anteriores ubicaciones. Estos movimientos han ido permitiendo, de forma paulatina, el avance de nuestra especie. Así, la movilidad que caracteriza a la humanidad y la consciencia de los propios cambios interiores que se producen en cada persona, han dado paso a una modernidad líquida que "*ha cambiado la condición humana de modo radical y exige repensar los viejos conceptos que solían enmarcar su discurso narrativo*"[5].

La citada afirmación del filósofo y sociólogo BAUMAN puede llevar a pensar que el siglo XXI es el tiempo de la movilidad por antonomasia. Sin embargo, si hay algo que caracteriza a la centuria actual no es su movilidad (que siempre ha estado presente), sino que cada vez somos más conscientes del movimiento propio y ajeno, gracias a las redes de comunicación que capturan lo que sucede en tiempo cuasi real. De forma simultánea, la sed de cambio y movimiento que ha alimentado a la humanidad desde los primeros estadios de su evolución parece hacerse más notable al tener lugar en un mundo más poblado que nunca.

El movimiento humano, voluntario o forzoso, ha sido un rasgo inalterable dentro de la mutabilidad humana desde la época pre-

---

4 Kant, Immanuel (1994). "Probable inicio de la historia humana", En *Ideas para una historia universal en clave cosmopolita y otros escritos sobre Filosofía de la Historia.* Trad. Concha Roldán Panadero y Roberto Rodríguez Aramayo, Ed. Tecnos, Madrid, 2ª ed., pp. 113-127, *vid.* p. 116.

5 Bauman, Zygmunt (2000). *Modernidad líquida,* Fondo de Cultura Económica, México, Argentina, España; traducción: Mirta Rosenberg y Jaime Arrambide Squirru, *vid.* p.104.

histórica, cuando nuestros ancestros transitaban por las llanuras europeas o las planicies africanas en busca de alimento y cobijo. La movilidad continuó presente durante las peregrinaciones medievales a través de las que, entre otras motivaciones, se anhelaba conseguir nuevos conocimientos y experimentar un renacer espiritual. La sempiterna tendencia al movimiento siguió alimentando el afán descubridor y colonizador de la edad moderna y contemporánea. Finalmente, ha llegado hasta nuestros días, presente en un sinfín de desplazamientos, cada uno motivado por una plétora de causas. Y es que *siamo mobile*, cambiamos y avanzamos para adaptarnos a los cambios de la realidad, así como para lograr que la realidad se ajuste a nuestros deseos y necesidades. De hecho, es posible que la inevitabilidad del cambio sea la única constante universal.

### *2.1. Las migraciones que crearon Europa*

Uno de los argumentos antropológicos más aceptados afirma que la cuna de la humanidad, del *Homo sapiens*, se sitúa en África, si bien distintas escuelas genéticas parecen no ponerse de acuerdo en cuanto al modo en que la población se extendió hacia el resto del planeta. Para algunos, la distribución del cromosoma Y indicaría que antes de la migración fuera de África se produjo una escisión entre sus habitantes, creando diferencias entre los grupos del sur y del norte. Para otros, hallazgos de la especie *Homo luzonensis*, como los encontrados en Filipinas, cuestionarían que África fuese el único origen de la humanidad.

El debate no termina ahí, ya que entre quienes postulan un origen africano para la humanidad tampoco está claro cuántas migraciones y en qué momentos se produjeron. Además, algunos estudios indican que es bastante posible que se produjesen intercambios genéticos entre los nuevos *Homo sapiens* y diversos grupos indígenas de neandertales, lo que explicaría que algunos componentes de la cadena cromosómica de estos últimos "*se hallan ampliamente diseminados en el genoma del hombre moderno*"[6].

La llegada de las primeras poblaciones a Europa también presenta varias incógnitas para quienes investigan nuestro pasado. Aunque la ruta más directa parece ser la levantina (atravesando la costa este del Mediterráneo), algunos descubrimientos genéticos y arqueológicos parecen apuntar hacia una doble ola migratoria (o migración en dos etapas) procedente del sur de África. De acuerdo con los defensores de esta ruta, la primera parte de esta migración atravesó la península arábiga y el sur de Asia hasta llegar a Australia. Posteriormente, desde allí se produjo una segunda ola migratoria que llegó a Europa y fue ocupando la región desde el este hacia el suroeste. Independientemente de la teoría escogida, los investigadores parecen tener claro que diversos grupos pobladores estaban asentados en el suroeste de Europa hace más de 40.000 años[7].

Al avanzar en la línea del tiempo, una vez que el continente hubo recibido a sus primeros grupos pobladores, los equipos de antropólogos, lingüistas e historiadores tampoco parecen ponerse de acuerdo con la explicación de los movimientos poblacionales que fueron modificando la evolución de la población europea, sus lenguas y costumbres. Inspirándose en teorías anteriores, destaca la de KRISTINSSON[8], quien habla de cómo varios ciclos de

---

6 Roberts, D. F. (1993). "Genetic perspectives on human evolution", *El origen del hombre moderno en el suroeste de Europa,* UNED, Madrid, pp.431-442.

7 Weaver, Timothy D. (2014). "Tracing the paths of modern humans from Africa", *Proceedings of the National Academy of Sciences of the United States of America* (PNAS), Vol. 111, nº 20, pp. 7170-7171, 7 de mayo; Schwarcz, H. (1993). "Problems and limitations of absolute dating of the appearance of modern man in Southwestern Europe", *El origen del hombre moderno en el suroeste de Europa,* UNED, Madrid, pp.23-45.

8 Kristinsson, Axel (2012). "Indo-European Expansion Cycles", *The Journal of Indo-European Studies,* Volumen 40, Números 3-4, otoño/ invierno, pp.365-433.

expansión indoeuropea combinaron dos métodos principales de expansión. Para el autor, la primera de las estrategias utilizadas fue la colonización de las tierras ocupadas por grupos menos numerosos. La segunda, en cambio, surgió de la existencia de varios sistemas en competencia, que habrían experimentado un proceso de democratización durante la búsqueda de nuevas tierras en las que atender las necesidades de todo el grupo. De este modo, el investigador islandés propone la evolución social hacia un sistema igualitario y de cooperación que permitió crear una estructura de defensa y facilitó la búsqueda de otras tierras en las que asentarse.

En vista de las incógnitas y polémicas aquí esbozadas, al indagar en las investigaciones sobre los procesos de la evolución de la población europea, la única conclusión a la que puede llegarse sin ningún ápice de duda es que la evolución no se produce partiendo de términos diametralmente opuestos. Por el contrario, se muestra llena de matices, entre los que los cambios climáticos, y su panoplia de consecuencias en la flora y la fauna, parecen jugar un papel destacado. Las evidencias también apuntan a que buena parte de la humanidad (quizá su totalidad) surgió en uno o varios puntos del continente africano, lo que convertiría a la población europea en descendiente de los mismos ancestros de quienes hoy no son bien recibidos en las costas europeas.

Ante esto, condenar los procesos migratorios y tratar de frenar su llegada se antoja una reacción hipócrita, al considerar que dichos movimientos son los que han convertido a Europa en la sociedad en la que hoy vivimos. Nuestra genética no es la única que procede de diferentes oleadas migratorias, sino que la historia de todos y cada uno de los aspectos de nuestra sociedad son fruto de la amalgama, fusión e intercambio de diversos grupos pobladores.

El propio sistema occidental bebe principalmente de ideales llegados desde Oriente Medio, por ejemplo, a través del cristianismo, fe que se convirtió en piedra angular de nuestra civilización[9]. Hoy en día, pese a que sus preceptos han ido paulatinamente siendo abandonados por buena parte de la población, su influencia se percibe en los avances legislativos y en materia de derechos humanos, los cuales se advierten tanto a nivel europeo como en otros foros internacionales.

En las enseñanzas de esta religión, y en las influencias que recibió de otras creencias, se han inspirado las leyes, los sistemas éticos y el pensamiento que rige a la UE. Este sistema cultural, a su vez, se ha transmitido durante siglos a través del arte, mediante libros y en centros educativos de todos los niveles. De hecho, el abandono de la religión cristiana no ha significado el abandono de la cultura derivada de su sistema de creencias; de ahí surge, precisamente, la raíz del miedo a la inmigración de origen musulmán. Y este es, por tanto, uno de los principales retos de conciliación, respeto y aceptación para construir una ciudadanía europea que acoja al conjunto de la sociedad que alberga en su seno.

Otros aspectos de nuestra sociedad, como los apellidos, los nombres de ciudades, las costumbres, las ropas, el arte, la ciencia, los libros, la escritura y la fisionomía de quienes hoy pueblan Europa, son también reflejo de la riqueza cultural desarrollada por todos los grupos humanos que han ido llegando y se han asentado en el continente desde hace milenios. Frenar los fenómenos migratorios, además de parecer un empeño inverosímil, supondría frenar la diversificación, desarrollo y crecimiento de la sociedad y, en definitiva, acabar con su vitalidad.

### *2.2. Plasticidad y capacidad de adaptación*

Un breve repaso por la historia permite ver que la vida es un continuo cambio y movimiento, como lo son los flujos migratorios.

---

9 National Geographic, (2018). "Introduction", *Jesus and the origins of Christianity*, diciembre.

Quizá, como decía el dramaturgo Calderón de la Barca, también es sueño y para que los cambios se produzcan han de soñarse o pensarse primero. En cualquier caso, desde nuestra genética hasta el más diminuto aspecto de nuestra sociedad, todo lo que nos rodea ha estado sometido a numerosos cambios y procesos evolutivos que han fluido, superando más o menos obstáculos, hasta llegar a su configuración actual. Entre las trasformaciones más importantes no pueden olvidarse las experimentadas en las ideas y la forma de pensar.

Al repasar los cambios en la configuración del pensamiento topamos con una dura lección: este tipo de metamorfosis suele encontrar oposición y generar conductas destructivas hacia lo novedoso. Así, la afirmación de que la tierra giraba en torno al sol, en vez de a la inversa, costó la vida a Galileo. El descubrimiento de la circulación sanguínea tuvo el mismo final para Miguel Servet. La introducción de maquinaria para mejorar las condiciones laborales en la industria generó una oposición radical que llegó a costar la vida de muchas personas. Incluso la teoría de la relatividad provocó un auténtico revuelo en la Academia Prusiana de las Ciencias, que se negaba a aceptar los postulados de Einstein por su condición de judío.

Las épocas de desempleo, pobreza y aquellos momentos en que la mayoría de la población experimenta situaciones de necesidad dan lugar a un malestar generalizado. Tradicionalmente ha tratado de paliarse esta situación mediante la fortificación del núcleo que forma dicha población, defendiendo lo propio frente a lo foráneo, creyendo que así se facilita la subsistencia de ese grupo, que parece convertirse en una especie de élite frente a quienes no pertenecen a él.

No obstante, la historia también nos enseña que la incapacidad de aceptar el cambio, a la larga, ha significado el final de quienes se han resistido a las transformaciones impuestas por el paso del tiempo. Además, tampoco ha sido infrecuente que dichos opositores hayan ido dejando a su paso innumerables víctimas. Uno de los ejemplos más notables, y sobre los que más se ha escrito, es la caída del Imperio Romano, que tras alcanzar unas de las más elevadas cotas de expansión territorial y cultural, dejó de atender las necesidades de su población, sin promover los cambios y las alianzas necesarias. Finalmente, su incapacidad de adaptación a los nuevos términos hizo que se desmoronase bajo las llamadas invasiones bárbaras.

Cuando la situación cambia, y ésta lo hace continuamente, la historia indica que es necesario transformarse con ella, extrayendo enseñanzas de lo que nos rodea. Las lecciones aprendidas indican que conviene contar con todo el potencial disponible para afrontar las nuevas necesidades. Es recomendable evitar trabas surgidas de estereotipos anquilosados o de prejuicios, ya que suponen una merma de recursos, lo que lastra el avance hacia el futuro. La historia muestra que obstaculizar la construcción de un presente capaz de reaccionar a su entorno impediría seguir avanzando en el ciclo de la vida y del universo.

Sin embargo, "*quienes están motivados para resistir el cambio pueden legitimar cualquier sociedad que les afecte*"[10]. De acuerdo con BRANDT y REYNA, la población tiende a legitimar los sistemas en los que vive porque así "*son más estables y es menos probable que cambien*". Añaden que lo más frecuente es legitimar aquellas estructuras sociales que concuerdan con los objetivos propios, incluso si esto supone apoyar un sistema no igualitario. Así, el deseo de estabilidad y el miedo a un cambio en el *statu quo* podría llevar incluso a defender constructos sociales opuestos a las propias creencias.

Estas afirmaciones pueden sonar demasiado filosóficas para un trabajo sobre gestión migratoria. Sin embargo, precisamente en la filosofía, en la forma en la que cimentamos y damos forma a nuestro pensamiento, está el entramado que sostiene la idiosincrasia sobre la que se redacta la jurisprudencia que nos regula y

---

10 Brandt, Mark J. y Christine Reyna (2017). "Individualistic Differences in the Resistance to Social Change and Acceptance of Inequality Predict System Legitimacy Differently Depending on the Social Structure", *European Journal of Personality*, Vol. 31, pp.266-278.

que da forma a la normativa que rige nuestra sociedad y gestiona sus retos. De hecho, el éxito de una sociedad depende de su capacidad de transformación para adaptarse a las nuevas realidades y necesidades del contexto en el que se ubica. Es preciso, por tanto, atender a los miedos que pueden dar forma al pensamiento plasmado tanto en la legislación como en las decisiones que vertebran la política migratoria.

Los registros, hallazgos y narraciones sobre migraciones y transformaciones que jalonan la historia son un muestrario de tenacidad y movilidad para superar los miedos y adaptarse a los cambios surgidos en el camino de la evolución. Esta parece ser la receta del éxito, que no es otro que la supervivencia de la especie. Incluso aunque la teoría del origen africano de la humanidad fuera un mito urdido en la década de 1990 para desbancar la idea de raza y el racismo, como señalan KLYSOV y ROZHANSKII[11], no deja de ser cierto que el recorrido de la humanidad ha ido acompañado por un flujo de grupos humanos que han viajado donde la necesidad o los retos les han dirigido. Estos han puesto en marcha cambios, tanto en el comportamiento como en la genética, para permitir la adaptación al medio y a las novedades llegadas con el paso del tiempo.

Del mismo modo, cuando las circunstancias así lo han requerido, se han buscado alternativas para suplir un recurso o modificar conductas para evitar su uso. Un ejemplo de esta capacidad de cambio y adaptación se está experimentando hoy en día, con el paulatino alejamiento de los combustibles fósiles: Catar abandonó la OPEP (Organización de los Países Exportadores de Petróleo) en 2019 para centrarse en su producción mayoritaria de gas natural, mientras que en Europa se prima la adquisición de vehículos eléctricos o, por lo menos, híbridos.

---

11 Klyosov, Anatole A. y Rozhanskii, Igor L. (2012). "Re-examining the "Out of Africa" Theory and the Origin of Europeoids (Caucasians) in light of DNA Genealogy", *Advances in Anthropology*, Vol. 2, Nº. 2, mayo.

El análisis de las transformaciones surgidas a lo largo de la historia muestra que las soluciones no son inmediatas, ni se producen en forma de cadena ininterrumpida. No obstante, la superación de los problemas a los que se enfrenta la humanidad requiere soluciones prácticas y que se adapten a las nuevas circunstancias. Preferiblemente, además, cada nuevo curso de acción debería estar amparado en un pensamiento que trate de prever sus consecuencias. Hasta ahora, la neuroplasticidad del cerebro ha permitido que éste haya ido modificando su actividad, y cambiando su estructura para adaptarse de forma continua a aquellas experiencias vitales por las que ha ido atravesando. Esta flexibilidad es la que ha permitido que la humanidad haya asimilado las aportaciones de todas aquellas realidades y personas con las que cada sociedad ha entrado en contacto.

Igualmente, la capacidad de cambio y de evolución inherente a la plasticidad cerebral es la que ha favorecido la evolución en la sensibilidad social. Esto, a su vez, ha propiciado la atmósfera necesaria para transformar la legislación en materia de derechos humanos, favoreciendo así la cooperación entre distintos actores para promover la disminución de la violencia. En vista de estos antecedentes, la evolución hacia un futuro sostenible de la UE está en manos de la plasticidad que consigan demostrar sus instituciones en la gestión del presente, y en cómo lo plasmen e implementen en la legislación que regula a la sociedad.

## *2.3. Bisagras vs. fronteras*

Durante su discurso de investidura como *Doctor Honoris Causa* en Salamanca, JUNCKER[12] recordó el papel que tiene la Universidad para armar a la ciudadanía, de tal forma que pueda afrontar

---

12 Juncker, Jean Claude (2017). "Discurso de investidura como Doctor Honoris Causa por la Universidad de Salamanca". En *Acto de investidura como doctores honoris causa de Manuel Marín González y Jean Claude Juncker USAL*, Universidad de Salamanca, 9 de noviembre de 2017.

los problemas y crisis, como la migratoria, a los que se enfrenta la sociedad. Mientras de fondo se escuchaba una protesta, el entonces presidente de la Comisión Europea habló de los mensajes radicales con los que se estaba fomentando la quiebra de Europa. Frente a quienes avivaban los brotes separatistas (las *personas-frontera*), JUNCKER proponía apoyar y animar a las *personas-bisagra*, capaces de convertir una separación en una cooperación.

Con este espíritu de colaboración, el programa de estudiantes Erasmo permite, como afirmaba JUNCKER, que el alumnado universitario pueda explorar las fronteras para convertirlas en lugares de encuentro. Dicho proyecto retoma el espíritu del humanista de Rotterdam, el primer ciudadano europeo, recordando su visión de Europa como una entidad global donde las culturas se conocen y respetan. Gracias a este tipo de iniciativas, que pone a estudiantes europeos en contacto con otras realidades, se consigue que las fronteras se transformen en las bisagras que propone el politólogo luxemburgués. De este modo, los intercambios Erasmus se convierten en herramientas a través de las que el alumnado crea conexiones y puentes, que pueden dar lugar a vías de comunicación e intercambio durante su posterior desarrollo laboral y vital.

A la luz de las palabras de JUNCKER se advierte que este espíritu integrador, así como la inquietud por conocer nuevas realidades que favorezcan el intercambio de ideas y el enriquecimiento de la cultura, debería estar presente al gestionar los flujos migratorios. Las personas que llegan a Europa en busca de un futuro mejor, bien porque desean mayor prosperidad económica, bien porque acuden huyendo de una catástrofe, una crisis o una guerra, deberían percibirse también como las bisagras capaces de poner en contacto su lugar de origen con la UE.

Las fronteras, al igual que la segmentación de la historia en periodos para facilitar su estudio, son estilizaciones políticas ideadas para permitir la gestión de un territorio. Sin embargo, convertirlas en realidades impermeables hace que sean "*las cicatrices que la historia ha dejado grabadas en la piel de la tierra*"[13]. Además, su falta de elasticidad provoca que se reabran antiguas heridas, tiñendo el presente con el dolor del pasado, lo que puede impedir el avance hacia el futuro.

## *2.4. Multiculturalismo vs. pluralismo: sobre integración, coexistencia y convivencia*

Las épocas de la historia en las que se ha experimentado un crecimiento en los flujos migratorios parecen dar lugar a un incremento en el interés por la sociología y, más concretamente, por las cuestiones relacionadas con la integración y la asimilación. Entre estos estudios suele aparecer una vertiente de literatura alarmista que presagia catástrofes indescriptibles para la población receptora de una serie de elementos que describe como "inasimilables"[14].

En 1925, por ejemplo, el senador californiano GRANT hablaba de la "escoria" que estaba ensuciando el "crisol americano" (*melting pot*). Argumentaba que las primeras oleadas de migrantes europeos habían traído a personas dispuestas a labrarse un futuro a base de trabajo, dureza y sacrificio. En cambio, advertía que las oleadas llegadas desde finales del siglo XIX tenían un bajo estándar moral y mostraban un escaso respeto por la legalidad. Paradójicamente, y pese a su diatriba en contra de los flujos migratorios, el propio autor reconocía que la grandeza de América se debía a su carácter de nación receptora de migrantes.

Al reflexionar sobre el miedo a los flujos migratorios, relacionados con lo extraño y lo ajeno, GABACCIA[15], historiadora experta

---

13 Borrell, Josep (2017). citado en SPC (2017). "¡Somos tan catalanes como ellos!", *Diario de Burgos*, 8 de octubre de 2017.

14 Grant, Edwin E. (1925). "Scum from the melting pot", *American Journal of Sociology*, 30, pp. 641-651, *vid.* pp. 642-643.

15 Gabaccia, D.R. (2015). "Time and temporality in Migration Studies". *Migration Theory. Talking across disciplines.* Routledge, Nueva York, pp.37-66, *vid.* pp. 40 y 52.

en migración, se remonta a las relaciones entre las primeras sociedades agrícolas (sedentarias) y las sociedades nómadas dedicadas al pastoreo. Aunque se producían intercambios comerciales entre ambas, las sociedades agrarias temían a los pueblos nómadas, al considerarlos una amenaza para su estilo de vida *"civilizado" y sedentario.* Siglos después, el surgimiento de las naciones-Estado con el *Tratado de Westfalia* sirvió para alimentar el miedo asociado con la movilidad humana y convertir la migración en una cuestión cada vez más inquietante.

De hecho, en la Edad Media ya se advierte un trato discriminatorio hacia los extranjeros, por ejemplo, en cuanto a los términos en los que han de cumplir con los requisitos establecidos en los fueros. Profundizando esas diferencias, las leyes migratorias dictadas posteriormente por cada nación-Estado se han encargado de seleccionar aquellas personas que pueden entrar o abandonar su territorio. A través de esas pautas regulatorias, han buscado conseguir la seguridad de que nadie circule contraviniendo las normas de la soberanía nacional[16].

De forma paralela a la evolución de los flujos migratorios, y las reacciones que han despertado entre los distintos actores implicados, se han desarrollado diferentes regulaciones amparadas en diversas teorías de integración. Entre ellas, FITZGERALD[17], destaca las de la selectividad, la asimilación clásica, la asimilación segmentada, el transnacionalismo y la disimilación.

A partir de la década de 1990, el concepto de asimilación clásica y homogénea ha ido dando lugar al de una asimilación seg-

---

16 Abraham, David (2015). "Law and Migration. Many constants, few changes", *Migration Theory. Talking across disciplines,* Routledge, Nueva York y Londres, pp.289-317, *vid.* p.290.

17 FitzGerald, David Scott (2015). "The sociology of international migration". *Migration Theory. Talking across disciplines,* Routledge, Nueva York y Londres, pp.115-147, *vid.* pp. 119-121.

mentada[18]. De acuerdo con este modelo, las cualificaciones profesionales de los migrantes, conjugadas con la ayuda que reciban en la sociedad receptora, permitirán tres posibles opciones de integración: su incorporación a la clase media; su inserción en las clases más pobres o populares; o bien una especie de asimilación mixta, que combina cierto bienestar económico y la convivencia con las redes étnicas establecidas en la sociedad receptora[19]. La última década del siglo XX también supuso el desarrollo de la multiculturalidad y la interculturalidad, cuyo objetivo es "*la interrelación entre culturas [y] la búsqueda de una convivencia estable entre ellas sobre la base de la igualdad, la no discriminación y el respeto a la diversidad*"[20].

Sin embargo, en buena parte de Europa, la gestión de la multiculturalidad ha mostrado que no conduce a una sociedad integrada que convive armónicamente, sino que ha llevado a que la opinión pública perciba que estas políticas colisionan con algunos derechos individuales. Europa ha visto aumentar la atomización de sus sociedades, con graves problemas de convivencia entre las segundas y terceras generaciones que se sienten víctimas del desarraigo. Ante el complejo proceso de la integración social, el

18 Portes, Alejandro; Bórócz, József (1989). "Contemporary immigration: theoretical perspectives on its determinants and modes of incorporation", *International Migration Review*, Vol. 23, N°3, Special Issue: International Migration, an Assessment for the 90's, otoño, pp.606-630, *vid.* p.620.

19 Estas opciones se descubren en España en grupos de migrantes que van de las clases más pobres o populares a la clase media. La asimilación mixta se observa en migrantes con cierto bienestar económico que conviven con núcleos de población procedentes de su país de origen. Godenau, Dirk; Rinken, Sebastián; Martínez de Lizarrondo Artola, Antidio; y Moreno Márquez, Gorka (2014). *La integración de los migrantes en España: una propuesta de medición a escala regional.* Observatorio permanente de la inmigración (OPI). Ministerio de Empleo y Seguridad Social, Madrid.

20 Id., *vid.* p.22.

antropólogo MORERAS[21], apunta que la corresponsabilidad entre la sociedad receptora y los colectivos migrantes es imperativa. Advierte los peligros de una aculturación explícita en la que se pierdan tanto las raíces culturales como las religiosas, al tiempo que señala que este tipo de exigencia se ampara en un racismo asentado que parece asumirse de manera natural. Ante esto, cabe plantearse: ¿acaso el hecho de que una barbaridad se convierta en opinión mayoritaria hace que deje de serlo? [22].

La exigencia de que los colectivos migrantes lleven a cabo una asimilación completa, unido a la dificultad de conseguirlo, ha tenido como consecuencia la creación de un modelo de disimilación. Quienes han fracasado en su anhelo por asimilarse a la sociedad receptora se han quedado en un limbo, a medio camino entre origen y destino. Se perciben diferentes de la comunidad de sus países de origen, al tiempo que incapaces de conseguir la asimilación con la comunidad de destino[23]. Esta situación de falta de pertenencia a un grupo concreto fomenta la disociación entre las distintas generaciones y se convierte en caldo de cultivo para la creación de situaciones disruptivas, tanto entre los miembros de la comunidad migrante, que ha perdido sus referentes sin haber conseguido asimilarse, como entre los grupos de ascendencia migrante y la comunidad receptora.

Las doctrinas multiculturalistas y de disociación han convivido con el surgimiento del modelo de transnacionalismo antes citado. Se trata de una modernización de la tipología de las migraciones concebidas en un espacio multidimensional global sin límites. Este espacio se asocia con un nuevo concepto cosmopolita a modo de diáspora en movimiento que renegocia y construye

---

21 Moreras, Jordi (2001). "¿Del asentamiento a la integración? Diez cuestiones en torno al colectivo marroquí en Cataluña". *Arxius de Ciències Socials*, Núm 5., noviembre, pp. 93-110.

22 Barril, Joan (2012). "No todo vale", *El periódico*, 21 de noviembre.

23 FitzGerald, *op.cit.*, *vid.* p. 136.

su identidad "*de más de un Estado*"[24]. Sin embargo, como señala FITZGERALD[25], aquellos Estados en los que se favorecen las tendencias nacionalistas tratan de utilizar su acervo legislativo para imponer las corrientes asimilacionistas, frente a una visión más flexible de la migración que permitiría establecer distintos tipos de contacto y filiación entre el país de origen y el receptor.

De la pugna entre los modelos de asimilación completa y de un mosaico multicultural que compartimenta la sociedad, aislándola en guetos, surge la idea de pluralidad más extendida desde comienzos del siglo XXI: una sociedad integrada y plural, respetuosa con la cultura de los migrantes, pero que "*no puede colisionar con su necesaria y plena integración en el sistema occidental de valores básicos (la dignidad y la libertad de la persona)*"[26].

De acuerdo con el artículo 2 de la *Declaración de la Unesco sobre la diversidad cultural* (2001), el pluralismo cultural ha de entenderse como "*una interacción armoniosa y una voluntad de convivir de personas y grupos con identidades culturales a un tiempo plurales, variadas y dinámicas*". Al mismo tiempo, éste ha de garantizar la cohesión social, así como la paz y la vitalidad de la sociedad civil, a través de la integración y la participación de toda la ciudadanía.

En su evaluación comparativa sobre la integración de los migrantes en la UE en 2003, ENTZINGER y BIEZEVELD[27], advertían la importancia de desarrollar una sociedad inclusiva y tolerante en

---

24 Brettel, Caroline B. (2015). "Theorizing migration in anthropology. The cultural, social and phenomenological dimensions of movement", *Migration Theory. Talking across disciplines,* Routledge, Nueva York y Londres, pp.148-197, *vid.* pp.157-158.

25 FitzGerald, *op.cit., vid.* p. 135.

26 Seara Ruiz, José María (2010). *La inmigración. Un fenómeno universal,* Dykinson, S.L. Ministerio del Interior, Gobierno de España, Madrid, *vid.* p.44

27 Entzinger, Han; y Biezeveld, Renske (2003). *Benchmarking in Immigrant Integration.* European Research Centre on Migration and Ethnic Relations (ERCOMER), Facultad de Ciencias Sociales, Universidad de Rotterdam, agosto, *vid.* p. 2.

la que las minorías étnicas puedan convivir con la población local de la que forman parte. Para ello, proponen relaciones intensas y frecuentes, respetando el sistema de valores de la sociedad sobre la que se asientan. Señalaban que hacer lo contrario fomenta la exclusión y la discriminación social, al tiempo que incrementa el racismo y la xenofobia. No obstante, para que quienes llegan al país de acogida puedan desarrollar un sentimiento de pertenencia, y puedan identificarse como parte de la ciudadanía, es necesario que la legislación garantice que no serán discriminados socialmente y que dispondrán de igualdad de oportunidades en el acceso al mercado laboral.

Desde la sociología, la integración puede caracterizarse como un concepto extendido a lo largo de un continuo social, cuyo máximo exponente es la cohesión del sistema en el que se asienta la sociedad. El multiculturalismo se aleja del ideal, al convertirse en un modelo que promueve la coexistencia de distintos grupos entre los que pueden surgir fricciones por ausencia de una convivencia real. La integración absoluta según los cánones del modelo de asimilación tradicional tampoco es deseable, puesto que conculca la diversidad cultural defendida por la UNESCO, privando a la sociedad de su potencial creador e innovador.

## 3. MOTORES MIGRATORIOS

La afirmación franciscana sobre la sempiterna voluntad peregrina de una humanidad que anhela encontrar nuevas experiencias, territorios y grupos humanos muestra una cara de la migración. En la otra se encuentra la defensa de su naturaleza sedentaria[28], que resalta nuestra tendencia a forjar fuertes vínculos con el entorno para que, a menos que una fuerza racional reco-

---

28 Fairchild, Henry Pratt (1914). *Immigration, A world movement and its American significance.* Nueva York: The Macmillan Company, *vid.* pp.3-4.

miende el movimiento, funcionen como un elemento disuasorio para abandonar esa idea.

Ambas afirmaciones, pese a que puedan parecer incompatibles, refrendan el principio de la dualidad humana que, ya sea analizada desde el materialismo aristotélico, el inmaterialismo platónico o el dualismo cartesiano, indica nuestra capacidad de albergar conceptos y realidades encontradas. Ambos opuestos conviven y se reconcilian en el pensamiento de PETERSEN[29], quien defiende que el asentamiento de los grupos humanos en un territorio, sobre el que aparentemente están echando raíces, es realmente una situación de descanso. En su obra indica que las comunidades que se encuentran en una situación de reposo están, en realidad, a la espera de las circunstancias que les impelan, nuevamente, a seguir la búsqueda que hace realidad la existencia humana.

A la hora de exponer las causas por las que se producen los movimientos migratorios, es preciso remitirse a generalidades, dada la multiplicidad de razones que las promueven. De lo contrario, un análisis de la casuística de forma más particular requeriría entrar en el comportamiento de la psique humana, lo que escapa la dimensión de este estudio. Un sucinto análisis de estas causas permitirá conocer cuáles son sus principales motores y los retos a los que se enfrentan quienes abordan los flujos migratorios. Aunque *grosso modo*, esta revisión permitirá arrojar más luz sobre cómo ha de ser la legislación que regula los flujos humanos y en qué modo puede ofrecer mejores garantías para preservar los derechos humanos de todos los actores implicados.

### *3.1. Leyes migratorias*

Los motores que motivaron cada uno de los grandes fenómenos migratorios fueron fruto del contexto de la época, si bien es

---

29 Petersen, William (1958). "A general typology of migration", *American Sociological Review*, Vol. 23, N°3, junio, pp.256-266.

posible descubrir una serie de leyes o generalidades comunes. El descubrimiento de algunas de estas leyes causales, a finales del siglo XIX, se debió a una observación del epidemiólogo británico FARR, quien afirmaba justamente lo opuesto: que el fenómeno migratorio parecía no estar sujeto a regularidad alguna. Curiosamente, esta aserción espoleó al geógrafo británico RAVENSTEIN[30] a investigar los flujos migratorios para descubrir si, al contrario de lo que defendía el Dr. FARR, existía alguna regla que permitiese entender el desarrollo y la evolución de los movimientos de personas.

### 3.1.1. Factores de expulsión y atracción

Entre las causas capaces de impactar en el fenómeno migratorio, RAVENSTEIN[31] destacaba las mejoras del transporte (marítimo y terrestre) y el incremento en el deseo de movilidad de la población, en busca de un mejor puesto de trabajo, así como mejoras educativas y de ocio. A estas razones, añadía la migración forzosa, refiriéndose a los destinos obligatorios a los que han de trasladarse los marineros y soldados. Reconociendo la importancia de la migración en la pujanza londinense, destiló una serie de leyes migratorias, conocidas como los factores de expulsión y atracción (*push and pull factors*). Entendidas con la flexibilidad que caracteriza a los comportamientos en los que intervienen la toma de decisiones y otros factores humanos, reconocen el entorno legal (leyes opresivas, impuestos excesivos), climático y político (persecución, esclavitud) como realidades impulsoras de los

---

30 Ravenstein, Ernst Georg (1876). "Census of the British Isles, 1871. Birthplaces and migration", *The Geographical Magazine*, Julio, Vol. III, pp.173-177.

31 Ravenstein, Ernst Georg (1885). "The Laws of migration", *Journal of Statistical Society*, 48, pp. 167-227; (1889). "The laws of migration", *Journal of the Statistical Society*, 52, pp. 214-301.

flujos migratorios, aunque destacan las causas económicas por encima de todas las demás[32].

Por su parte, el demógrafo americano LEE[33] reconocía la validez de los principios anteriores, si bien apuntaba que la decisión migratoria no suele ser completamente racional, sino que, en realidad, tal componente pesa menos en la decisión que la parte irracional. De acuerdo con su teoría, la decisión migratoria se convierte en una ecuación sobre la que influyen factores asociados con el área de origen, el área de destino, obstáculos intermedios y, finalmente, otros de índole personal. Sopesados en una balanza, ésta se inclina a favor de la migración únicamente cuando el peso de los factores de empuje es capaz de superar la inercia natural que invita a permanecer en el territorio conocido. La ecuación no arroja el mismo resultado para diferentes grupos de individuos, ya que su planteamiento siempre incluye cierto grado de incertidumbre (cómo será realmente el área de destino, qué acogida brindará, etc.), al que cada persona asigna un valor diferente.

### 3.1.2. Enlaces migratorios

Ahondando en los factores individuales que inclinan la balanza migratoria, FAWCETT[34] la describe como un proceso dinámico en

---

32 Las leyes migratorias de Ravenstein parecen cimentarse sobre los principios de crecimiento poblacional expresados por el economista británico Thomas Robert Malthus en *An Essay on the Principle of Population* (1789). En las leyes se defiende que cuando la población de un determinado territorio crece sin tener recursos a su disposición, se traslada hacia otro lugar que los tenga o, al menos, hacia aquellos que, a juicio de los migrantes, estarán mejor capacitados para sostenerlos.

33 Lee, Everett S. (1966). "A theory of migration", *Demography*, Vol. 3, N°1, pp.47-57.

34 Fawcett, James T. (1989). "Networks, Linkages, and Migration Systems", *International Migration Review*, Vol. 23, N° 3, Special Silver Anniversary Issue: International Migration an Assessment of the 90's, otoño, pp. 671-680.

el que interactúan diferentes tipos y categorías de enlaces. Entre la tipología de entre quienes migran y quienes representan la sociedad de los países de destino se encuentran los tangibles, regulatorios, y relacionales. Por otro lado, las vías de conexión entre ambos grupos son de cuatro tipos: las establecidas entre los estados de origen y destino, las creadas a través de la cultura de masas, los vínculos existentes en las redes familiares y a nivel personal y, por último, los generados a través de las actividades llevadas a cabo por las agencias migratorias.

Examinando el grado de impacto y validez de cada una de estas relaciones, FAWCETT concluye que las relaciones familiares son las que más inciden sobre la decisión migratoria, ya que las leyes pueden cambiar, pero las obligaciones familiares se mantienen. Por otro lado, se confía más en la información recibida por miembros de la misma familia, puesto que suele ser más concreta e inmediata que la ofrecida por otros medios.

### 3.1.3. Migraciones innovadoras vs. migraciones conservadoras

Independientemente de la multiplicidad de factores que entran en juego a la hora de tomar la decisión de migrar, PETERSEN[35] sostiene que pueden clasificarse como innovadoras o como conservadoras. Las primeras las protagonizan quienes están motivados por la búsqueda de nuevas oportunidades que les permitan mejorar su situación de partida (pobreza, inestabilidad, etc.). Esto incluye la "*fuga de cerebros*" que aplica específicamente a profesiones particulares con un efecto beneficioso para los migrantes (al margen de los efectos que puedan conllevar para los países de origen)[36].

---

35 Petersen, William (1958). "A general typology of migration", *American Sociological Review,* Vol. 23, N° 3, junio, pp.256-266, *vid.* p. 258.

36 En su artículo, Petersen argumenta que " *[l]a respuesta de los países menos desarrollados a la fuga de cerebros, según un informe de Educación y Asuntos Mundiales (1970:57), podría ser 'la elevación del nivel de preocupación, el esta-*

Por el contrario, las migraciones conservadoras están impulsadas por el deseo de mantener un estilo de vida similar al que se posee en la situación de partida pero que, por alguna razón (crisis económica, política y/o climática, el estallido de un conflicto, etc.), peligraría si la persona permaneciese en su lugar de origen[37]. En cierto modo, la distinción entre ambas se asemeja a la separación terminológica establecida entre migrante (económico), que busca mejorar su situación en el nuevo destino, y refugiado, que se marcha para escapar de una situación de peligro. No obstante, la realidad migratoria tiende a mostrar una confluencia de factores que combinan ambos tipos[38].

---

*tus y la influencia de la mano de obra altamente capacitada como recurso indispensable para la modernización*", Petersen, William (1978). "International migration", *Annual Review of Sociology*, Vol. 4, 1978, pp. 533-575, *vid.* p. 541. El informe al que hace referencia Petersen puede consultarse en: Education and World Affairs (1970). *The International Migration of High-level Manpower: Its Impact on the Development Process,* New York, Praeger Publishers. En un análisis de este mismo documento, el psicólogo y educador Dael Wolfle coincide con Petersen al señalar que los países desde los que se producen las migraciones han de implementar cambios en la salud, agricultura y desarrollo económico para lograr una mejor gestión de sus recursos y ofrecer empleo a quienes buscan mejorar sus perspectivas profesionales. De este modo, el control de este tipo de migración requiere de amplia inversión en la infraestructura del país para solucionar las causas profundas de estos flujos. Wolfle, Dael (1971). *The Uses of Talent,* Princeton Legacy Library, Princeton University Press, *vid.* p. 162 y ss.

37 Petersen, William (1958), *op. cit.* pp.256-266.

38 Schuster, Liza (2016). "Unmixing migrants and refugees", *Routledge Handbook of Immigration and Refugee Studies,* Londres y Nueva York, pp. 297-303.

### 3.2. Grandes migraciones

A principios del siglo XX, la historia había registrado tres momentos de grandes migraciones[39]. La primera de ellas, cuando los "*bárbaros*" se abalanzaron sobre el territorio europeo apoderándose de Roma, o lo que quedaba de su antigua época de esplendor. La segunda, durante el siglo XIII, cuando Genghis Khan dirigió a los mongoles en sus campañas para apoderarse de un extenso territorio euroasiático (Asia central y amplias posesiones en el sur, este y oeste, así como buena parte de Europa del este).

La tercera gran migración, la atlántica, se sitúa en el comienzo de la Edad Moderna, con el descubrimiento del nuevo mundo, iniciada paulatinamente por medio de aventureros y conquistadores en los siglos XV y XVI, alcanzando su mayor expresión en el siglo XIX, como respuesta a la crisis demográfica, agrícola y política que experimentaba Europa en aquellos momentos. Sin embargo, la gran migración de la Edad Moderna no se produjo únicamente en dirección al Atlántico, sino que también se desarrolló en el Mediterráneo, en dirección sur, llevada a cabo por grupos de migrantes europeos, quienes se convirtieron en un reto a gran escala para los países en los que se establecieron[40].

Tímidamente al principio, pero de forma constante durante cinco siglos, ocho países europeos trataron de disputarse el título de ser el mayor poder imperial del mundo. Con sus viajes a ultramar, buscaban el florecimiento económico, así como el intercambio de bienes y conocimientos. Aquellos viajes de aventura y riqueza despertaron el recelo entre los países implicados, no siendo infrecuentes las campañas de desprestigio contra la expansión territorial, que han llegado incluso hasta nuestros días,

---

39 Guillet, Edwin C. (1937, 2nd Ed. 1963). *The Great Migration. The Atlantic Crossing by sailing-ship since 1770.* University of Toronto Press, Canada.

40 Clancy-Smith, Julia A. (2011), "Introduction: Peoplings", *Mediterraneans. North Africa and Europe iin an age of migration c. 1800-1900,* The Fletcher Jones Foundation, Universidad de California, Berkeley, Los Ángeles, Londres.

transponiéndose en el cine con "*una lectura de la historia cargada de prejuicios*"[41].

Uno de los impulsos más fuertes de aquellos viajes fue la voluntad educativa y de evangelización[42]. Las primeras universidades fundadas en América por la Corona española desde la tercera década del siglo XVI fueron testigos de aquel idealismo cultural que llegó al nuevo continente y que, siglos después, se convirtió también en uno de los pilares fundacionales de la UE. No obstante, el idealismo no se sostiene a menos que se combine con ciertas dosis de pragmatismo. Por ello, entre las prioridades para emprender el viaje también destacaban los deseos de lograr mayor prosperidad económica y aumentar su poder[43]. Poco a poco, aquellas tierras intrépidas sirvieron para expandir las dimensiones del *mundo conocido*, convirtiéndose en tierra de esperanza y salvación hacia la que dirigirse para huir de las catástrofes, hambrunas, conflictos religiosos o guerras exterminadoras que, de forma sucesiva, fueron desangrando a Europa.

Gracias al descubrimiento de nuevos lugares en los que desarrollar su vida, la población europea se desdobló paulatinamente hacia el otro lado del Atlántico. Así, aquella masa de agua dejó de ser el océano mundial que, según la antigua Grecia, circundaba el mundo y pasó a convertirse en el nexo entre el viejo y el nuevo continente. Al mismo tiempo, surgió una población mestiza que fue construyendo nuevas sociedades que representaban "*la esperanza de una* vid*a mejor*"[44]. Aquellos viajes de exploración y

---

41 Ordoñez, Rafael (2019). "Guerra a la leyenda negra", *El Independiente*, 26 de mayo.

42 Citado en García del Junto, Francisco (2016). *Esto no estaba en mi libro de historia*, Almuzara.

43 Cañedo Andalia, Rubén y Karell Marí, Caridad (2004). "Apuntes para una historia universal", *ACIMED*, vol. 12, núm. 1, Ciudad de la Habana, enero-febrero.

44 Poulain-Ceccato, Hélène (2010). "Tras la estela de los grandes navegantes", *Atlas de las migraciones. Rutas de la humanidad*, Le Monde diplomatique en español, UNED, pp.48-49.

aventura entre los siglos XV y XVII, seguidos por las travesías en busca de refugio que se sucedieron en los dos siglos posteriores, se convirtieron en una válvula de escape que alivió las presiones europeas[45], permitiendo una paulatina recuperación del continente e impulsando el florecimiento de los puntos a los que se desplazaban los migrantes[46]. Así, a raíz de este movimiento poblacional, desde finales del siglo XVIII hasta mediados del siglo XX, Gran Bretaña, Italia, España, Alemania, Polonia, Francia, Suiza, Bélgica y Holanda se convirtieron en países de emigrantes que marchaban a América para escapar del dolor y la miseria, partiendo en busca de nuevas posibilidades.

Desde entonces, se han registrado otras dos grandes migraciones: la cuarta, durante la Segunda Guerra Mundial, siendo en aquellos momentos el mayor desplazamiento de población que jamás se hubiera registrado[47]. Aquellos movimientos de personas que escapaban de la violencia, forzadas a migrar contra su voluntad, e iban en busca de nuevas oportunidades contribuyeron a la creación de dos bloques rivales en cuestiones políticas y económicas. Del primero surgiría, años después, la futura Unión Europea. En cambio, en el segundo, la Europa del este, continuaría el movimiento migratorio provocado por el conflicto bélico hasta desembocar en otro momento álgido, que tuvo lugar cuando se produjo el desmembramiento del bloque comunista en la última década del siglo XX.

---

45 La *crisis de la patata*, la revolución industrial, la represión política y las persecuciones raciales provocadas por las guerras civiles y mundiales son algunas de las principales razones por las que la población europea trataba de encontrar una salida emprendiendo su particular viaje a ultramar.

46 Lehmann, Jean-Pierre (2015). "Refugees and migrants: Europe's past history and future challenge", *Forbes*, 2 de septiembre.

47 Gatrell, Peter (2019). *The Unsettling of Europe. How migration reshaped a continent.* Hachette, Nueva York, *vid.* pp. 2-5. Peter Gatrell es experto en migraciones en la Universidad de Manchester.

Otro efecto de la Segunda Guerra Mundial fue el desprendimiento europeo de sus imperios de ultramar, con el consiguiente legado del régimen colonial. El devenir de los acontecimientos en los antiguos imperios coloniales forjaría el quinto gran movimiento migratorio: la llamada crisis de los refugiados que, comenzando tenuemente a finales del siglo XX, se ha desatado de forma masiva durante las dos primeras décadas del siglo XXI (y no tiene visos de retroceder en la tercera)[48].

La sucesión de diferentes crisis, tanto de naturaleza política como ecológica, con las que se inauguró el siglo XXI llevaron a que pronto se bautizase, en palabras del entonces Alto Comisionado de la ONU para los Refugiados (ACNUR), António Guterres, como el siglo "*de los pueblos en movimiento*"[49]. La necesidad de paliar los descensos de población en algunos continentes, unido a la elevada movilización de actores sociales dispuestos a contribuir a la gestión eficiente y humanitaria de los flujos migratorios, invitaba a soñar con realidades de sociedades de convivencia y mestizaje. Sin embargo, la comunidad internacional, en general, y los países directamente afectados por el movimiento de personas, de forma más particular, siguen buscando la manera de resolver el reto que plantean los circuitos de refugiados y náufragos del medioambiente.

Este movimiento de pueblos pone de manifiesto la continuidad del deseo de superación y búsqueda de nuevas oportunidades propio de la naturaleza humana, si bien el sentido de las migraciones actuales ha sufrido un giro copernicano. Los casi setenta millones de europeos que abandonaron el viejo continente en los dos siglos que transcurrieron entre 1750 y 1950 se han visto

---

[48] El 24 de febrero de 2022 se produjo la invasión rusa de Ucrania, lo que en un mes supuso más de 4 millones de refugiados, convirtiéndose en la sexta ola migratoria, que suma estos desplazamientos a los ocurridos tras la caída del telón de acero el 11 de septiembre de 1989.

[49] Blandin, Claire (2010). "El Planeta Emigrante", *Atlas de las migraciones. Rutas de la humanidad,* Le Monde diplomatique–UNED, p.3.

reemplazados por la llegada a Europa de flujos migratorios procedentes de Asia, América Latina y África[50]. España e Italia, junto al resto de países de la costa mediterránea europea, han pasado de ser países de emigración a convertirse en los receptores de "*las masas acurrucadas que anhelan respirar libremente*"[51].

Desde el siglo XIX, mientras una parte de la población europea ponía su mirada en América, las potencias del viejo continente, que buscaban otra vía de expansión para alcanzar mayor poder y prosperidad, volvieron sus ojos hacia África[52], convertida en una especie de tarta cuyo reparto se disputaron de forma precipitada, sin tiempo para preparar la integración de aquellos pueblos en las estructuras mundiales a las que se derivaba su producción. La premura y desorganización con la que se llevó a cabo la distribución arbitraria del continente propició que la salida de los poderes coloniales en el siglo XX se viera reemplazada por un imperio de comercio e influencia. Así, el nuevo reparto comercial ha convertido al continente negro en un enclave geoestratégico en el que distintos Estados, organizaciones y compañías se aventuran con la esperanza de aumentar su riqueza. Entretanto, África sigue aspirando a conseguir la libertad y dignidad humana que predicaban misioneros como Livingstone[53].

Fruto de las situaciones de inestabilidad, nacidas de aquel reparto y del posterior abandono de las colonias, han surgido buena parte de los movimientos migratorios originados en África duran-

---

50 Seara Ruiz, *op.cit, vid.* p.184.

51 Esta frase, traducción de "*huddled masses yearning to breathe free*" figura en una placa al pie de la Estatua de la Libertad (Isla de Ellis, frente a Nueva York), ante la que, durante el siglo XIX llegaba la masa migratoria del viejo continente. Al utilizarla aquí quiero hacer referencia a que, ahora, la arena de las playas del Mediterráneo se ha convertido en la puerta dorada cuya luz parece marcar el camino hacia la nueva tierra prometida para los grupos de migrantes del siglo XXI.

52 Pakerham, Thomas (1991). *The Scramble for Africa.* Londres, Abacus-Hachette, *vid.* p.13.

53 Pakerman, *op. cit., vid.* p. 680.

te los dos últimos siglos. El deseo de una vida mejor, con mayores oportunidades de prosperidad, sigue moviendo a la migración, con la diferencia de que la búsqueda de aventura y riqueza se dirige ahora hacia las costas europeas[54]. Entre quienes migran, algunos lo hacen en busca de mayor estabilidad económica y de bienes que su tierra no puede ofrecerles. Otras personas inician su periplo soñando con un lugar en paz, libre de persecuciones, donde puedan construir su hogar sin temor a que lo derrumben las bombas.

Aunque en el transcurso de la historia la civilización haya cambiado, creando asentamientos de carácter aparentemente permanente, el deseo de encontrar un lugar mejor en el que la subsistencia tenga mayores garantías sigue siendo motor de vida. Ante esto, luchar contra ello sería, en realidad, luchar contra la naturaleza del ser humano y contra la curiosidad e innovación que ha permitido evolucionar y progresar a través de la fusión del conocimiento generado por el encuentro entre distintas realidades. De ahí el deseo migratorio de cruzar el Mediterráneo, esta vez hacia el norte, en busca de una realidad más próspera. La situación migratoria actual exige que Europa recuerde su pasado, también migratorio, y asuma su parte de responsabilidad[55], redoblando su trabajo por y para el respeto de las garantías jurisdiccionales de los derechos humanos, tanto de quienes viven ya en ella como de quienes vuelven sus ojos hacia Europa en busca de esperanza.

### 3.2.1. Externalización de fronteras y la nueva migración coercitiva

Los efectos del cambio climático y la desigualdad generada por la globalización han dado lugar la era de las migraciones, en la

---

54 Smith, Stephen (2019). *La huida hacia Europa. La joven África en marcha hacia el viejo continente,* arpa. Traducción de Javier García Soberón de *La rue vers l'Europe* (2018).

55 Lehmann, *op. cit.*

que Europa se ha convertido en tierra receptora de inmigrantes[56]. Como consecuencia, se han extendido diversas prácticas que externalizan el control de las fronteras, como la exigencia de visados para acceder a la UE, la implantación de controles fronterizos y migratorios en los puntos de partida hacia Europa[57] y, desde la última década del siglo XX, la creación de acuerdos y estrategias para impedir la partida de migrantes desde sus puntos de origen hacia el Mediterráneo[58].

En principio, se trata de una medida humanitaria que busca reducir el número de muertes y siniestros catastróficos en las aguas del Mediterráneo. Sin embargo, RYAN argumenta que, al prevenir la llegada de migrantes a las costas europeas, se busca, en realidad, impedir que migrantes y refugiados tengan derecho a presentar solicitudes de asilo al amparo de la *Convención de Ginebra* de 1951 y su posterior desarrollo. La dureza de esta medida radica en que, puesto que la interdicción tiene lugar antes de que los grupos de migrantes hayan llegado al territorio de destino, la legislación internacional sobre los derechos de los refugiados no es aplicable.

Pese a la extensión de su uso, esta práctica está siendo ampliamente criticada por poner en riesgo las garantías jurisdiccionales de los derechos humanos de los migrantes. Así, MORENO-LAX[59]

---

56 Castles, Stephen; de Haas, Hein; y Miller, Mark J. (2014). *The Age of Migration.* Palgrave Macmillan: Hampshire, Reino Unido y Nueva York, 5ª Ed.

57 Ryan, Bernard (2010). "Extraterritorial Immigration Control: What Role for Legal Guarantees?". En Ryan, Bernard; y Mitsilegas, Valsamis, eds. (2010). *Extraterritorial Immigration Control. Legal challenges.* Martinus Nijhoff: Leiden, Boston, pp.3-37.

58 Casas-Cortes, Maribel; Cobarrubias, Sebastian; y Pickles, John (2014). "'Good neighbours make Good fences': Seahorse operations, border externalization and extra-territoriality", *European Urban and Regional Studies,* Vol. 23, Nº. 3.

59 Moreno-Lax, Violeta (2018). "The EU Humanitarian Border and the Securitization of Human Rights: The 'Rescue-Through-Interdiction/ Rescue-Without-Protection' Paradigm", *Journal of Common Market*

afirma que tales derechos se están conculcando en nombre precisamente de los mismos derechos que se pretenden defender, privando a los migrantes de una protección que podría salvarles y convirtiéndolos en víctimas de las redes de tráfico de personas.

Además, el empeño por evitar que los flujos migratorios alcancen las costas europeas permite que determinados Estados (de origen o tránsito) puedan utilizar la migración como un arma coercitiva a través de la que conseguir una serie de acuerdos con la UE que, de otra forma, no estarían a su alcance. Estas negociaciones coercitivas han ido creciendo desde finales de la década de 1970 gracias al uso de los costes de hipocresía, que explotan la distancia y la contradicción moral entre, por un lado, los principios que la UE proclama respecto a la migración y, por otro, el trato que se dispensa a las masas migratorias[60].

Dado que la UE se cimenta sobre el respeto a los derechos humanos, no puede consentir que quienes emprenden un viaje de esperanza hacia sus costas vean truncados sus sueños a medio camino, víctimas de prácticas que violan los derechos más fundamentales. Así, por ejemplo, se ve obligada a rescatar los barcos llenos de migrantes que las redes de tráfico de personas, conocedoras de este tipo de comportamiento, abandonan a la deriva en alta mar. Al mismo tiempo, el crecimiento de las facciones políticas radicales y el miedo a que éstas sigan extendiéndose ante el apoyo de una parte de la población (entre la que se encuentran algunos sectores marcadamente envejecidos) está obligando a la UE a adoptar un cada vez mayor número de medidas restrictivas frente a la migración[61].

---

*Studies. Special: EU Refugee Policies and Politics in Times of Crisis*, enero, pp.119-140.

60 Greenhill, Kelly M. (2010). *Weapons of Mass Migration: Forced Displacement, Coercion, and Foreign Policy*, Cornell Studies in Security Affairs, Cornell University Press; Greenhill, Kelly M. (2008). "Strategic engineered migration as a weapon of war", *Civil Wars*, Vol. 10, N°1, pp.6-21.

61 Castles, de Haas y Miller *op. cit.*

De forma paralela, la UE ha rubricado la firma de diversos acuerdos, fundamentalmente con países de tránsito, mediante los que les exige que respeten los derechos humanos de los migrantes, al tiempo que les invita a frenar la llegada de los flujos migratorios hacia Europa. De esta forma, intenta conseguir que los países en su área de influencia ofrezcan garantías jurisdiccionales que respeten los derechos humanos, si bien el éxito de tales objetivos está siendo dispar.

### 3.3.2. El péndulo migratorio del Mediterráneo

La imagen de migrantes o barcos a la deriva en las rutas del Mediterráneo (oriental, central y occidental-atlántica) no son un incidente aislado, sino que ha ocupado titulares, con final más o menos trágico, desde hace años. La hemeroteca virtual recuerda lo sucedido con embarcaciones que, tras rescatar migrantes, esperaron durante días en el Mediterráneo para conocer qué país (y en qué términos) daba luz verde al desembarco de la tripulación rescatada. El "*Francisco y Catalina*", que en julio de 2006 salvó a 51 inmigrantes cerca de las costas de Malta[62], y el *Aquarius*, que en junio de 2018 rescató a 629[63], son dos de los ejemplos de rescate

62 La espera de la tripulación del Francisco y Catalina en 2006 para poder llegar al puerto de Malta con los migrantes se prolongó hasta que diversos países aceptaron hacerse cargo de dichas personas, 43 de las cuales volaron a España, desde donde continuaron su viaje a otros lugares. La tripulación española que realizó el rescate fue recibida por los medios con titulares que señalaban la heroicidad de su acto y su acción sirvió para que diversos políticos subrayasen la altura de la solidaridad española. Mojón, Nacho (2006). "Llegan a España 43 de los inmigrantes rescatados por el "Francisco Catalina", *Faro de Vigo*, 22 de julio; Jiménez, Yasmina (2006). "La tripulación del 'Francisco y Catalina' premiada: Héroes por accidente", *El Mundo*, 23 de julio.

63 La negativa de Malta a permitir la llegada a sus costas del buque se unió a la de Italia que, pese a coordinar el rescate, impidió el desembarco en el país argumentando que esa acción estaba encaminada a erradicar el tráfico de seres humanos y, según palabras de Matteo Salvini, ministro

protagonizados por España a lo largo de más de una década, mostrando la persistencia de los flujos migratorios y la necesidad de que la agenda política aborde la cuestión sin olvidar el respeto a los derechos humanos.

Durante los últimos años, Malta y Lampedusa se han encontrado entre los puntos de llegada favoritos de los flujos migratorios que escogen las rutas mediterráneas, seguidos por los enclaves del Mediterráneo occidental y del Atlántico. La ruta del Egeo (oriental) merece especial atención por el repunte espectacular que presenció entre 2014 y 2016, llegando a recibir más de 800.000 migrantes durante el momento álgido de la crisis, en 2015. Cabe señalar que el crecimiento migratorio de esta ruta coincidió con el éxodo hacia Europa de los refugiados sirios, que buscaban escapar de la inseguridad experimentada en esos momentos por las guerras que asolaban sus fronteras[64].

Analizando la evolución de las llegadas migratorias a través de las rutas del Mediterráneo se descubre la naturaleza pendular de los flujos migratorios, desplazándose desde el Mediterráneo central al oriental, para posteriormente dirigirse hacia el occidental. Desde 2021, los datos refrendan un nuevo cambio pendular, mostrando un repunte en la ruta central del Mediterráneo.

Profundizando en este análisis, y si se tiene en cuenta que la presión migratoria a través del Mediterráneo comenzó con las

---

del Interior del país transalpino, "*garantizar una* vid*a serena a estos chicos de África y a nuestros hijos en Italia*". Tras un día de espera, el Gobierno español permitió la llegada del barco al puerto de Valencia subrayando la importancia de evitar una catástrofe humanitaria y ofrecer un puerto seguro a los migrantes, entre los que se encontraban más de un centenar de MENA, así como otros niños pequeños y mujeres embarazadas. Costa, Carolina M. (2018). "Aquarius, una noche y seis rescates: así auxiliaron las ONG a 600 refugiados", *El Confidencial*, 12 de junio.

64 ACNUR (2015). "7 razones que explican el éxodo de refugiados sirios hacia Europa", *La Agencia de la ONU para los refugiados. Comité Español*, 30 de septiembre.

llegadas a las Islas Canarias en torno a 2006[65], el citado movimiento pendular se habría originado en la ruta atlántica para, posteriormente, trasladarse hasta el Mediterráneo oriental. Así, pese al ligero incremento en las llegadas a Canarias en 2015, la ya mencionada pendularidad de los flujos migratorios había desplazado el empuje migratorio hacia las rutas central y oriental del Mediterráneo. Como resultado de aquel fenómeno, la UE activó distintas medidas de respuesta, para evitar la explotación que las mafias hacían de aquellas rutas, aprovechándose de la vulnerabilidad de los migrantes.

La efectividad de aquellas medidas, unida a la evolución de la situación en varios países africanos, hizo que el descenso de llegadas por ruta oriental y central se tradujese en un incremento en las llegadas a las Islas Canarias, que se triplicaron entre 2017 y 2018. El año siguiente, 2019, éstas volvieron a duplicarse respecto al año anterior. En 2020, pese a la reducción de las llegadas a la península y las Islas Baleares (ruta occidental, *stricto censo*) con motivo del cierre de fronteras para paliar la pandemia, las Islas Canarias fueron testigo de cómo se incrementaban las llegadas a sus costas en más de un 750% respecto a 2019[66].

En síntesis, los datos muestran que, tras el inicio atlántico en 2006, el punto más caliente de la crisis migratoria en 2014 se situó en el Mediterráneo central. Al año siguiente, con un aumento exponencial, se trasladó a la ruta oriental. Hasta 2017, la ruta central continuó siendo claramente la predilecta, mientras que en 2018 la occidental se situó como el punto caliente, trasladando el movimiento pendular migratorio al que fuera su punto de origen a mediados de la primera década del siglo XXI. Por otro lado, los cierres de fronteras de 2020 reflejan un descenso en las llegadas migratorias al conjunto de Europa. No obstante, éstas superaron

---

65 Figueroa, Verónica (2014). "El precedente, 'la crisis de los cayucos'", *El País*, 11 de agosto.

66 Ministerio del Interior (2020). "Datos acumulados del 1 enero al 31 de diciembre", *Inmigración irregular*, Gobierno de España.

las noventa mil llegadas, poniendo de manifiesto que los flujos migratorios hacia la vertiente norte del Mediterráneo no tienen visos de desaparecer.

El momento álgido de la pandemia (primavera de 2020), supuso un nuevo punto de inflexión para los flujos migratorios, que se trasladaron hacia la ruta occidental. Los efectos prolongados de la situación de alerta sanitaria, y su contribución a ensanchar la brecha en las condiciones de vida entre ambos hemisferios, pueden también entenderse como una de las causas subyacentes al repunte migratorio experimentado en 2021, cuando las cifras globales de las rutas mediterráneas volvieron a superar las ciento veinticinco mil llegadas.

El movimiento pendular de las tres rutas migratorias sigue, en parte, el empuje marcado por la securitización de las fronteras. No obstante, en la preferencia de una u otra ruta también hay que tomar en consideración otra serie de factores altamente importantes, tales como la situación geográfica del conflicto o situación de inestabilidad y peligro de la que tratan de huir los migrantes (la guerra de Siria, situaciones de inestabilidad en Libia, Marruecos...).

En cualquier caso, pese a no ser el único elemento que marca la decisión de utilizar una u otra ruta migratoria, los datos muestran que el éxito de las operaciones implementadas en las zonas de influencia de cada una de las rutas ha llevado a las mafias a búsqueda de otros puntos, que consideran más vulnerables. Esta situación incrementa el peligro que corre la vida de los migrantes que deciden atravesar el Mediterráneo para llegar a Europa, lo que exige que la UE continúe sus acciones de securitización en la vertiente mediterránea.

La efectividad de las medidas adoptadas por la UE consigue frenar las llegadas irregulares a través de las distintas rutas mediterráneas, si bien conviene no olvidar lo sucedido en otras rutas, que, cual volcán dormido, han vuelto a reactivarse después de un tiempo *en reposo*. La pendularidad mostrada por los flujos migratorios hace pensar que éstos seguirán desplazándose entre la vertiente oriental y occidental del Mediterráneo dependiendo de las condiciones del momento. Así, la fluctuación entre las distintas rutas ha dejado constancia de la necesidad de implementar una gestión más efectiva de estos movimientos para proteger la vida de quienes atraviesan el Mediterráneo.

### 3.2.3. Redes de inmigración ilegal: la esclavitud del siglo XXI

La lucha contra las redes de inmigración ilegal constituye un eje de acción prioritario para la UE, que tiene como objetivos primordiales, "*el respeto de los derechos de las víctimas y su protección, así como la lucha contra la trata de seres humanos*"[67]. A través del Convenio de Varsovia, Europa llama a la cooperación internacional en la lucha contra la trata de seres humanos, así como a la creación de un marco completo de protección y asistencia a las víctimas (y testigos) controlado por el *Grupo de Expertos sobre la Acción Contra el Tráfico de los Seres Humanos* (GRETA).

No obstante, pese a las décadas que se lleva luchando contra esta lacra, continúa siendo un fenómeno delictivo que parece ir en aumento. Por ello, el objetivo 8.7 de la Agenda 2030 exige la implementación de acciones inmediatas para erradicar el trabajo forzado y poner así fin a la esclavitud moderna y al tráfico de personas. Igualmente, en el 16.2 se insta a poner fin al maltrato, la explotación, la trata de seres humanos y todas las formas de violencia contra los niños. Sin embargo, estos objetivos lejos de alcanzarse, ya que las personas desplazadas a causa de conflictos siguen siendo blanco de los traficantes[68].

Las redes de inmigración ilegal están relacionadas, entre otras realidades delictivas, con la trata de seres humanos, la nueva lacra

---

[67] *Convenio del Consejo de Europa sobre la lucha contra la trata de seres humanos* (2005), Varsovia, 16 de mayo, Preámbulo.

[68] UNODC (2021). *Global Report on Trafficking Persons 2020*, United Nations Office on Drugs and Crime, Nueva York, Viena.

de esclavitud del siglo XXI[69]. Desafortunadamente, muchas de las personas que inician su travesía migratoria para lograr la entrada en su país de destino de forma irregular terminan siendo objeto de abusos y engaños, convirtiéndolas en víctimas de trata de seres humanos. Las personas que migran o viajan en busca de refugio y han de transitar durante su periplo por zonas en conflicto también son uno de los objetivos prioritarios de las redes de inmigración ilegal y trata de personas. Esta situación de vulnerabilidad hace que migrantes y refugiados se conviertan en presa fácil para aceptar trabajos fraudulentos, matrimonios forzados y diversas formas de explotación laboral.

Aunque el camino por recorrer todavía sea largo, la primera década del presente siglo había supuesto el desarrollo de un amplio marco jurídico, representado tanto por tratados internacionales como regionales[70]. La lucha contra las redes de inmigración ilegal y la trata de seres humanos entronca con el trabajo iniciado a finales del siglo XIX para erradicar la trata de esclavos. Esta normativa se fue desarrollando a lo largo del siglo XX a través de diversos convenios y convenciones sobre la esclavitud y el trabajo forzoso, cuyos principios siguen vigentes y se actualizan periódicamente a través de diversos protocolos. Igualmente, han servido de inspiración a directivas y estrategias puestas en marcha por la UE[71].

---

69 Gould, Chandre (2007). "Countering the 'scourge': the time for evidence and reason on human trafficking", *South African Crime Quarterly*, núm. 22, diciembre, pp. 7-12.

70 ACNUR, *Principios y Directrices Recomendados sobre Derechos Humanos y Trata de Personas. Comentario,* Naciones Unidas. Derechos Humanos, Oficina del Alto Comisionado para los Derechos Humanos. Nueva York y Ginebra, 2010, *vid.* p.3.

71 *Comunicación de la Comisión al Parlamento Europeo, al Consejo, al Comité económico y social europeo y al Comité de las Regiones. Estrategia de la UE para la erradicación de la trata de seres humanos (2012-2016),* Bruselas, 19 de junio de 2012; .

No obstante, el sistema internacional reconoce la vulnerabilidad a la que están expuestas las personas migrantes, particularmente cuando se encuentran residiendo ilegalmente en los Estados. La transnacionalidad del fenómeno de la trata, ligada a las redes de inmigración ilegal, se suma a las condiciones de irregularidad en las que las víctimas se encuentran en sus países de destino. Esto hace que sea difícil cuantificar la dimensión del fenómeno, más allá de la constancia de su gravedad y su continua evolución.

Pese a la confluencia en las actuaciones de las redes de inmigración irregular y el tráfico de migrantes, se trata de dos fenómenos diferenciados jurídicamente[72]. Así, pese a que las rutas empleadas pueden ser coincidentes, y en ambos casos pueda existir el respaldo de redes criminales y actuaciones relacionadas con el blanqueo de capitales, el delito surge por distintos motivos. En el primer caso, la inmigración irregular, la ilicitud se desprende de la introducción ilegal de una persona a un Estado del que no es nacional, lo que vulnera el interés de los Estados de controlar sus fronteras y la entrada de flujos migratorios. En cambio, en el caso de la trata, el bien jurídico protegido es la dignidad de la persona y la ilicitud del acto surge de la explotación a la que se somete al ser humano.

En el marco de la lucha contra la impunidad exigido por las estrategias y directivas de la UE, y fiel al espíritu del *Protocolo de Palermo*[73], España ha llevado a cabo la modificación del Código Pe-

---

72 *Resolución 55/25 aprobada por la Asamblea General de Naciones Unidas 8 de enero de 2001*, contra la Delincuencia Organizada Transnacional, cuyos Anexos recogen: (I). Convención de las Naciones Unidas contra la Delincuencia Organizada Transnacional. 62ª sesión plenaria de la Asamblea General de Naciones Unidas, 15 de noviembre de 2000. (II). Protocolo para prevenir, reprimir y sancionar la trata de personas, especialmente mujeres y niños, que complementa la Convención de las Naciones Unidas contra la Delincuencia Organizada Transnacional.

73 *Protocolo de las Naciones Unidas para prevenir, reprimir y sancionar la trata de personas, especialmente mujeres y niños, que completa la Convención de las*

nal con el objetivo de que en la tipificación del delito prevaleciese la protección de la dignidad y la libertad de los sujetos pasivos que sufren la trata, así como ahondando en el concepto de vulnerabilidad. Así, los esfuerzos legislativos se están traduciendo en la detección de víctimas y en el reconocimiento de que se respeten los estándares mínimos en cuanto a la lucha para la erradicación de la trata de personas.

---

*Naciones Unidas contra la Delincuencia Organizada.* Palermo, 2000.

*Capítulo II.*

# *Percepciones y reacciones sobre la migración en el proceso securitizador*

## 1. MIEDO Y DISCRIMINACIÓN XENÓFOBA

La terminología que ha caracterizado a buena parte de los medios de comunicación, así como a varios discursos políticos, es en gran medida la responsable de diseminar una narrativa del miedo que presenta los flujos migratorios como una situación amenazante. En primer lugar, cabe hacer notar que las personas no pueden ser ilegales ni irregulares, sino que únicamente sus acciones o su situación pueden ser descritas en estos términos. El uso de esta terminología promueve el distanciamiento y la creación de una "*identidad socialmente estigmatizada*"[74], lo que dificulta la convivencia.

Ante el uso de estos términos, MUKHORTIKOVA[75] señala que los medios de comunicación responden a su contexto político-social, al tiempo que inciden en la creación del imaginario colectivo a través del uso de metáforas con las que interpretan la realidad. Mediante la selección de términos relacionados con la presión y la necesidad de control, promueven la sensación de restricción en la capacidad de acogida del país. Así, el imaginario colectivo percibe una idea de saturación en la que concibe mayor presencia migratoria de la que habita realmente en el territorio.

---

74 Delclós, Tomàs (2013). "La inmigración y el lenguaje", *El País*, 16 de junio.

75 Mukhortikova, Tatiana (2018). "Representación metafórica de la crisis migratoria europea en la prensa española y rusa en 2017", *Comunicación y medios*, N.º 38, pp. 12-26.

Es preciso destacar que, en el caso de España, los datos del Instituto Nacional de Estadística (INE) en julio de 2021 mostraban que la población migrante en España continúa representando un 11'25% respecto al total de sus habitantes. Por otro lado, los datos muestran que el porcentaje de llegadas de migrantes en situación irregular en 2021 (el más elevado hasta el momento) representaba un 0,091% respecto al conjunto de la población. Pese a que el porcentaje no parece elevado, atraen hacia sí buena parte de la atención pública y política, lo que, de acuerdo con el Observatorio Español del Racismo y la Xenofobia (OBERAXE), influye notablemente en los comentarios con sesgos peyorativos que se encuentran en redes sociales "*como Twitter* [ahora "X"], *Facebook, Youtube o, más recientemente, Instagram y Tik Tok*"[76].

De acuerdo con VALERO ESCANDEL, estas representaciones, promotoras del discurso del miedo y del odio, presentan la migración como una avalancha clandestina vinculada a la pérdida de bienestar social, así como al incremento de la delincuencia y el desempleo[77]. Este tipo de miedos se une con la percepción de precariedad ligada a la migración que apunta el profesor PEROCCO. El investigador señala que a la situación laboral de los migrantes se une su debilidad jurídica y social, convirtiéndolos en un taller de experimentación de la precariedad que, posteriormente, puede extenderse a otros grupos de población[78].

Al comparar el porcentaje migratorio con la cantidad de miedos que genera, VOGEL señala que es preciso tomar en consideración que "*los miedos sobre la migración irregular vienen motivados por el número potencial de migrantes que se encuentran fuera del país receptor,*

---

76 OBERAXE (2021). *Boletín de Monitorización del discurso de odio en redes sociales, 1 de mayo – 30 de junio.*

77 Valero Escandell, José Ramón (2005). "Miedo a los migrantes", *La ciudad y el miedo: VII Coloquio de geografía urbana*, pp. 115-123, *vid.* p. 116.

78 Perocco, Fabio (2017). "Precarización del trabajo y nuevas desigualdades: el papel de la inmigración", *Revista Interdisciplinar da Mobilidade Humana,* Brasilia, v. 25, n. 49, abril, pp. 79-94.

*más que por el número de migrantes que se encuentra dentro del país*"[79]. Por su parte, BEN JELLOUN afirma que el miedo halla su expresión en un racismo sin fundamento que contraviene el artículo 14 del *Convenio Europeo de Derechos Humanos.*

Igualmente, el preámbulo de la *Carta de los Derechos Fundamentales de la Unión Europea (CDFUE)* recoge una declaración de principios contraria a la discriminación, así como a un discurso del miedo que fomente valores contrarios al patrimonio espiritual y moral sobre el que se asienta la UE. Además, sus tres primeros títulos versan sobre la dignidad, libertades e igualdad.

En esta misma línea, la UE trabaja para erradicar los efectos discriminatorios del discurso del miedo. De este modo, como continuación a la Acción Común contra el racismo y la xenofobia adoptada por el Consejo en 1996[80], la UE adoptó una Decisión Marco para luchar "*contra determinadas formas y manifestaciones de racismo y xenofobia mediante el Derecho Penal*"[81]. Ambos documentos tienen como objetivo el establecimiento de una mejor cooperación judicial para que cualquier manifestación grave del racismo y la xenofobia sea punible con una sanción penal efectiva, proporcionada y disuasoria.

La Decisión Marco aclara que la incitación al odio que genera comportamientos de discriminación xenófoba incluye cualquier tipo de instigación pública a la violencia o al odio, bien sea ante un grupo de personas, bien a través de medios digitales, impresos o cualquier otro soporte. Igualmente, comprende

---

79 Vogel, Dita (2019). "The challenge of irregular migration", *Routledge Handbook of Immigration and Refugee Studies,* Londres y Nueva York, pp. 333-339, *vid.* p. 333.

80 *Acción Común de 15 de julio de 1996 adoptada por el Consejo sobre la base del artículo K.3 del Tratado de la Unión Europea relativa a la acción contra el racismo y la xenofobia* (96/443/JAI).

81 *Decisión Marco 2008/913/JAI relativa a la lucha contra determinadas formas y manifestaciones de racismo y xenofobia mediante el Derecho penal,* adoptada el 28/11/2008, en vigor desde su aparición en el DOUE, 6 de diciembre de 2008.

la trivialización, negación o apología pública de los crímenes de genocidio, contra la humanidad o de guerra, especialmente cuando puedan ser causantes de violencia u odio hacia el grupo contra el que se cometieron.

Además del establecimiento de normativa que incentiva la erradicación de comportamientos xenófobos, desde 2007, FRA se encarga de promover y proteger los derechos fundamentales de toda la UE, sustituyendo así al Observatorio Europeo del Racismo y la Xenofobia que se había establecido en Viena en 1997.

### *1.1. Estadísticas*

El Eurobarómetro estándar elaborado semestralmente por el Parlamento Europeo recoge, desde 1973, los resultados de las consultas realizadas a una amplia muestra de la población de toda la UE sobre diversos temas. Ante la transformación del continente de emigrante a receptor de migraciones, incluye preguntas sobre esta materia desde finales de la década de 1980.

El análisis de los datos proporcionados a finales de 2010 permite observar la preocupación migratoria que existía en la UE en aquellos momentos. Entonces, los medios reflejaban cierta inquietud ante el acuerdo de colaboración que se había alcanzado entre la EU y Libia en cuestiones de asilo, migración y protección internacional, al tiempo que la presión migratoria experimentaba un ligero repunte en Grecia.

No obstante, a finales de 2011, las noticias sobre migración acapararon menos titulares, lo que redujo el porcentaje de preocupación sobre el fenómeno hasta finales de 2013, cuando comenzaron a llegar muestras de la creciente crisis migratoria que llegaría a las costas del Mediterráneo en los años siguientes. De este modo, en 2014, el porcentaje de preocupación ya se situaba en cifras ligeramente superiores a las registradas a comienzos de 2011. No obstante, el momento álgido de la crisis, en 2015, registró el mayor porcentaje de preocupación ante el fenómeno, mostrando que más de la mitad de la población europea (58%) consideraba la migración una prioridad de gestión para la UE. En los años posteriores, este dato fue decreciendo paulatinamente, aunque siguió situado todavía en valores más elevados que al comienzo de la crisis.

La llegada de la pandemia en 2020 hizo decrecer la preocupación ante las cuestiones migratorias, que a comienzos de 2021 se situaba en el valor más bajo desde el inicio de la crisis (y cercano al registrado a finales de 2013). Sin embargo, el crecimiento de los flujos migratorios en 2021, hizo que la preocupación volviese a repuntar a finales de dicha anualidad.

Atendiendo a la población de los países del Mediterráneo, se observa que en España y en Grecia la evolución de la consideración de la migración como una prioridad para la UE se desarrolló de forma similar a la media europea, si bien tendía a registrar porcentajes algo más bajos, especialmente en España. No obstante, a partir de finales de 2018, la población griega registró valores más altos que la media europea en lo referido a su preocupación por los flujos migratorios, lo que puede explicarse al comparar el volumen de población del país heleno con el de la población refugiada e inmigrante que acogía en sus fronteras.

Por otro lado, aunque la población italiana también fue cambiando su percepción sobre la migración a medida que se fue desarrollando la crisis, registró una mayor preocupación por el fenómeno que la media de la UE desde 2014 hasta 2018, reflejando la presión migratoria a la que estaba sometido el país.

El hecho de que la cuestión migratoria refleje, en términos generales, una posición inferior a la media europea en el elenco de prioridades nacionales de los tres países mediterráneos concuerda con los datos registrados al analizar su apoyo a una política migratoria común en la UE. Destaca el apoyo de la población europea a una política migratoria común, registrando los valores más elevados de toda la Unión. La información registrada en el Eurobarómetro se alinea con el apoyo de las instituciones españolas en diversas misiones europeas destinadas a la gestión migratoria (así como a otras cuestiones relacionadas con la delincuencia organizada).

El apoyo de Italia a una política migratoria común europea también es más elevado que el de la media de la UE, si bien es algo inferior al mostrado por España y Grecia. El descenso en la opinión favorable hacia la política común puede ser indicativo de un malestar hacia el apoyo europeo en la gestión de los flujos migratorios que han ido llegando a las costas italianas.

En cuanto a Grecia, desde finales de 2014 hasta finales de 2021, el apoyo de la población helena a una política migratoria común en la UE ha ido creciendo, si bien se ha reducido desde la irrupción de la pandemia, lo que puede indicar el descontento causado por la gestión europea ante el reciente número de refugiados y solicitantes de asilo que se encuentra en el país heleno.

Además de estas consultas referidas a los flujos migratorios, algunos Eurobarómetros recogen otras referidas a la actitud de la población europea hacia la migración inter y extracomunitaria. En este sentido cabe destacar un paulatino aumento de la percepción positiva hacia la migración intercomunitaria y un descenso en la percepción negativa hacia la extracomunitaria. En ambos casos, la población española tiende a situarse por encima de la media. Igualmente, España superaba la media comunitaria en su opinión positiva sobre la contribución de la población migrante al país, mostrando mayor apoyo a la ayuda que ha de prestarse a los refugiados.

Cabe destacar que la disminución en la percepción negativa de la migración extracomunitaria entre la población europea no ha redundado en un aumento de la percepción positiva, sino que ha servido para engrosar el grupo de los indecisos. Esto indica la necesidad de que la UE trabaje en la eliminación de los discursos de odio, que se analizan en la siguiente sección.

### *1.2. Discurso y delitos de odio*

En democracia, los partidos políticos constituyen los canales mediante los que la ciudadanía, a través del sufragio, expresa su voluntad. Sin embargo, de acuerdo con la teoría de la posverdad de GRAYLING, "*los hechos objetivos tienen menos influencia en definir la opinión pública que los que apelan a la emoción y a las creencias personales*"[82]. Ante esto, un uso radical y populista de la política puede aprovecharse de un discurso maniqueísta, exacerbando determinado sentimiento y, a través de él, lograr persuadir a la opinión pública para que el resultado que se plasme en las urnas no sea fruto de una reflexión política, sino de un impulso propagandístico.

De hecho, pese a lo difícil que resulta que la política cambie la opinión pública, el uso de una serie de técnicas del discurso puede hacer que el público perciba la agenda y las propuestas de los grupos políticos como propias[83]. Esto puede conseguirse enmarcando sus propuestas en un discurso que enfatice su consistencia con la opinión pública existente, aumentando la importancia de los aspectos más populares de su política, organizando su discurso de tal forma que aclare cuáles son los deseos del público, y cómo su política es coherente con ellos, buscando una definición

---

82 Coughlan, Sean (2017). "Qué es la 'posverdad', el concepto que puso de moda el 'estilo Trump' en Estados Unidos", *BBC News*, 12 de enero. Anthony C. Grayling, profesor de la Universidad de Oxford, postuló la teoría de la posverdad para explicar fenómenos como la llegada de Donald Trump a la presidencia de EEUU o la separación de Reino Unido de la UE. Respecto a este último caso, el profesor señaló la crisis económica surgida en 2008 (y al posterior crecimiento en la desigualdad entre ricos y pobres) como una de las causas del profundo sentido de disconformidad en la clase media que creó la atmósfera necesaria para "*'exaltar' las emociones sobre temas como la inmigración y sembrar la duda sobre los políticos establecidos*".

83 Edwards III, George C. (2009). *The Strategic President. Persuasion and Opportunity in Presidential Leadership*, Princeton University Press, Princeton y Oxford, *vid.* pp.59-62.

propia y de su partido capaz de canalizar el apoyo que la opinión pública le brinda en temas determinados hacia un apoyo al programa del partido a largo plazo o explotando la opinión pública fluida o cambiante respecto a determinado tema.

En Europa, estas técnicas se han utilizado para aprovechar el descontento de la población ante diversas crisis (recesión económica, desempleo, ataques terroristas y, más recientemente, la crisis sanitaria) y ligarlas a la migración para generar un clima contrario a ésta. El éxito de este tipo de discursos radica en cómo las posiciones adoptadas por los grupos más radicales acaban influyendo sobre la postura adoptada por los partidos tradicionales, de corte más mesurado[84].

De este modo, independientemente del resultado que se registre en las urnas, el populismo antinmigración consigue trasladar el debate migratorio hacia el sector político. Esto anima a que se pongan en tela de juicio cuestiones que, hasta hace poco, eran incontestables, como las obligaciones internacionales en materia de asilo, y el requisito de rubricar acuerdos de control migratorio únicamente con aquellos Estados garantes de la regulación en materia de derechos humanos.

Normalmente, los discursos populistas contra la migración tienden a apoyarse en justificaciones de índole económica, cultural o de seguridad. Para ello, los responsables políticos esgrimen argumentos acusatorios, culpando a la población migrante de la escasez de empleo, del deterioro de las costumbres y tradiciones, así como de causar problemas sociales y de seguridad que, en buena medida, suelen estar provocados por la fractura social resultante de una mala situación económica[85].

---

84 Calderón, Daniel et al. (2018). *Antinmigración. El auge de la xenophobia populista en Europa*, Fundación porCausa de Periodismo e Investigación. p.3.

85 De hecho, la percepción social de una persona que ha llegado a un aeropuerto europeo (por ejemplo, el Aeropuerto Adolfo Suárez, Madrid-Barajas) con un permiso de turista que posteriormente caduca, no es la

Al generar una atmósfera inquietante, quienes proclaman este tipo de discursos populistas buscan provocar un nuevo movimiento populista, no necesariamente extremista, que traslade una sensación de excepcionalidad y de riesgo a la población. De este modo, usan los discursos del miedo para lograr la legitimación de medidas excepcionales, mediante las que implementar su agenda política.

La actuación de este tipo de grupos no se produce de manera aislada, sino que se exacerba desde los medios de comunicación. Un estudio de cuatro periódicos tradicionales (*El País, El Mundo, ABC* y La Vanguardia), y otro exclusivamente digital (*El Confidencial*), concluye que el tratamiento de las noticias sobre migración lleva a que la opinión pública (española y europea) crea que hay más población migrante de la que hay en realidad[86].

CAMPO VIDAL destaca que la magnificación de este sentimiento se complementa con el hecho de que la mayoría de las noticias sobre inmigración que presentan los medios "*tienen un carácter negativo*", sin que apenas existan menciones de su contribución a frenar la despoblación, rejuvenecer la pirámide de edad, contribuir al fondo de la Seguridad Social u ocupar puestos de trabajo "*que no quieren aceptar ciudadanos originarios del país*". En su opinión, este sesgo informativo se convierte en caldo de cultivo para el populismo.

Así, el análisis de la representación de los migrantes en los medios ha llevado a la conclusión de que estos se presentan "*como*

---

misma que la opinión generada por la llegada en cayucos de migrantes subsaharianos. Ambos casos describen situaciones de migración irregular, pero la percepción social es diferente y la explotación de ambos casos en los discursos populistas puede ser distinta. *Vid.*: Calderón, Daniel et al. *op. cit.* pp.14-16.

86 Campo Vidal, Manuel (2019). "Tratamiento en medios de la inmigración", *El fenómeno migratorio en España. Reflexiones desde el ámbito de la Seguridad Nacional*, Ministerio de la Presidencia, Relaciones con las Cortes e Igualdad, Madrid, pp. 17-24.

*individuos salvajes que, por cualquier medio, quieren entrar en España, y esto justifica el uso de la violencia*". CEREZO y MARCOS añaden que la representación de la migración como personas problemáticas excluidas del grupo principal "*contribuye a la invisibilidad de sus derechos humanos al separarlos del grupo*"[87].

Otro estudio sobre medios señala que, aunque las noticias migratorias "*cumplen las normas deontológicas, el tono del tratamiento es neutral, y, en ocasiones, compasivo*", las metáforas del corpus tienden, "*en cierto modo, a la estigmatización de los migrantes*"[88]. MUKHORTIKOVA apunta que la abundancia de este tipo de tropos puede deberse a la proximidad con la que España presencia el fenómeno, como país directamente afectado por las llegadas de estos flujos.

No obstante, cabe destacar también la presencia de artículos centrados en historias de interés humano que buscan subrayar el periplo migratorio de quienes se ven obligados a migrar. De este modo, al revisar el análisis de los artículos relacionados con la migración, se observa que el discurso migratorio utilizado en los medios (en España y el resto de la UE) puede clasificarse como mixto.

Así, combina elementos del discurso reactivo (con retóricas del ciudadanismo y tradicionalismo) y del proactivo (usando retóricas de la ciudadanía y de la igualdad)[89]. A través del reactivo se priman los derechos de la población autóctona y se fomenta la defensa de la identidad nacional, al tiempo que se rechazan los

---

[87] Cerezo Prieto, Marta y Marcos Ramos, María (2020). "Migración y medios de comunicación: representación y percepción en la sociedad de la información", *Derechos humanos y migraciones. Una mirada interdisciplinaria*, Tirant Lo Blanch, Valencia, pp. 179-200, *vid.* p. 187.

[88] Mukhortikova, *op.cit., vid.* p. 22.

[89] Brenner Stiftung, Otto (2020). "Migration coverage in Europe's media. A comparative analysis of coverage in 17 countries, *OBS Working Paper 39, vid.* pp. 48-49; Prieto-Andrés, Antonio (2017). "Discurso político sobre la Ley de Extranjería en la prensa española", *El profesional de la información*, Nº 26, Vol. 4, pp. 695-704.

elementos multiculturales, a los que considera una amenaza para la seguridad; en cambio, con el discurso proactivo se aboga por la igualdad de oportunidades para la población migrante, así como por su acogida desde el respeto a los derechos humanos y las garantías jurisdiccionales.

Pese a la existencia de matices de discurso proactivo, la presencia de elementos reactivos parece cobrar más fuerza entre la población, lo que se correlaciona con el fomento de los delitos de odio (como el racismo y la xenofobia) experimentado en los últimos años. En el caso de la islamofobia, los ataques de odio parecen verse "*amparados por la impunidad que ofrece el rechazo generalizado a la violencia yihadista*"[90].

En cuanto a los delitos de odio, cabe destacar que, ante el aumento de este tipo de infracciones penales en los últimos años, la Fiscalía General del Estado (FGE) publicó la Circular 7/2019 considerando estos ataques como "*expresión de la intolerancia incompatible con la convivencia*" y señalando que "*[p]ara que concurra una infracción de odio será necesario [...] que la acción u omisión sólo pueda ser entendida desde el desprecio a la dignidad intrínseca que todo ser humano posee por el mero hecho de serlo*"[91].

Además, la FGE indica que, dada la subjetividad del tipo de delito, han de analizarse los hechos en su contexto. El documento destaca el papel de las redes sociales y advierte que cuando los comentarios se efectúen en foros o chats cuya finalidad está destinada a publicar "e*xpresiones o manifestaciones contra los grupos de personas a que se refiere el artículo 510 CP [...], aun cuando sea un único comentario, puede y debe valorarse que aquel se ha publicado, precisamente, en un chat de estas características*".

---

90 Calderón, Daniel et al. *op. cit.*

91 FGE (2019). *Circular 7/2019, de 14 de mayo, de la Fiscalía General del Estado, sobre pautas para interpretar los delitos de odio tipificados en el artículo 510 del Código Penal*, Fiscalía General del Estado (español).

Respecto al ejercicio de la libertad de expresión, citando la *STC nº112/2016, de 20 de junio*, la Circular recuerda que la libertad de expresión tiene un carácter preeminente en los sistemas democráticos, si bien adquiere "*carácter limitado cuando entre en conflicto con otros derechos o intereses constitucionales*". El documento señala que una de las formas actuales en las que se expresa este delito es "*la xenofobia derivada de los movimientos migratorios*".

Desde la publicación de la Circular, este tipo de delitos ha continuado presente en los medios, si bien comienzan a recoger voces que buscan erradicar este tipo de comportamientos y que afirman que "*el conjunto de la sociedad debe emplearse en la firme defensa de la igualdad, por encima de cualquier discriminación, en el espíritu del artículo 14 de la Constitución*"[92].

No obstante, pese al uso del discurso proactivo, continúan proliferando las noticias destinadas a generar alarma. Esta realidad mediática podría estar en la raíz del aumento de los delitos de racismo/xenofobia y de aquellos contra las creencias o prácticas religiosas (ej. islamofobia). De hecho, ambos tipos de delitos aumentaron[93] cuando, a raíz de los atentados del 17 de agosto en Cambrils, Cataluña, se incrementó la cobertura de noticias que los relacionaban con el islam y la migración[94].

---

92 Editorial (2021). "Murcia: racismo creciente contra los migrantes", *El País*, 28 de junio.

93 Ministerio del Interior (2019). *Informe sobre la evolución de los delitos de odio en España.*

94 Al Najjar Trujillo, Tamer y Alex Iván Arévalo Salinas (2019). "La cobertura periodística de los atentados de Barcelona y Cambrils en *Eldiario.es*: análisis del tratamiento informativo del islam", *Anàlisi. Quaderns de Comunicació i Cultura*, 60, pp. 81-96. La conmoción sufrida por la sociedad española con este atentado se empleó para justificar comportamientos islamófobos, como el ataque a las mezquitas de Granada y Sevilla, producidos pocos días después. Agencia (2017) "La mezquita del Albaicín de Granada es atacada por radicales de extrema derecha", *ABC*, 20 de agosto. Agencias (2017). "Un grupo de radicales ataca las mezquitas de Granada y Sevilla", *La Vanguardia*, 20 de agosto.

Entre 2015 y 2017, se produjo una tendencia al alza en los delitos relacionados con el racismo/xenofobia, así como en los relacionados con las creencias o prácticas religiosas. A partir de 2018, disminuyen los relacionados con las prácticas religiosas, si bien en el caso de los incidentes relacionados con el racismo y la xenofobia, la tendencia no se revirtió hasta 2020. No obstante, este último descenso pudo estar motivado por el confinamiento de la población como medida para combatir la pandemia del COVID-19, ya que ésta habría reducido la oportunidad de que se produjesen delitos. Esta hipótesis se confirmó con los resultados publicados, posteriormente, sobre la evolución de los delitos de odio en 2021, mostrando un aumento respecto a los datos del año anterior tanto en la categoría de hechos conocidos registrados en torno al racismo/xenofobia como en torno a las creencias o prácticas religiosas[95].

Por otro lado, la inestabilidad económica resultante de la citada crisis sanitaria podría haber creado un clima propicio para el alza de este tipo de delitos en 2021 (así como para el incremento de su comisión de forma violenta, que pudo detectarse a través de las noticias publicadas durante 2021). En este sentido, una encuesta publicada en julio, analizando los hábitos de consumo de información y el calado de las narrativas de odio entre la población, revelaba que los tres mensajes que tienen mayor influencia eran aquellos que señalaban que la población migrante tenía privilegios, no se integraba y era violenta. La encuesta mostraba que el 84% de la población había escuchado este tipo de mensajes alguna vez, y que el 32% los creía. La encuesta concluía que "*[e]l contexto actual favorece la difusión y aumenta la credibilidad otorgada a las narrativas del odio*"[96].

---

95 Ministerio del Interior (2021). *Informe sobre la evolución de los Delitos de Odio en España 2021.*

96 Resultados de la encuesta *Barómetro de la Desinformación. Sobre cómo la desinformación difunde narrativas de odio y distorsiona nuestra forma de percibir a las personas migrantes* realizada con el apoyo de la UE (2014-2020), Oxfam et al., *vid.* p. 14

Igualmente, los datos del *Informe de la Encuesta sobre Delitos de Odio*[97], realizada a víctimas de delitos anteriores y publicado en junio de 2021, indicaban que casi el 90% de las personas encuestadas temía poder ser nuevamente víctima de un delito de odio y más del 40% evitaba determinados lugares para no sufrir incidentes discriminatorios. Un 20'14% señalaba que el racismo/xenofobia había estado entre las causas por las que había sido víctima de un delito de odio[98].

En cuanto a la tipología delictiva de los delitos de odio, los datos del Ministerio del Interior español muestran un notable incremento en los tipificados como "*lesiones*", aunque las "*amenazas*" continúan siendo el tipo de hecho más recurrente en estos delitos[99]. Aunque los datos no muestran una desagregación por tipología de los incidentes relacionados con el racismo /xenofobia, el aumento de estos últimos al mismo tiempo que se ha producido un incremento de los delitos tipificados como lesiones lleva a pensar que el repunte de violencia puede estar sufriéndose en estos últimos incidentes.

---

97 López Gutiérrez, Javier et al. (2021). *Informe de la Encuesta sobre Delitos de Odio,* Oficina Nacional de lucha contra los delitos de odio, Ministerio del Interior, Gobierno de España.

98 Los datos publicados en la encuesta, y las noticias de los medios durante los meses de primavera-verano de 2021, alertan sobre una amplia preocupación y crecimiento de los delitos de odio relacionados con la orientación sexual / identidad de género. En julio de 2021 se alertaba del crecimiento, en un 88%, de los delitos de este tipo cometidos a través de internet (Planas Bou, Carles (2021). "Los delitos de odio por orientación sexual se disparan un 88% en internet", *El Periódico,* 30 de julio. Aun así, el racismo seguía encabezando el elenco de delitos de odio.

99 Entre 2013 y 2019, los delitos de odio experimentaron un incremento: los cometidos a través de amenazas, un 207%; los que conllevaban lesiones, algo más de un 122%; los que causan daños, algo superior al 329% (entre 2014 y 2019, ya que no hay datos de 2013) y los delitos cometidos a través de actos racistas, xenófobos e intolerantes en el deporte, en torno al 14'5%.

La tendencia al alza de los delitos de amenaza y lesiones puede tener correlación con el incremento en la retórica del odio que Amnistía Internacional detectaba en su informe de 2016/2017. Dicho documento señalaba que algunos dirigentes políticos hacían gala de una política del odio que demonizaba a grupos enteros de personas, deshumanizándolos y convirtiéndolos en chivos expiatorios, con el único fin de captar el apoyo del electorado. El prólogo advertía que la retórica política comenzaba a mostrar una tendencia global "*hacia una forma más airada y divisiva de hacer política [...] en busca de poder*", para lo cual comenzaban a servirse de "*discursos de miedo y desunión, culpando a los 'otros' de los motivos de queja, reales o inventados, del electorado*" [100]. Al hablar de la perspectiva regional europea, señalaba que el discurso del odio había logrado extenderse hasta lograr que los partidos mayoritarios abriesen la puerta a políticas que debilitaban el estado de derecho y erosionaban la protección de los derechos humanos, quedando las personas refugiadas como las más vulnerables ante esta situación.

En su siguiente informe anual, 2017/2018[101], la ONG corroboraba esta tendencia, indicando que continuaba el discurso hostil hacia los derechos humanos, con el fin de impedir la entrada irregular de personas, así como para lograr su expulsión. El informe destacaba que los "*políticos y comentaristas públicos desacreditaron y atacaron a las ONG, que, en la primera mitad de 2017, llevaron a cabo más rescates que nadie en el Mediterráneo central*". Fruto de este discurso, Amnistía Internacional señalaba que algunos países, como Italia, habían buscado la restricción de las actividades de las ONG a través de la imposición de un nuevo código de conducta.

En posteriores informes, Amnistía Internacional ha seguido señalando que la política de "*puertos cerrados*" de la UE conculca

---

[100] Amnistía Internacional (2017). *Informe 2016/17 Amnistía Internacional. La situación de los derechos humanos en el mundo*, Londres, *Vid.* pp.12-46.

[101] Amnistía Internacional (2018). *Informe 2017/18 Amnistía Internacional. La situación de los derechos humanos en el mundo*, Londres, *vid.* p.60.

los derechos de los migrantes, quienes quedan a la merced de las violaciones de los derechos humanos cometidos en países como Turquía y Libia[102]. Igualmente, en sus informes referidos a la situación generada por la pandemia, subrayó la situación de vulnerabilidad de refugiados y migrantes, que quedaron atrapados en campamentos superpoblados (incrementando la posibilidad de contraer el virus)[103].

Este comportamiento y el discurso político están consiguiendo una polarización de la población atendiendo a su edad, educación, clase social y contacto con la población migrante. La población más envejecida y con menor nivel educativo se situaría en el polo más intolerante, mientras que la más joven y con mayor nivel de estudios estaría en el punto más tolerante[104].

Hasta 2017, España había logrado marcar distancias con el resto de Europa, evitando el corte radical de los discursos populistas xenófobos[105]. A continuación, explicaba la excepcionalidad de España, junto a la de Portugal, señalando que, pese a la existencia de "*factores que hacen posible el crecimiento de la ultraderecha (inmigración, crisis económica y descontento político)*"[106], la península ibérica contaba con los únicos países sin representación parlamentaria

---

102 Amnistía Internacional (2020). *Human Rights In Europe. Regional Overview, vid.* pp.4-6.

103 Amnistía Internacional (2021). *Informe 2020/2021 Amnistía Internacional. La situación de los derechos humanos en el mundo vid.* pp.16-18.

104 Calderón, Daniel et al. *op. cit.* p.13.

105 Id., v*id.* p.24. De hecho, el índice de tolerancia hacia la migración elaborado por el OBERAXE creció cinco puntos porcentuales entre 2015 y 2016 (del 44'5% al 49'53%). En cambio, la tendencia se revirtió un año después, cuando el índice de tolerancia cayó 19 puntos porcentuales (situándose en un 30'25%), probablemente como consecuencia de los atentados de ese verano. *Vid.* Fernández, Mercedes; Valbuena, Consuelo y Caro, Raquel (2019). *Evolución del Racismo, la Xenofobia y otras Formas de Intolerancia en España. Informe-encuesta 2017,* Observatorio Español del Racismo y la Xenofobia, Ministerio de Trabajo, Migraciones y Seguridad Social, p. 174.

106 Calderón, Daniel et al. *op. cit.* p.66.

de este corte ideológico[107]. Igualmente, CALDERÓN señalaba que el eje del discurso "*autóctono / extranjero*" se difuminaba en el caso español, quedando sustituido por el de "*unionista / independentista*" respecto a Cataluña[108].

Sin embargo, esta tendencia cambió ante las elecciones andaluzas de 2018 y las generales de 2019. En ambas, el discurso antinmigración de algunos grupos ideológicos sirvió para ganar presencia en el parlamento autonómico y nacional. ALADRO VICO y REQUEIJO REY[109] analizan estos discursos durante los meses previos a los comicios, especialmente en la red social *Instagram*, revelando la migración como el segundo de sus ejes vertebradores. En los ítems estudiados, las autoras descubren la creación de un enemigo imaginario y señalan que las instancias estudiadas usan la función conativo-apelativa del lenguaje, la poético-estética y la expresivo-emotiva. Apuntan que estos discursos recurren al lenguaje oposicional para establecer un paralelismo entre "*el control de la inmigración ilegal y la defensa de los productos nacionales*"[110].

A través de su análisis, ALADRO VICO y REQUEIJO REY señalan que una de las claves de este discurso es que busca canalizar "*una protesta espontánea nacida del hartazgo y el cansancio ciudadano*". En esta misma línea, DEL TESO afirma que los contenidos de estos discursos ganan seguidores porque utilizan elementos de la propaganda para acomodarse a estados de ánimo. Señala que, a

---

107 No obstante, recalcaba que dicha ideología sí que estaba presente en la sociedad española, si bien la conexión de ésta con el pasado franquista había impedido su proliferación. Por ello, las protestas de aquellos años se habían articulado en torno a la corrupción, el bipartidismo y las políticas de austeridad económica procedentes de la UE.

108 Id. *vid.* pp.69-70.

109 Aladro Vico, E. y Requeijo Rey, P. (2020). Discurso, estrategias e interacciones de Vox en su cuenta oficial de Instagram en las elecciones del 28-A. Derecha radical y redes sociales. Revista Latina de Comunicación Social, (77),203-229.

110 Id., *vid.* p. 217.

través de esta técnica, buscan la desestabilización y la provocación para "*polarizar la sociedad y hacer sectario el debate político*"[111].

Además de estas características, RUBIO-PUEYO señala que, aunque pudiera parecer inverosímil, durante la campaña española para las elecciones generales de 2019, el discurso antinmigración utilizó tropos típicamente americanos (como la tenencia de armas para defender la propiedad privada), "*para invocar y explotar el miedo del pequeño propietario y terrateniente al extranjero, y específicamente al inmigrante*"[112].

El atentado de Cambrils en 2017, junto a la situación económica y laboral de la población española, parecían haber sembrado el clima propicio para que el discurso populista antinmigración, que no había logrado calar entre el electorado hasta ese momento, entrase en el Parlamento español. La evolución de los resultados electorales ha puesto de manifiesto que la persistencia del discurso del miedo y del odio contra la inmigración, en momentos de grave tensión económica, puede superar la tendencia de tolerancia hacia la migración. Esto obliga a pensar en un replanteamiento del discurso y la política si España y el resto de la UE quieren seguir sustentándose sobre los pilares de dignidad humana, libertad, igualdad y solidaridad en los que se basa la democracia y el estado de derecho recogidos en su *Carta de Derechos Fundamentales*[113].

---

111 Del Teso Martín, Enrique (2020). "Cómo tratar con la propaganda fascista sin futuro ni pasado", *La U. Revista de cultura y pensamiento*, 30 de abril.

112 Rubio-Pueyo, Enrique (2019). *Vox: ¿una nueva extrema derecha en España?*, Rosa Luxemburg Stiftung, Nueva York, *vid.* p. 13.

113 Ante esta situación, el Consejo Europeo presentó las *Conclusiones del Consejo relativas a la lucha contra el racismo y el antisemitismo*, el 2 de marzo de 2022. Dicho documento lamenta "*el aumento alarmante de los incidentes racistas y antisemitas en los Estados miembros de la Unión Europea, así como el recrudecimiento de los delitos de odio racistas y antisemitas y la incitación al odio, la negación y la distorsión del Holocausto y los mitos conspirativos, tanto en línea como fuera de la línea, en particular en el contexto de la pandemia CO-*

## 2. EFECTOS DE LA SECURITIZACIÓN, EL BLINDAJE DE FRONTERAS ANTE LA MIGRACIÓN

Buena parte del siglo XX se caracterizó por considerar la diversidad y el transnacionalismo como un proceso a través del que la sociedad global podía superar la época de violencia y destrucción en la que habían desembocado los movimientos nacionalistas. Sin embargo, la serie de atentados terroristas con la que comenzó el siglo XXI hizo que el imaginario colectivo comenzase a trazar un vínculo entre la migración internacional y las amenazas que acechan la seguridad de los Estados. Al mismo tiempo, algunos partidos políticos empezaron a cuestionarse la viabilidad de la convivencia social entre grupos étnicos diversos, lo que puso el foco de sus agendas sobre cuestiones como la inmigración, la diversidad y el multiculturalismo[114].

Con el incremento exponencial en el número de solicitudes de asilo a partir de 2015 aumentó la preocupación ante la migración, considerada como un fenómeno que amenazaba el *statu quo*. La entonces canciller alemana, Angela Merkel, consideró que las cuestiones migratorias y sobre refugiados eran más importantes incluso que la propia estabilidad del euro, y declaró que presentaban un "*reto formidable*" para cuya solución había que superar el "*modo normal de trabajo*" y movilizar todas las reservas personales[115].

---

*VID-19*" (q) y urge a "*[d]esarrollar planes de acción o estrategias nacionales, y esforzarse por hacerlo antes de finales de 2022, tal como se prevé en el Plan de Acción de la UE Antirracismo adoptado por la Comisión Europea el 18 de septiembre de 2020 y en la Estrategia de la UE de lucha contra el antisemitismo y apoyo a la vida judía adoptada por la Comisión Europea el 5 de octubre de 2021*". Aunque este documento queda fuera del marco temporal de este trabajo, se incluye aquí para poner de manifiesto el compromiso de la UE en "*[l]a lucha contra el racismo y el antisemitismo*". Consejo de la Unión Europea (2022). *Conclusiones relativas a la lucha contra el racismo y el antisemitismo,* Bruselas, 2 de marzo.

114 Castles, de Haas y Miller *op. cit.* p.6.

115 Bundesregierung (2015). "Merkel ZDF interview. Refugee policy: finding common answers", *The Federal Government,* 16 de agosto.

Este tipo de afirmaciones, así como la utilización electoralista de esta temática, dio lugar a la construcción de un discurso del miedo (que, con frecuencia, iba asociado con el discurso del odio).

Durante estos últimos años, los efectos del discurso del miedo han fomentado el desarrollo de una narrativa sobre inseguridad a través de la que se ha ido trazando una barrera, cada vez más marcada, entre el hemisferio norte y el sur[116]. Al mismo tiempo, a medida que la sensación de inseguridad y las amenazas se han ido ampliando y redefiniendo, la migración ha dejado de percibirse como una realidad claramente beneficiosa para los Estados receptores, pasando a considerarse como un riesgo para la supervivencia del mundo liberal. La creación de esta narrativa sobre inseguridad ha sido fundamental para articular la agenda política de securitización de la migración.

## *2.1. Construyendo la realidad a través de un concepto*

La securitización, articulada como un discurso basado en el riesgo y como forma de gobernanza, se centra en torno al Estado (tanto quienes legislan como quienes implementan dicha legislación) y en torno a las instituciones encargadas de la seguridad[117]. No obstante, precisa de una narrativa adecuada que justifique y abale las actuaciones en su nombre, ya que, como afirmaba FOUCAULT:

> *"En toda sociedad existen múltiples relaciones de poder que impregnan, caracterizan y constituyen el cuerpo social; y [...] no pueden establecerse, consolidarse ni implementarse sin la producción, acumulación y funcionamiento de un discurso. No puede haber ejercicio posible del poder sin una cierta economía de los discursos de la verdad, que opere a través y sobre la base de esta*

---

116 Ibahim, Maggie (2005). "The securitization of migration: a racial discourse", *International Migration*, Vol. 43, Núm 5, pp.163-187, *vid. p*p. 163-164.

117 Bilgic, Ali (2013). *Rethinking security in the Age of Migration. Trust and emancipation in Europe.* Routledge, *vid.* p.6.

> *asociación. Estamos sujetos a la producción de la verdad a través del poder y no podemos ejercer el poder excepto a través de la producción de la verdad"*[118].

Al mismo tiempo, el filósofo francés añadía que también estamos sujetos a esa verdad, puesto que "*es la verdad la que hace las leyes [...] y se extiende sobre los efectos del poder*". Además, matizaba que "*somos juzgados, condenados, clasificados, determinados en nuestras empresas, destinados a un cierto modo de vivir o morir, en función de los verdaderos discursos portadores de los efectos específicos del poder*"[119].

Ante esto, cabe afirmar que el discurso de la securitización constituye una verdad necesaria para los Estados que implica la identificación de una amenaza existencial capaz de vulnerar el estado de seguridad, la declaración de la necesidad de actuar con emergencia, y el permiso para recurrir a aquellas soluciones que van más allá de las normas establecidas[120]. No obstante, dicha securitización ha de ir de la mano del compromiso de respetar los derechos fundamentales de todas las personas implicadas, lo que incluye, de forma muy especial, los derechos de los migrantes. De hecho, es preciso recordar que el concepto de seguridad ha de entenderse como un continuo gradual, y no como una opción binaria que determina su presencia o ausencia en los Estados[121].

Siguiendo la escuela Hobbesiana, la seguridad y el Estado son conceptos que están inextricablemente unidos, puesto que la tarea más importante de la que ha de encargarse este último es la de garantizar su seguridad, entendida como la garantía de la paz

---

118 Foucault, Michel (1980). *Power/Knowledge: selected interviews and other writings, Michel Foucault, 1972-1977.* Ed. Colin Gordon, *vid.* p. 93.

119 Foucault, *op. cit.* p. 94.

120 Buzan, B; Wæver, O. y Wilde, J. (1998). *Security: A new framework for analysis,* Boulder, Lynne Rienner Publishers, Colorado y Londres, *vid.* p. 26.

121 Bourbeau, Philippe (2011). *The Securitization of Migration. A study of movement and order.* Routledge, Taylor Francis Group, Londres y Nueva York, *vid.* p. 11.

doméstica, la estabilidad y la independencia de su orden político[122]. Esto implica que la seguridad ha de concebirse más allá del enfoque militar y del uso de la fuerza que predominaba hasta la década de 1980. En la actualidad, la seguridad ha de utilizar un amplio abanico de nuevas estrategias para atender también a esferas no militares[123].

De este modo, trascendiendo el ámbito castrense, el concepto de seguridad actual ha realizado una expansión de su significado, incluyendo el ámbito político-ideológico y de las relaciones económicas, así como el de la seguridad de la sociedad en su sentido más amplio[124]. Este último aspecto de la seguridad (*societal security*) se aparta del concepto tradicional de seguridad y relaciones entre Estados y se centra, en cambio, en las relaciones entre las distintas comunidades sociales, especialmente entre los grupos mayoritarios y minoritarios. Así, presta especial atención a las cuestiones de naturaleza colectiva asociadas con "*la libertad de expresión y asociación, el uso de la lengua y educación nativa, expresión religiosa y participación en los procesos de toma de decisiones políticas del Estado*"[125].

Fruto de la reconceptualización del ideal de seguridad, aparece un nuevo listado de amenazas a cuya cabeza se encuentran los flujos migratorios y los cambios demográficos asociados con sus movimientos[126]. A continuación, una vez que esta realidad se presenta como una cuestión relacionada con la seguridad, el Estado reclama para sí "*un derecho especial para emplear cualquier medio nece-*

---

122 Wæver, Ole. (1989). *Security, the Speech Act. Analysing the politics of a word, Working paper*, p.4.

123 Buzan, Wæver y Wilde, *op. cit, vid.* pp.3-5.

124 Wæver, *op.cit.* p. 3.

125 Thiel, Markus. (2007). "Identity, societal security and regional integration in Europe", *Jean Monnet/ Robert Schuman Paper Series*, Vol. 7, Núm 6, *vid.* p.5.

126 Buzan, Wæver y Wilde, *op. cit.* p.121.

*sario con el fin de bloquear este desarrollo*" [127], afirmación que recuerda las palabras de Angela Merkel citadas anteriormente.

De este modo, la fuerza ilocutiva (en este caso, la capacidad de advertir adherida a cualquier término al que se contraponga el concepto de seguridad) y la fuerza perlocutiva (los efectos que el acto sobre el que se realiza la advertencia tendrá sobre el oyente) del binomio migración y seguridad consigue transformar la realidad. Apoyándose en la teoría de los actos de habla desarrollada por los filósofos del lenguaje SEARLE y AUSTEN[128], el politólogo WÆVER concluye que la propia enunciación del concepto de seguridad realiza un acto de securitización[129].

Al asociar el concepto de seguridad con la migración, esta última se presenta como una amenaza para la seguridad nacional ante la que hay que defenderse para conservar la soberanía nacional. Así, SQUIRE[130] señala que la securitización de la migración ha permitido vincularla con la amenaza terrorista sin haber tenido que usar expresiones directas o explícitas relacionando ambos conceptos.

En este sentido, la securitización se presenta como una visión extrema de la vertiente negativa de la politización, describiendo la migración "*como una amenaza existente que requiere medidas de emergencia y que justifica las acciones fuera de los límites normales del procedimiento político*"[131]. Como respuesta a esta conceptualización, la migración se integra en un discurso institucional en el que se acentúan la vigilancia y la defensa[132]. No obstante, para que esto

---

127 Wæver, *op.cit.* p.6.

128 Brown, Gillian y Yule, George (1983). *Discourse Analysis*, Cambridge University Press, Avon, Nueva York y Melbourne, *vid.* pp. 231-232.

129 Wæver, *op.cit.* p.5.

130 Squire, V (2015). "The securitization of migration: an absent presence?", *The Securitization of Migration in the EU: Debates since 9/11.* G. Lazaridis y K. Wadia, Eds. *Institute for European Studies*, Palgrave Macmillan, Hampshire, pp.19-36, *vid.* p. 23.

131 Buzan, Wæver y Wilde, *op. cit.* pp. 23-24.

132 Bourbeau, *op.cit.* p.1.

se lleve a cabo es preciso que la opinión pública acepte dicho enfoque[133]. De ahí la búsqueda de la conformidad del sentir popular a través de una retórica encargada de subrayar los aspectos negativos asociados con los flujos migratorios.

Por otro lado, la reiteración de este tipo de narrativas sobre los problemas de la migración hace que la población receptora tenga mayor predisposición a asociar los flujos migratorios con el crimen, lo que, a su vez, retroalimenta el discurso, que reclama más medidas securitizadoras. En su estudio de 2011, BOURBEAU muestra cómo la utilización de discursos positivos sobre la migración puede conseguir que la población perciba las dificultades derivadas de su gestión como retos en vez de como amenazas. Igualmente, señala que este cambio perceptivo frenaría el reclamo de mayores niveles de securitización.

Profundizando en el proceso securitizador, HUYSMAN[134] señala que la búsqueda de una narrativa adecuada que garantice mayores niveles de seguridad pone un énfasis continuado en la securitización y genera tensiones relacionadas con la distribución de valores, derechos y deberes. De esta forma, contribuye a normalizar la percepción de los flujos migratorios como una amenaza.

IBAHIM[135] advierte que este cambio perceptivo ha provocado un nuevo tipo de racismo, que basa sus argumentos de exclusión (entre quienes forman parte de un grupo y de otro) en sus divergencias culturales. Así, este nuevo enfoque deja atrás la distinción entre grupos amparada en la supuesta superioridad biológica que caracterizaba al racismo de otras épocas. Por otro lado, los nuevos criterios exponen la fragilidad de la solidaridad de clase. Entretanto, se va fortaleciendo una argumentación, con tintes de nacio-

133 Buzan, Wæver y Wilde, *op. cit.* pp.23-25.

134 Huysmans, Jef (2006). *The politics of insecurity: Fear, migration and asylum in the EU,* Routledge, Taylor y Francis Group, Londres y Nueva York, *vid.* p.110.

135 Ibahim, *op.cit., vid.* pp. 164-165.

nalismo radical, mediante la que se responsabiliza a las víctimas del comportamiento racista que busca segregarlas[136].

## 3. INDICADORES INSTITUCIONALES Y PRÁCTICAS MIGRATORIAS

La determinación del grado de presencia de la securitización en la gestión migratoria de la UE puede realizarse utilizando la serie de indicadores propuesta por BOURBEAU[137], que consta de dos categorías principales: los institucionales y los relacionados con las prácticas migratorias. Entre los primeros (institucionales) se encuentran:

1. El establecimiento de una relación entre migración y seguridad en la legislación aplicada en materia migratoria.
2. La inclusión de la inmigración (o la migración en sentido amplio) entre las preocupaciones de seguridad de un Estado.
3. La creación de una vinculación relevante entre migración y seguridad en los documentos políticos oficiales sobre esta materia.

En cuanto a los indicadores del segundo grupo, los relacionados con las prácticas migratorias, BOURBEAU establece los siguientes:

1. La existencia de medidas de interdicción y, en caso afirmativo, el grado en que están presentes.
2. La puesta en práctica de detenciones de migrantes y, en caso de que se lleven a cabo, en qué medida.

---

136 Bigo, Didider. (1998). "Sécurité et immigration: vers une gouvernementalité par línquiétude?" *Culture et conflicts*, Vol. Sécurité et immigration, 32-31, pp. 1-17, *vid.*, pp. 2-4.

137 Bourbeau, *op.cit.* pp.19-20.

### *3.1. Relación entre migración y seguridad en la legislación migratoria*

La relación entre migración y seguridad en la legislación de la UE quedó plasmada, fundamentalmente, con la firma del *Tratado de Schengen* el 14 de junio de 1985. Desde el comienzo, este Tratado establece una clara relación entre migración y la necesidad de emplear mecanismos de seguridad para controlarla. La *Declaración de los Ministros y Secretarios de Estado del Convenio de Aplicación del Acuerdo de Schengen de 19 de junio de 1990*, al que España se adhirió por acuerdo del 25 de junio de 1991, aspira a crear un espacio europeo sin fronteras interiores.

No obstante, para hacerlo posible, se insistió desde el comienzo en la necesidad de establecer un control eficaz en las fronteras exteriores (incluyendo el control de documentos de viaje y demás condiciones de entrada, residencia, trabajo, salida, así como la prevención de peligros para la seguridad nacional y el orden público). Para ello la Declaración promovía "*especialmente la armonización de los métodos de trabajo para el control y la vigilancia de las fronteras con la finalidad de realizar dichos principios uniformes.*"

Posteriormente, a través de la *Decisión del Consejo 1999/307/CE, de 1 de mayo de 1999, por la que se establecen las disposiciones para la integración de la Secretaría de Schengen en la Secretaría General del Consejo*[138], el Tratado de Schengen pasó a formar parte del marco institucional y jurídico de la UE con el objetivo de mejorar las herramientas a disposición de la lucha contra la delincuencia (incluida la inmigración clandestina).

---

138 Con la integración de la Secretaría de Schengen en la Secretaría General del Consejo se buscaba "*garantizar que cuando el acervo Schengen se integre en el marco de la Unión Europea, la aplicación y el desarrollo de las disposiciones relativas al citado acervo continúen desarrollándose en unas condiciones que garanticen el buen funcionamiento de las mismas*", *Decisión del Consejo, de 1 de mayo de 1999, por la que se establecen las disposiciones para la integración de la Secretaría de Schengen en la Secretaría General del Consejo.*

Con el paso del tiempo, en torno al *Tratado de Schengen* se ha ido articulando un amplio acervo legislativo, que incluye desde el *Acuerdo de 1991 entre el Gobierno de España y el Gobierno de la República Francesa sobre la aplicación del Tratado de Schengen* hasta las recientes órdenes dictadas por el Ministerio del Interior español, estableciendo criterios para la aplicación de una restricción temporal en las fronteras, tanto interiores como exteriores, con motivo de la pandemia.

Entre la normativa básica más importante que regula el Tratado, cabe mencionar el *Protocolo relativo a la entrada en vigor del Convenio de Dublín sobre ciertas disposiciones del convenio de aplicación del acuerdo de Schengen*[139], firmado en Bonn el 26 de abril de 1994 (ratificado por España el 24 de noviembre de 1995).

La firma del Convenio de Dublín supuso la reafirmación de los Estados miembros de la UE "*con arreglo a la Convención de Ginebra, modificada por el Protocolo de Nueva York, sin ninguna restricción geográfica del ámbito de aplicación de estos instrumentos, y su compromiso de cooperar con los servicios del Alto Comisionado de las Naciones Unidas para los Refugiados en la aplicación de dichos instrumentos*" (art.2).

Posteriormente, el *Convenido de Dublín* sufrió modificaciones a través del *Reglamento CE Nº343/2003 del Consejo, por el que se establecen los criterios y mecanismos de determinación del Estado miembro responsable del examen de una solicitud de asilo presentada en uno de los Estados miembros por un nacional de un tercer país*, conocido como Dublín II, así como por el *Reglamento UE N.º 604/2013 del Parlamento Europeo y del Consejo, por el que se establecen los criterios y mecanismos de determinación del Estado miembro responsable del examen de*

---

139 En su artículo 1, dejó sin efecto "*las disposiciones del capítulo 7 del título II, así como las definiciones de solicitud de asilo, solicitante de asilo y examen de una solicitud de asilo, que figuran en el artículo 1 del Convenio de aplicación de 1990*". *Protocolo relativo a la entrada en vigor del Convenio de Dublín sobre ciertas disposiciones del convenio de aplicación del acuerdo de Schengen*, BOE núm. 163, de 9 de julio de 1997.

*una solicitud de protección internacional presentada en uno de los Estados miembros*[140], conocido como Dublín III.

A través de los Convenios de Dublín se establecen los criterios para registrar las solicitudes de asilo, con el fin de evitar contradicciones en distintos ámbitos jurisdiccional, así como para impedir que se produzcan varias solicitudes de asilo por parte de la misma persona. Entre los criterios utilizados se encuentran los vínculos familiares o culturales de la persona solicitante con el país en el que se realiza la solicitud, la posesión de un visado o permiso de residencia en cualquiera de los Estados miembro, así como el país a través del que se ha accedido a la UE (tanto si la entrada ha sido legal como si no).

No obstante, dadas las críticas recibidas y la sobrecarga que entraña para algunos de los Estados con fronteras exteriores, este sistema entró en un periodo de revisión. Ante esta circunstancia, en 2016, se presentó un informe[141] en el que, entre otras medidas, se proponía complementar el sistema con un mecanismo de asignación correctiva que se activaría de forma automática cuando un Estado recibiera un número desproporcionado de personas migrantes. El mecanismo propuesto para reemplazar el *Convenio de Dublín* por una *Regulación de la Gestión del Asilo y la Migración*, que preveía la posibilidad de que un Estado rechazase la asignación de solicitantes que le remitía el Estado que se encontrase bajo presión migratoria, a cambio de una "*contribución solidaria*".

---

140 Mientras que el asilo se concede a los refugiados, la protección internacional comprende, además, "*la protección subsidiaria, que se concede a los extranjeros que no son refugiados, pero que se encuentran en determinadas situaciones de riesgo y no pueden regresar a su país de origen*", Oficina de Asilo y Refugio, Ministerio del Interior.

141 Maiani, Francesco (2016). *The Reform of the Dublin III Regulation*, Study for the LIBE Committee, European Parliament. Comisión Europea (2016). "Commission presents proposals for a sustainable and fair Common European Asylum System", *European Commision. Migration and Home Affairs. News*, 4 de mayo.

El debate sobre esta cuestión se intensificó con la presentación del estudio encargado a la *Comisión de Libertades Civiles, Justicia y Asuntos de Interior del Parlamento Europeo* (LIBE), liderado por el profesor Francesco Maiani. Este informe señalaba la necesidad de que los Estados implicados llegasen a un acuerdo equilibrado entre la responsabilidad y la solidaridad, binomio que se erigía como piedra angular para organizar la distribución de las personas solicitantes de asilo llegadas a la UE.

Fruto de aquel estudio, se popularizó un nuevo enfoque, que desembocó en la firma del *Nuevo Pacto sobre Migración y Asilo,* rubricado en septiembre de 2020, con el subtítulo de "*un nuevo comienzo sobre la migración en Europa*". Este Pacto subrayaba la importancia de recuperar la confianza de los Estados miembros estableciendo un equilibrio entre la responsabilidad y la solidaridad[142].

Además de lo expuesto, el Pacto de 2020 proponía acelerar la revisión de las propuestas de aquellos solicitantes que desean realizar un movimiento secundario. También resuelve la ambigüedad que existía en torno a los plazos en los que un Estado era responsable de una solicitud de asilo, estableciendo que aquel Estado que examine la solicitud de una persona, revisará todas las que ésta presente posteriormente. El documento continuaba prestando atención a las cuestiones de seguridad y de orden público, que pueden esgrimirse para rechazar la entrada de solicitudes de reubicación.

Fruto de tres años de negociación siguiendo la hoja de ruta del Pacto de 2020, en junio de 2023, los 27 Estados Miembros alcanzaron un acuerdo en torno a la gestión de la migración y el procedimiento de asilo que permite garantizar un equilibrio entre la solidaridad y la responsabilidad de los Estados Miembro. Dicho acuerdo se completó en octubre de 2023 al alcanzarse otro para regular las situaciones de crisis y fuerza mayor en materia

---

142 Comisión Europea (2020). "New Pact on Migration and Asylum. A fresh start on migration in Europe", *European Commission, Promoting Our European Way of Life,* 23 de septiembre.

migratoria y de asilo. Gracias a estos acuerdos, alcanzados durante la presidencia española de la Unión, el Parlamento Europeo y el Consejo podrán comenzar las negociaciones sobre una propuesta legislativa migratoria basada en la solidaridad, la responsabilidad y el respeto a los derechos humanos.

Por otro lado, al analizar otras instancias legislativas de la UE también se detecta el establecimiento de una relación entre migración y seguridad. Así, el TUE (Maastrich, 1992), reitera el especial interés que presentan la política de asilo y la política migratoria para los Estados miembros. Por ello, establece unas medidas de cooperación que buscan garantizar que la libre circulación de personas no perjudique los fines de la Unión, si bien subraya que dichas medidas han de atenerse a lo expresado tanto en el *Convenio Europeo para la Protección de los Derechos Humanos y de las libertades Fundamentales* como en el *Convenio sobre el Estatuto de los Refugiados* (art. K.2).

A su vez, el artículo B del *Tratado de Ámsterdam*, firmado el 2 de octubre de 1997, reitera la necesidad de contar con medidas adecuadas que garanticen el control de las fronteras exteriores, la inmigración, el asilo, así como la prevención y la lucha contra la delincuencia, con el fin de que la UE pueda ser un espacio de libertad, seguridad y justicia en el que las personas puedan circular libremente.

Por su parte, en las *Conclusiones de Tampere* (1999) se ratifica la idea de la UE como un espacio de paz, prosperidad y libertad en los términos expresados en el *Tratado de Ámsterdam*. En el documento se asegura que la negativa al libre acceso de personas a la UE va en contra de su tradición, si bien matiza la necesidad de desarrollar una serie de políticas comunes relativas al asilo y la inmigración con el fin de establecer "*un control coherente de las fronteras exteriores para poner fin a la inmigración ilegal y para luchar contra quienes la organizan y cometen delitos internacionales conexos*" (§11).

Como esqueleto articulador de esta política común en materia de asilo e inmigración, el documento destaca las siguientes líneas de acción:

- Establecer vínculos de cooperación con los países de origen y tránsito de los flujos migratorios con el objetivo de fomentar su desarrollo y trabajar en pro de la erradicación de la pobreza.
- Crear un sistema europeo común para las cuestiones relacionadas con el asilo que conlleve la "*plena y total aplicación de la Convención de Ginebra*" (§13).
- Garantizar un trato justo hacia los nacionales de terceros países, encaminando su integración a que obtengan derechos y obligaciones comparables al resto de ciudadanos de la UE, y fomentando la ausencia de discriminación en cualquier ámbito de la vida económica, social y cultural a través del desarrollo de medidas contra el racismo y la xenofobia.
- Gestionar los flujos migratorios colaborando de forma estrecha con los países de origen y tránsito, poniendo en práctica "*una activa política común en materia de visados y documentos falsos*" (§22) y, especialmente, "*luchando contra quienes se dedican a la trata de seres humanos y la explotación económica de los migrantes*" (§23).

Por otro lado, las novedades del *Tratado de Lisboa* (2007), incluyen la mejora de las prestaciones sociales de los trabajadores migrantes por cuenta ajena o propia. En su Título IV, *Espacio de libertad, seguridad y justicia,* incluye un capítulo dedicado a las políticas de control de fronteras, asilo e inmigración que refuerza las medidas destinas a la gestión eficaz y conjunta de los flujos migratorios, buscando prevenir la inmigración ilegal y la trata de seres humanos. Entre estas, incluye la expulsión y repatriación de los residentes que se encuentren en situación ilegal.

Además de reforzar la legislación migratoria, el *Tratado de Lisboa* puso en marcha 16 líneas de acción relacionadas con el binomio migración-seguridad, seis de las cuales están directamente relacionadas con esta materia[143]:

1. Comité estratégico de inmigración, fronteras y asilo (SCIFA), a cargo de establecer el área de libertad, seguridad y justicia.
2. Grupo de integración, migración y expulsión, encargado de la entrada, salida e integración de los migrantes.
3. Grupo de visados, cuyo objetivo es gestionar la política común de visados para los países que tienen la obligación de obtenerlo para entrar en el espacio de la UE[144].
4. Grupo de asilo, responsable de realizar los trabajos del Sistema Europeo Común de Asilo (CEAS).
5. Grupo de fronteras, dedicado a gestionar los asuntos relacionados con el cruce de fronteras interiores y exteriores, así como de hacerse cargo de las relaciones con Frontex.
6. Grupo de cuestiones Schengen, encargado de supervisar y realizar el escrutinio de los resultados específicos obte-

---

143 Pérez Martín, Juan Luis (2017). "Seguridad global y seguridad interior", *Monografías. Las migraciones internacionales, percepción y realidad. Un análisis desde la perspectiva de la seguridad,* Ministerio de Defensa, pp.109-155, *vid.* pp. 119-123.

144 En esta línea, a través del Fondo para la Gestión Integrada de las Fronteras, la UE estableció el Instrumento de Apoyo Financiero a la Gestión de Fronteras y la Política de Visados el 7 de julio de 2021. Por un lado, sus objetivos principales son la prevención y la detección tanto de la inmigración ilegal como de la delincuencia transfronteriza, así como la gestión eficaz de los flujos migratorios. Por otro lado, el Reglamento detalla que este marco financiero ha de servir para favorecer la armonización en la expedición de visados en la UE, así como para que puedan prevenirse los riesgos migratorios facilitando mecanismos de viaje legítimos. *Reglamento (UE) 2021/1148 del Parlamento Europeo y del Consejo de 7 de julio de 2021 por el que se establece, como parte del Fondo para la Gestión Integrada de las Fronteras, el Instrumento de Apoyo Financiero a la Gestión de Fronteras y la Política de Visados.*

nidos a través de las evaluaciones Schengen en diferentes campos.

Junto a los acuerdos y tratados, la UE cuenta con una amplia colección de directivas destinadas a construir un espacio de libertad, seguridad y justicia en el que la acogida de personas no represente "*un peligro para la seguridad del Estado miembro de acogida*"[145]. Para ello insiste en la necesidad de "*establecer un mecanismo de solidaridad para fomentar un esfuerzo equitativo entre los Estados miembros en la acogida en caso de afluencia masiva de personas desplazadas y en la asunción de las consecuencias de esta acogida*" (§20).

En esta línea, la *Directiva 2003/9/EC*[146], estableció las normas mínimas para la acogida de solicitantes de asilo buscando garantizar que todas las personas que lo solicitasen pudiesen tener un nivel de vida digno, así como unas condiciones de vida comparables en todos los Estados miembros (alojamiento, alimentación, vestido, preservación de la unidad familiar, atención médica y psicológica, acceso al sistema educativo y, si fuera necesario, asistencia jurídica).

La Directiva anterior quedó derogada por la *Directiva 2013/33/UE del Parlamento Europeo y del Consejo, de 26 de junio, por la que se aprueban normas para la acogida de los solicitantes de protección internacional.* A través de esta última, los Estados miembros quedaban

---

145 *Directiva 2001/55/CE del Consejo, de 20 de julio de 2001, relativa a las normas mínimas para la concesión de protección temporal en caso de afluencia masiva de personas desplazadas y a medidas de fomento de un esfuerzo equitativo entre los Estados miembros para acoger a dichas personas y asumir las consecuencias de su acogida,* art. 28.1.b.

146 *Directiva 2003/9/CE del Consejo, de 27 de enero de 2003, por la que se aprueban normas mínimas para la acogida de los solicitantes de asilo en los Estados miembros,* Documento 32003L0009. A través de su articulado, dictó disposiciones particulares para los menores, discapacitados, personas de edad avanzada y las víctimas de discriminaciones y explotaciones, prestando especial atención a los menores víctima de abusos, explotaciones, torturas o tratos crueles y degradantes, así como a las víctimas de tortura o violencia.

legalmente obligados a garantizar que las condiciones materiales de recepción de las personas solicitantes de asilo eran las mismas en toda la UE (especialmente en cuanto a vivienda, alimentación, empleo y salud, incluida la asistencia médica y psicológica). Además, restringió la posibilidad de aplicar la detención a personas vulnerables, especialmente cuando son menores.

La *Directiva 2011/95/EC*[147], sustituta de la *Directiva 2004/83/EC*[148], tiene como objetivo establecer "*normas relativas a los requisitos para el reconocimiento de nacionales de terceros países o apátridas como beneficiarios de protección internacional, a un estatuto uniforme para los refugiados o para las personas con derecho a protección subsidiaria y al contenido de la protección concedida*". Su aspecto más novedoso es la consideración de personas beneficiarias de protección internacional, acceso al empleo y sanidad para las personas con estatuto de refugiado, así como a quienes tienen concedido el estado de protección subsidiaria. No obstante, este último grupo tiene ciertas limitaciones en cuanto a la asistencia social y a la duración del permiso de residencia.

La normativa y procedimientos relacionadas con el retorno de los nacionales de terceros países en situación irregular también es común en todos los Estados miembros gracias a la *Directiva 2008/115/CE*[149]. El texto indica que quienes se encuentren

---

147 *Directiva 2011/95/UE del Parlamento Europeo y del Consejo, de 13 de diciembre de 2011, por la que se establecen normas relativas a los requisitos para el reconocimiento de nacionales de terceros países o apátridas como beneficiarios de protección internacional, a un estatuto uniforme para los refugiados o para las personas con derecho a protección subsidiaria y al contenido de la protección concedida.*

148 *Directiva 2004/83/CE del Consejo, de 29 de abril de 2004, por la que se establecen normas mínimas relativas a los requisitos para el reconocimiento y el estatuto de nacionales de terceros países o apátridas como refugiados o personas que necesitan otro tipo de protección internacional y al contenido de la protección concedida.*

149 *Directiva 2008/115/CE del Parlamento Europeo y del Consejo de 16 de diciembre de 2008, relativa a normas y procedimientos comunes en los Estados miembros para el retorno de los nacionales de terceros países en situación irregular.*

en la UE en una situación de irregularidad, bien por no cumplir los requisitos de entrada recogidos en el artículo 5 del *Código de Fronteras Schengen*, bien por no reunir las condiciones de entrada, estancia y residencia del Estado miembro en el que se encuentran, pueden ser objeto de internamiento en tanto se prepara su proceso de expulsión, siempre y cuando exista riesgo de fuga o de que se dificulte el proceso de retorno o expulsión.

Las normas mínimas para regir los procedimientos a través de los que conceder o retirar la condición de refugiado se establecieron en la *Directiva 2005/85/EC*[150], sustituida por la *Directiva 2013/32/UE, del Parlamento y del Consejo, de 26 de junio de 2013, sobre procedimientos comunes para la concesión o la retirada de la protección internacional*, en la que, por primera vez, se incluye un artículo (el 4.3) que establece que el personal encargado de velar por estos procedimientos ha de estar adecuadamente formado.

A esta normativa hay que sumar el *Reglamento UE 2019/1240 del Parlamento Europeo y del Consejo, de 20 de junio de 2019, sobre la creación de una red europea de funcionarios de enlace de la inmigración*[151], que modifica el anterior de 2004 para hacer frente al reto que ha supuesto la gestión de los flujos migratorios, las solicitudes de asilo y las fronteras. El reglamento busca ofrecer una respuesta europea coordinada y eficaz manteniendo el respeto a los derechos humanos como principio fundamental de la UE. Este grupo del funcionariado tiene como misión "*proseguir un diálogo y una cooperación coherentes con los terceros países clave de origen y tránsito de migrantes y con los solicitantes de protección Internacional*" con el fin de "*garantizar la aplicación efectiva de todos los aspectos de las políticas de la Unión en materia de inmigración*" (§5).

---

150 *Directiva 2005/85/EC del Consejo, de 1 de diciembre de 2005, sobre normas mínimas para los procedimientos que deben aplicar los Estados miembros para conceder o retirar la condición de refugiado.*

151 *Reglamento UE 2019/1240 del Parlamento Europeo y del Consejo, de 20 de junio de 2019, sobre la creación de una red europea de funcionarios de enlace de la inmigración*, DOUE núm. 198, de 25 de julio de 2019.

El repaso por estos tratados y directivas muestra que la relación entre migración y seguridad se ha desarrollado durante décadas en la legislación europea, si bien trata de adoptar una perspectiva acorde con las garantías jurisdiccionales de los migrantes. Así, la UE cumple con el primer indicador, constatando la securitización de la migración, sin olvidar su compromiso con el respeto a los derechos fundamentales.

### *3.2. La presencia de la in/migración entre las preocupaciones de seguridad*

La *Estrategia Europea de Seguridad* ha evolucionado considerablemente en sus dos décadas de existencia. El primero de estos documentos, firmado el 12 de diciembre de 2003 en Bruselas[152], marca una serie de objetivos estratégicos para hacer frente a los cinco retos mundiales que se consideraron como aquellos que comportan las amenazas más graves para la UE.

Entre los retos identificados en el primero de los documentos cabe destacar la mención de los conflictos regionales, el debilitamiento de los Estados y la delincuencia organizada, con la deriva hacia la pobreza que conllevan. Todos ellos confluyen en la generación de las causas que se encuentran en la raíz del reto migratorio. Ante esta situación, la primera Estrategia proponía hacer frente a las amenazas promoviendo la democracia, combatiendo el crimen organizado y cooperando con los países vecinos, quienes pasaban a convertirse en una prioridad estratégica, ya que en ellos se sitúa la primera línea defensiva de la UE.

En 2008, el *Informe sobre la aplicación de la Estrategia Europea de Seguridad – Ofrecer seguridad en un mundo en evolución*[153] continuaba

---

[152] Unión Europea (2003). *Estrategia Europea de Seguridad. Una Europa Segura en un Mundo Mejor*, Ed. Javier Solana, Secretaría General del Consejo Europeo, Bruselas.

[153] *Informe sobre la aplicación de la Estrategia Europea de Seguridad – Ofrecer seguridad en un mundo en evolución*, 11 de diciembre de 2008, Bruselas.

viendo la inmigración ilegal como un fenómeno derivado de las situaciones de pobreza, la delincuencia organizada y el crecimiento demográfico. Ante esto, el documento insistía en intensificar las relaciones bilaterales con los países del Mediterráneo a través de la PEV, para erradicar la inestabilidad generada por los conflictos nacionales, fruto del incremento de la radicalización.

El informe de 2008 subrayaba la importancia del Mediterráneo como "*fuente de oportunidades para Europa*" y, por ello, insistía en la necesidad de atender los complejos retos que seguía planteando, "*entre los que se [contaban] la insuficiente reforma política y las migraciones ilegales*"[154].

El fenómeno migratorio, tras las entradas masivas de 2015, captó nuevamente el interés de la Estrategia de Seguridad de 2016, titulada *Una visión común, una actuación conjunta. Una Europa más fuerte: estrategia global para la política exterior y de seguridad de la Unión Europea.* El documento incidía en la necesidad de que las cuestiones migratorias se abordasen desde una política integral y eficaz, a través de la que se mostrase solidaridad con los socios internacionales, exigiéndoles a cambio responsabilidad.

Con el fin de cumplir con el itinerario marcado a través de la Estrategia de Seguridad de 2008, la PEV seguía siendo una prioridad mediante la que impulsar la transformación de esos países hacia la construcción de una democracia próspera, pacífica y estable, que, a su vez, permitiese la expansión de los citados valores europeos en sus respectivas regiones.

En 2017 se publicó el *Libro Blanco sobre el Futuro de Europa. Reflexiones y escenarios para la Europa de los Veintisiete en 2025*[155], donde "*Schengen, migración y seguridad*" eran uno de los seis aspectos que se analizaban, articulándose en torno a cinco escenarios posibles.

---

154 Id. *vid.* p. 7.

155 Comisión Europea (2017). *Libro Blanco sobre el Futuro de Europa. Reflexiones y escenarios para la Europa de los Veintisiete en 2015*, 1 de marzo, Bruselas.

El denominador común a todos ellos era la necesidad de cooperar en la gestión de las fronteras exteriores, mejorando la coordinación en materia de seguridad, y tratando de avanzar hacia un sistema común de asilo.

Pese a que el Libro Blanco reconocía la dificultad en conseguir una política migratoria y de asilo común, el documento explicaba la necesidad de buscar mayor eficiencia en su gestión[156]. Igualmente, animaba a intensificar la cooperación en materia jurídica y de seguridad con la intención de lograr una mejor gestión de las fronteras, las políticas de asilo y la lucha contra el terrorismo. En esta línea, la UE ha reforzado la coherencia y la coordinación en los sistemas de gestión de fronteras, a través de la evolución del *Sistema de Gestión Integrada* (IBM), cuyas directrices ya se publicaron en 2010 con el apoyo del *Centro Internacional para el Desarrollo de Políticas Migratorias* (ICMPD)[157].

Al analizar las *Estrategias de Seguridad Nacionales* de España, se observa un cambio en la narrativa migratoria presentada en diciembre de 2017, ya que los flujos migratorios pasan a considerarse como un desafío en vez de como una amenaza, como se describían en las estrategias predecesoras. El documento señala que la migración en sí misma no es una amenaza, si bien puntualiza que puede provocar situaciones de inestabilidad e incluso hacer que otras amenazas surjan, se agraven o se aceleren, ya que "*los desafíos*

---

156 Pese a las dificultades predichas por el Libro Blanco, en 2020 se hizo realidad el *Nuevo Pacto sobre Migración y Asilo*, a través del que se establecía un mecanismo de responsabilidad y solidaridad equilibrado entre los Estados miembros.

157 EuropeAid Cooperation Centre & ICMPD (2010). *Guidelines for Integrated Border Management in European Commission External Cooperation.* Pese a los avances conseguidos en esta materia, el *Informe de Seguridad de Munich* publicado en febrero de 2021 todavía identifica que la migración masiva derivada de la guerra y el cambio climático es uno de los retos de seguridad más importantes a la hora de proteger las fronteras. Bunde, Tobias et alt (2021). *Between States of Matter. Competition and Cooperation. Munich Security Report 2021*, Junio.

*suelen estar interconectados y sus efectos traspasan fronteras*"[158]. Igualmente, en la *Estrategia de Seguridad Nacional* de España de 2021, los flujos migratorios siguen considerándose "*como un importante reto que requiere una política migratoria común, basada en la solidaridad y en la responsabilidad compartida*"[159].

En esta línea estratégica se enmarca el aumento presupuestario concedido a los fondos que la administración española otorga a distintos países africanos para obtener su colaboración en la contención de la inmigración irregular. Estas partidas están destinadas a subvencionar los gastos (totales o parciales) de las guardias costeras, y de las fuerzas de seguridad en los países que las reciben (tales como Marruecos, Guinea Conakri, Mali, Costa de Marfil y Gambia), que coinciden con aquellos desde donde parte el mayor número de migrantes hacia España. A través de esta aportación, España implementa una estrategia de cooperación policial que sintoniza con la política migratoria de la UE y ofrece "*un ejemplo de eficacia*"[160].

Junto a la atención prestada a la migración en las Estrategias de Seguridad, España participa en organismos, instituciones y procedimientos creados por la UE para regular y controlar los flujos migratorios. Entre ellos cabe citar:

- La Agencia Europea para la Gestión de la Cooperación Operativa en las Fronteras Exteriores de los Estados Miembros de la UE (Frontex)

---

158 Gobierno de España (2017). *Estrategia de Seguridad Nacional. Un proyecto compartido de todos y para todos*, Departamento de Seguridad Nacional, Presidencia del Gobierno, *Vid.* p. 58.

159 Gobierno de España (2021). *Estrategia de Seguridad Nacional. Un proyecto compartido de todos y para todos*, Departamento de Seguridad Nacional, Presidencia del Gobierno, *Vid.* p. 65.

160 Martín, María (2020). "Interior triplica las subvenciones a países africanos para contener la inmigración irregular", *El País*, 29 de junio.

- La Oficina Europea de Apoyo al Asilo (EASO)[161].
- La Agencia de la UE para la cooperación en la aplicación de la ley (Europol).
- El desarrollo de tecnologías de control como:
  - El Sistema de Información Schengen (SIS).
  - El Sistema Europeo de Vigilancia de las Fronteras Exteriores (EUROSUR).
  - La identificación biométrica y catalogación a través de la Dactiloscopia Europea (EURODAC).
  - El Procesamiento de Datos Personales para el Análisis del Riesgo (PeDRA).

Vistas las Estrategias de Seguridad y las agencias europeas que las implementan, así como los organismos y protocolos que cada una ha puesto en marcha, se confirma la presencia del segundo indicador constatando securitización de los flujos migratorios en la UE. Al igual que sucedía con el indicador anterior, éste se desarrolla en un marco de gestión integral y garantías jurisdiccionales.

### 3.3. *Vinculación relevante entre migración y seguridad en documentos políticos oficiales*

Los documentos citados en los apartados anteriores establecen las líneas estratégicas a través de las que se ha ido desarrollando la política en materia de migración y seguridad en la UE, la cual ha ido plasmándose en diversos documentos con declaraciones y conclusiones. Entre ellos, cabe citar el elaborado tras la *Cumbre de Tampere* (1999), donde se establecieron las bases a través de las que buscar la cooperación de los Estados miembros para gestio-

---

161 Desde el 14 de enero de 2022, ha quedado sustituida por la Agencia de Asilo de la UE (*vid.* Borras, Marta (2022). "Comienza a funcionar la nueva Agencia de Asilo de la Unión Europea", *Euroefe*, 19 de enero.

nar los flujos migratorios mediante un sistema de visados y control de documentación falsa. Igualmente, es destacable la creación de un sistema común de asilo, a través del que se busca la equiparación de las obligaciones y derechos de la ciudadanía europea, al tiempo que se impulsan medidas contra el racismo y la xenofobia.

A este tipo de documentos hay que sumar las declaraciones realizadas en los últimos años, orientadas hacia la contención de la afluencia de migrantes a Europa. Destaca la *Declaración UE-Turquía, de marzo de 2016*[162], a través de la que Turquía convino "*en aceptar el retorno rápido de todos los migrantes que no precisen protección internacional y que hayan pasado de Turquía a Grecia, y en aceptar a todos los migrantes irregulares interceptados en aguas turcas*".

En esta misma línea, se sitúa la *Declaración de Malta de febrero de 2017*[163], cuyo objetivo es la reducción significativa de los flujos migratorios, la desarticulación del modelo de negocio de los traficantes y el salvamento de vidas en el Mediterráneo. El documento, que confirma el apoyo al Consejo de la Presidencia maltesa y al gobierno de concertación nacional apoyado por la ONU, manifiesta la voluntad de la UE para cooperar con las comunidades regionales y locales de Libia (y países de su entorno), así como con las organizaciones internacionales activas en el país.

Dentro de este mismo marco se encuadran los documentos producidos a través de la *Política del Enfoque Global de la Migración y la Movilidad* (GAMM)[164], cuyo objetivo es crear un enfoque estratégico y eficaz, mediante el que fortalecer la política exterior en

---

162 Consejo Europeo (2016). *Declaración de Turquía, de 18 de marzo,* Comunicado de prensa.

163 Consejo Europeo (2017). *Declaración de Malta de los miembros del Consejo Europeo sobre aspectos exteriores de la migración: abordar la ruta del Mediterráneo Central.*

164 Comisión Europea (2011). *Enfoque Global de la Migración y la Movilidad,* Comunicación de la comisión al parlamento europeo, al consejo, al comité económico y social europeo y al comité de las regiones, 18 de noviembre, Bruselas.

materia de migración. Desde 2011, partiendo del entablamiento de diálogo sobre cuestiones como los visados, el asilo, la gestión de fronteras y la migración irregular, esta política ha ido creando lazos de cooperación que tratan de responder tanto a las necesidades como a las prioridades de las partes implicadas.

Del mismo modo, la Agenda Europea de Migración[165] mantiene su compromiso de salvar vidas a través de la búsqueda de las causas profundas que impelen los flujos migratorios. Desde 2017 sus logros más destacados han sido:

- Establecer un grupo de trabajo junto con la Unión Africana (UA) y las Naciones Unidas (ONU).
- Poner en marcha un mecanismo de tránsito de emergencia, con financiación de la UE y de ACNUR, para reasentar a los refugiados con la mayor rapidez posible, así como para "*evacuar a los migrantes en régimen de internamiento y desarticular las redes de trata y tráfico de personas*".
- Establecer un fondo fiduciario para África, con el fin de que puedan abordarse las causas profundas de la migración y proteger a los migrantes y refugiados.
- Crear un *Plan de Inversiones Exteriores* a través del *Fondo Europeo de Desarrollo Sostenible* (FEDS), para el que espera contar con el apoyo de los Estados miembros, con el fin de poder dar respuesta a un mayor número de iniciativas de desarrollo.

Además, en la *Agenda Estratégica de la Unión para 2014-2019*, el Consejo señalaba los flujos migratorios como la primera prioridad del citado ciclo institucional. Al hablar de la protección de la ciudadanía y sus libertades, exponía que, para construir una Europa en la que la ciudadanía pudiese sentirse libre y segura,

---

165 Comisión Europea (2015). *Comunicación de la Comisión al Parlamento Europeo, al Consejo, al Comité Económico y social europeo y al Comité de las regiones*, 13 de mayo, Bruselas.

era preciso garantizar la integridad del territorio. Por ello, seguía apostando por el funcionamiento adecuado de Schengen para, entre otras cuestiones, luchar contra la inmigración ilegal y la trata de seres humanos. El documento señalaba que "*[e]l control efectivo de las fronteras exteriores es condición previa indispensable para garantizar la seguridad, mantener el orden público y velar por el funcionamiento adecuado de las políticas de la UE, en consonancia con nuestros principios y valores*"[166].

A su vez, la *Agenda Estratégica para 2019-2024* reitera la voluntad de desarrollar una política migratoria integral que funcione plenamente, puesto que ésta es condición indispensable para que el territorio sea un lugar donde "*la gente pueda sentirse libre y segura*". Para ello, "*[l]a UE defenderá los derechos fundamentales y las libertades de su ciudadanía, tal y como están reconocidos en los Tratados, y los defenderá ante cualquier amenaza existente o emergente*". Así, la Agenda refuerza las líneas de cooperación con los países de origen y tránsito, con el objetivo prioritario de combatir tanto la inmigración ilegal como la trata de personas. Igualmente, señala la importancia de garantizar retornos efectivos que garanticen los derechos de las personas que se encuentran en esta situación. En

---

166 Las principales prioridades en las que se centraba la Agenda, además de la ya señalada (proteger a los ciudadanos y las libertades, velando por la seguridad de las fronteras exteriores y la llegada de flujos migratorios), eran: desarrollar una base económica sólida y dinámica; construir una Europa climáticamente neutra, ecológica, justa y social; promover los intereses y valores europeos en la escena mundial. El hecho de que la migración figure a la cabeza de este elenco de prioridades sintonizaba con el sentimiento de la población europea reflejado en el Eurobarómetro, en el que la migración se presentaba como el mayor reto al que se enfrenta la UE durante los últimos años. Consejo Europeo (2019) "Conclusiones adoptadas por el Consejo europeo en la Reunión del Consejo Europeo de 20 de junio de 2019", EUCO 9/19, Bruselas, *vid.* pp. 6-7.

este sentido, la Comisión Europea está reforzando la cooperación con los países implicados[167].

Siguiendo estas directrices, la Agenda quiere desarrollar una política migratoria global que resulte eficaz desde una línea de acción externa (cooperando con los países de origen y tránsito), y desde otra interna (a través de una política "*conforme a un equilibrio entre responsabilidad y solidaridad, teniendo en cuenta a las personas a las que se desembarque a raíz de operaciones de búsqueda y salvamento*")[168].

La presencia de la migración junto a cuestiones de seguridad en diversos documentos políticos, como declaraciones y agendas, muestran que el tercero de los indicadores institucionales confirma que la migración también está securizada en este nivel en la UE. Al igual que en los casos anteriores, el proceso securitizador está enmarcado dentro de un contexto de respeto a las garantías jurisdiccionales que busca una gestión integral de los flujos migratorios.

### *3.4. Medidas de interdicción*

Las medidas de interdicción[169] constituyen el conjunto de prácticas que tienen como objetivo frenar los flujos migratorios, e incluyen: la prohibición del viaje, su interceptación, y, si el trayecto ha comenzado, su desvío. Además de realizarse durante el propio desplazamiento, estas medidas también incluyen aquellas

---

[167] Comisión Europea (2021). *Comunicación de la Comisión al Parlamento Europeo y al Consejo. El refuerzo de la cooperación en materia de retorno y readmisión como parte de una política migratoria de la UE justa, efectiva y general.*

[168] En esta línea se sitúan las operaciones europeas en el Mediterráneo (que cuentan con la participación española), a través de las que se busca un control efectivo de las fronteras que garantice la seguridad de la población, así como la cooperación con los países de origen y tránsito, con el fin de luchar contra la inmigración ilegal y las redes de trata de personas.

[169] Bourbeau, *op.cit.* p. 19.

puestas en marcha antes de que los desplazamientos se realicen. En este último grupo cabe citar:

- las ayudas a los países de origen y destino de la migración (ej. acceso libre de impuestos de sus productos al mercado europeo).
- la llamada *externalización de las fronteras*, a través de acuerdos con países de origen y de tránsito.
- las acciones llevadas a cabo por Frontex para fomentar la coordinación y mejorar las prácticas con las que se lleva a cabo la detección y el retorno de los migrantes irregulares.

Al mencionar a Frontex, es preciso recordar que realiza la gestión de los flujos migratorios de forma paralela a la desarticulación de otros delitos (como el contrabando, el fraude documental y el terrorismo), que constituyen amenazas que se sirven de las rutas migratorias para tratar de adentrarse en la UE. A través de la pluralidad de sus actividades, Frontex trabaja para erradicar la trata de seres humanos y evitar que los traficantes pongan en riesgo la vida de los migrantes.

Con el fin de impulsar la labor de Frontex, el marco financiero plurianual publicado en 2018 sirvió para que la Comisión Europea reiterase que la Agencia constituye una de las herramientas a través de la que aplicar políticas comunes y solucionar la amplia gama de desafíos, entre los que destaca la seguridad y la protección de fronteras. El documento insiste en la necesidad de aumentar el presupuesto destinado a Frontex, así como en la importancia del "*desarrollo continuo del marco de intercambio de información (EUROSUR)*"[170].

---

170 *COMUNICACIÓN DE LA COMISIÓN. Un marco financiero plurianual nuevo y moderno para una Unión Europea que cumpla de manera eficiente con sus prioridades posteriores a 2020*, Bruselas 14/02/2018, *vid.* p.7. El documento se hace eco de la afirmación del entonces presidente de la Comisión, Jean-Claude Junker, de que los presupuestos son más que ejercicios contables. Así, en este marco financiero, la Comisión Europea reiteró

En este marco, el nuevo *Reglamento (UE) 2019/1896 del Parlamento Europeo y del Consejo de 13 de noviembre de 2019 sobre la Guardia Europea de Fronteras y Costas*[171] dota al organismo de mayores medios y avanza en la protección de los derechos fundamentales de los migrantes, integrando, además, la regulación y la figura de EUROSUR. De este modo, esta guardia costera acoge el conjunto de los elementos que permiten la gestión integrada de las fronteras, quedando así clara la voluntad de convertir a Frontex en un ejemplo para la gestión eficaz de las fronteras exteriores, permitiendo garantizar:

> *"la protección de los derechos fundamentales en la realización de las tareas que le asigna el presente Reglamento de conformidad con el Derecho de la Unión, especialmente la Carta y el Derecho internacional aplicable, incluida la Convención sobre el Estatuto de los Refugiados de 1951, su Protocolo de 1967, la Convención sobre los Derechos del Niño y las obligaciones relacionadas con el acceso a la protección internacional, especialmente el principio de no devolución"* (art. 80).

La nueva estructura confirma el enfoque global del Consejo Europeo hacia la migración, instando a la cooperación eficaz entre Frontex, la Agencia de Asilo de la UE (antes EASO), Europol y FRA con el fin de "*coordinar sus actividades y ayudar a los Estados miembros a facilitar el procedimiento de protección internacional y el procedimiento de retorno con respecto a los nacionales de terceros países cuyas solicitudes de protección internacional sean rechazadas*" (§53).

Entre las mejoras a favor de la protección de los derechos fundamentales[172], el Reglamento de 2019 incorpora dos mecanismos de control independientes. Por un lado "*[p]odrán interponerse ante*

---

que los presupuestos tratan de prioridades y ambiciones alineadas con lo que se requiere para mantener "*la Europa que queremos*".

171 *Reglamento (UE) 2019/1896 del Parlamento Europeo y del Consejo, de 13 de noviembre de 2019, sobre la Guardia Europea de Fronteras y Costas y por el que se derogan los Reglamentos (UE) n.° 1052/2013 y (UE) 2016/1624*

172 Binomio que se repite más de 200 veces en el texto, buscando así resaltar su importancia y ratificar el compromiso de la UE con su defensa.

*el Tribunal de Justicia [de la UE] recursos de nulidad en relación con actos de la Agencia que estén destinados a producir efectos jurídicos frente a terceros*" (art. 98). Por otro, "[*l*]*as actividades de la Agencia serán objeto de investigaciones del Defensor del Pueblo Europeo, de conformidad con lo dispuesto en el artículo 228 del TFUE*" (art. 119).

Además, el artículo 109 del citado Reglamento establece el nombramiento de un agente de derechos fundamentales que "*contará con las cualificaciones, los conocimientos especializados y la experiencia profesional necesarios en dicha materia*", y ante quien responderá el director ejecutivo de la agencia, "*informándole de la manera de abordar las preocupaciones relativas a las posibles violaciones de derechos fundamentales*". El documento destaca la importancia de esta figura indicando que el agente ha de poder "*actuar con autonomía e independencia en el desempeño de sus funciones*" y que "*tendrá a su disposición los recursos humanos y financieros suficientes y adecuados, necesarios para el desempeño de sus funciones*". Por ello, "*[e]l agente de derechos fundamentales tendrá acceso a toda la información relacionada con el respeto de los derechos fundamentales en todas las actividades de la agencia*".

El compromiso con la defensa de los derechos fundamentales de Frontex se corrobora en sus operaciones conjuntas, en las que pone el foco en erradicar el tráfico de seres humanos[173], con el fin de conseguir que las aguas del Mediterráneo sean más seguras[174].

---

173 Moreno-Lax, *op. cit.*

174 *Mare Nostrum* y *Sophia* sirvieron de inspiración para las misiones posteriormente desarrolladas por Frontex. Esta última, liderada por España en el Mediterráneo central, estaba destinada a *"luchar contra las redes de tráfico de personas, prevenir flujos de migración irregular y evitar que [muriese] más gente en el mar*", *vid.* Estado Mayor de la Defensa, "EU-EUNAVFOR-MED Sophia", *Ministerio de Defensa*; Los beneficios humanitarios de estas operaciones y su buen funcionamiento operativo fue aplaudido por diversos organismos internacionales. *vid.* IOM, "IOM applauds Italy's Life-saving Mare Nostrum Operation: 'Not a migrant pull factor'", *Missing Migrants.*

Entre dichas operaciones destacan las siguientes[175]:

- *Hera*, liderada por la Jefatura Fiscal y de Fronteras de la Guardia Civil española (con apoyo de Portugal), se desarrolló en la zona terrestre y marítima de las Islas Canarias y en las aguas senegalesas. La operación contaba con la participación del Centro de Coordinación Internacional (ICC) en Madrid y el Centro Regional en Las Palmas de Gran Canaria.

  Comenzada en 2006 y finalizada en 2018, es la operación más longeva de la Agencia y la única que también se llevó a cabo en las aguas de un tercer país (Senegal). Senegal fue el único país al que se podían conducir las personas rescatadas, ya que el país "*no incurre en prácticas tales como vulneraciones de los derechos fundamentales de las personas o vulneraciones del principio de no devolución*" [176]. A raíz de esta operación, en el informe anual sobre la implementación de la *Regulación (UE) 656/2014*, Frontex indicaba la necesidad de que la UE firmase un acuerdo con Senegal para mejorar el concepto de la operación conjunta Hera.

  Durante el tiempo que estuvo activa, contó con la participación de medios españoles y de otros países europeos empleados para patrullar *"el litoral canario y las costas de Mauritania, Senegal y Cabo Verde"*[177], entre los que cabe destacar un buque guardacostas islandés de sesenta metros y un avión luxemburgués. En 2016, desde la Dirección General de la Guardia Civil, se destacaba que la operación contaría con

---

175 Martínez, Silvia (2017). "De 'Mare Nostrum' a Sofía: estás han sido las misiones de la UE en el Mediterráneo", *El Periódico*, 27 de febrero.

176 Consejo de la Unión Europea, *Annual report on the practical application of the regulation (EU) Nº 656/2014 stablishing rules for the surveillance of the external sea borders in the context of operational cooperation coordinated by Frontex*, Bruselas, 25 de febrero.

177 Martín, María (2020). "España y Frontex negocian una operación para cerrar la ruta migratoria canaria", *El País*, 7 de noviembre.

"*el buque oceánico de la Guardia Civil Rio Tajo, junto con las dos patrulleras de altura que el Cuerpo tiene permanentemente en Dakar, y un avión de vigilancia marítima del Ejército del aire francés durante los meses de septiembre y octubre*"[178].

Ante la nueva utilización de la ruta desde septiembre de 2019, España y Frontex estudian la reactivación de una nueva misión en la que, a diferencia de la anterior, se está considerando la participación de Marruecos, "*punto caliente de salida de una parte considerable de las pateras que están llegando estos meses a las islas*". Con este fin, la Guardia Civil (GC) ya cuenta tanto con agentes desplegados en Mauritania, Senegal y Gambia, como con acuerdos de cooperación con estos países. Sin embargo, "*la incorporación de guardias de Frontex a las operaciones en España «ha complicado la negociación del programa de trabajo»*"[179], por lo que todavía no se ha llegado a un acuerdo sobre los posibles términos de reactivación de Hera II.

- *Indalo,* liderada por la Guardia Civil, con el apoyo de las Fuerzas Armadas, comenzó en 2007, renovándose de forma trimestral o cuatrimestral (según el análisis de riesgo) hasta 2017. A partir de 2018 se renueva anualmente y se desarrolla entre los meses de julio y octubre en las aguas del Estrecho y del Mar de Alborán. Su finalidad es prevenir el tráfico ilegal de personas, así como combatir el crimen organizado, luchando "*contra el narcotráfico, la contaminación marítima, la pesca ilegal y el crimen transfronterizo en general*".
- *Minerva,* liderada por España en coordinación con Frontex. Se desarrolla anualmente los meses de verano en los puertos de Algeciras, Ceuta y Tarifa. Para ello, cuenta con

---

178 Ministerio del Interior (2016). "El director general de la Guardia Civil presenta las operaciones EPN-INDALO y EPN-HERA 2016", *Sala de Prensa del Ministerio del Interior,* Gobierno de España.

179 Martín, María (2021). "Frontex y España se enfrentan por las operaciones contra la inmigración irregular", *El País,* 1 de febrero.

la participación de recursos humanos de otros países europeos (Bélgica, República Checa, Francia, Italia, Letonia, Noruega, Polonia, Portugal, Rumanía y Suecia).

- *Themis*, liderada por Italia como continuación, desde 2018, de sus predecesoras: *Hermes*, que funcionó desde 2007 hasta 2014, cuando fue sustituida por *Tritón*. Se desarrolla durante tres meses en el Mediterráneo central, en las aguas de Cerdeña frente a Argelia, y cuenta con el apoyo de la GC en forma de un oficial de enlace, buque, helicóptero y avión. Además de las labores de búsqueda, rescate y cumplimiento de la ley, colabora con las autoridades italianas en anotar el registro de llegadas de migrantes.
- *Poseidón*, a través de la que Frontex apoya a Grecia con casi 600 agentes[180]. Cubre las fronteras marítimas de Grecia con Turquía y las aguas de las islas griegas. El apoyo a Grecia se centra en la vigilancia fronteriza con el fin de salvar vidas, así como de realizar labores de identificación y registro de migrantes. Poco a poco, está adoptando más capacidades con el objetivo de combatir el crimen transfronterizo (contrabando de sustancias ilegales, armas, detección de documentación falsa, etc.).

De este modo, aunque Frontex se clasifique como parte del indicador "*medidas de interdicción*", la Agencia se encarga de articular la voluntad de la UE para mantener su firme compromiso con el respeto de los derechos fundamentales y la defensa de los

---

[180] En su comienzo, en 2006, el programa de *Poseidón* estaba dividido en la vertiente marítima y con otra terrestre. La marítima ha ido evolucionando hasta la configuración actual, ampliándose primero hacia las islas del Egeo cercanas a Turquía (Lesbos, Chíos, Samos, Kos y Rodas) y, posteriormente, hacia las más alejadas (Lemnos, Agatonisi, Simi y Farmakonisi). Por otro lado, la vertiente terrestre, desarrollada en la frontera que el río Evros delimita al este de Grecia con Turquía, ha dado lugar a las Actividades de Operaciones Terrestres de Frontex (FOA), en las que la GC participa enviando efectivos desde Alexandrópolis.

derechos humanos. Tal y como se afirmaba desde la Comisión Española de Ayuda al Refugiado (CEAR) en las Islas Canarias, España, con la colaboración de Frontex, antepone el salvamento de vidas en sus operaciones, primando "*garantizar el derecho más básico de estas personas, la* vid*a*"[181].

Junto a estas operaciones, la llamada externalización de fronteras, que se consigue al cooperar con los países del entorno, continúa manteniendo como objetivo el salvamento de vidas y la consecución de un entorno más seguro para que la vida pueda desarrollarse con dignidad. En este sentido han de entenderse el objetivo del *Fondo Fiduciario de la UE para África*, el *Plan de inversiones exteriores para África*, el *Mecanismo para los refugiados* en Turquía, el *Fondo Fiduciario* para Siria, así como ayudas para Jordania, Líbano, Serbia y la Antigua República Yugoslava de Macedonia[182]. A través de la flexibilidad de estos instrumentos, el Consejo es capaz de gestionar aspectos externos de la migración para garantizar un control más efectivo de las fronteras, lo que, además de redundar en una mayor seguridad para la UE, evita situaciones de peligro para los flujos migratorios.

No obstante, este tipo de ayudas, así como las medidas de liberación de impuestos para que los productos procedentes de determinados países accedan al mercado europeo (*duty-free*), están sujetas al cumplimiento de la regulación internacional en materia de derechos humanos. Así, por ejemplo, la UE no dudó en retirar el acceso libre de impuestos a los bienes procedentes de Camboya[183], al detectar que en el país se estaban produciendo incumplimientos en materia de derechos humanos.

---

181 Minds/EFE (2017). "El cierre español de la ruta de los cayucos", *Agencia EFE,* 13 de junio.

182 Consejo Europeo (2018). *Conclusiones adoptadas por el Consejo Europeo en la Reunión del 28 de junio de 2018,* EUCO 9/18, Bruselas. En este mismo sentido se sitúa el aumento de fondos que el gobierno español otorga a países africanos para facilitar la gestión de los flujos migratorios.

183 Comisión Europea (2020). "Cambodia loses duty-free Access to the EU market over human rights concerns", *Press Release,* 12 de agosto.

Además de los mecanismos de interdicción reseñados, en abril de 2021 la Comisión Europea puso en marcha la *Estrategia de la UE sobre retorno voluntario y reintegración*[184], enmarcada dentro del *Nuevo Pacto sobre Migración y Asilo* (2020). La estrategia enfatiza la necesidad de que los procedimientos que ponga en práctica "*respet[en] los derechos fundamentales de conformidad con la* CDFUE, *y fortale[zcan] la gobernanza a nivel nacional y de la UE, como se propone en el Nuevo Pacto sobre Migración y Asilo*"[185].

Esta nueva estrategia va de la mano de la comunicación de la Comisión al Parlamento Europeo y al Consejo realizada en febrero de 2021, versando sobre "*[e]l refuerzo de la cooperación en materia de retorno y readmisión como parte de una política migratoria de la UE justa, efectiva y general*"[186]. En el documento se subraya la importancia de que se lleven a cabo prácticas de readmisión efectiva, como elemento fundamental para que las asociaciones de migración globales puedan funcionar de una forma equilibrada, adaptada y mutualmente beneficiosa para todas las partes implicadas.

En línea con la Agenda 2030, esta Comunicación habla de una reintegración sostenible que sea beneficiosa tanto para la UE como para los países socios. Para ello, la UE propone el establecimiento de vínculos estrechos que promuevan el desarrollo de iniciativas locales y nacionales con el fin de "*desarrollar la capacidad de los terceros países de gestionar el retorno, la reintegración y la asunción, fomentando al mismo tiempo una cooperación más estrecha en la UE*"[187].

---

[184] Comisión Europea (2021). *Comunicación de la Comisión al Parlamento Europeo y al Consejo. Estrategia de la UE sobre retorno voluntario y reintegración* (2021), Bruselas.

[185] Comisión Europea (2021). "Nueva estrategia de la UE sobre el retorno voluntario y la reintegración, preguntas y respuestas", *Zona de Prensa*, Bruselas, 27 de abril.

[186] Comisión Europea (2021). *Comunicación de la Comisión al Parlamento Europeo y al Consejo. El refuerzo de la cooperación en materia de retorno y readmisión como parte de una política migratoria de la UE justa, efectiva y genera.*

[187] Id., *vid.* 3.2.

En este mismo marco, el Acuerdo entre España y la OIM, suscrito el 16 de diciembre de 2021, establece que "[*e*]*l Donante se compromete a prestar apoyo financiero a la OIM para la realización de proyectos que se enmarcan en las áreas temáticas de reasentamiento, retorno voluntario asistido y reintegración e inclusión*"[188].

Las prácticas reseñadas en este apartado indican cómo la securitización de la migración por parte de la UE está alineada con las acciones marcadas, entre otras, en la Agenda Europea de Migración y la Agenda 2030, ambas inextricablemente unidas al ejercicio de los derechos humanos. Siguiendo la prioridad establecida en 2015 en la Cumbre de Valletta, con motivo de la crisis migratoria vivida aquel año, el Consejo de Europa (CdE) insta a que se lleven a cabo cuantas actuaciones sean necesarias para rescatar a los migrantes cuyas vidas se encuentren en peligro. Igualmente se están adoptando medidas para evitar que las personas procedentes de otros países tengan que llegar a la dramática decisión de migrar en condiciones de clandestinidad.

De este modo, la política de interdicción de la UE, aunque protege su integridad territorial, pone el foco en la necesidad de salvar vidas, así como en la de mejorar el nivel de vida en los Estados de origen y tránsito con los que coopera. Esta línea de actuación sintoniza con la nueva concepción de la seguridad, centrada en la población[189]. No obstante, tal y como se indica en el *Reglamento UE 2019/1896 de Frontex*, para que estas prácticas migratorias tengan éxito, es preciso que los Estados miembros colaboren a través de sus respectivas agencias nacionales, ya que son éstas, aunque con

---

188 *Acuerdo suscrito entre el Ministerio de Inclusión, Seguridad Social y Migraciones del Reino de España y la Organización Internacional para las Migraciones (OIM) para la realización de proyectos en las áreas temáticas de reasentamiento, retorno voluntario asistido y reintegración e inclusión*, BOE núm. 1, de 1 de enero de 2022.

189 Pallister-Wilkins, Polly. (2017). "Humanitarian Rescue/Sovereign Capture and the Policing of Possible Responses to Violent Borders". *Global Policy*, Volumen 8, Número 1, Especial *Critical perspectives on Human Mobility in Times of Crisis*, pp.19-24, *vid.* p.21.

el apoyo de la Agencia, las que se encargan de realizar las funciones de guardacostas a nivel nacional. La eficacia de este propósito reside en la unidad de acción entre los Estados Miembros y las instituciones de la UE.

### *3.5. Detención de migrantes*

Una vez que los migrantes han sido interceptados en los puntos de llegada, son conducidos a los centros de detención. De acuerdo con la *Directiva 2008/115/CE del Parlamento Europeo y del Consejo*[190], dichos centros son instalaciones en las que se proporciona alojamiento a los nacionales de terceros países y donde, al tiempo que se instruyen los expedientes, se les permite recibir asesoramiento legal, y ponerse en contacto con sus familiares o autoridades consulares competentes. Además, han de prestar especial atención a la situación de las personas vulnerables, disponer de cuidados de emergencia para proporcionar el tratamiento esencial de enfermedades e informar a las personas ahí detenidas sobre su situación, sus derechos y obligaciones (art. 16).

Los Estados pueden retornar de forma legítima "*a los nacionales de terceros países en situación irregular, siempre y cuando existan sistemas de asilo justos y eficientes que respeten plenamente el principio de no devolución*" (§8). La *Directiva 2008/115/CE* indica, además, que ha de facilitarse el retorno voluntario (§10), mientras que el internamiento (que será ordenado por escrito desde las autoridades administrativas o judiciales) ha de reservarse únicamente para casos en los que no puedan aplicarse otras medidas. Dicha medida se adoptará mientras se prepara el retorno o se tramita el proceso de expulsión, "especialmente cuando (a) haya riesgo de fuga, o

---

190 Directiva 2008/115/CE del Parlamento Europeo y del Consejo, de 16 de diciembre de 2008, relativa a normas y procedimientos comunes en los Estados miembros, para el retorno de los nacionales de terceros países en situación irregular, *Diario Oficial de la Unión Europe.*

(b) el nacional de un tercer país de que se trate evite o dificulte la preparación del retorno o el proceso de expulsión" (art. 15).

No obstante, a modo de particularidad, antes de poner en marcha el proceso de devolución de menores de edad, los Estados miembros han de tener en cuenta el interés superior del menor, la vida familiar, así como su estado de salud (art. 5). La puesta en práctica de estas medidas de forma efectiva exige la cooperación multidisciplinar entre las distintas autoridades implicadas. Además, antes de dictar una decisión de retorno sobre un MENA, los servicios pertinentes "*se cerciorarán de que será entregado a un miembro de su familia, a un tutor designado o a unos servicios de acogida adecuados en el Estado de retorno*" (art. 10).

En línea con la normativa, que reserva la detención para las situaciones en las que no se puedan adoptar otras medidas, las cifras de estos procesos en la UE en 2019 apuntan, según el proyecto de detención global[191], una reducción en el número de detenciones practicadas. En parte, esta disminución puede ser fruto del decrecimiento migratorio producido ese año, gracias a las políticas de cooperación y a las medidas adoptadas por la UE en esta materia. Esta tendencia continuó en 2020, fruto del cierre de fronteras derivado de la pandemia.

La existencia de centros de detención, así como de medidas que indican cómo han de practicarse, confirman la presencia del segundo de los indicadores relacionados con las prácticas migratorias, lo que señala la existencia de securitización migratoria en la UE. No obstante, el análisis de la Directiva que regula las detenciones (2008/115/CE), al igual que toda la política de la UE que rodea esta cuestión, permiten ver, igualmente, el compromiso que existe con el cumplimiento de los derechos fundamentales y la búsqueda de la mejor alternativa para garantizar una vida digna, a quienes llegan a Europa en situación irregular.

---

191 El Proyecto de Detención Global, con base en Ginebra, es una ONG, creada en 2006, que impulsa la promoción de los derechos humanos de los migrantes. Global Detention Project (2019)

### 3.5.1. CATE, CETI, CAR y CIE, el ejemplo español

Con el fin de que las detenciones migratorias sean el último recurso, como indica la normativa europea, España cuenta con el funcionamiento de los Centros de Acogida de Refugiados (CAR), los Centros de Estancia Temporal de Inmigrantes (CETI) de Ceuta y Melilla y los CATE (Centros de Atención Temporal de Extranjeros). Estos últimos responden a las disposiciones de la Agenda Europea de Migración establecidas en la *Comunicación de la Comisión* de 13 de mayo de 2015[192].

En el caso de Ceuta y Melilla, esta primera toma de contacto entre quienes migran y las instituciones europeas se realiza en los CETI, que "*son centros públicos concebidos, desde su creación, como dispositivos de permanencia provisional de extranjeros en tanto son identificados y su situación administrativa es evaluada de cara a su derivación al recurso más adecuado en función de lo que proceda en atención a dicha situación*"[193].

Por su parte, los CAR constituyen la primera fase del sistema de acogida. Una vez realizada la evaluación y derivación de los solicitantes de asilo y protección internacional, estos son acogidos en un centro. Allí se completa su valoración para realizar el itinerario (que oscila entre los 18 meses del caso general y los 30 de los de inserción laboral destinados a personas vulnerables), a través del que irán adquiriendo mayor autonomía para integrarse en la sociedad.

Además del alojamiento, manutención, asistencia sanitaria e intervenciones de mediación social, intercultural y familiar, estos itinerarios realizan actuaciones para facilitar el aprendizaje del idioma,

---

192 Comisión Europea (2015). *Comunicación de la Comisión al Parlamento Europeo, al Consejo, al Comité Económico y Social Europeo y al Comité de las Regiones. Una Agenda Europea de Migración*, Bruselas.

193 DGIAH (2018). *Sistema de acogida de protección internacional. Manual de Gestión*, Dirección General de Integración y Atención Humanitaria, Ministerio de Trabajo, Migraciones y Seguridad Social.

proporcionar atención psicológica, asistencia jurídica, labores de traducción e interpretación, capacitación para el empleo y fomento del autoempleo, así como acompañamiento social y económico.

Así, el sistema estable que, tras llegar a los Centros de Atención Temporal (CATE), en los que los migrantes están un máximo de 72 horas mientras se procesa el expediente de su llegada, sean acogidos bien en los CAR, bien por distintas ONGs, que se hacen cargo de su cuidado e integración.

Por último, a los Centros de Internamiento de Extranjeros (CIE) llegan únicamente aquellos migrantes que, habiendo entrado de forma irregular, no cumplen los requisitos para formalizar una solicitud de asilo. No obstante, durante su estancia en estos centros se les provee de asistencia legal, sanitaria y cualquier otra prestación social básica de la que tengan necesidad, velando en todo momento por el cumplimiento de sus derechos fundamentales, tal y como se establece en las legislaciones europea y española.

Al referirse a los CIE, cabe destacar cómo, la imposibilidad de facilitar el retorno de extranjeros a sus países de origen, cuando irrumpió la pandemia, hizo que se vaciasen, por cuestiones sanitarias, durante la primavera de 2020. A finales de septiembre, restablecida la llamada "*nueva normalidad*", en la que ciertas rutinas pre-pandemia comenzaron a convivir con las medidas de prevención dictadas para evitar su expansión, se retomó la política de retorno, reabriendo las puertas de estos centros.

## 4. SECURITIZACIÓN CON UNA VERTIENTE HUMANITARIA

La revisión del conjunto de indicadores diseñados por BOURBEAU permite constatar que hay una vertiente securitizadora en el tratamiento de la migración en la UE. El repaso de la legislación europea permite apreciar cómo los movimientos securitizadores de la migración se han ido produciendo mucho antes del comienzo de la crisis migratoria de 2015 e incluso desde antes de los atentados de las Torres Gemelas en Nueva York (11 de septiembre de 2001). En realidad, estas medidas políticas se remontan a la década de 1970, de manos del grupo de Trevi creado por el Consejo Europeo de Roma en diciembre de 1975[194].

Así, a través de las acciones iniciadas por el grupo de Trevi se buscó naturalizar la lucha contra la migración ilegal en el imaginario político europeo. Este grupo configuró una red intergubernamental, integrada por los ministros de justicia e interior, mediante la que se dio comienzo a la cooperación policial entre los Estados miembros[195]. Posteriormente, las acciones encomendadas al grupo quedaron reforzadas con la creación, en el Tratado de Maastricht, de la Oficina Europea de Policía (EUROPOL).

El análisis de los indicadores muestra que, al tiempo que se ha reforzado la cooperación policial en la UE, la relación entre migración, seguridad y terrorismo también se ha ido intensificando, especialmente tras los atentados de 2001. A partir de entonces, la escala de securitización[196] dejó de contener el grado "*no presenta riesgo*", de tal modo que el nivel inferior quedaba representado por "*riesgo bajo*". La eliminación del concepto de ausencia de riesgo significó, automáticamente, que la migración pasaba a convertirse en un riesgo graduado, presente en todo momento, ya fuera con menor o mayor intensidad.

Convertida la migración en riesgo permanente, los movimientos securitizadores orquestados a su alrededor se han articulado, desde comienzos del siglo XXI, en torno a tres ejes o discursos

---

194 Karamanidou, L. (2015), "The securitization of European Migration Policies; perceptions of threat and management of risk", *The Securitization of Migration in the EU: Debates since 9/11,* Ed. Lazaridis y Wadia, Instituto de Estudios Europeos, Palgrave-Macmillan, Hamshire, pp.37-61. *vid.* p.41.

195 Walters, W. (2010). "Imagined migration world: the European Union's anti-illegal immigration discourse", *The politics of international migration management,* Ed. Geiger y Pécoud, Palgrave Macmillan, Hampshire y Nueva York, pp. 73-95.

196 Bourbeau, *op. cit.* p. 59.

principales[197]: la relación de las solicitudes de asilo con la inmigración ilegal económica, en un intento por desacreditarlas; el establecimiento de un nexo migración-seguridad como reclamo para mostrar la necesidad de endurecer la política de gestión de las fronteras exteriores de la Unión; y la relación de los flujos migratorios con las actividades de índole criminal y delictiva.

La idea principal bajo este tipo de discursos era extender la creencia de que las personas que llegan a través de los flujos migratorios abusan de las políticas flexibles y de generosidad de los Estados receptores[198]. Como se ha analizado, el resultado de este tipo de discursos fue sembrar el miedo y difundir un discurso del odio, con el fin de exacerbar los sentimientos antinmigración en la población europea.

No obstante, pese a la presión ejercida a través de este tipo de discursos, la UE practica una gestión humanitaria de los flujos migratorios, con el objetivo de:

> *"proporcionar un mejor acceso al procedimiento de asilo para aquellos que buscan protección; conducir a decisiones de asilo más justas, rápidas y de mejor calidad; asegurar que las personas con miedo a la persecución no sean devueltas al peligro; y proporcionar condiciones dignas tanto para aquellos que solicitan asilo como para aquellos a quienes se les otorga protección internacional dentro de la UE"*[199].

A su vez, el vigente *Reglamento (EU) 2019 de Frontex* y las iniciativas indicadas en la *Agenda Europea de Migración* señalan que, pese a la volatilidad de la situación, se están produciendo avances significativos para gestionar la migración de una forma sólida y eficaz.

---

197 Karamanidou, *op.cit.* p.41.

198 Neumayer, Eric (2005). "Bogus refugees? The determinants of asylum migration to western Europe", *International Studies Quarterly*, Núm. 49, *vid.* p. 406.

199 Cecilia Malmström, Comisaria de Asuntos de Interior del Sistema Europeo Común de Asilo, *vid.* Unión Europea (2014). *An area of protection and solidarity for the most vulnerable*, Publications Office of the European Union, Luxemburgo, p.3.

De acuerdo con los principios de su acta fundacional, la UE ha orientado su política migratoria hacia la vertiente humanitaria[200].

Con este objetivo, además de la creación de una política de asilo más firme, "*acorde a los retos globales y a los estándares humanitarios y de protección de derechos propios de la Unión*"[201], así como de las vidas salvadas gracias a la securitización de las fronteras exteriores, se está trabajando en mecanismos capaces de reducir los incentivos para la migración irregular, al tiempo que se protege a las personas que han de emprender el viaje migratorio, facilitándoles vías legales de acceso a la Unión.

---

200 Comisión Europea (2019). "Cuatro años de la Agenda Europea de Migración: los importantes avances realizados deben consolidarse frente a una situación volátil".

201 Palomares Lerma, Gustavo (2017). "La cuestión de los refugiados y las responsabilidades de la UE: respuestas desde la política exterior y de seguridad común, de cooperación y ayuda", *Revista Universitaria Europea*, n.º 27, julio-diciembre, pp. 23-60.

*Capítulo III.*

# *Los derechos humanos ante la vertiente securitizadora de la gestión migratoria*

## 1. EVOLUCIÓN DE LA LEGISLACIÓN MIGRATORIA INTERNACIONAL

Antes de ahondar en la legislación migratoria, conviene recordar el origen del propio concepto de derecho, sobre el que se asienta la ley. En su artículo "Derecho en la Prehistoria", el historiador y jurista GUIER[202] atribuye el nacimiento de la sociedad y del derecho a los núcleos familiares, donde se fue consolidando el instinto biológico de acatar la costumbre. El autor argumenta que, poco a poco, la costumbre fue definiendo normas para diferentes categorías de la vida, hasta desembocar en el derecho actual positivo, al que define como "*el acomodamiento, que, a través de las edades, han ido sufriendo las instituciones jurídicas que ahora nos regulan*"[203].

Sin embargo, la repetición sistemática de las costumbres no explica los avances de la sociedad, ya que hacen falta personas dinámicas que permitan el progreso hacia la civilización[204]. Aquí entra en juego el pensamiento simbólico y el idealismo que, como

---

202 Guier, Jorge Enrique (1966). "Derecho en la prehistoria", *Revista de Ciencias Jurídicas,* Núm. 8, pp.7-59. *vid.* pp. 24-29.

203 Así, la mímesis, de la que Aristóteles hablaba en su *Poética,* se convierte en el principio sobre el que construir la organización política. Suñol, Viviana (2012). *Más allá del arte: mímesis en Aristóteles,* Edulp, La Plata, *vid.* p. 122.

204 Guier, *op.cit.*

expresaba el pensador renacentista Tomás Moro en su *Utopía*, se advierte ya en la *República* de Platón.

Siguiendo esta tradición, el filósofo CASSIRIER afirmaba que en las teorías éticas y políticas modernas se advierte esa influencia utópica, especialmente en los grandes reformadores políticos y sociales que "*se hallan constantemente bajo la necesidad de tratar lo imposible como si fuera posible*"[205]. Gracias a este pensamiento simbólico, que quiere representar el ideal al que ha de aspirarse, la humanidad supera su inercia natural y, a través del derecho, es capaz de reajustarse a su universo continuamente.

Esta misma conexión se advierte en la obra de BOBBIO, quien recordaba que, pese a que el derecho y la democracia se relacionan racionalmente y avanzan separados de la moral, también mantienen lazos de unión con la ética[206]. A través de estos mecanismos se consigue crear un sistema legislativo como el europeo, encaminado a instaurar la paz. Para BOBBIO, ésta ha de ser la razón del derecho y condición *sine qua non* para alcanzar los demás fines del ordenamiento jurídico. La influencia kantiana que se advierte en el pensamiento bobbiano permea también dentro del cuerpo legislativo europeo en todos sus ámbitos, incluido el encargado de regular la materia migratoria.

Fruto de una escuela de pensamiento influida por los grandes filósofos europeos, la política común de la UE se hace también eco de las palabras de HABERMAS reclamando "*una política interna del mundo*"-[207] para hacer frente a la situación de amenaza global en la que nos encontramos. Así, además de ocuparse de

---

205 Cassirier, Ernst (1968), *Antropología filosófica. Una introducción a la filosofía de la cultura*, Fondo de la cultura económica, México, 1ª ed. 1944, *vid.* p. 56.

206 Bobbio, Norberto (1982). *El problema de la guerra y las vías de la paz.* Gedisa Editorial, Barcelona, *vid.* p. 96.

207 Habermas, Jürgen (1999). *La inclusión del otro. Estudios de teoría política.* Traducción: Juan Carlos Velasco Arroyo, Ed. Paidós, Barcelona, pp. 107-135.

la economía y del mercado global, la UE ha ido ampliando su legislación en materia de seguridad para, desde una perspectiva de respeto a los derechos humanos, hacer frente a los desafíos con los que se ha ido encontrando.

Al mismo tiempo, transcendiendo su propio espacio, la UE ha tratado de lograr la construcción de un mundo mejor a través de acciones locales, con las que busca superar la inercia natural. Para ello, las orienta hacia la obtención de un impacto global, y lleva a cabo los reajustes antes citados para llegar al ideal de respeto de los derechos humanos al que, con carácter global, se aspira.

En vista de esta orientación, el subsistema internacional conformado por los Estados miembros de la UE ha de entenderse como un ejercicio de posmodernidad que trasciende la política estatal Westfaliana, dando lugar a un proceso de transferencia de soberanía desde los Estados hacia las instituciones regidas por una autoridad central[208].

No obstante, la UE, como sistema encargado de la política exterior, se convierte en una compleja estructura cuyo reto actual es lograr el consenso de todos los agentes que la conforman. Entretanto, sus integrantes se debaten entre el supranacionalismo y el intergubernamentalismo[209]. De hecho, aunque la adopción del *Tratado de Lisboa* apunta hacia una bruselización de la UE y al fortalecimiento de las instituciones comunes, la tendencia parece invertirse al tratar los temas migratorios[210]. Pese a la existencia de una política común de asilo y de diversa legislación común en materia migratoria, resulta complejo

---

208 Barbé, Esther (2014). "La Unión Europea en las relaciones internacionales. Debates para el análisis", *La Unión Europea en las Relaciones Internacionales*, Tecnos, pp. 17-31.

209 Whitman, Richard (2005). "No and after: options for Europe", *International Affairs*, Vol. 81, Núm. 4, pp. 673-687.

210 Barbé, *op.cit.* p.21.

conseguir acuerdos vinculantes[211] y, desde la crisis de 2015, se ha convertido en un tema que ha llegado a causar grietas en el seno de la Unión[212].

### *1.1. Sentando las bases de la legislación migratoria*

Con el fin de comprender el momento legislativo en el que nos encontramos, conviene revisar sus orígenes y posterior evolución. El nacimiento de la legislación migratoria surgió de la dialéctica entre la libertad de movimiento de las personas (amparado en el *ius communicationis*, que aboga por la libre entrada y salida de personas en todos los territorios) y la soberanía de los Estados (que restringe la libertad de movimiento en tanto ésta choque con lo establecido por los Estados, considerados soberanos absolutos de su territorio) [213].

Como pioneros en la representación de ambos polos se encuentran, por un lado, VITORIA y GROCIO, ambos defensores de la libertad de movimiento, y, por otro lado, PUFENDORF y WOLFF, los dos representantes de la razón de Estado. Posteriormente, VATTEL (1714-1767) presentó una tercera alternativa que, en cierta medida, reconcilia ambas posturas[214].

---

211 Roig, M. (2016). "La UE cierra el acuerdo anti-Brexit y Cameron inicia la campaña por el 'sí'", *Expansión*, Bruselas, 19 de febrero.

212 Lena (2015). "La crisis de los refugiados agrieta a la Unión", *El País*, 11 de febrero.

213 Chetail, Vincent (2019). *International migration* law. Oxford University Press, Oxford, *vid.* p. 18.

214 Francisco de Vitoria (Burgos, c. 1483-1546), filósofo y teólogo del renacimiento español; Hugo Grocio, o Grotius, (1583-1645), humanista holandés; Samuel von Pufendorf (1632-1694), jurista alemán; Christian Wolff (1679-1754), filósofo alemán; y Emer de Vattel (1714-1767), filósofo suizo y abogado internacional.

### 1.1.1. El *ius communicationis* como derecho natural

Considerado el fundador de la legislación internacional, VITORIA argumentó el concepto de *ius communicationis,* articulándolo en las *Relectiones* que impartió en la Universidad de Salamanca. Para el dominico, el alimento del entendimiento se recibe en forma de mensajes, lo que hace que cualquier persona necesite a y de los demás, y le invita a vivir en sociedad. Además, mostrando la influencia de Cicerón y Aristóteles, para VITORIA, la comunicación (entendida como la *palabra*), es el medio a través del que nutrir la voluntad del ser humano. De ahí, explicaba, surge la aproximación a la justicia, que, "*en efecto, no puede ser ejercitada sino en la coexistencia humana*"[215].

Partiendo del derecho a la comunicación (precursor del derecho a la información) y basándose en el *De jure naturale et Gentium,* VITORIA reclamaba el derecho a viajar y permanecer en un territorio, siempre y cuando no se causase daño alguno en él. El catedrático salmantino añadía que "*en todas las naciones se tiene por inhumano el recibir y tratar mal a los huéspedes y peregrinos sin motivo especial alguno, y, por el contrario, se tiene por humano y cortés el portarse bien con ellos, a no ser que los extranjeros aparejaran daños a la nación*"[216].

Además, VITORIA recuerda que en los albores del mundo "*era lícito a cualquiera dirigirse a la región que quisiera y recorrerla*", derecho que enunciaba vigente "*porque jamás pudo ser la intención de los pueblos evitar la comunicación y el trato entre los hombres*". Apoyándose en los versos de la *Eneida* de Virgilio y tomando varias citas bíblicas, el burgalés proclamó la legitimidad del peregrinaje que acompaña a todo viaje, concluyendo que "*[s]i, pues, hubiera alguna ley humana*

---

215 Desantes-Guanter, José María (1989), "Los mensajes simples en el "*ius communicationis*" de Francisco de Vitoria", *Persona y Derecho: Revista de fundamentación de las Instituciones Jurídicas y de Derechos Humanos,* Núm. 20., pp.191-209, *vid.* p. 193.

216 Vitoria, Francisco de (1975). *Relecciones sobre los indios y el derecho de la guerra,* Espasa Calpe, Madrid, 3ª edición, *vid.* pp. 88-89.

*que sin causa alguna prohibiera lo que permite el derecho natural y divino, sería inhumana y racional, y, por consiguiente, carecería de fuerza legal*"[217]. Así, sentó las bases de la ley internacional reguladora del movimiento de personas.

El principio de VITORIA sobre libertad de movimiento quedó consolidado con el trabajo de GROCIO, quien, al tiempo que afirmaba su universalidad, lo articuló en sus dos componentes fundamentales[218]:

- **El derecho de salida del propio país**, matizando que éste puede ejercerse siempre que quienes deseen llevarlo a cabo no estén sujetos a restricciones impuestas en interés de la sociedad, bien por ser deudores (como resultado de haber cometido cualquier tipo de crimen), bien en tiempos de guerra.
- **El derecho a permanecer en el país de llegada**, siempre que exista una causa justa, como la búsqueda de alojamiento tras haber sido expulsados de su país (siendo víctimas inocentes), y con la premisa de que quienes llegan al país se sometan a las leyes de ese Estado, sin llevar a cabo acciones que puedan dar lugar a la sedición.

En *Mare Liberum* (1609), GROCIO defiende la libertad de movimiento y el derecho de comunicación como necesarios para la supervivencia de la especie, que precisa del intercambio y el comercio[219]. Aunque el humanista realiza su argumentación, en buena medida, para defender el colonialismo, sus escritos también tienen una vertiente humanitaria que defiende la ayuda al otro. Siguiendo la tendencia de su tiempo en que la caridad cristiana se había transformado en asunto civil y responsabilidad del

---

217 Vitoria, *op.cit.* p. 89-90.

218 Chetail, *op.cit, vid.* pp. 23-26.

219 Van Gelderen, Martin (2009). "«Mare liberum»: Hugo Grocio, entre la defensa del colonialismo y los derechos de 'otros'", *Pedralbes,* Núm. 29, pp. 195-212, *vid.*, p. 203.

gobierno municipal, GROCIO declara que el derecho a la vida tiene prioridad sobre todos los demás. De este modo, en caso de necesidad, los recursos han de ponerse a disposición de quien los necesite[220].

La necesidad es también el argumento que el jurista emplea para definir el derecho de paso, afirmando que "*las tierras y los ríos, y si alguna parte del mar vino a ser de la propiedad de algún pueblo, deben estar al alcance de aquellos que de paso tengan necesidad de ellos por causas justas*"[221].

Otra de las novedades importantes en su argumentación, recogida en *De iure belli ac pacis,* es precursora del actual concepto de refugiado. GROCIO afirma la existencia de un derecho humano a la migración como una ley universal garante de que quienes se vean obligados a abandonar su tierra puedan marcharse. Explica que les asiste el derecho natural a marcharse, sin que ninguna sociedad pueda evitar su entrada, especialmente si huyen del hambre o su vida corre peligro[222]. No obstante, señala que las personas con derecho de súplica o asilo son aquellas que "*sin razón son víctimas de odio, no [aquellas] que cometieron lo que es injusto a la sociedad humana o a otros hombres*" [223].

### 1.1.2. Construyendo la soberanía nacional y su externalización

VITORIA y GROCIO, sin ser plenamente conscientes de su impacto en el tiempo, muestran una de las caras de la primera etapa del desarrollo de la doctrina de la migración internacional (ss. XVI-XVIII). PUFENDORF y WOLFF (ss. XVI-XVII), por el contrario, constituyen la otra cara de esa misma etapa. El cambio producido

---

220 Grocio, Hugo (1925). *Del derecho de la guerra y de la paz. Versión directa del original latino por Jaime Torrubiano Ripoll,* Libro II, Capítulo II, §VI.4, *vid.* p. 249.

221 Id. *vid.* §XIII, p. 298.

222 Van Gelderen, *op.cit.* p. 207.

223 Grocio, Hugo *op.cit.* p.165.

en el pensamiento sobre la doctrina migratoria en estos dos autores no es casual, sino que se ancla en los avances de la época en torno a la concepción del Estado Moderno como soberano, que finalmente se plasmó en la Paz de Westfalia.

El concepto de soberanía, que partió de una idea defensiva para ir adquiriendo tintes ofensivos[224], se fue fraguando paulatinamente desde el siglo XIV como resultado de la lucha entre todos los poderes sociales existentes. El primero en articular la superioridad del Estado, y su independencia de la Iglesia, fue Marsilio de Padua (s. XIV), en un intento por erradicar la guerra endémica entre Papado e Imperio, encarnada entonces entre el Papa Juan XXII y el emperador Luis de Baviera.[225]. Posteriormente, BODIN, jurista francés (1530-1591) aporta el concepto de soberanía y lo adscribe al Estado, afirmando que sólo puede ser Estado aquel que tiene poder soberano.

La obra de PUFENDORF bebe de estas influencias, así como del utilitarismo hobbesiano. Esto se descubre cuando separa, por un lado, el derecho individual de abandonar el país y, por otro, el derecho del país a acoger a quienes llegan, afirmando que el derecho de hospitalidad no puede aplicarse de forma extravagante. De hecho, llega a calificar como absurda la aplicación, sin restricción alguna, del derecho de comunicación de VITORIA[226].

En opinión del jurista alemán, conviene reflexionar sobre el número y el propósito de quienes llegan al país, juzgando su posibilidad de entrada de acuerdo con los intereses y la seguridad del Estado. Así, pese a que admite que no dar refugio es una muestra de salvajismo y mal temperamento, sujeta el principio de hospitalidad a los intereses del Estado. Con ello, da un giro radical en la

---

224 Porrúa Pérez, Francisco (2005). *Teoría del Estado. Teoría política,* Editorial Porrúa, 39ª Ed. (1ª ed. 1954), México, *vid.* p. 341.

225 Bayona Aznar, Bernardo (2007). "El periplo de la teoría política de Marsilio de Padua por la historiografía moderna", *Estudios Políticos,* Núm. 137, julio-septiembre, Madrid, *vid.* p. 115.

226 Chetail, *op.cit., vid.* pp. 26-28.

dicotomía hospitalidad-soberanía al anteponer el poder soberano a cualquier otro principio.

WOLFF va más allá y radicaliza el concepto de soberanía del Estado, convirtiendo el principio de hospitalidad en una cuestión moral. Aunque ratifica el derecho de uso inofensivo (permitir pasar a través de un territorio) y afirma la necesidad de mostrar compasión a los refugiados, ofreciéndoles alojamiento (§147)[227], deja muy claro que el derecho a solicitar asilo es imperfecto y que se complementa con el derecho del Estado a otorgar o denegar ese permiso.

De acuerdo con el filósofo alemán, el rechazo legal a la entrada de otras personas puede realizarse si se da cualquiera de los siguientes supuestos: que el número de quienes llegan supere aquel del que el Estado puede hacerse cargo; que su moral sea corrupta; que su religión pueda causar prejuicios; que sean criminales; o bien que cumplan cualquier otra de las salvedades a través de las que el Estado se reserva el derecho a rechazar la admisión en aras del bienestar público (§148). WOLFF concluye que, dado que los Estados son soberanos, su decisión ha de respetarse (§149).

Por otro lado, para el filósofo alemán, el derecho a emigrar supone la obtención del permiso para irse voluntariamente en exilio. Este derecho procede "*del acuerdo con otra nación, o de la ley fundamental*" (§155). Sin embargo, en el capítulo siguiente de su obra explica que la imperfección del derecho de uso inofensivo permite que, aunque vaya contra los dictados morales y la caridad, el Estado pueda negar la entrada a quien así determine. El filósofo explica que, pese a que tal comportamiento pueda ser un pecado, la negativa a la entrada en el país de quien lo necesita no supone quebrantamiento de ley alguna.

---

227 Wolff, Christian (1934). *Ius Gentium Methodo Scientifica Pertractatum*, Traducción del original de 1764 al inglés: Joseph H. Drake. Colección "The Classics of International Law", Clarendon Press, Oxford y Humphrey Milford, Londres. *vid.* p. 80.

Como representante final de esta primera etapa de la doctrina migratoria, cabe citar a VATTEL (1714-1767), quien representa una postura intermedia entre las dos ya expuestas. En su *Ley de las Naciones* (1758), el suizo argumenta que esta ley es la ciencia a través de la que se establecen los derechos que existen entre las naciones o Estados, así como las obligaciones que corresponden a esos derechos (§12) [228].

A diferencia de WOLFF, que afirmaba que no existe el derecho a emigrar en el estado natural (§154)[229], VATTEL considera que cualquier persona (ya sea oriundo del Estado o extranjero) tiene el derecho de emigrar, siempre y cuando con ello no ponga en peligro el bienestar del país. Convierte este derecho en algo absoluto cuando la razón por la que se emigra es la incapacidad del Estado de proporcionar medios de subsistencia para sus habitantes, el incumplimiento de las obligaciones que el Estado tiene con quienes lo habitan o la promulgación de leyes intolerantes (como aquellas que interfieren con la libertad de conciencia) [230].

La auténtica novedad de VATTEL es la externalización de la soberanía[231], en un intento por reconciliar el poder de los estados con la justicia. Así, el suizo permite la entrada ilegal de personas en un Estado cuando ésta sea la única vía de salvaguardar el interés esencial del extranjero, independientemente de lo que aprecie el Estado, quien está obligado a admitir a quien alegue un estado de necesidad. Vista esta argumentación, se puede concluir que "*el derecho de necesidad de Vattel prefigura el deber* post-moderno *de*

---

228 Vattel, Emer de (1758). *Le droit des gens ou principes de la loi naturelle, appliqués à la conduite & aux affaires des Nations & des souverains*, Londres, Libro I, §12, *vid.* p. 21.

229 Wolff, *op.cit.* p.83.

230 Chetail, *op.cit.* p. 32.

231 Beaulac, Stéphane (2003), "Emer de Vattel and the Externalization of Sovereignty", *Journal of the History of International Law*, pp. 237-292, *vid.* p. 266.

*no retorno cuando exista un serio riesgo de violación de derechos humanos (ya sean civiles, políticos, económicos o sociales)*"[232].

Aunque el sistema de VATTEL contrasta con el de VITORIA y GROCIO, su derecho de necesidad se muestra razonablemente favorable al libre movimiento de personas, del que se disfrutaba en la Europa del momento: "*En Europa, el acceso es libre para todos, a cualquier persona que no sea enemiga del Estado, excepto en algunos países a los vagabundos y gentes sin confesión (gens sans aveu)*" (§100)[233]. Pese a ello, la *Ley de las Naciones* se ha malinterpretado con frecuencia, utilizándola como argumento para restringir la migración en favor de la soberanía territorial de los Estados.

### *1.2. Del libre movimiento al control de fronteras*

Una de las principales características del siglo XIX y su desarrollo económico fue la creciente migración entre el viejo continente y América, tanto del norte (EEUU y Canadá) como de América Latina, especialmente Argentina, Brasil y Cuba. El flujo migratorio inicial desde el noroeste europeo (Reino Unido y Escandinavia) se fue sustituyendo por migraciones desde el sur y el este, de tal forma que después de 1890 la mayoría de los flujos migratorios procedía de países del sur, como Italia, España y Portugal, así como de países del este (Austria-Hungría y Polonia)[234].

Este contante movimiento de personas fue posible porque el siglo XIX fue una era de migración masiva permitida por la posibilidad del libre movimiento de personas. Así, el "*laissez faire,*

---

232 Chetail, *op.cit.* p.38.

233 Vattel, *op.cit.* p. 329.

234 Hatton, Timothy J. y Williamson, Jeffrey G. (1992), "What drove the mass migrations from Europe in the late nineteenth century?" Historical paper nº 43, National Bureau of Economic Research.

*laissez passer, le monde va de lui même*"[235], rigió los flujos migratorios durante buena parte del siglo XIX.

En *La Ley de las Naciones*, MARTENS, jurista y diplomático alemán (1756-1821), afirmaba que ninguno de los poderes europeos del momento negaba la libertad de entrada y de paso, lo que permitía que la gente disfrutase de sus derechos y libertades más allá de sus fronteras nacionales[236]. Por su parte, BLUNTSCHLI, jurista y político suizo (1808-1881), recordaba el espíritu del libre derecho de comunicación de VITORIA e iba más allá, afirmando que el derecho absoluto de los Estados sobre su soberanía quedaba supeditado al derecho internacional, en el que regía el libre movimiento[237].

Como salvedades, MARTENS introducía la posibilidad de denegar la entrada por razones políticas o judiciales, siempre y cuando estuviesen motivadas por asegurar el orden o preservar el bien público (§382). Igualmente, estos argumentos podían uti-

---

[235] El principio del economista francés Vicent de Gournay (1712-1759), fue adoptado posteriormente por el pionero de la política económica, Adam Smith (1723-1790), para defender el liberalismo económico. Bénoit, Francis-Paul (1978), "La doctrine économique libérale", *La démocratie libérale*, pp. 65-84.

[236] Koskenniemi, Martti (2008). "Into positivism: Georg Friedrich von Martens (1756-1821) and Modern International Law", *Constellations*, Volumen 15, Número 2, Blackwell Publishing Ltd, Oxford, pp. 189-207, *vid.* p. 193.

[237] Bluntschli, Johann Caspar. (1875) *Le Droit International Codifié*, 12ª edición, Livre V.4.§381, p. 225. Con anterioridad (§163), Johan Caspar Bluntschli señalaba que es obligación de los Estados recibir a los representantes de aquellos lugares con los que mantiene lazos de solidaridad. En su opinión, esta regla únicamente deja de ser aplicable cuando existen motivos de gravedad, tales como haber cometido un crimen o haber declarado su odio hacia el Estado en el que pretende entrar. Además, Bluntschli hace gala de un pensamiento avanzado para la época, al señalar que "*sería inapropiado que un Estado rechazara a plebeyos o mujeres como enviados. Las diferencias de sexo o de condición no son impedimentos legales ni condiciones exigidas en la persona de los enviados y no pueden justificar una denegación*" (§164).

lizarse para expulsar a un extranjero del territorio (§383), pero no podían tomarse a la ligera, ya que la prohibición de entrada al territorio o la expulsión del mismo "*sin causa y con formas hirientes*" facultaba al extranjero a reclamar al derecho internacional contra esta violación y demandar satisfacción (§384).

Sin embargo, paulatinamente, el deber de admisión adquirió tintes morales, pasando de mandato a recomendación. Así, el argumento de obligación imperfecta de WOLFF respecto al derecho de paso y asilo permitió a KENT reivindicar que ese derecho está sujeto a la discreción del gobierno que lo tolera, pudiendo incluso exigirse tasas o impuestos razonables sobre las personas extranjeras o sus propiedades para "*compensar por el gasto de su alojamiento*"[238].

Posteriormente, la línea de pensamiento del americano quedó reforzada por el juez británico Sir Robert PHILLIMORE cuando este último afirmó, sin citar restricción alguna, que la legislación internacional permitía que el Estado prohibiese la entrada de los extranjeros al país y regulase las condiciones para su permanencia, incluida la posibilidad de expulsarlos o encarcelarlos en tiempo de guerra o revueltas[239]. Igualmente, el *Tratado de Legislación Internacional* (1880) elaborado por HALL, abogado británico, criticaba el derecho de comunicación de VITORIA defendido por BLUNTSCHLI. HALL relegaba el *ius communicationis* a una obligación moral del derecho natural que no era vinculante en la legislación internacional positiva[240].

En las siguientes páginas de su tratado, HALL explicaba que las dos obligaciones morales a las que se refería eran, por un lado, la entrada a su territorio, y, por otro, la extradición de aquellos

---

238 Kent, James (1826-30), "Lecture 2: Of the Rights and Duties of Nations in a State of Peace", *Commentaries on American Law (1826-30).*

239 Phillimore, Robert (1879), *International Law Volumen 1*, Part I. Chapter X Self-preservation, §CCXX, *vid.* pp. 319-320.

240 Hall, William Edward (1890) *A Treatise on International Law,* 3ª ed., Clarendon Press, Oxford, Part I, Chapter II, §13, *vid.* p.58.

extranjeros acusados de cometer un crimen. Respecto al primero, el británico mantenía que la soberanía del Estado tenía la facultad para decidir quién y en qué condiciones podía acceder a su territorio, siendo posible discriminar a determinados grupos de extranjeros, por sus características o por su nacionalidad. En cuanto al segundo, el abogado afirmaba que la ley positiva internacional "*no reconoc[ía] el derecho de extradición*"[241], aunque ésta podía llevarse a cabo si existían acuerdos al respecto entre los países implicados.

En esa misma época (finales del siglo XIX), se advierten dos escuelas independientes al revisar la literatura jurídica. Por un lado, los juristas y académicos americanos y británicos defendían la competencia del Estado para regular la admisión de extranjeros. Por otro lado, la Europa continental abogaba por el principio de libre movimiento, que únicamente podía restringirse si estaba en riesgo la preservación del Estado.

La deriva securitizadora que fue surgiendo a finales del siglo XIX contrastaba, sin embargo, con las *Reglas internacionales sobre la admisión y la expulsión de extranjeros* acordadas por el Instituto de Derecho Internacional en Ginebra (1892). Este organismo europeo, creado en Bélgica en 1873, ratificaba la soberanía e independencia de los Estados para rechazar, admitir, admitir condicionalmente o expulsar a los extranjeros. Sin embargo, para llevarlo a cabo, proponía la adhesión a una serie de reglas a través de las que articular ese derecho.

Así, además de la propuesta de que los Estados no deberían prohibir el acceso o estancia en su territorio a quienes hubiesen perdido su nacionalidad en dicho Estado (art. 2) y de su prohibición de las represalias contra "*los extranjeros domiciliados en el país con autorización expresa del gobierno*" (art. 3), añadía que la protección del trabajo nacional no es "*en sí misma, un motivo suficiente para la no admisión*" (art. 7). En el artículo 6 detallaba las restricciones

---

241 Id., *vid.* p. 61.

aplicables a la entrada de extranjeros, refiriéndose a razones de interés público o motivos de extrema gravedad. A esta salvedad, las *Reglas* añadían la posibilidad de restringir o prohibir la entrada temporalmente en tiempo de guerra, por problemas interiores o epidemia (art. 8).

En cuanto a la normativa reguladora de la expulsión, que ha de comunicarse con justificación "*de hecho y de derecho*" (art. 30), las reglas indican que ésta "*nunca debe pronunciarse en interés privado, para impedir la competencia legítima o para detener reclamaciones justas o las acciones y recursos que se presenten regularmente ante los tribunales o autoridades competentes*" (art. 14).

Además, cualquier persona expulsada tiene derecho a recurrir ante una corte suprema judicial o administrativa, que juzgará el caso con plena independencia del gobierno, si bien, mientras el recurso se resuelve, la expulsión se puede ejecutar provisionalmente (art. 21). Al regular a quiénes puede expulsarse (*grosso modo*, quienes presentan un riesgo para la seguridad, salud o economía del Estado, art. 28.1), se establece como salvedad que las personas que hayan accedido al Estado en violación de las reglas de admisión podrán permanecer en el país si no pesa sobre ellas otra causa de expulsión y han residido en el país más de seis meses[242].

Cinco años después, en Copenhague (1897), el Instituto publicó una serie de principios con recomendaciones para los Estados en materia de migración[243]. El documento reiteraba la libertad de emigrar o inmigrar, bien de forma individual o en masa, sin distinción de nacionalidad, con la única salvedad de las necesidades de orden social o político, que el Estado debía publicar (art. 1). La última recomendación (art. 10) instaba a los Estados a "*entenderse*

---

242 Estas reglas preludian las futuras resoluciones de regularización de la inmigración, como las implementadas en España desde la década de 1990.

243 *Principes recommandés par l'Institut, en vue d'un projet de convention en matière d'émigration*, Institut de Droit International, Session de Copenhage - 1897.

*(cooperar) para introducir en su legislación penal las disposiciones indispensables con el fin de asegurar la pena a las infracciones de las reglas en vigor en materia de emigración".*

Sin embargo, el crecimiento de los flujos migratorios y los cambios político-sociales que experimentados a finales del siglo XIX y comienzos del XX llevaron a una progresiva restricción de la migración, de tal forma que, en 1932, FIELDS, Director Ejecutivo de la Liga Nacional para la Ciudadanía Americana, anunciaba que el mundo en su conjunto estaba asistiendo al cierre de la inmigración. FIELDS aseguraba *que "la inmigración está limitada por la capacidad de absorción de la tierra (Estado)"*[244] y advertía que la admisión incontrolada de migrantes conllevaba añadir dependientes a la economía del Estado, lo que podía traer consecuencias desastrosas. El desempleo, la crisis de 1929 y todos los efectos derivados de la Primera Guerra Mundial estaban entre los argumentos esgrimidos para justificar el cierre de la puerta de la migración a ambos lados del Atlántico.

En términos del control migratorio, la Primera Guerra Mundial supuso la normalización del uso de pasaportes para que el Estado pudiese monopolizar la autorización de los movimientos de personas, una de las claves que permitió la evolución de la sociedad desde el feudalismo al capitalismo[245]. Durante los prolegómenos de este conflicto nació el pasaporte moderno, como evolución iniciada con los salvoconductos de la antigüedad, a través de los que se garantizaba el derecho de paso.

De este modo, en aquellos momentos se consolidaron las restricciones aplicadas a los extranjeros y, en una búsqueda por controlar mejor los movimientos, de nacionales y foráneos, se in-

---

244 Fields, Harold (1932). "Closing inmigration throughout the world", *The American journal of American Law*, Volumen 26, Número 4, Octubre, pp. 671-699, *vid.* p.673.

245 Torpey, John (2000). *The Invention of Passport. Surveillance, Citizenship and the State*, Cambridge University Press, Cambridge, Nueva York, Melbourne y Madrid, *vid.* pp.6-8.

trodujeron controles temporales de pasaportes. Así, en Francia se reactivó el control de pasaportes de la época revolucionaria; en Reino Unido se promulgó la *Ley de Restricción de* Extranjeros (1914) que, sin mención explícita del pasaporte, exigía evidencia documental del país al que se pertenecía; en Alemania se extendió a todos los extranjeros la Ley de 1867 que, hasta entonces, imponía controles de pasaportes únicamente a las personas procedentes de Rusia; Italia impuso la obligación de presentar un pasaporte a todos los extranjeros que deseasen entrar al país; y EEUU estableció el requisito de tener pasaporte en diciembre de 1915 y, paulatinamente, fortaleció el control de sus fronteras para evitar la entrada de extranjeros.

Aunque inicialmente el uso de los pasaportes se anunció como temporal, su utilización se convirtió en permanente, generando una "*révolution identificatoire*"[246]: La creciente voluntad de control nacional dio lugar a una profusión burocrática que fue refinándose a medida que se perfeccionaron las técnicas mediante las que ejercer ese control. En este sentido, en el periodo de entreguerras, la OIT (establecida en el *Tratado de Versalles* de 1919) y la *Comisión Internacional de Emigración* buscaron promover la igualdad de trato entre los trabajadores nacionales y extranjeros. Para ello, en la *Conferencia de Roma* (1924), diseñaron la "*Carta de Emigrantes*" estableciendo los derechos básicos para la migración (reunificación familiar, igualdad de trato, y acceso a oportunidades laborales)[247].

Sin embargo, los postulados defendidos por la OIT estaban cada vez más distantes de la voluntad que imperaba en el continente americano, donde la imposición de cuotas a la migración se fue endureciendo de forma progresiva durante la segunda década del siglo XX, al tiempo que se articulaba el derecho de los Estados a que su legislación estableciese cuantas restricciones y condiciones se considerasen oportunas para la entrada y residencia de migrantes en su territorio.

---

[246] Id., *vid.* p.121.

[247] Chetail, *op.cit.* p. 52-55.

Durante este mismo periodo se produjo la popularización del pasaporte Nansen y la distinción entre el concepto de refugiado y migrante. Esta segunda época de construcción de la legislación migratoria internacional terminó con la creación, en 1950, del Alto Comisionado de Naciones Unidas para los Refugiados (ACNUR) y la adopción, un año después, de la *Convención sobre el Estatuto de los Refugiados* (1951).

### *1.3. Responsabilidad del Estado y Derechos Fundamentales*

El interés por la protección de los derechos de los extranjeros creció exponencialmente durante la etapa anterior (en torno a la segunda guerra mundial), de forma paralela al incremento del control fronterizo. La responsabilidad del Estado con aquellos de sus ciudadanos que habían decidido migrar se articuló con una serie de comisiones ante las que se presentaban los casos, a raíz de los que fue evolucionando la ley.

Respecto a esta responsabilidad del Estado con quienes emigran, ésta se amparó en la afirmación de VATTEL sobre la necesidad de que el Estado proteja a quienquiera que agreda a uno de sus ciudadanos, ya que tal acción equivale a una ofensa contra la propia institución del Estado. No obstante, VATTEL consideraba esta afirmación la cara de una moneda que se complementaba con la otra, en la que se exponía que el Estado tenía que ejercer el mismo nivel de responsabilidad para velar por que su ciudadanía no incurriese en ofensa contra los Estados a los que viajaba, ya que la salud del propio Estado, y de la humanidad misma, dependen del ejercicio del respeto mutuo[248].

Sin embargo, parece que los Estados se centraron más en la parte correspondiente a defender a sus nacionales. De hecho, más que una incipiente preocupación de los Estados por los derechos humanos de su ciudadanía, JESSUP, diplomático y jurista,

---

[248] Vattel, *op.cit.* p. 309.

señalaba que la responsabilidad de los Estados con sus ciudadanos comenzó como un nuevo aspecto del imperialismo o "*diplomacia del dólar*". No obstante, el diplomático americano apuntaba que, gracias al interés de los Estados más fuertes en el bienestar de aquellos de sus ciudadanos que se encontraban residiendo en Estados "*explotados*", la normativa internacional fue avanzando hacia el establecimiento de unos estándares mínimos en cuanto a los derechos fundamentales. Al mismo tiempo, se fue desarrollando una burocracia internacional que podría favorecer el establecimiento de un sistema de comercio internacional entre naciones con distintas culturas y sistemas legales[249].

De este modo, en sus comienzos, los derechos humanos se esgrimieron como un mecanismo de injerencia de los Estados más poderosos en los más débiles y en vías de desarrollo, lo que generó tensiones diplomáticas que resultaron abusivas[250]. Así, en la incipiente legislación internacional en esta materia, antes de la firma de la *Declaración Universal de Derechos Humanos* (1948), el interés de los Estados por los derechos humanos se limitaba a sus correspondientes nacionales fuera de sus fronteras. Aunque comenzaban a articularse mecanismos de protección exterior, la ciudadanía no disponía de herramientas dentro de su propio Estado para cuestionar el tratamiento recibido por parte de éste.

El hecho de que la intervención diplomática fuera la única vía para buscar la protección de los derechos fundamentales hizo que se cometiesen una serie de abusos que acabaron resolviéndose

---

249 Jessup, Philip (1948), "Responsibility of States for injuries to individuals", *A modern law of nations. An introduction.* The Macmillan Company, Nueva York, pp. 94-122, *vid.* p.96-97.

250 El *Primer informe sobre protección diplomática* (2000) a cargo de John R. Dugard, relator especial de Naciones Unidas, señala cómo los Estados occidentales reclamaban su derecho a intervenir cuando consideraban que sus nacionales no estaban recibiendo un trato acorde con estándares civilizados, una afirmación muy subjetiva que las naciones en desarrollo contemplaban más como un ejercicio de poder que como una acción real hacia la protección de los derechos humanos.

por medio de las armas (ej.: las guerras de los Bóeres entre Reino Unido y Sudáfrica; y las intervenciones militares de EEUU en Latinoamérica) o de acuerdos de compensación abusivos. El abuso (y fracaso) de la vía diplomática en aquellos momentos puso de manifiesto la existencia de una divergencia de opinión fundamental entre los Estados respecto a su papel en la protección de los nacionales fuera de sus fronteras, lo que se dejó ver en la *Conferencia Internacional para la Codificación de la Ley Internacional,* celebrada en La Haya del 13 de marzo al 12 de abril de 1930.

Durante la citada Conferencia quedó plasmada la polaridad entre las opiniones del grupo minoritario y el mayoritario. El primero (minoritario) estaba compuesto por 17 países, representados por los delegados de varios estados latinoamericanos, Portugal, Rumanía, Yugoslavia, Turquía, Persia, China, Polonia y Checoslovaquia. Por su parte, el grupo mayoritario estaba integrado principalmente por EEUU y las antiguas potencias coloniales[251].

La diferencia fundamental entre ambos grupos estribaba en la insistencia del primero en que "*los extranjeros no deberían disfrutar de una posición más favorable en un país que sus propios nacionales*". En cambio, los segundos (Estados occidentales) seguían defendiendo la protección de los ciudadanos extranjeros, postura expresada en la conferencia ofrecida por ROOT, presidente de la Sociedad Americana de Ley Internacional, en Washington en 1910[252].

Las bases para la protección de los ciudadanos extranjeros expresadas por ROOT se regían por el principio de que "*la medida de las obligaciones internacionales de un país es la medida de los derechos de otro país*". Sobre esta base, sostenía que era lícito que los Estados interviniesen (por la fuerza, si fuese necesario) cuando sus nacio-

---

251 Hudson, Manley O. (1930). "The First Conference for the Codification of International Law", *The American Journal of International Law,* Volumen 24, Número 3, julio, pp. 447-466, *vid.* p. 460.

252 Root, Elihu (1910). "The basis of protection to citizens residing abroad", *The American Journal of International Law,* Volumen 4, Número 3 (julio), pp. 517-528.

nales se encontrasen en un territorio cuyo gobierno demostrase manifiesta incapacidad para ejercer su deber internacional de protección de acuerdo con el "*establecido estándar de civilización*".

Al esgrimir la argumentación de ROOT, los países occidentales no citaban, sin embargo, la crítica que éste les hacía, particularmente a EEUU, por no conceder a los extranjeros "*el mismo grado de protección y oportunidad de reparación del daño*" que otorgaba a los nacionales. Tampoco parecían hacerse eco de la nota final del discurso de ROOT, en la que señalaba que el debate sobre la protección de los extranjeros estaba permitiendo llegar a un mejor conocimiento de los derechos de y obligaciones hacia los extranjeros. Del mismo modo, tampoco pareció encontrar eco su propuesta de una mayor aceptación de un estándar de justicia internacional común que permitiese reducir los prejuicios y malentendidos para que los extranjeros consiguiesen obtener la plenitud de sus derechos.

El debate sobre los derechos humanos continuó a medida que progresó el siglo XX, pareciendo, a veces, que las propuestas en su defensa no prosperarían. No obstante, pese al fracaso de la Conferencia de La Haya de 1930, el movimiento en favor de los derechos humanos fue tomando fuerza y, paulatinamente, sustituyendo el de la responsabilidad del Estado. Sin embargo, el proceso ha sido gradual y ha tenido que superar considerables obstáculos. De hecho, el texto adoptado por la Comisión de Naciones Unidas en 2001 bajo el título de *Responsabilidad del Estado ante hechos internacionalmente ilícitos*[253], tutelado por el jurista James Crawford, tardó más de medio siglo en aprobarse.

Respecto a la evolución de este documento, las seis propuestas iniciales (1966-1961), realizadas por GARCÍA AMADOR, relator especial de la ONU, planteaban reformular los principios del estándar internacional de justicia, así como el de la igualdad entre

---

[253] United Nations (2005). *Responsibility of States for Internationally Wrongful Acts 2001*, 55th session of the Commission.

nacionales y extranjeros, con el fin de resolver la tensión entre ambos conceptos. Para ello, el autor sugería que se otorgase un reconocimiento internacional a los derechos humanos y libertades fundamentales, independientemente de la nacionalidad[254]. Sin embargo, en pleno proceso de descolonización y en medio de la guerra fría, sus informes parecían demasiado revolucionarios, por lo que fueron criticados por la *Comisión de Legislación Internacional* (CLI)[255].

La CLI encargó un nuevo informe, entre cuyos relatores estuvieron los juristas AGO, RIPHAGEN y ARANGIO-RUIZ. Esta nueva versión, desarrollada durante décadas, sirvió como base para el tutelado por CRAWFORD[256] en 2001. Respecto a este último texto, CRAWFORD destacó el gran logro conseguido al obtener un acuerdo sobre el alcance de las obligaciones internacionales (art. 33) y la invocación del principio de responsabilidad por un Estado distinto al perjudicado (art. 48), aunque aceptó las críticas recibidas señalando que deberían realizarse más avances.

El texto tutelado por Crawford aclaraba que identificar al Estado o Estados responsables de hechos internacionalmente ilícitos depende del carácter y del contenido de la obligación, así como de las circunstancias de su incumplimiento. Igualmente, indica que la gravedad del incumplimiento de las obligaciones establecidas afecta al alcance de las obligaciones de cesación y reparación. Además, el artículo 33 explica que cuando la violación tiene un efecto masivo y generalizado, puede afectar a la comunidad internacional en su conjunto. Por su parte, el artículo 48 invoca

---

254 *Third Report on International Responsibility by Mr. F. V. Garcia-Amador, Special*, Document A/CN.4/111, Extract from the Yearbook of the International Law Commission, 1958, Vol. II.

255 Nieto-Navia, Rafael (no consta). "State Responsibility in respect of International Wrongful Acts of Third Persons: The Theory of Control", *Institut de Droit International.*

256 Intervenciones como las realizadas en este informe condujeron a que el académico y abogado australiano fuese elegido como juez de la Corte Penal Internacional en 2014.

la responsabilidad de los Estados para actuar de acuerdo con un interés colectivo.

Paulatinamente, la protección diplomática otorgada por los Estados ha ido dando paso a la ley de los derechos humanos, si bien dicha protección coexiste con los procedimientos nacionales y supranacionales cuando algún tipo de razón, práctica o legal, impide el acceso al cuerpo de tratados en materia de derechos humanos. Aunque los migrantes han adquirido derechos en la legislación internacional, continúan existiendo violaciones endémicas de dichos derechos, lo que exige la intervención de sus Estados nacionales.

### *1.4. Principios básicos de la migración internacional*

Como ha podido verse a lo largo de la exposición anterior, la primacía del libre movimiento de personas en los estadios iniciales de la doctrina sobre migración internacional fue perdiendo terreno en favor de la soberanía territorial, que dejó de ser una excepción. No obstante, la que se convirtiera en regla principal se ha visto atenuada por la regulación internacional en materia de derechos humanos, así como por los acuerdos bilaterales adoptados entre algunos Estados. De este modo, aunque la jurisdicción doméstica se convirtió en el punto de partida para establecer una legislación migratoria, ésta ha pasado a depender, en cierta medida, de su homóloga internacional.

La situación migratoria actual hace que el reconocimiento de la necesidad de cooperación para afrontar este reto sea global, si bien, además de la puesta en marcha del marco normativo que emana desde la ONU, exige que los Estados honren e implementen las responsabilidades adquiridas. Los compromisos multilaterales han permitido la adopción de importantes acuerdos, como la *Declaración de Refugiados y Migrantes de Nueva York* (2016), a través de la que se fortalecieron y facilitaron las respuestas de emergencia a los refugiados, apoyando el desarrollo de un marco más inclusivo, así como mayor financiación a los Estados receptores. De ella han derivado:

- *El Pacto Mundial sobre Refugiados* (2018), que proporciona un marco para aplicar la *Convención sobre el Estatuto de Refugiados* (Ginebra, 1951) y su protocolo adicional (1967), que quiere mejorar la respuesta internacional ante los refugiados: haciendo que las naciones y comunidades afectadas compartan la carga y la responsabilidad; desarrollando la autosuficiencia y autonomía de los refugiados; ampliando la posibilidad de su reasentamiento en terceros países, así como las condiciones que les permitan regresar voluntariamente, en condiciones de dignidad y seguridad, a sus países de origen.
- *El Pacto mundial para una migración segura, ordenada y regular* (2018), mediante el que se ha buscado el compromiso y el entendimiento de los Estados miembros para mejorar la coordinación en materia de migración internacional. Sus objetivos incluyen tanto atajar los factores adversos y estructurales, que impiden que las personas tengan medios de vida sostenible en sus países de origen, como fomentar el respeto, protección y cumplimiento de los derechos humanos para garantizar la seguridad durante el periplo migratorio. Además, el Pacto reconoce las preocupaciones legítimas de los Estados ante los cambios actuales (demográficos, económicos, sociales y medioambientales) y busca la creación de unas condiciones propicias para que los migrantes puedan contribuir al enriquecimiento de la sociedad y su desarrollo sostenible en todos los niveles (local, nacional, regional y global).

Todos estos compromisos tienen la condición de lo que se denomina "ley blanda" (*soft law*), lo que permite el establecimiento de diálogos interestatales, que fructifican en acuerdos consultivos no vinculantes. Esto hace pensar en la necesidad de que el sistema de la ONU se ancle en una agencia u órgano especializado capaz de enfrentarse a estos problemas. Una de las opciones sería transformar el mandato de OIM, con el fin de que vaya más allá de promover la cooperación y pueda coordinarse con ACNUR de forma más eficiente.

Un cambio sustancial en el mandato de la OIM podría facilitar el paso de la retórica a la acción, y superar la toxicidad del actual clima político en el que "*la aplicación de las leyes migratorias ha sido mistificada por una comprensión absoluta y obsoleta de la soberanía estatal, que no corresponde al desarrollo actual del derecho internacional*" [257]. No obstante, no parece que esta transformación vaya a producirse con facilidad, puesto que la actual multiplicidad de agencias y organismos refuerza la asimetría de poder, aportando un mayor nivel de flexibilidad a los Estados en el ejercicio de la política migratoria.

Pese a la diferencia de opiniones en materia migratoria, es posible identificar una serie de principios sobre los que se fundamenta el cuerpo legislativo internacional en torno al movimiento de personas[258]. En primer lugar, el derecho a abandonar el país, que constituye la libertad más fundamental, prerrequisito necesario para poder disfrutar de los demás derechos. Es el *voto ejercido con los pies*, a través del que se decide escapar de la persecución, buscar una vida mejor o abandonar un país por motivos personales distintos de las cuestiones económicas o políticas.

En segundo lugar, el derecho de admisión como "*principio universal*" o como "*excepción limitada a la competencia general de los Estados para decidir sobre la admisión de extranjeros*" depende de la ratificación de tratados regionales o universales de los Estados. En cualquiera de los casos, la legislación vigente converge en dos aspectos fundamentales. Por un lado, el principio de no-retorno o prohibición de expulsar a cualquier persona a un país en el que corra el riesgo de persecución o de violación de los derechos humanos, que ha sido aceptado como ley natural, incluso

---

[257] Chetail, *op.cit.* p. 400.
[258] *Id.* pp.76-164.

en aquellos casos en los que la prohibición no se incluye con una provisión expresa. Por otro lado, el principio de reunificación familiar, que incluye tanto el derecho del niño a no ser separado de sus padres, como el deber de los Estados de garantizar que la petición de reunificación no tenga consecuencias adversas para los miembros de la familia. Según este principio, basado en el respeto a la familia como componente indispensable de la migración, existe una obligación positiva para facilitar la reunificación de la familia en aquellos casos en los que exista un obstáculo objetivo que impida que el migrante que ya se encuentra en un territorio pueda desarrollar su vida familiar en otro lugar.

En tercer lugar, el principio de no-discriminación que obliga a todos los Estados, dada su presencia de forma específica en el primer artículo de la Carta de las Naciones Unidas, donde expresa que el propósito de la cooperación internacional se basa "*en el desarrollo y estímulo del respeto a los derechos humanos y a las libertades fundamentales de todos, sin hacer distinción por motivos de raza, sexo, idioma o religión*" [259]. Se ha convertido en la piedra angular sobre la que se asientan los derechos humanos.

El cuarto principio es la prohibición de detención arbitraria, aplicable a cualquier tipo de privación de libertad (a la llegada, durante el periodo de determinación de estatus o durante el periodo en el que se prepara la expulsión), y en cualquier tipo de instalación. No obstante, el *Convenio Europeo de Derechos Humanos* regula que la detención de una persona que trata de acceder a un país de forma no autorizada no es arbitraria, sino que es fruto del cumplimiento de un control migratorio (art. 5.1.f). Pese a ello, la Asamblea General de la ONU anima a buscar medidas alternativas a la detención y, cuando no sea posible, reducir sus tiempos.

El quinto principio es la garantía del debido proceso legal, aceptada como parte del derecho internacional consuetudina-

---

259 Naciones Unidas (1945). *Carta de las Naciones Unidas*, Capítulo I: Propósitos y Principios, Artículo 1.3.

rio, aunque se aplica mayoritariamente a los extranjeros que se encuentran en el país de forma legal. No obstante, la norma se complementa con la prohibición de la expulsión colectiva, lo que ofrece garantías cruciales para los migrantes indocumentados. Esta prohibición aplica a todos los Estados, independientemente de los tratados que hayan ratificado, ya que está basada en el principio de no discriminación vigente en la legislación actual.

Por último, pero no menos importante, el derecho a la dignidad humana, que incluye la prohibición de la tortura, así como de tratamientos o castigos degradantes. La prohibición de la entrada basada en rasgos físicos específicos o características étnicas también se engloba dentro del tratamiento degradante, y constituye una violación de la regulación internacional. Relacionado con este derecho está una de las normas más establecidas en el derecho internacional (aunque todavía no siempre respetada): el derecho a la vida, que conlleva el deber de rescatar a quienes se encuentran en peligro en el mar. Igualmente, este derecho exige que la expulsión de los migrantes se emplee como último recurso, y con medios proporcionales a la resistencia de los retornados.

## 2. AVANCES, Y RETROCESOS, EN EL PROCESO HACIA UNA CIVILIZACIÓN GARANTE DE LOS DERECHOS HUMANOS

Luces y sombras son dos conceptos interrelacionados que, como los propios conceptos del bien y el mal, no podrían existir de forma independiente. Las luces son los avances que se han logrado en el camino hacia una civilización menos violenta y más respetuosa con los derechos humanos, mientras que las sombras son las acciones llevadas a cabo para ocultar esa luz mediante los incumplimientos de los derechos y los rebrotes de violencia. Para comprender uno de ellos, es necesario (según la ley de los opuestos sobre la que descansan las bases de la filosofía occidental) que exista su opuesto. Así, del *ápeiron* de Anaximandro surgieron los elementos (aire, fuego, agua, tierra), como pares de opuestos en guerra continua (frío–calor, húmedo–seco).

Posteriormente, su sucesor, Anaxímenes de Mileto, basándose en la idea de aire como *arché* (elemento ilimitado que podía ser más caliente, frío, denso o ligero, sin dejar de ser la misma sustancia con propiedades neutras), propuso la existencia de un continuo a través del que las propiedades interactúan y se relacionan. De esta forma, en vez de una guerra de contrarios, argumentó la existencia de un continuo a través del que se produce el cambio de las propiedades, que avanzan hacia uno y otro extremo, dependiendo de las circunstancias[260].

Esta idea de cambio hizo que Heráclito contemplase el universo a través de la ley única del *Logos,* que muestra la unidad de contrarios de forma *compresente* (coexistiendo) en el universo, ya que, en el flujo constante de la vida, el cambio crea el opuesto (si bien ambos no tienen por qué existir simultáneamente). De este modo, al igual que en un plano inclinado coexisten las cualidades de ascenso y descenso, y que el movimiento del sol crea la luz y la sombra, en la vida coexisten las instancias de bien y mal. Dada su coexistencia, la clave, para Heráclito, estaba en hallar la armonía que nace de la discordia de los diferentes elementos.

La filosofía oriental también descansa sobre la existencia de dos fuerzas opuestas, el *yin* (vertiente umbría de una montaña) y el *yang* (vertiente soleada), cuya alternancia y dicotomía define el *Tao*[261] como orden natural de la existencia. Así, luces y sombras, yin y yang, parecen ser los motores que también subyacen la senda transitada hacia el avance en materia de derechos humanos y libertades fundamentales.

---

260 Gurthrie, W. K. C. (1984). *Historia de la Filosofía Griega. I. Los primeros presocráticos y los pitagóricos,* Ed. Alberto Medina González, Editorial Gredos, Madrid, 3ª reimpresión.

261 Jiménez, Pedro Jesús (2007). "Teorías del yin y yang a revisión", *Taichichuan,* 12, verano.

El análisis de la evolución de la legislación migratoria ha mostrado que, junto a la tendencia securitizadora que se ha ido consolidando, también ha habido numerosos avances en la legislación internacional en materia de derechos humanos. Por ello, el avance de la civilización y la libertad de movimiento se acompaña de la erección de fronteras "*cada vez más móviles e invisibles*", sin vínculos a las coordinadas geográficas que anuncian querer proteger. Las nuevas fronteras se han convertido en una especie de murallas jurídicas que limitan el acceso a los territorios, restringiendo la libertad de movimiento[262].

En este sentido, el progreso de la civilización y la distribución de los flujos migratorios avanzan de la mano, por lo que, para poder continuar construyendo una sociedad basada en los principios de los derechos humanos, es preciso solucionar el reto migratorio desde el punto de vista de las garantías jurisdiccionales. Esto requiere la sensibilización hacia las necesidades de quienes llegan.

Además, este avance ha de acompañarse de un ejercicio de sinceridad institucional que presente las luces y las sombras del fenómeno, permitiendo que el conjunto de la sociedad colabore para erradicar los problemas que puedan generarse, sin despertar oleadas de miedo y radicalización. A continuación, se examinan las fuerzas que constituyen el tira y afloja en la carrera hacia una sociedad civilizada, guiada por el respeto a los derechos humanos y las libertades fundamentales.

### *2.1. Cómo se ha llegado aquí*

Aunque se trate de una historia mítica, la *Biblia* narra como ya, en los albores del mundo, el desagrado de Caín hacia su hermano Abel tuvo consecuencias mortales para este último, lo que apunta

---

262 Shachar, Ayelet (2020), "Las fronteras, cada vez más móviles e invisibles, siguen siendo auténticas barreras", *Correo de la UNESCO. Un solo mundo, voces múltiples*, 3, Gran angular.

a que la violencia y el conflicto han formado parte de la historia de la humanidad desde sus comienzos. El drama cainita se descubre repetido, una y otra vez, al estudiar los hallazgos de distintos restos arqueológicos, como los correspondientes a las 27 víctimas de violencia intergrupal que murieron en Nataruk (Kenia) en el pleistoceno tardío o durante el temprano holoceno[263].

Igualmente, ya en el periodo histórico, aparecen muestras escritas, como las narrativas de Heródoto, dejando constancia de las masacres perpetradas por Nabucodonosor y Asurbanipal, ambos ejemplos de lo que continuó sucediendo en otras de las guerras y batallas libradas a lo largo de la historia de la humanidad.

La fusión de los ritos de sangre con las creencias religiosas[264], y la sujeción del avance económico a la barbarie reflejada en las narrativas sobre la esclavitud[265], son otros de los ejemplos que jalonan la historia del ser humano con ilustraciones de violencia y crueldad. El análisis del avance de la sociedad dibuja un pasado en el que el Estado parece haber avanzado de la mano de la guerra, alimentándose mutuamente, cual si conformasen la doble hélice del ADN de la civilización.

---

263 Mirazón Lahr, M. et al. (2016). "Inter-group violence among early Holocene hunter-gatherers of West Turkana, Kenya", *Nature*, núm. 529, pp. 1-50, 20 de enero. En Christopher M. Stojanowski, et al. (2016). "Contesting the massacre at Nataruk", *Nature*, núm. 539, E8-E10(2016), 23 de noviembre, puede consultarse un artículo que impugna al citado anteriormente, basándose en la violencia que se leía en los restos de Nataruk. Las hipótesis de ambos estudios no hacen sino mostrar la imposibilidad de tratar de monopolizar la descripción de un momento histórico, como la vida de los cazadores recolectores de Nataruk, en términos de su violencia, ya que la existencia humana conjuga distintas facetas

264 Rives, James B. (1995). "Human sacrifice among Pagans and Christians", *The Journal of Roman Studies*, Vol. 85, *vid.* pp. 65-85.

265 Equiano, Olaudah (1789). *The interesting narrative of the life of Olaudah Equiano, or Gustavus Vassa, The African Writer by Himself*; Douglass, Frederick (1845). *Narrative of the Life of Frederick Douglass, an American Slave. Written by Himself.*

Para Hobbes, y otros autores como Ashley Cooper, tercer conde de Shaftesbury, el binomio Estado-violencia alcanza tal simbiosis que los lleva a pensar que el nacimiento del Estado y el impulso del comercio parecen haber jugado un papel fundamental en el desarrollo de la corrupción, la mala educación y, como consecuencia, la exacerbación de la naturaleza violenta del hombre. A su vez, esta deriva se ha traducido en una mayor belicosidad, lo que, eventualmente, ha desembocado en las amenazas biológicas y termonucleares[266].

Sin embargo, dada la naturaleza dual de nuestra existencia, los citados ejemplos configuran tan sólo una parte de la historia. Junto a la hipótesis de la naturaleza violenta de la humanidad y la sociedad, la hipótesis contraria, defendida por ROUSSEAU, propugna la idea del noble salvaje, no civilizado, que vive en armonía y paz con la naturaleza. ZERZAN[267] ha retomado la idea de ROUSSEAU, señalando que la civilización es la responsable de la violencia y la corrupción. Partiendo de estas ideas, presenta una versión de nuestros antepasados, no exenta de cierto edulcorante, en la que afirma que la vida en la naturaleza (rechazando la cultura) permitió a la humanidad gozar de una mayor sintonía con su entorno. ZERZAN señala esta comunión con el medio natural como la diferencia clave entre aquel periodo de supuesta felicidad y el frenetismo de la sociedad actual, lacrada por una serie de problemas que, para estos autores, hacen que la humanidad sea víctima del *proceso civilizador.*

No obstante, un análisis mesurado de la historia de la civilización evita caer en la tentación de ver el pasado como un lugar idílico, cuyas virtudes hemos de recuperar y al que deberíamos tratar de retornar. También nos previene del error de presentar el proceso civilizador como la evolución hacia la barbarie y la destruc-

---

266 Parker, Geoffrey (2010). *Historia de la guerra.* Editorial Akal, Madrid. Trad. José Luis Gil.

267 Zerzan, John (2001). "Futuro primitivo", *Futuro Primitivo y Otros Ensayos,* Numa Ediciones, Valencia, pp. 7-35.

ción, invitándonos a no caer en los estereotipos que pretenden epitomizar el pasado como ejemplo del bien absoluto, o del inicio de un mal degradante que conduce a la sociedad hacia extremos cada vez más delirantes.

ELIAS, en *El proceso de la civilización* (1939), y PINKER, en *Los mejores ángeles de nuestra naturaleza. Una historia de la violencia y la humanidad* (2011), realizan un análisis de la civilización revelando una serie de conductas que han permitido la evolución de la autorregulación y el desarrollo de un código moral. Gracias a estos desarrollos, conductas que otrora fueran prácticas habituales son completamente inaceptables e intolerables en la civilización actual.

Tomando en consideración el número de incidentes violentos y las oportunidades disponibles para ejercer dicha violencia, algunos estudios concluyen que, pese al sensacionalismo mediático, vivimos en uno de los momentos en los que la violencia tiene menor incidencia[268]. Esta opinión no está exenta de críticos que esgrimen la crudeza de los conflictos mostrados en los medios para rebatir la teoría del efecto pacificador de la sociedad[269], ni tampoco ha evitado la aparición del fenómeno que PRATT[270] describe como populismo punitivo y que, en las últimas décadas, parece haber ampliado los valores de tolerancia hacia el castigo.

Ante esta opinión, que busca resaltar el aspecto más macabro de la sociedad, cabe recordar la escasa prudencia que se mostraría

---

268 Gurr, Ted Robert (2000). "Ethnic warfare on the wane", *Foreign Affairs,* Vol. 79, núm. 3, mayo/junio, Nueva York, pp. 52-64.

269 Fry, Douglas P. (2013). *War, Peace, and Human Nature. The convergence of evolutionary and cultural views,* Oxford University Press, Oxford.

270 A lo largo de su estudio, Pratt relaciona el aumento de la tolerancia al castigo, así como la demanda de penas más intensas (y para un mayor número de infracciones), con la ya mencionada proliferación del discurso del odio y del miedo que ha ido poblando los medios de comunicación en las últimas décadas. Pratt, John (2002). *Punishment and civilization: penal tolerance and intolerance in modern society,* Sage Publications Ltd, Londres, Thousand Oaks (California) y Nueva Delhi.

si se basase la percepción de la tendencia evolutiva de la violencia en la narración de los hechos memorables recogidos en los medios de comunicación. Dado el carácter del periodismo, la paz, el respeto y aquello que no sangra no generan titulares, por lo que, mayoritariamente, los distintos medios buscan causar impacto sobre su audiencia a través de noticias que puedan generar titulares y hacer correr ríos..., al menos, de tinta[271].

Tanto PINKER como ELIAS recuerdan que el avance del proceso civilizador y la disminución de la violencia no son fenómenos lineales, sino que sufren fluctuaciones (como la acaecida en ciertos momentos de la actualidad), pudiendo llevar a una percepción distorsionada de la realidad. PINKER detalla una serie de procesos (pacificación, civilizador, revolución humanitaria, larga paz y nueva paz) a través de los que se ha ido consolidando la disminución de la violencia.

La continua reconstrucción de la sociedad, a través de la flexibilidad y la negociación inherentes a cada cultura, ha permitido que la energía que nutría a los bíceps se haya empleado para alimentar las neuronas, proporcionando así herramientas de diálogo con las que resolver los conflictos y promover el respeto hacia los derechos humanos y las libertades fundamentales[272]. Estos argumentos se refuerzan con el pensamiento de autores como BOBBIO, que presenta la guerra como una institución inconveniente

---

271 Eugenis, Katherine (2013). *Who will tell the story? Terrorism's Relationship with the international mass media,* Department of Political Science, University of Nevada, Las Vegas, mayo. Pinker, Steven (2014). "Has the Decline of violence reversed since *The Better Angels of Our Nature* was written?", Harvard University.

272 Goodnow, Jacqueline J. y Collins W. Andrews (1990). *Development according to parents. The nature, sources and consequences of parents' ideas.* Erlbaum (Hillsdale), Nueva Jersey, p. 313. Harari, Yuval Noah (2014). *Sapiens. A brief history of humankind,* Vintage Books, Londres, *vid.* p. 9.

cuya validez se ha agotado[273]. Igualmente, WALZER[274] advierte la necesidad de evitar la guerra, ya que su ausencia es el único método capaz de prevenir la destrucción de la humanidad.

Estas ideas se complementan con la búsqueda de la armonización del mundo a través del refuerzo tanto de las relaciones comerciales (con el objetivo de erradicar la violencia y consolidar la paz) como de las campañas no violentas de prevención de conflictos y reconstrucción[275]. Esta línea de acción y pensamiento hace resonar la filosofía kantiana, promotora de la paz perpetua mediante la vinculación de los Estados en "*una política interna del mundo*"[276].

Por ello, la legislación de la UE sobre esta materia permite descubrir que los valores europeos han advertido esta posibilidad de lograr una mayor disminución de la violencia a través de la cooperación de todos los Estados, con el fin de que los ángeles buenos (que, según PINKER[277], conviven con nuestros demonios interiores), guíen la evolución de nuestra sociedad, su política y sus instituciones. Así, a la depredación, la sed de dominio y venganza, el sadismo y sus diversas causas ideológicas se oponen la empatía, el autocontrol, la moralidad, el tabú y la razón, cuyo ejercicio, como apuntaba KANT[278], presenta la paz, basada en el respeto, como la vía natural para obtener la auténtica prosperidad humana.

---

[273] Bobbio, Norberto (1997). *El tercero ausente*, Cátedra, Teorema, Madrid, *vid.* p.10.

[274] Walzer, Michael (2001). *Guerras justas e injustas. Un razonamiento moral con ejemplos históricos.* Editorial Paidós Ibérica, Barcelona, *vid.* pp.369-371.

[275] Mesa, M (2008). "La prevención de conflictos y la construcción de la paz en el seno de Naciones Unidas: de las palabras a la acción", *Annuario CEIPAZ 2*, pp. 45-68; Londoño Jaramillo, Patti (2010). "Las Naciones Unidas y la acción preventiva", *Oasis*, Vol. 6, pp. 34-57.

[276] Ferrajoli, *op.cit.*, *vid.* pp. 52-53.

[277] Pinker, Steven (2011). *The better angels of our nature. A history of violence and humanity*, Penguin, Londres y Nueva York.

[278] Kant, Immanuel (2005). *Hacia la paz perpetua, un esbozo filosófico*, Biblioteca Nueva, Madrid.

## *2.2. El camino hacia el futuro*

HOFSTEDE sostenía que la cultura es una programación colectiva de la mente que permite distinguir unos grupos de otros. Relacionaba su evolución según reaccionaba ante los retos que presentan las seis dimensiones de su modelo cultural[279]: la distancia de poder (qué soluciones se adoptan ante los problemas básicos de la desigualdad humana); la evasión de la incertidumbre (qué nivel de estrés presenta al enfrentarse a un futuro desconocido); el individualismo frente a colectivismo (en qué medida se integran los individuos en los grupos primarios); la masculinidad frente a feminidad (el grado de división de roles emocionales entre mujeres y hombres); la orientación a largo plazo frente a orientación a corto plazo: qué enfoque se adopta para enfocar el esfuerzo de la población, futuro o presente-pasado; y la indulgencia frente a moderación (en qué medida se prefiere la gratificación frente al control de los deseos humanos básicos para disfrutar la vida).

Estas dimensiones pueden utilizarse para analizar la respuesta europea hacia el fenómeno migratorio. La regulación promovida por el Parlamento y el Consejo de Europa ha buscado paliar los problemas de la desigualdad humana a través del énfasis en la protección de la vida humana de los migrantes, fomentando programas de cooperación con los países de origen y de tránsito de estos flujos, al tiempo que ha ido adoptando medidas de securitización para atender los deseos de protección y control reclamados desde diversos frentes políticos (dimensiones de la distancia de poder y la indulgencia frente a moderación).

La incertidumbre ante el futuro de la Unión se ha respondido con la adopción de medidas, que van desde la acción inmediata hasta el largo plazo (en forma de diversos planes y estrategias

---

[279] Hofstede, *Geert (2011). "Dimensionalizing Cultures: The Hofstede Model in Context", Online Readings in Psychology and culture, Int. Association for Cross-Cultural Psychology, Unit 2.1, Art. 8, pp. 3-26, vid.* pp. 8-16.

como Europa 2030)[280]. Estas medidas reflejan los valores sobre los que se asienta la UE y destacan la necesidad de actuar como una unidad que integra a sus miembros, en vez de como individualidades que no tienen en cuenta el beneficio del conjunto (dimensiones de evasión de la incertidumbre, individualismo vs. colectivismo y la orientación a largo vs. corto plazo).

Por lo que se refiere a la división de roles entre los géneros (dimensión de masculinidad vs. feminidad), la UE ha apostado por la igualdad, algo que puede verse desde el *Tratado de Roma* (1957), en el que se reclamaba igualdad de pago ante el mismo trabajo, hasta la reciente *Estrategia para la Igualdad de Género 2020-2025*[281].

Sin embargo, en *La extraña muerte de Europa*, MURRAY[282] argumenta que las batallas libradas en el terreno de la igualdad de género y otras cuestiones relacionadas con la consecución de derechos, parecen estar perdiéndose ante la creciente oposición a estos logros por parte de un cada vez mayor número de representantes de otras culturas en las que aún no se han conseguido estos avances. En su trabajo, el británico expone que la llegada masiva de flujos migratorios procedentes de latitudes en las que

---

[280] A través de esta agenda, la migración se presenta como una oportunidad para conseguir la sostenibilidad europea. OIM (2018). *La migración en la agenda 2030. Guía para profesionales*, ONU Migración, Ginebra.

[281] *Comunicación de la Comisión al Parlamento Europeo, al Consejo, al Comité Económico y Social Europeo y al Comité de las Regiones. Una Unión de la igualdad: Estrategia para la Igualdad de Género 2020-2025*, Bruselas, 5 de marzo de 2020. El documento enfatiza la necesidad de fomentar que la igualdad de acceso apuestos en todos los sectores de la economía, así como "a los puestos de decisión en todos los niveles de la sociedad". También insiste en la necesidad de facilitar la conciliación de la vida familiar y profesional, así como en poner fin a la violencia de género.

[282] Apoyándose en los datos de la encuesta realizada por YouGov en febrero de 2015, Murray señala la diversidad cultural de Londres como la razón por la que el porcentaje de personas homófobas en la capital duplicaba al del resto del Reino Unido. Mourray, Douglas (2018). *The Strange Death of Europe. Immigration, Identity, Islam.* Bloomsbury Continuum. Londres, 2ª edición, *vid.* pp. 53-55.

aspectos como la homosexualidad y la igualdad de género no se reconocen como derecho está suponiendo su regresión en la sociedad europea. Arguye que las opiniones de la sociedad sobre estas cuestiones se están retrotrayendo a lo que Europa vivió hace dos generaciones (en el caso de la homosexualidad) o de varios siglos (en lo que se refiere a la igualdad de género).

Acompaña sus argumentos de casos en los que se han producido violaciones de niñas por parte de población migrante, así como de datos relacionados con diversos crímenes de odio. Un repaso a la hemeroteca permite encontrar ejemplos de estas situaciones, no generalizadas, que se utilizan para fomentar un discurso a través del que los flujos migratorios se perciban negativamente. Ante este tipo de acontecimientos, MURRAY reclama que las medidas adoptadas para defender los derechos de quienes llegan a Europa han de ser tales que no conculquen los derechos humanos de quienes ya están en el continente. Aunque, a priori, este tipo de discurso puede parecer trazado con el fin de promover la consecución de los derechos humanos en igualdad de condiciones para todas las personas, ensayos como el publicado por el escritor británico resaltan los comportamientos más sórdidos de algunas personas migrantes, lo que puede promover actitudes de intolerancia y xenofobia.

Este tipo de discursos, además, incide en los cambios culturales introducidos como consecuencia de los flujos migratorios, reclamando al mismo tiempo una defensa exacerbada de la cultura propia, lo que tiende a alentar una cultura del odio hacia lo diferente, reduciendo a la población migrante a una retahíla de estereotipos de disconformidad violenta. Estos comportamientos muestran la importancia de promover relatos alternativos y positivos para contrarrestar los efectos del discurso del odio, como señalaba la *Estrategia y Plan de Acción de las Naciones Unidas sobre el discurso del odio* de junio de 2019[283]. Aunque la llegada de quienes

---

[283] La entrevista a Dieng (Asesor Especial Contra el Genocidio de la ONU desde 2012) el 27 de diciembre de 2019 puede leerse en el portal de

migran al continente ha de ir acompañada del respeto y aceptación de los principios de igualdad y democracia que caracterizan a la UE, esto no justifica la defensa de la inmutabilidad cultural, cuando, precisamente, una de sus características inherentes a su naturaleza es que en ella conviven tendencias dispares, gracias a las que evoluciona para adaptarse al transcurso de la historia[284].

Los propios valores cristianos que MURRAY adscribe como esencia europea se heredaron del pueblo judío y han ido tamizándose con los avances e influencias de los pueblos con los que el continente ha entrado en contacto. De hecho, como expresaba NIETSCHE, el predominio de unos valores sobre otros no es "*natural ni ahistórico, sino que depende de factores sociales y políticos: los valores y su jerarquía expresan relaciones concretas de poder, son manifestaciones de la voluntad de poder*"[285].

Siguiendo esta línea de pensamiento, nuestras costumbres se han definido como "*la suma de otras costumbres que las diversas olas migratorias de nuestra historia nos han ido dejando*" para que la cultura se mantenga, e incluso mejore, al ser capaz de adaptarse a los cambios[286]. Estos argumentos muestran cómo el cambio de la cultura no lleva implícita una traición a sus valores, sino que estos pueden transformarse para lograr su vigencia ante los nuevos retos, mediante una adaptación que acepte un código ético de

---

ACNUR: "Entrevista con el asesor especial sobre el Genocidio, Adama Dieng acerca del discurso del odio". Discurso del Secretario General mientras se anunciaba el plan de acción el 18 de junio de 2019.

284 Harari, *op.cit.*, *vid.* p.41; Sahagún, Felipe (2004). *De Gutenberg a Internet. La Sociedad Internacional de la Información.* 2ª edición, Editorial Fragua, Madrid, *vid.* p.59.

285 Lizcano Fernández, Emmánuel (sin fecha). "Nietzche y el problema del conocimiento", *Portal UNED.*

286 Griso, Susanna (2019). "Mamadou", *El fenómeno migratorio en España. Reflexiones desde el ámbito de la Seguridad Nacional,* Ministerio de la Presidencia, Relaciones con las Cortes e Igualdad, Madrid, pp. 43-47, *vid.* pp. 46-47.

ciudadanía europea basado en el respeto a los derechos humanos y a las instituciones que los respaldan.

Si Europa desea avanzar hacia el futuro de una sociedad respetuosa con los derechos humanos y las libertades fundamentales, ha de transitar el presente abandonando falsos mitos de una cultura natural inmutable, reconociendo que lo natural es su evolución. De este modo, al igual que la investigación de VESALIO, recogida en *De humani corporis fabrica* (1543), revolucionó el estudio de la anatomía (haciendo que la ciencia pasase de venerar a las autoridades clásicas a cimentarse sobre la investigación y la experiencia), el conjunto de nuestro legado cultural va adquiriendo su vigor porque muta y se adapta a los cambios para ofrecer un modelo válido para cada época.

Así, del mismo modo que la lengua se define como una creación colectiva, democrática y fascinante, que se construye entre todos los hablantes, evolucionando de forma paralela a sus necesidades y la realidad circundante, BAUMAN, filósofo y sociólogo, afirma que la cultura es una realidad fluida que conforma la sociedad líquida en la que habitamos hoy en día, en la que "*hasta la inmortalidad de los hitos y monumentos de la historia cultural de la humanidad está sujeta a un reciclaje permanente*"[287]. Por ello, encorsetar la cultura en los esquemas del pasado, como parece sugerir MURRAY, supondría comprimirla en visiones idílicas e imaginarias de épocas anteriores, alejándola de la realidad del presente y poniendo en riesgo su propio futuro.

Al mismo tiempo, es preciso ser consciente de que los cambios actuales, quizá un tanto frenéticos, son fruto de causas que van más allá de la migración. Esta última no deja de ser otra de las consecuencias de la globalización, junto al cambio climático, la expansión de las tecnologías de la comunicación e información, las tendencias económicas y evolución de los mercados, etc. Ante la existencia de un mundo cambiante, la capacidad de afrontarlo

---

[287] Bauman, *op.cit.* p. 32.

reside en que la cultura se adapte y cambie. Además, las organizaciones internacionales que gestionan los flujos migratorios indican que su llegada a la sociedad requiere un proceso de adaptación bidireccional entre la sociedad receptora y las personas que llegan a ella.

En el caso de la UE, SPENCER, directora del *Intercambio global sobre migración y diversidad*, entre 2014 y 2019[288], apuntaba que se precisa una estrategia común que parta de unos valores comunes sobre los que construir la cohesión social y la estabilidad[289]. En esta misma línea, MODOOD, politólogo británico-paquistaní, insiste en la necesidad de que la población migrante aprenda la lengua y las costumbres de la sociedad receptora, si bien matiza que esta última ha de ofrecer un respaldo positivo a la diferencia grupal[290].

El reto al que ha de responder la UE parece ser, por tanto, permitir que la población migrante mantenga su herencia cultural desde el respeto a los derechos humanos y las libertades fundamentales, sin permitir que el radicalismo fanático, del que se hace eco MURRAY[291], destruya el significado de Europa. Utilizando el neologismo *satyagraha*[292],acuñado por GHANDI, el análisis realizado anteriormente invita a la sociedad europea a experimentar una transformación ética, al tiempo que se mantiene fiel a sus ideales de justicia y respeto a los derechos humanos.

---

288 El proyecto, liderado por la Universidad de Oxford, es una parte del Centro sobre Migración, Política y Sociedad de Oxford (COMPAS, *Centre on Migration, Policy and Society*).

289 Spencer, Sarah, ed. (2003). *The Politics of Migration: Managing Opportunity, Conflict and Change*, Blackwell Publishing Ltd., Oxford, *vid.* p.7.

290 Modood, Tariq (2003). "Muslims and the Politics of Difference", *The Politics of Migration: Managing Opportunity, Conflict and Change*, Blackwell Publishing Ltd., Oxford, *vid.* pp. 100-115.

291 Mourray, *op.cit.*

292 Harcourt, Bernard E. (2017). "Introduction to Satyagraha", *Uprising 13/13*, Columbia Center for Contemporary Critical Thought, Columbia University, 17/18 Seminar Series, 25 de noviembre.

## 3. DERECHOS HUMANOS: UNIVERSALES, INALIENABLES E INDIVISIBLES

En esencia, podríamos decir que los derechos humanos son una serie de normas y reglas sobre la interacción humana. Tomando prestadas las palabras aristotélicas del libro V de su *Metafísica*, y para explicar el concepto de DDHH, se puede utilizar su concepto de «Necesario», puesto que estos se refieren a "*aquello que es la causa cooperante sin la cual es imposible*"[293].

ISHAY[294], teórica política, se refiere a los derechos humanos como un proceso histórico acumulativo que va más allá de los discursos y escritos realizados por pensadores progresistas, al tiempo que supera los eventos principales que conforman una época determinada. Los derechos humanos han ido adquiriendo una entidad propia al imbuir diferentes formas de expresión a lo largo de la historia, desde las tradiciones culturales, la arquitectura y cualquier expresión artística hasta los diversos textos y documentos que han pervivido y transmitido sus ideas.

En la época moderna, la primera constancia documental en torno a los derechos queda recogida en la *Paz de Westfalia* (1648), en la que se ponía fin a la Guerra de los 30 años, entre cuyos detonantes, además de las razones geopolíticas, se encontraban las causas religiosas. En los dos Tratados que se rubricaron para finalizar el conflicto quedó plasmado el reconocimiento de ciertos derechos religiosos para algunas minorías cristianas[295].

---

293 Aristóteles (1875). *Metafísica*, Ed. Patricio de Azcárate. Colección: Obras de Aristóteles, Volumen 10, Libro V, Madrid.

294 Ishay, Micheline R. (2008). "Introduction", *The history of Human Rights: from ancient times to the globalization era*, University of California Press, Berkeley, Los Ángeles y Londres, 2ª edición.

295 A través de estos Tratados, se reconoció la libertad para que cada territorio profesase una u otra religión (católica o protestante), sin que interviniesen la iglesia o sus aliados políticos, configurando así el concepto básico de soberanía. *Vid.* Centro Alemán de Información para Latinoamérica (sin fecha). "La Paz de Westfalia. Los ecos de una región

Posteriormente, el reconocimiento de derechos para minorías religiosas y lingüísticas se incluyó en algunos de los documentos que resultaron de las guerras revolucionarias y napoleónicas experimentadas durante el siglo XIX. Así se refleja en los tratados que reconocieron la independencia de Bélgica (1815), Grecia (1832) y Serbia (1878). En este último caso, las mayores potencias europeas del momento exigieron que existiera libertad religiosa en el territorio serbio como condición para reconocer su independencia y soberanía.

Por otro lado, el siglo XIX también fue testigo de la expansión del movimiento antiesclavista, que terminó con su abolición, y del movimiento sufragista, que fue conquistando el derecho al voto femenino en diversos países del globo. Ya en el siglo XX, el movimiento obrero canalizado por la recién creada OIT unió sus esfuerzos a los de la Liga de las Naciones y, posteriormente, a la ONU. Dicho proceso se acompañó por la *Declaración de los Derechos Internacionales del Hombre,* adoptada por el Instituto Legal Americano en la sesión del 12 de octubre de 1929 en Nueva York.

Sin embargo, pese a la existencia de los citados textos, el mayor avance en materia de derechos humanos se produjo como consecuencia de la Segunda Guerra Mundial. Inicialmente, en la argumentación empleada por los poderes aliados para justificar la guerra ante su propia ciudadanía, y ante el resto del mundo, se habló de la defensa del derecho a la vida, la libertad, la independencia y la religión. Al término del conflicto, los derechos humanos surgieron como un mecanismo para evitar futuros genocidios como el que tuvo lugar durante el Holocausto.

Desde el final de la *Gran Guerra,* la evolución del pensamiento sobre los derechos humanos ha ido desembocando en *La Declaración Universal de los Derechos Humanos,* proclamada en París el 10 de diciembre de 1948, por la Asamblea General de la ONU, así como

---

alemana resuenan hasta nuestros días en todo el mundo". Donnelly y Whelan, *op.cit, vid.* p. 3.

en los acuerdos, tratados y enmiendas posteriores, adoptados por la comunidad internacional en torno a esta materia.

La universalidad de los derechos humanos bebe de la afirmación "*Homo sum: humani nihil a me alienum puto*" (Soy humano, nada humano me es ajeno), a través de la que Publio Terencio Africano proclamaba la unidad esencial de la raza humana. La experiencia como esclavo del senador Terencio Lucano, quien le dio su nombre, convirtió a Terencio Africano en uno de los mayores defensores de la libertad humana, siendo capaz de influir en la nobleza romana. Dos siglos después, el propio Séneca, al cuestionarse qué trato debía darse a los seres humanos, señalaba que no era preciso citar todos los preceptos que era necesario cumplir con las demás personas, pues quedaban resumidos en la unidad de la humanidad proclamada por Terencio Africano. Ahondando en este pensamiento, el filósofo cordobés, describía la humanidad como un gran cuerpo social semejante a un arco de piedra, que perdura sustentado sobre todos sus elementos.

Siguiendo esta tradición, el primer artículo de la *Declaración* de 1948 indica que "*[t]odos los seres humanos nacen libres e iguales en dignidad y derechos y, dotados como están de razón y conciencia, deben comportarse fraternalmente los unos con los otros*". El artículo dos reitera la universalidad de los derechos y libertades contenidos en la Declaración señalando que se aplican a toda persona sin ningún tipo de distinción.

La promoción de los derechos humanos, cuya salvaguarda y protección corresponde a los Estados, ha hecho evolucionar el concepto de soberanía nacional hacia el de *Responsabilidad de Proteger* (R2P) con el fin de trazar un concepto de seguridad colectiva en sentido amplio. Su marco de aplicación, esbozado en el informe del Secretario General de la ONU, Kofi Annan, *Un concepto más amplio de la libertad: desarrollo, seguridad y derechos humanos para todos* (2005), pone en manos de la comunidad internacional la asistencia a los Estados a través de medios diplomáticos, humanitarios u otras vías pacíficas, con el fin de proteger a la población contra la vulneración de los derechos humanos que resultan del genocidio, los crímenes de guerra, la depuración étnica y los crímenes de lesa humanidad.

No obstante, no puede olvidarse (recordando la dualidad de nuestra realidad) que la ONU también ha utilizado este concepto para legitimar intervenciones humanitarias, invocando la doctrina del *bellum iustum* (guerra justa), con el fin de adoptar las medidas necesarias para eliminar cualquier amenaza a la paz.

### *3.1. Qué se entiende por derechos humanos*

En el *Manual para parlamentarios* publicado por la ONU en 2016, se parte de la afirmación de que los derechos humanos son aquellos que todo ser humano tiene en virtud de su dignidad humana. Esto impele a los Estados a limitar su poder sobre los individuos (con el fin de que puedan preservar sus derechos y libertades) y a adoptar unas medidas positivas a través de las que garantizar un entorno en el que todas las personas puedan disfrutar de sus derechos humanos.

La obligación que los Estados tienen para velar por el respeto a los derechos humanos ha hecho que las propuestas emanadas de la ONU se hayan reflejado en una suma de derechos individuales y colectivos expresados tanto en las constituciones estatales como en la legislación internacional. Así, pese a la consideración tradicional de los derechos como la más alta expresión de los derechos morales, éstos se han convertido en derechos legales de carácter internacional, nacional y regional[296]. No obstante, el politólogo DONNELLY insiste en la naturaleza moral de los derechos humanos, al considerar que no se refieren a cómo son las personas, sino que son un proyecto social que señala aquello en lo que pueden convertirse.

Por su parte, HABERMAS defiende la naturaleza jurídica de los derechos humanos, pese a su apariencia de moralidad. En

---

296 Donnelly *op.cit, vid.* p.11, 15.

su opinión, dicha apariencia deriva del hecho de que su "*validez transciende los ordenamientos jurídicos de los Estados nacionales*". Así, la moralidad tiene que ver con la universalidad de los derechos humanos, pero el ordenamiento jurídico estatal es el marco en el que han de realizarse e institucionalizarse los procedimientos jurídicos que los garantizan. De lo contrario, el filósofo advierte que juzgar y combatir las violaciones de los derechos humanos desde una perspectiva moral lleva a "*una moralización [que] marca al adversario como enemigo, de modo que esta criminalización abre las puertas de par en par a la inhumanidad*"[297].

### 3.1.1. Principios básicos de los derechos humanos

El principio de universalidad de los derechos humanos, que constituye el primero de sus principios básicos, implica que éstos han de aplicarse de igual forma a todas y cada una de las personas, ya que su propia concepción indica que son intrínsecos a cualquier ser humano. Sin embargo, la ONU reconoce que dicha universalidad hace referencia a una concepción occidental, añadiendo que para que fuera una Declaración realmente universal, sin distinción alguna en la aplicación de sus derechos (art. 2), habría que introducir cambios culturales.

En esa línea, autores como SCHWAB, HUNTINGTON Y TIBI marcan la creación de los derechos humanos como un paso más en el colonialismo europeo, que busca diseminar su herencia cultural a través de estos valores[298]. Como contrapunto a la visión occidental de los derechos humanos, MAWDUDI, ideólogo y filósofo islamista, elaboró una concepción de los derechos humanos

---

[297] Habermas, *op.cit., vid.* pp. 18, 173, 175, 178-179.

[298] Bielefeldt, Heiner (2000). "'Western' versus 'Islamic' Human Rights Conceptions? A critique of cultural essentialism in the discussion of Human Rights", *Political Theory*, Vol. 28, N°1, (Febrero), pp. 90-121. *vid.* pp. 91-92.

desde el punto de vista islámico, basada en el Corán y la tradición Sunna de Mahoma[299].

No puede olvidarse que la división de los derechos humanos en occidentales e islámicos supondría el final de su universalidad. Por ello, DONNELLY argumenta que, pese a los atisbos de discrepancia, las normas y valores de los derechos humanos han ido permeando en todas las sociedades, incluido Oriente Medio (como se constató con los sucesos de la Primavera Árabe de 2011)[300]. La expansión de los derechos ha hecho que no tengan un único fundamento religioso o filosófico, sino que van más allá de cualquier instancia particular, adoptando, como apunta ISHAY[301], un lenguaje secular que transciende el sectarismo religioso, inspirado en el pensamiento ilustrado de Descartes y sus contemporáneos[302].

DONNELLY adscribe la preeminencia de los derechos humanos en la sociedad internacional actual al ejemplo que, a través de su ejercicio, se ha mostrado en occidente. De este modo, otros países han ido adhiriéndose a su discurso, aunque, a veces, con cierto cinismo[303]. El uso reticente de esta retórica contribuye, se-

---

299 Mawdudi, Mawlana (1976). *Human Rights in Islam,* Leicester, The Islamic Foundation. Su concepción de los derechos humanos desde el punto de vista islámico hunde sus raíces en los fundamentos de la fe y en la conducta modélica del profeta Mahoma (conocida como Sunna). Tanto las personas, de forma individual, como el orden social, en su conjunto, han de seguir un modelo saludable que dé testimonio del islam. De acuerdo con este modelo, los derechos humanos están concedidos por revelación divina desde el mismo momento de la creación.

300 Donnelly, *op.cit.* p.56.

301 Ishay, *op.cit.*

302 Tanto en *El Discurso del Método* como en el resto de sus obras, Descartes, y la escuela que le siguió, insistían en la necesidad de la experiencia como herramienta de avance en la ciencia. A través de la comprobación empírica de las hipótesis buscaba introducir mayor rigor en los estudios y frenar la especulación que solía caracterizar a los de la época.

303 Donnelly, *op.cit.* pp.56-59.

gún THOMAS[304], a expandir lo que denomina *efecto Helsinki*, de tal forma que incluso su uso como "*velo de derechos humanos*" (para enmascarar las actuaciones de estados como Irak, China o Corea del Norte) permite que estos evolucionen y den lugar a revoluciones que buscan su implantación.

El segundo de los principios básicos que caracteriza a los derechos humanos parte de la condición de humanidad que siempre caracteriza a una persona, independientemente de cómo trate a los demás o de qué trato reciba[305]. Se trata de su carácter inalienable, con la excepción de aquellas circunstancias que se encuentren claramente definidas en el sistema legal. En este sentido, la *Declaración de Viena* de 1993 recuerda, además, que los derechos humanos son indivisibles, interdependientes y están interrelacionados (§5). Gracias a su interacción e interdependencia, constituyen un todo mayor que la suma de cada una de sus partes. Por ello, la conculcación de cualquiera de estos derechos fundamentales priva a las personas de la posibilidad de tener la vida digna que ha de caracterizar a los seres humanos.

De hecho, la *Conferencia Mundial sobre Derechos Humanos de Viena* (1993) subrayó el carácter holístico de los derechos humanos, destacando que todos y cada uno de ellos (al margen de su naturaleza civil, cultural, económica, política o social) son complementarios entre sí, y contribuyen en igual medida a lograr la dignidad e integridad de cada persona. Su importancia se magnifica al constatar que el respeto al conjunto de los derechos humanos constituye un prerrequisito para lograr la construcción de una paz y un desarrollo sostenibles. A raíz de este pensamiento, los objetivos de desarrollo sostenible se han convertido en el marco en el que se sitúan las nuevas metas en materia de derechos huma-

---

304 Stoeva, Preslava (2002). "Review. The Helsinki Effect: International Norms, Human Rights, and the Demise of Comunism by Daniel C. Thomas", *International Affairs (Royal Institute of International Affairs*, Vol. 78, Nº 3 (Julio), *vid.* pp. 608-609.

305 Donnelly, *op.cit.* p.10.

nos, estableciendo unas condiciones de bienestar a través de las que lograr un nuevo enfoque[306].

El quinto párrafo de la *Declaración de Viena* continúa instando a la comunidad internacional a que trate los derechos humanos de forma global, justa e igualitaria, aunque teniendo en cuenta "*las particularidades nacionales y regionales y los diversos antecedentes históricos, culturales y religiosos*". Así, la ausencia de discriminación constituye uno de los principios más básicos de los derechos humanos, si bien esto no es óbice para que se recurra a instrumentos específicos de diferenciación, con el fin de ofrecer protección a quienes pertenezcan a grupos vulnerables. Esto explica la existencia de ciertas medidas temporales, como las implementadas para garantizar el acceso al trabajo a personas con discapacidad o a grupos que históricamente se han visto discriminados por razón de género, etnia, creencia o religión.

### 3.1.2. Dignidad, libertad, igualdad y fraternidad

La *Declaración de los derechos del hombre y del ciudadano*, que la Asamblea Constituyente francesa aprobó en Versalles, el 26 de agosto de 1789, abogaba por la dignidad y se inspiraba en el lema de *libertad, igualdad y fraternidad* que había liderado la revolución de cuyo fruto emanó el documento. Estos cuatro principios se convirtieron en los cuatro pilares que sustentan *La Declaración de los Derechos Humanos* de 1948, y en torno a los cuales se articula su contenido.

El primero de estos pilares es el expresado por la dignidad, recogida en los artículos 1 y 2 de la *Declaración*. En ellos se asevera la validez universal de los derechos humanos por el mero hecho

---

306 Mangas Martín, Araceli (2018). "Unión Europea: derechos humanos y desarrollo sostenible", *Objetivos de desarrollo sostenible y derechos humanos: paz, justicia e instituciones sólidas / Derechos humanos y empresas*, IEIE Francisco de Vitoria, nº. 9, pp. 13-26, *vid.* p. 13.

de ser un ser humano, sin que pueda tenerse en cuenta la raza, religión, credo, nacionalidad, origen social o género.

Los tres pilares restantes se corresponden con las tres generaciones a través de las que se ha logrado el avance de los derechos humanos. Dentro de este grupo, el primero guarda relación con la libertad y está expresado en los artículos 3 a 19, donde se recogen los llamados derechos de primera generación, aquellos de tipo civil y político cuyas reivindicaciones van dirigidas al Estado. Estos derechos, propuestos fundamentalmente por países del primer mundo, reflejan los avances conseguidos en el siglo XVIII a través del movimiento de la Ilustración. Incluyen el derecho a la vida, la libertad y la seguridad (art.3), así como la prohibición expresa de la tortura o cualquier otra pena o trato cruel, inhumano o degradante (art.5).

Respecto a la libertad, es necesario puntualizar, siguiendo el *Contrato Social* (1762) de Rousseau, que su ejercicio individual termina donde comienza el beneficio colectivo de la comunidad. Así, una sociedad que promueva los derechos humanos no puede tolerar aquellos comportamientos que traten de imponer la dominación, la subordinación o que resulten onerosos para el interés común del Estado.

El segundo de los pilares de este grupo es el que tiene que ver con la igualdad, recogido en los artículos 20 a 26. Estos derechos, de tipo político, económico y social, corresponden a los de segunda generación y van dirigidos a oponerse a las injusticias generadas por el mercado. Este grupo es prioritario para los países del segundo mundo, y surgieron como resultado de los esfuerzos realizados en esta materia durante la revolución industrial del siglo XIX. Incluyen la libertad de reunión y asociación, el derecho al sufragio, a la seguridad social, al trabajo, al descanso, a un nivel de vida adecuado, lo que incluye el derecho a la alimentación, salud y la vivienda, así como la asistencia ante eventualidades como el desempleo, enfermedad, etc. y el derecho a la educación.

El tercero de los pilares, la fraternidad, se expresa en los artículos 27 y 28. Este grupo se corresponde con los derechos humanos de la tercera generación, derivados de la preocupación por la solidaridad nacional y comunal defendida durante el periodo poscolonial, desde finales del siglo XIX a comienzos del siglo XX. Dada su naturaleza anticolonial, se trata de los derechos prioritarios para los países del tercer mundo. Junto al derecho a tomar parte en la vida cultural de la comunidad y a que se protejan los intereses morales y materiales de las producciones creadas (art. 27), el artículo 28 establece el derecho que toda persona tiene a vivir dentro de un orden social e internacional en el que se garantice el ejercicio de los derechos y las libertades.

La *Declaración* concluye con los artículos 29 y 30, expresando las restricciones que pesan sobre los derechos y libertades, que "*no podrán, en ningún caso, ser ejercidos en oposición a los propósitos y principios de las Naciones Unidas*" ni buscando "*la supresión de cualquiera de los derechos y libertades proclamados en [la] Declaración*". De este modo, el artículo 29 establece una serie de obligaciones hacia la comunidad que culminan con el artículo 30, donde se prohíbe la realización de cualquier acto que contravenga la *Declaración.*

Atendiendo a su contenido, al margen de la generación a la que corresponden los derechos y al pilar con el que se identifican, se pueden dividir entre aquellos relacionados con los derechos civiles y políticos (expresados en los artículos 3 a 15 y 19 a 21 de la *Declaración*), y los que expresan derechos económicos, sociales y culturales (recogidos en los artículos 16 a 18 y 22 a 27).

### 3.1.3. Derechos emergentes

Con el fin de ahondar más en el desarrollo de los derechos humanos para adecuarlos a las nuevas circunstancias sociales, el diálogo entre expertos en materia de derechos humanos, que se desarrolló entre las ediciones de 2004 (Barcelona) y 2007 (Monterrey), del *Fórum Universal de las Culturas*[307], cristalizó en el texto definitivo de la *Declaración Universal de Derechos Humanos Emergentes* (DUDHE), adoptada durante la edición de México (2007).

En ella se afirmaba que el nacimiento de los derechos emergentes a comienzos del siglo XXI surgió "*desde la experiencia y las voces de la sociedad civil global*", frente a la "*óptica individualista y liberal*" que caracterizó a la *Declaración* de 1948. Esta nueva declaración da voz a actores que no pertenecen a la lógica estatal del sistema internacional. Con ello, su objeto es diseñar un nuevo horizonte en el que se trace una nueva relación entre el poder y la sociedad civil.

Redactada cuando estaba a punto de cumplirse el 60ª aniversario de la proclamación de *La Declaración Universal de Derechos Humanos*, la DUDHE[308] subrayaba la incidencia de los "*cambios políticos, sociales, ideológicos, culturales, económicos, tecnológicos y científicos*", tanto en los derechos humanos como en los mecanismos encargados de garantizarlos. En el marco general se señalaba cómo la plétora de cambios producidos durante las seis décadas anteriores había desembocado en la creación de relaciones más complejas que, a su vez, habían permitido la existencia de nuevas vías de dominación y explotación.

La DUDHE recuerda los valores fundamentales que caracterizan a los derechos humanos, explicitando el contenido actual de esos conceptos, cuya redefinición tiene particularmente presente a los flujos migratorios. Estos son:

---

[307] Comenzando en Barcelona en 2004, el Fórum Universal se desarrolló cada tres años, hasta disolverse tras no celebrarse la edición de 2016. Durante su funcionamiento, impulsó diálogos, sobre temas de actualidad, con líderes económicos, políticos, cívicos, intelectuales y artísticos. La ciudadanía también estaba llamada a participar para enriquecer el diálogo.

[308] Cátedra UNESCO de Derechos Humanos (2007). *Declaración Emergente de Derechos Humanos Emergentes,* Fórum Universal de las Culturas, Monterrey.

- La *dignidad*, que es un fin en sí misma, ya que sin ella el ser humano no puede comportarse como un agente libre y funcional.
- La *vida*, cuyo valor es el primero y más básico, ya que sin ella no se sostiene ninguno de los demás valores. Al tiempo que se ensalza el derecho a la vida, se exhorta a la abolición de la pena de muerte, las ejecuciones extrajudiciales, así como la erradicación del hambre y la pobreza. La DUDHE insiste en que "*la* vid*a que valoramos hoy es una* vid*a de calidad*" lo que exige "*la defensa de un medio ambiente sano y equilibrado, la reclamación del derecho a una muerte digna*", así como poner en valor la ciudad.
- La *igualdad*, condición indispensable para que exista el valor de la libertad. El documento matiza que la búsqueda de la igualdad no trata "*de suprimir las diferencias, sino de conseguir que éstas no sean discriminatorias ni excluyentes*". Insiste en la búsqueda de "*una igualdad compatible con las necesidades particulares de los distintos grupos*", señalando aquellos que han sufrido más discriminaciones a lo largo de la historia, con el fin de poder actuar positivamente a su favor.

  Este nuevo concepto de igualdad no se centra tanto en la igualdad en los medios, sino en la igualdad para tener acceso a resultados semejantes. Aspira a lograr un sistema equitativo que identifique las desigualdades y las ataje ofreciendo la solución adecuada en tanto el sistema se va reconfigurando para ser más justo, de tal forma que ofrezca las mismas oportunidades a todas las personas sin necesidad de ajustes.

  La diferencia entre los conceptos de desigualdad, igualdad, justicia y equidad queda resumida de una forma clara en cuatro ilustraciones del director artístico Tony Ruth creadas en 2019[309]. Tomando como base las ilustraciones del

---

309 La serie se creó inicialmente para el *Design In Tech Report 2019*, pero se reeditaron, poniendo su descarga a disposición del público en 2020.

reconocido libro infantil *El árbol dadivoso* (*The giving tree*), publicado en 1964 por Shel Silverstein, las nuevas imágenes muestran que, en tanto el árbol no deje de estar torcido, sus frutos no se repartirán equitativamente. Su inclinación impide ofrecer una accesibilidad semejante a un número similar de manzanas desde ambos lados, por lo que, para lograrlo, será necesario proporcionar escaleras de longitudes diferentes a quienes se encuentran a un lado u otro.

- La *solidaridad*, concepto que sustituye al de fraternidad, empleado en la Revolución Francesa, y plasmado en posteriores documentos sobre derechos humanos. Se trata de un valor esencial que "*potencia la sensibilidad social entre las personas*" y que ha de desarrollar todo individuo, movilizándose y organizándose para promover actitudes solidarias y empáticas, con el fin de que las políticas públicas tengan mejores resultados.
- La *convivencia*, valor que va más allá de la tolerancia, puesto que ésta no exige que aceptemos ni que integremos las formas de vida diferentes en nuestro mundo. La importancia de este valor reside en que "*[l]o valioso y necesario en estos momentos no es sólo tolerar al otro, sino reconocerlo como un igual, aprender a convivir con todo el mundo*". El valor de la convivencia responde tanto a los brotes racistas y xenófobos ante los crecientes flujos migratorios, como al "*fenómeno de los malos tratos que victimizan a las personas más débiles*".
- La *paz*, lo que "*impone el derecho al asilo como un derecho ineludible para quienes tienen que huir de sus países en guerra*". El

---

*Vid.* Maeda, John (2020). "Tony Ruth's Equity Series", *CX Report: Customer experience x Computational Experience,* 2 de junio. Un artículo sobre esta serie, recuperando las ilustraciones de otros memes en torno a esta materia popularizados a través de las redes sociales en años anteriores en: Rubio Hancock, Jaime (2020). "La igualdad de oportunidades, explicada con un manzano, cuatro viñetas y un meme", *El País, Verne,* 12 de junio.

rechazo a la guerra incluye igualmente el rechazo al ejercicio de la fuerza y la violencia como métodos para resolver conflictos.

- La *libertad*, el valor más preciado, consagrado y desarrollado en la actualidad, al tiempo que el más vulnerable, lo que obliga a afianzar la seguridad ciudadana. El ejercicio de este derecho requiere responsabilidad para "*mantener el equilibrio entre las libertades individuales y el resto de los derechos cuya garantía, de un modo u otro, viene a limitar esas libertades*". Por ejemplo, el ejercicio de la libertad de expresión no puede vulnerar el derecho a la intimidad ni a la imagen de las personas.
- El *conocimiento*, que constituye un valor básico en nuestra sociedad, convirtiéndose en "*una condición de la libertad y también de la dignidad e igualdad*". Su importancia, ligada al aprendizaje de las implicaciones que tienen los cambios producidos por los continuos avances de la sociedad, es tal que "*[l]a educación deja de ser una etapa de la* vid*a para extenderse a lo largo de la vida de las personas*".

En cuanto a los principios transversales en los que se basa la DUDHE, se encuentran el de coherencia, horizontalidad, promoción de la multiculturalidad, participación política, género, inclusión social, exigibilidad, no discriminación y seguridad humana. El primero de ellos señala que la declaración tiene un enfoque holístico que hace que ésta no pertenezca "*a una generación más de derechos humanos*", sino que "*aboga por una concepción no unitaria y no jerarquizada [que] agrupa todos los derechos en un mismo nivel, acabando con la división entre derechos individuales y colectivos, así como entre los políticos, económicos, sociales y culturales*"[310].

---

310 Sanz Mulas, Nieves (2019). "Mundo globalizado y violación de derechos humanos. Un enfoque desde el derecho penal", *Los derechos humanos 70 años después de la Declaración Universal*, Tirant lo Blanch, Valencia, pp. 167-212, *vid.* p.172.

La DUDHE articula los derechos, concebidos como derechos ciudadanos, en torno a seis títulos que describen las características que ha de tener la democracia: igualitaria, plural, paritaria, participativa, solidaria y garantista. "*Afirmando la necesidad de profundizar y fortalecer la democracia en todas sus dimensiones, así como la necesidad de reforzar el sistema de las Naciones Unidas en la defensa de los derechos humanos*", la DUDHE busca "*construir una sociedad global basada en la justicia y los derechos humanos*"[311].

Al analizar estos derechos, SANZ MULAS reconoce el carácter embrionario de estos derechos, puesto que su desarrollo normativo sigue en proceso y todavía no se contemplan en el ordenamiento jurídico internacional. No obstante, la catedrática de la Universidad de Salamanca señala que "*lejos de ser una quimera o utopía, son ya realidad en algunos países e incluso tienen un marco normativo al efecto*"[312]. Considera que, ante la aparición de este conjunto de derechos, el reto reside en ser capaces de determinar cuáles, y con qué límites, necesitan estar protegidos por el Derecho penal, ya que las fronteras de la intervención del derecho penal han de estar marcadas, precisamente, por el mismo conjunto de derechos humanos que se propone proteger.

## *3.2. Acervo legislativo internacional en materia de derechos humanos*

La importancia de la legislación en materia de derechos humanos reside en su potencial transformador, además de en los mecanismos e instrumentos necesarios para implementar sus garantías jurisdiccionales. Al referirse a su capacidad de transformación, cabe recordar que, aunque la conceptualización de la realidad no es determinante del comportamiento, sí que juega un papel primordial en la justificación de determinadas políticas y líneas de

---

[311] Cátedra UNESCO de Derechos Humanos (2007). *Declaración Emergente de Derechos Humanos Emergentes*, Fórum Universal de las Culturas, Monterrey, *vid.* p.13.

[312] Sanz Mulas, *op.cit. vid.* p.173.

acción. Además, como expresaba FEINBERG, atribuyendo fuerza perlocutiva al lenguaje de los derechos humanos, "*reclamar un derecho hace que las cosas sucedan*"[313]. De ahí que la claridad conceptual expresada por la ONU sea un paso fundamental para que todos los Estados ofrezcan garantías jurisdiccionales en materia de derechos fundamentales, fusionando la perspectiva moral con la práctica política y jurídica.

Esto se consigue cuando los derechos humanos se integran en la constitución y demás mecanismos legales de los Estados, convirtiéndose en derechos fundamentales. Gracias a los mecanismos e instrumentos legislativos puestos en marcha desde la ONU, los derechos humanos dejan de ser ideales morales para convertirse en derechos que han de permear las prácticas sociales, so pena de incurrir en una violación de la normativa internacional. Igualmente, no cumplirlos supondría el quebrantamiento de la normativa nacional de aquellos Estados que han ratificado los tratados, convenciones y protocolos en materia de derechos humanos, adaptando su legislación a sus términos.

Al igual que sucedía con el concepto de securitización, nombrar una realidad como un derecho humano va más allá de establecer una distinción académica sobre determinados conceptos, ya que tal reconocimiento transforma la realidad a la que se refiere ante la comunidad internacional, impidiendo que su ejercicio dependa del juicio arbitrario de los Estados.

Curiosamente, la posesión de un determinado derecho se torna más valiosa cuando éste no se puede disfrutar, lo que da lugar a la "*paradoja de la posesión*", según la que el mismo derecho "*se tiene*" y "*no se tiene*" de forma simultánea: se tiene porque así está registrado en el acervo legislativo, pero no se tiene (no se puede disfrutar) porque existen fallos en su implementación[314]. De ahí la importancia de la expresión legal de los derechos y su ratifica-

---

313 Feinberg, Joel (1980). *Rights, Justice and the Bounds of Liberty: Essays in Social Philosophy*, Princeton University Press, Princeton, *vid.* p. 150.

314 Donnelly, *op.cit.* p.9-12.

ción internacional para establecer mecanismos que penalicen su vulneración y puedan exigir su cumplimiento si el resto de las vías a disposición de los Estados o de los individuos fracasa.

No obstante, conviene tener en cuenta que los derechos humanos no constituyen un compendio exhaustivo de todos los derechos que dan lugar a la justicia social. Por un lado, como se ha mencionado, los estándares de lo que se considera justo, y de qué debería considerarse como un derecho fundamental para conservar la dignidad humana, va evolucionando con el tiempo. Por otro lado, la eficacia de los derechos humanos reside, en buena medida, en su carácter de elementos esenciales para garantizar la dignidad intrínseca al ser humano, tal y como se recoge en el preámbulo de la *Carta de Derechos Humanos.*

La teoría de la naturaleza humana en la que se basan estos derechos es tan abstracta y, al mismo tiempo, tan esencial, que garantiza su universalidad y permite la convivencia de diversas teorías políticas y filosóficas. Su carácter universal, inalienable e indivisible facilita su ratificación en todo el orbe, si bien es preciso completarlos con otra serie de derechos que, aunque no pertenezcan al núcleo de los derechos humanos universales, sí han de garantizarse, al menos a determinados grupos o en determinadas situaciones.

### 3.2.1. La Carta de Derechos Humanos

La *Carta de Derechos Humanos* (1948) de la ONU está integrada por *La Declaración Universal de Derechos Humanos* (1948), así como por el *Convenio Internacional de Derechos Civiles y Políticos* (1966) y por el *Convenio Internacional de Derechos Económicos, Sociales y Culturales* (1977).La *Carta de Derechos Humanos* glosa el artículo 55.c de la *Carta de las Naciones Unidas* (1945), en el que se expresa la obligación de los Estados de promover "*el respeto universal a los derechos humanos y a las libertades fundamentales de todos, sin hacer distinción por motivos de raza, sexo, idioma o religión, y la efectividad de tales derechos y libertades*".

La *Declaración* de 1948, en palabras de la Alta Comisionada de ACNUR en 2020, Michelle BACHELET JERIA, constituye un documento atemporal y poderoso en el que se plasman las aspiraciones profundas de la humanidad para lograr vivir con dignidad, igualdad y seguridad. Con este documento se consiguieron establecer los estándares mínimos en materia de derechos humanos y, gracias a su estatus como legislación internacional, se logró crear un marco jurídico vinculante más allá de los principios morales[315].

La agilidad en la redacción y adopción de la *Declaración* contrasta con las décadas que tuvieron que pasar hasta que los *Convenios* se adoptaran y, finalmente, entraran en vigor. Aunque los convenios estuvieron listos seis años después de la adopción de la *Declaración,* en 1954, la Asamblea General de la ONU no los adoptó hasta 1966, 12 años después. En la década siguiente se llevaron a cabo las firmas de los 35 instrumentos de ratificación necesarios para la entrada en vigor de los dos convenios, que se produjo en 1976, el 3 de enero (*Convenio internacional de derechos económicos, sociales y culturales*) y el 23 de marzo (*Convenio internacional de Derechos Civiles y Políticos*).

### 3.2.2. Legislación internacional adicional en materia de derechos humanos

Los tres documentos que componen la *Carta de Derechos Humanos* recopilan el conjunto de derechos que son inherentes, de forma incuestionable, a la condición humana. Este conjunto constituye el núcleo de los Tratados Internacionales sobre derechos humanos. Desde su publicación, la ONU ha puesto en marcha otra serie de tratados esenciales, que desarrollan el cuerpo legal internacional en materia de derechos humanos, y que tienen como objetivo proporcionar los mecanismos necesarios para

---

315 United Nations & Inter-Parliamentary Union (2016). *Human Rights. Handbook for Parliamentarians,* Nº 26, United Nations Human Rights Office of the High Commissioner, *vid.* p.42.

ofrecer las garantías jurisdiccionales que permitan su respeto y cumplimiento.

En el núcleo de esta legislación destacan una serie de convenciones consideradas esenciales, y a través de las que se articulan diversos aspectos plasmados en la *Carta de Derechos Humanos.* Entre ellas se encuentran la *Convención Internacional para la Eliminación de todas las formas de Discriminación Racial* (ICERD), la *Convención sobre la Eliminación de todas las formas de Discriminación contra las Mujeres,* la *Convención contra la Tortura y Otros Tratamientos o Castigos Crueles, Inhumanos o Degradantes,* la *Convención sobre los Derechos del Niño,* la *Convención sobre los Derechos de las Personas con Discapacidad* y la *Convención internacional para todas las personas contra las desapariciones forzadas.*

En torno a ellas se ha ido creando un marco normativo más amplio, mediante el que ir especificando, de forma más precisa, los instrumentos a través de los que ofrecer las garantías jurisdiccionales necesarias para el cumplimiento internacional de estas normas. No obstante, la ratificación tanto de los convenios como del resto de mecanismos normativos varía, y no todos los países reconocen el conjunto de esta regulación. Los objetivos principales de los instrumentos internacionales para promover los derechos humanos se recogen en la *Declaración y Programa de Acción de Viena* (1993) y en la *Declaración del milenio* (2000).

Entre los instrumentos relacionados con los derechos de los migrantes cabe citar el *Protocolo contra el tráfico ilícito de migrantes por tierra, mar y aire, que complementa la Convención de las Naciones Unidas contra la Delincuencia Organizada Transnacional,* el *Protocolo para prevenir, reprimir y sancionar la trata de personas, especialmente mujeres y niños.* Por otro lado, entre aquellos relativos a la nacionalidad, las personas apátridas, quienes solicitan asilo y los refugiados pueden citarse la *Convención sobre el Estatuto de los Refugiados,* la *Declaración de Nueva York para los Refugiados y Migrantes* y el *Pacto Mundial sobre los Refugiados.*

### 3.2.3. Los derechos fundamentales de quienes migran

En las páginas anteriores, ha quedado establecido que las personas migrantes disfrutan del derecho de igualdad y no discriminación. Los Estados han consentido cierto control internacional en su gestión de la migración, ya que esto les permite disfrutar de las ventajas derivadas de la pertenencia a una organización internacional, donde establecen relaciones que facilitan las comunicaciones y contribuyen a la expansión de la economía. Por ello, han ido vinculándose a textos positivos relacionados con la protección y el respeto a los derechos humanos, cuyo origen se sitúa en la escolástica española del siglo XVI con VITORIA.

Esto ha supuesto la aceptación de un "*estándar mínimo*" de derechos, que no puede ser suspendido en ninguna circunstancia[316] y que ha de ser reconocido y respetado para nacionales y extranjeros. Pese a que no existe un acuerdo completo sobre su contenido, MARIÑO MENÉNDEZ afirma que:

> *"dicho estándar mínimo está constituido por estos derechos inviolables, inherentes a la dignidad de la persona: derecho a la vida, a la integridad física y moral, incluyendo el derecho a no ser sometido a esclavitud o servidumbre, a un juicio imparcial, a la legalidad y a la irretroactividad de la ley penal, a la personalidad jurídica, a crear una familia y a la libertad de pensamiento, conciencia y religión"*[317].

En la UE, los derechos de las personas migrantes están regulados en diversos documentos que giran en torno al *Convenio Europeo de Derechos Humanos*, en cuyo primer artículo se reconoce que "*[l]as Altas Partes Contratantes reconocen a toda persona bajo su jurisdicción los derechos y libertades definidos en el Título I del presente Convenio*", lo

---

316 Fernández Sánchez, Pablo Antonio (2019). *El derecho de los inmigrantes irregulares a tener derechos*, Tirant lo Blanch, Valencia, *vid.* pp.61-62. Énfasis propio.

317 Mariño Menéndez, Fernando M. (1996). "Los derechos de los extranjeros en el Derecho Internacional", *Derecho de extranjería, asilo y refugio*, *vid.* pp. 109-126.

que incluye a las personas migrantes en situación irregular que se encuentren dentro de la jurisdicción de los Estados miembros[318].

Por ello, "*[e]s muy difícil que el Estado pueda justificar la violación de derechos fundamentales por la mera residencia irregular*"[319], pese a que pueda existir cierta reserva en la aplicación de algunos derechos políticos y sociales. No obstante, la Comisión Global sobre la Migración Internacional[320] recordaba en 2005 la necesidad de abordar los "*problemas migratorios de una manera más consistente y coherente [basándose] en una mejor apreciación de los estrechos vínculos que existen entre la migración internacional y el desarrollo y otras cuestiones clave de política, incluidos el comercio, la ayuda, la seguridad estatal, la seguridad y los derechos humanos*"[321]

Aunque se han ido introduciendo numerosos cambios en la normativa y, en el caso de la UE, se han reiterado los derechos que corresponden a las personas migrantes, exhortando a los Estados miembros a adoptar las medidas correspondientes para su salvaguarda, la *Conferencia Mundial contra el racismo, la discriminación racial, la xenofobia y otras intolerancias relacionadas*[322] (2009) urgía a los Estados a tomar medidas para proteger a las personas migrantes frente a la severa discriminación a la que se veían sometidas en términos de vivienda, educación, salud, trabajo y seguridad social.

---

318 Consejo de Europa (1950). *Convenio Europeo de Derechos Humanos*, hecho en Roma el 4 de noviembre de 1950, en vigor desde el 3 de septiembre de 1953.

319 Fernández Sánchez, Pablo Antonio (2019). *El derecho de los inmigrantes irregulares a tener derechos*, Tirant lo Blanch, Valencia, *vid.* p.69.

320 La Comisión Global sobre las Migraciones se creó desde la Secretaría General de Naciones Unidas en 2003 para "desarrollar una comprensión más amplia de la migración internacional". A través de sus acciones pretende fortalecer la gobernanza internacional en torno a esta materia..

321 Global Commission on International Migration (GCIM) (2005). *Migration in an Interconnected World: New directions for action. Report of the Global Commission on International Migration.*

322 UN (2009). "A human rights approach to global migration governance", *Durban Review Conference*, Ginebra, 20-24 de abril.

La reiteración de este tipo de recomendaciones, la última durante la pandemia del coronavirus, indica que, pese a los avances legislativos, todavía queda mucho camino por recorrer, por ejemplo, en el "acceso universal a la salud pública"[323].

[323] UN (2020). "Los migrantes también sufren por la pandemia del coronavirus", *Noticias ONU. Mirada global. Historias humanas*, 18 de marzo.

*Capítulo IV.*

# *Las garantías de derechos como pilar fundamental de la Unión Europea. El caso de España*

## 1. LA IDEA DE EUROPA: EQUILIBRIO Y PAZ DURADERA

Muchos pensadores y políticos de la Edad Media comenzaron a gestar la idea de unidad continental para Europa, aunque, realmente, el germen se encuentra ya en la expansión del Imperio Romano, cuyas fronteras europeas buscaban extenderse incluso a toda la costa mediterránea bañada por lo que consideraban su *Mare Nostrum.* Entre estos pensadores cabe citar al francés Pierre du Bois (ca. 1250-1320), quien en sus escritos hablaba de una confederación que pudiera conseguir la paz entre las naciones europeas. A mediados del siglo XV, otro francés, el inventor e industrial, Antoine Marini, retomó la idea de la necesidad de establecer una federación europea para que todos los países actuasen en conjunto, haciendo frente a los retos comunes[324].

La idea de una confederación europea recobró fuerza a partir del siglo XVII con el *Gran Proyecto* del Duque de Sully, ministro del rey de Francia, Enrique IV. En ese mismo siglo, el colonizador inglés William Penn escribió su *Ensayo para la paz presente y futura de Europa* (1692-1694), en el que proponía la creación de un Parlamento Europeo, entre cuyas competencias se encontraba la de dirimir los conflictos entre los Estados.

---

324 Abejón, Manuel et al (1986). *La Europa de los Doce y La Rioja,* Aula Abierta Salvat, Madrid.

Esta misma idea de configurar un sistema de relaciones exteriores, a través del que garantizar una paz duradera en Europa, se expresó en el *Proyecto de paz perpetua* que Charles Irénée Castel, el Abate Saint Pierre, publicó con motivo de la firma del Tratado de Utrecht. Su trabajo alcanzó popularidad gracias al resumen de la obra que Jean Jacques Rousseau incluyó en sus *Escritos sobre la paz y la guerra.* El siglo XVIII también fue el momento en el que vieron la luz otras obras precursoras de una organización supranacional europea: el *Plan para la paz universal y perpetua* (1789) del filósofo utilitarista inglés Jeremy Bentham y *Sobre la paz perpetua* (1795) del filósofo alemán Emmanuel Kant.

El pensamiento a favor de una federación europea se reforzó durante el siglo XIX, esgrimiendo la necesidad de superar los nacionalismos y fomentar la solidaridad internacional como argumentos para conseguir una unión de los países europeos. Además de los pensadores políticos de la época, como Saint-Simon, Proudhon o Conté, también figuras de intelectuales como el escritor francés Víctor Hugo o el italiano Giusseppe Mazzini defendieron la idea de Europa. El escritor francés, de hecho, propuso la idea de los *Estados Unidos de Europa* durante la Asamblea Legislativa del 17 de julio de 1851.

Este tipo de pensamiento fue poniendo de *manifiesto "el reconocimiento, cada vez más patente, de que sólo una alianza, confederación u otra forma de integración europea podría evitar la catástrofe a la que, de forma irreversible, Europa se dirigía desde 1870*"[325].

Ya en el siglo XX, el *Tratado de Locarno* (1925) representó un claro antecedente del posterior proceso de integración europea. Siguiendo esta tendencia, el conde Richard COUNDENHOVE-KALERGI expresó su idea paneuropea como un "*plan para devolver a Europa su optimismo, garantizar la paz e incrementar la prosperidad*"[326].

---

325 Abejón, *op.cit.* p. 48.

326 Wiedemer, Patricia (1993). "The idea behind Coudenhove-Kalergi's pan-European union", *History of European Ideas,* Vol. 16, Núm. 4-6, pp. 827-833, *vid.* p. 827.

Su implicación, y la gran difusión que su manifiesto de 1924 tuvo en Europa, hizo que COUNDENHOVE-KALERGI se considere el padre ideológico de la idea de una Europa moderna y unificada.

Entre los pensadores europeístas del siglo XX cabe destacar también la figura de dos españoles. En primer lugar, el filósofo José ORTEGA Y GASSET, quien en *La Rebelión de las masas* (1930) advierte que los "*nacionalismos son callejones sin salida*" al tiempo que señala que "*[s]ólo la decisión de construir una gran nación con el grupo de pueblos continentales volvería a entonar la pulsación de Europa. Volvería ésta a creer en sí misma, y automáticamente a exigirse mucho, a disciplinarse*"[327]. Para el filósofo, la creación de una Europa nacional era la única línea de acción posible para que el continente se enfrentase a los retos que tenía delante, huyendo del vacío existencia que podría suponer su destrucción.

El segundo de los pensadores españoles más destacados en la defensa de una idea paneuropea fue Salvador de Madariaga, quien en 1973 recibió el Premio Carlomagno "*por una* vid*a consagrada a Europa y por su valerosa defensa de la libertad y de la ética*"[328]. En *Bosquejo de Europa,* el pensador distinguía entre el cuerpo, el alma y la conciencia europea, señalando que esta última todavía se encontraba en estado de construcción, pero que, sin ella, la búsqueda de soluciones a problemas de dimensión europea resultaría estéril.

### *1.1. El espíritu europeo alienado con la declaración universal de 1948*

Los conflictos bélicos y sus atroces violaciones en materia de derechos humanos fueron asolando Europa durante la primera mitad del siglo XX, convirtiéndose en una señal inequívoca de la urgente necesidad de articular una serie de mecanismos que impidiesen el estallido de conflictos semejantes en el futuro. La idea

---

[327] Ortega y Gasset, José (1930). *La Rebelión de las Masas*, Ed. Instantes.

[328] Abejón, *op.cit.* p. 6.

de la interdependencia económica como solución para alcanzar la paz entre Estados, y como "*el único medio de impedir su ruina*" se presentó ya en *El Espíritu de las Leyes* de Charles Louis de Secondat, señor de la Brède y barón de Montesquieu, a mediados del siglo XVIII[329].

Siglo y medio después, Norman ANGELL ahondó en esa misma idea, presentándola en su obra *La Gran Ilusión* (1910), como la fórmula capaz de conseguir la paz mundial y el respeto a sus gentes. El político británico argumentaba que destinar todos los esfuerzos que se invierten en la guerra hacia un trabajo honesto permitiría obtener una "*ganancia permanente [que] compensaría con creces el botín ocasional*"[330]. No obstante, su ideario en torno a una Europa en paz pareció convertirse poco a poco en una utopía inalcanzable, sepultada por las sucesivas guerras mundiales que caracterizaron la primera mitad de la pasada centuria.

De esta manera, los descubrimientos militares y defensivos empleados durante las contiendas teñían la argumentación pacífica de una ingenuidad incapaz de apreciar que los impulsos necesarios para el avance de la civilización parecían provenir, como señala Geoffrey PARKER en *Historia de la guerra*, del conflicto y del enfrentamiento entre los Estados[331]. Sin embargo, la magnitud del coste (humano, material y económico) infligido sobre el continente, y sobre la población europea de aquella primera mitad del siglo XX, permitió la apertura de la vía hacia el desarrollo a través de la configuración de un futuro pacífico para Europa.

La visión del francés SCHUMAN de una Europa unificada, preocupada por el bien común universal, y cuyas fronteras se convirtieran en líneas de comunicación en las que establecer contactos

329 Secondat, Charles Louis de (1906). *El Espíritu de las leyes*, traducción: S. García del Mazo, Madrid, Librería General de Victoriano Suarez, *vid.* p. 202. Primera edición en francés: 1748.

330 Norman, Angell (1910). *The Great Illusion. A study of the Relation of Military Power to National Advantage*, capítulo 1.

331 Parker, *op.cit.*

materiales y culturales, en vez de mantenerlas como demarcaciones de separación[332], se mostraba cada vez más atractiva para evitar un nuevo conflicto cuya escalada pudiese provocar la eliminación total. Esta argumentación fue calando hondo tanto en la población como entre las élites políticas que, a lo largo de las décadas, lograron conformar una Unión Europea de 28 miembros (27 después del Brexit), convirtiéndose en un marco que sigue tratando de garantizar una mayor estabilidad política y económica.

En su configuración de lo que sería la futura UE, SCHUMAN, ADENAUER, y GASPERI destacaban la importancia de construir una Europa que tuviese en cuenta su herencia cultural y espiritual, compuesta tanto de sus raíces grecorromanas como de la espiritualidad judeocristiana[333].

Igualmente, haciendo eco de las enseñanzas de Tomás de Aquino, SCHUMAN proclamó la necesidad de ir más allá de los intereses propios de cada país, reconociendo la existencia de un bien común a través del que se fusionan los intereses de todos los países miembros. El político presentaba esta visión como la única capaz de salvaguardar los derechos humanos definidos en *La Declaración Universal de Derechos Humanos* de 1948, con el fin de poder avanzar hacia la construcción de la paz y el desarrollo de la humanidad, frenando cualquier intento de radicalización que pudiera obstaculizar este proceso[334].

Aunque el sustrato grecorromano y judeocristiano siguen estando en la base de Europa, la defensa y el respeto a los derechos

---

[332] Schuman, Robert (1951). *Speech at the Council of Europe*, Strasbourg, 10 de diciembre. En este discurso, el ministro francés de Asuntos Exteriores exhortó a la Asamblea del Consejo Europeo a construir, de forma urgente, una Europa políticamente unida.

[333] En aquellos momentos Robert Schuman era primer ministro francés, Konrad Adenauer era canciller alemán y Alcide de Gasperi era presidente del Consejo de Ministros de Italia.

[334] Krijtenburg, Margriet (2016). "Schuman in Times of Upheaval", *Governance and Security Issues of the European Union. Challenges Ahead*, Springer, Asser Press, Berlín, pp. 33-51, *vid.* pp.39-46.

humanos en la actualidad exige enfatizar la entidad cívica de unos valores comunes de respeto y solidaridad, evitando su etnificación, y trasladando el ejercicio de la espiritualidad a la esfera privada. De este modo, se podría evitar que las comunidades migratorias quedasen relegadas a convertirse en guetos, pudiéndose transformar fácilmente en caldo de cultivo para la radicalización y la violencia.

El compromiso europeo con la defensa de los derechos humanos exige evitar el enaltecimiento de valores espirituales característicos de una religión particular, ya que esto provoca la discriminación racial, socioeconómica y religiosa, a través del uso de símbolos y metáforas étnicas que alienan y distancian a la población migrante[335].

En este sentido, parafraseando a Martin Luther King, el politólogo alemán Bassam TIBI afirma tener un sueño de convivencia europea que se desarrolle en un espacio respetuoso con los derechos humanos, y en el que sea posible la integración del mundo islámico en Europa. Con este fin, propone una europeización del islam, ya que esto permitiría que quienes practican dicha religión pudieran sentirse a gusto en la UE, e identificarse tanto con la separación de poderes que ésta defiende como con el resto de los valores democráticos y de respeto a los derechos humanos sobre los que se asienta. Gracias a esta transformación se podría comprobar que dicha fe promueve el respeto hacia los valores europeos, lo que permitiría que quienes no la practican dejasen de verla como una amenaza.

---

[335] Tibi, Bassam (2010). "Ethnicity of Fear? Islamic migration and the ethnicization of Islam in Europe", *Studies in Ethnicity and Nationalism*, Vol. 10, Núm. 1, *vid.* pp. 126-157; y (2010). "Euro-Islam: an alternative to Islamization and Ethnicity of Fear", *The Other Muslims*, Palgrave Macmillan, Nueva York, *vid.* p. 148.

### *1.2. El Consejo de Europa y la Unión Europea: aliados en la defensa de los derechos humanos*[336]

La redacción del *Convenio para la Protección de los Derechos Humanos y de las Libertades Fundamentales* (CEDH), 1950, comenzó tan pronto como se fundó el Consejo de Europa, en mayo de 1949. El CEDH constituye el mecanismo de control regional más avanzado en materia de derechos humanos. Se centra en los derechos civiles, políticos, económicos y culturales y, además de estar complementado por diversas revisiones, y 16 protocolos adicionales (el último en vigor desde 2018), ha inspirado la elaboración, por parte del CdE, de "*tratados especiales en áreas como, entre otras, la protección de datos, los trabajadores migrantes, las minorías, la prevención de la tortura, la biomedicina, el tráfico de seres humanos y la violencia contra las mujeres*"[337].

Además, en la *Carta Social Europea* (CSE), adoptada en 1961, y revisada en 1996, se articula el "*derecho a ejercer una actividad lucrativa en el territorio de otras partes*" (art. 18), así como el "*derecho de los trabajadores migrantes y sus familias a protección y asistencia*" (art. 19). Además, son de especial interés para las personas migrantes las provisiones que la CSE realiza en torno a la protección de los niños y adolescentes (art. 7), la asistencia social y médica (art. 13) y la seguridad social (art. 27). En este sentido, cabe destacar cómo, en su Parte I, establece que el derecho a la asistencia social y médica (§13), a los servicios de bienestar social (§14) y a la familia, como "*célula fundamental de la sociedad*" (§16).

---

336 Gracias al apoyo prestado por la UE y el CdE, y en respuesta a las recomendaciones respecto al *Convenio del Consejo de Europa sobre la Lucha Contra la Trata de Seres Humanos* (2008), Túnez, que ratificó este documento en 2018, publicó su "*Mecanismo Nacional de Remisión*" con el fin de detectar los casos de trata y ayudar a las víctimas. "Tunisia launches new initiative to better detect and help victims of human trafficking", *Newsroom,* 15 de diciembre.

337 United Nations & Inter-Parliamentary Union *op.cit, vid.* p.84.

El articulado de la CSE en materia migratoria se complementa con el *Convenio Europeo relativo al Estatuto del Trabajador Migrante*, adoptado en Estrasburgo en 1977, cuyo objetivo, expresado en el Preámbulo, es regular la situación jurídica de estos trabajadores, con el fin de que el tratamiento que reciban en los Estados miembros del CdE "*no sea menos favorable que el que disfrutan los trabajadores nacionales del Estado de acogida, en todo lo que se refiere a las condiciones de vida y trabajo*". El Convenio busca, asimismo, que los Estados miembros faciliten la promoción social y el bienestar de los trabajadores migrantes y sus familiares.

A su vez, la Asamblea Parlamentaria del Consejo de Europa (APCE) tiene un *Comité sobre Migración, Refugiados y Personas Desplazadas*, cuyo trabajo es proponer soluciones legales y políticas, así como llevar a cabo acciones que permitan una cooperación estrecha en estas materias, tanto entre los países europeos como con otros países de origen, tránsito o destino de los flujos migratorios. Con estas acciones, aspira a lograr una gestión migratoria basada en el respeto a los derechos humanos.

En su *Resolución 1509 sobre los derechos de los migrantes* (2006)[338], la APCE estableció como punto de partida que todos los instrumentos internacionales en materia de derechos humanos han de aplicarse a cualquier persona, sin importar su estatus o nacionalidad, lo que incluye, de forma particular, a los migrantes en situación irregular. Insiste en que estos últimos han de ser una prioridad para los Estados, ya que su situación de vulnerabilidad hace que tengan "*una particular necesidad para la protección de sus derechos humanos, incluidos los derechos básicos civiles, políticos, económicos y sociales*" (§5). La Resolución recopila los derechos mínimos que han de ser de aplicación a los migrantes irregulares de acuerdo con la legislación internacional y europea en esta materia[339],

---

[338] Parliamentary Assembly Council of Europe (2006). *Resolution 1509. Human rights of irregular migrants*, 27 de junio, 18ª sesión.

[339] De este modo, recopila los estándares mínimos sobre derechos humanos reconocidos a los migrantes en la DUDH (1948), el CIDCP (1966),

incorporando los establecidos en algunos convenios y tratados que no han sido ratificados por todos los Estados miembros del Consejo[340].

Por otro lado, en el Preámbulo del *Memorando de entendimiento entre el Consejo de Europa y la Unión Europea* se expresa cómo ambas instituciones buscan "*obtener mayor unidad entre los estados de Europa a través del respeto a los valores compartidos de la democracia plural, el imperio de la ley y los derechos humanos y las libertades fundamentales, así como a través de la cooperación paneuropea, promoviendo así la estabilidad democrática y la seguridad a la que aspiran las sociedades europeas y su ciudadanía*" (§1)[341]. Este documento convirtió al CdE en la fuente de referencia en materia de derechos humanos para la UE, cuya legislación ha de ser coherente con sus principios, lo que no impide que pueda proporcionar protección más extensiva (§§16-19).

Posteriormente, con la firma del *Tratado de Lisboa* en 2009, la UE adaptó su legislación para facilitar la cooperación entre ambas instituciones. Gracias a este Tratado, tanto los ciudadanos de la Unión como los nacionales de terceros países presentes en su territorio, pueden, sobre la base de las provisiones contenidas en el CEDH, recurrir ante el TEDH tanto los actos legales adoptados por cada uno de los Estados miembros como los adoptados por la

---

el CIDESC (1966), la CDN (1989), la ICERD (1965), la *Convención N.º 143 sobre migrantes trabajadores* de la OIT (1975), la CEDH, la CSE (1961 y su revisión de 1996) y el *Convenio del Consejo de Europa sobre la Lucha Contra la Trata de Seres Humanos* (2005).

340 Como ejemplo cabe mencionar la ya analizada *Convención Internacional de Naciones Unidas de 1990 sobre la Protección de los Derechos de los Trabajadores Migrantes y de sus Familias*, que sólo ha sido ratificada por tres Estados del Consejo de Europa (Azerbaiyán, Bosnia y Herzegovina y Turquía).

341 Council of Europe and European Union (2007). *Memorandum of Understanding between the Council of Europe and the European Union*, Strasburg. Firmado por el Consejo de Europa el 11 de mayo y por la Unión Europea el 23 de mayo.

propia UE. Desde entonces, el CEDH funciona como un mecanismo de control externo por el que vela el CdE.

Además del CEDH, la UE cuenta con la *Carta de Derechos Fundamentales de la Unión Europea* (CDFUE), que funciona como un mecanismo de control interno para garantizar que la legislación y las políticas europeas tienen conformidad con los derechos fundamentales. Mediante el *Tratado de Lisboa*, la CDFUE, adquirió el mismo rango jurídico que los Tratados de la UE, sin que sus disposiciones ampliasen "*en modo alguno las competencias de la Unión tal como se definen en los tratados*". Igualmente, el artículo 6.3 del *Tratado de Lisboa* integra como principios generales dentro del Derecho de la Unión, los derechos fundamentales garantizados en el CEDH y "*los que son fruto de las tradiciones comunes a los Estados miembros*".

Por otra parte, aunque está basada en el CEDH (e incluye el derecho a la dignidad humana, la vida, la integridad de la persona, la prohibición de la tortura y de las penas o tratos inhumanos o degradantes, esclavitud y trabajo forzado, el derecho a la libertad, seguridad, respeto a la vida privada y familiar, entre otros), la CDFUE es más innovadora, incluyendo la discapacidad, edad y orientación sexual entre los motivos de discriminación que se prohíben (art. 21).

A través del artículo 20, que indica que "*[t]odas las personas son iguales ante la ley*", la CDFUE tendría un ámbito de aplicación muy amplio. Sin embargo, posteriormente matiza que los Estados miembros han de respetar los derechos, observar los principios y promover la aplicación de la Carta "*con arreglo a sus respectivas competencias*", por lo que ésta "*no crea ninguna competencia ni ninguna misión nuevas para la Comunidad ni para la Unión y no modifica las competencias y misiones definidas por los Tratados*" (art. 51).

En el ámbito de la migración, el artículo 18 de la CDFUE garantiza el derecho al asilo "*dentro del respeto a las normas de la Convención de Ginebra de 28 de julio de 1951 y del Protocolo de 31 de enero de 1967 sobre el Estatuto de los Refugiados y de conformidad con el Tratado constitutivo de la Comunidad Europea*". Igualmente, el artículo 19 prohíbe las expulsiones colectivas y las devoluciones, expulsiones o extradición a aquellos Estados en los que se "*corra un grave riesgo de ser sometido a la pena de muerte, a tortura o a otras penas o tratos inhumanos o degradantes*".

Siguiendo el Tratado constitutivo de la Comunidad Europea, la CDFUE reserva el derecho a la libertad de circulación y residencia a los ciudadanos de la UE, así como a "*los nacionales de terceros países que residan legalmente en el territorio de un Estado miembro*" (art. 45).

Ahondando en su compromiso con la promoción y la defensa de los derechos humanos, el Consejo de la Unión Europea adoptó en 2017 las conclusiones sobre sus prioridades en los foros de la ONU en materia de derechos humanos[342]. En el documento, la UE manifiesta su apoyo al sistema de derechos humanos de la ONU, en el que se basa el *Marco Estratégico de la Unión sobre derechos humanos y democracia*, así como su *Estrategia Global sobre Política Exterior y de Seguridad de la UE* (2020). Igualmente, el Consejo reitera que seguirá defendiendo la integridad, independencia y eficacia del Alto Comisionado de la ONU para los Derechos Humanos.

Las conclusiones reafirman la adhesión de la UE a los pactos alcanzados por la ONU, y se comprometen a apoyar al Secretario General en sus esfuerzos para velar por los derechos humanos, así como a las ONGs, reconociendo su importante papel en la protección y promoción de los derechos humanos. Respecto a los derechos de las personas refugiadas y migrantes, "*[l]a UE está comprometida con la aplicación de la Declaración de Nueva York para los Refugiados y los Migrantes de septiembre de 2016[;] seguirá subrayando la*

---

342 Consejo de la Unión Europea (2017). *Conclusiones del Consejo sobre las prioridades de la UE en los foros de las Naciones Unidas sobre Derechos Humanos en 2017*, Bruselas, 27 de febrero. Entre estos foros cabe destacar el *Foro Mundial sobre Refugiados* y el *Foro Internacional de Empresas y Derechos Humanos*. Además, ha de hacerse referencia al *Foro Mundial sobre Migración y Desarrollo* (FMMD) de la OIM, que pasó a formar parte del sistema de la ONU tras un acuerdo firmado en 2016, en el marco de la *Cumbre sobre Refugiados y Migrantes*.

*importancia de cumplir la legislación internacional sobre refugiados [y] se mantiene firme en su compromiso de garantizar el derecho de asilo*" (§26).

### *1.3. Securitización y garantías jurisdiccionales en la legislación de la UE*

La legislación migratoria de la UE pone de manifiesto la necesidad de articular los intereses comunes de los Estados miembros a través del potencial transformador del Área de Libertad, Seguridad y Justicia (ALSJ), desde la que aspira a superar el estatismo individual[343]. En este marco legislativo, y sin perjuicio de las responsabilidades de los Estados miembros en materia de salvaguardia de la seguridad interior (y mantenimiento del orden público), el Consejo Europeo es el encargado de definir las orientaciones estratégicas que ha de seguir la programación legislativa y operativa de la UE, para velar por el mantenimiento del ALSJ.

Al hablar de los actos jurídicos de la UE, conviene recordar que su jerarquía legislativa está encabezada por los Tratados y principios generales (legislación primaria), a los que se suma la *Carta de los Derechos Fundamentales* (desde la entrada en vigor del Tratado de Lisboa) y los Tratados internacionales que celebra. Respecto a la legislación secundaria, cuya validez está supeditada a su consistencia con aquellas leyes y acuerdos que tienen precedencia sobre ella[344].

---

343 Dicho espacio queda establecido en el Capítulo 1, "Disposiciones generales", del Título V, del *Tratado de Funcionamiento de la Unión Europea* (TFUE), en el que se dicta que la Unión Europea es un espacio de libertad, seguridad y justicia donde se respetan, además de los sistemas y tradiciones jurídicos de los Estados miembros, los derechos fundamentales. Costello, Cathryn (2019). *The Human Rights of Migrants and Refugees in European Law,* Oxford Studies in European Law, *vid.* p. 25. *Tratado de la Unión Europea y de Tratado del Funcionamiento de la Unión Europea. Versiones consolidadas. Protocolos. Anexos. Declaraciones anejas al Acta Final de la Conferencia intergubernamental que ha adoptado el Tratado de Lisboa.*

344 Está integrada por reglamentos (obligatorios y directamente aplicables en cada Estado miembro), directivas (trazan un resultado obligatorio,

En el acervo legislativo de la UE, el control y gestión eficaz de *fronteras, asilo e inmigración* ocupan una de las prioridades para garantizar su espacio seguro (arts. 77-79 TFUE), lo que ha llevado a desarrollar un sistema integrado para la gestión de fronteras exteriores, un *Nuevo Pacto sobre Migración y Asilo* (basado en el equilibrio entre la responsabilidad y la solidaridad) y una política común de inmigración, que busca prevenir la inmigración ilegal y erradicar la trata de seres humanos[345].

A través de los reglamentos, que sintonizan con los avances conseguidos en el marco del Programa de Estocolmo, la UE quiere construir "*una Europa abierta y segura que sirva y proteja al ciudadano*"[346]. De este modo, con estos reglamentos se establecen, entre otras cuestiones, los requisitos para la obtención de un visado de entrada (que varían dependiendo de los acuerdos que la UE tenga suscrita con el país de procedencia), así como los criterios y mecanismos mediante los que examinar las solicitudes de protección internacional.

Igualmente, se regulan las actuaciones de Frontex y el código de normas relacionado con los mecanismos de seguridad que se implementan para proteger las fronteras y garantizar que éstas se cruzan de forma regular. En este sentido, explicitan el funcionamiento de una serie de sistemas informáticos a través de los que, además de proteger a la ciudadanía europea y sus fronteras, se gestionan los flujos migratorios y se lucha contra la delincuencia.

---

si bien los Estados miembros desarrollan la forma y los medios para conseguirlo), decisiones (cuyos elementos son obligatorios para los destinatarios que designe) y las recomendaciones y dictámenes (ambos de carácter no vinculante).

345 No obstante, pese a la existencia de directrices migratorias comunes, los Estados miembros mantienen su derecho a "*establecer volúmenes de admisión en su territorio de nacionales de terceros países procedentes de terceros países con el fin de buscar trabajo por cuenta ajena o por cuenta propia*" (art, 79.5, TFUE).

346 Consejo Europeo (2010). *Programa de Estocolmo – una Europa abierta y segura que sirva y proteja al ciudadano*, 2010/C 115/01, DOE 4 de mayo.

Entre ellos, cabe destacar el Sistema de Información de Schengen (SIS)[347], que permite crear descripciones de personas desaparecidas para su posterior consulta; Eurodac, que gestiona una base de datos con las impresiones dactilares de quienes registran una solicitud de asilo en la UE; el Sistema de Información de Visados (VIS), que permite el intercambio de información sobre este ámbito entre los Estados miembros; el Sistema de Entradas y Salidas (SES), que registra los cruces de fronteras exteriores realizados por ciudadanos de terceros países; el Sistema Europeo de Información y Autorización de Viajes (SEIAV), encargado de los controles previos a quienes, estando exentos de visado, entren en el espacio Schengen; y el Sistema de Información de Antecedentes Penales (ECRIS), a través del que los Estados intercambian información sobre condenas penales[348].

---

[347] A través de la utilización de SIS, "*Europol desempeña un importante papel en la lucha contra la delincuencia grave y el terrorismo, al proporcionar análisis y evaluaciones de amenazas con el fin de respaldar las investigaciones de las autoridades nacionales competentes*" (§6). Se trata de un sistema que contiene descripciones de personas y objetos concretos, "*así como instrucciones para las autoridades sobre qué hacer una vez que se ha localizado a dicha persona u objeto*" (§2). En julio de 2022, la UE introdujo una modificación en el Reglamento SIS expresando la necesidad de crear "*una categoría específica de descripciones de información en interés de la Unión relativas a nacionales de terceros países [...] con el fin de informar a aquellos usuarios finales que efectúen una consulta en el SIS de que la persona en cuestión es sospechosa de estar implicada en un delito competencia de Europol*" (§7). De este modo, el Reglamento espera colmar la "*laguna a la hora de compartir información sobre delincuencia grave y terrorismo, en particular, en relación con los combatientes terroristas extranjeros, cuyos movimientos es esencial controlar*" (§6). *Vid. Reglamento (UE) 2022/1190 del Parlamento Europeo y del Consejo de 6 de julio de 2022 por el que se modifica el Reglamento (UE) 2018/1862 en lo que respecta a la introducción en el Sistema de Información de Schengen (SIS) de descripciones de información de interés de la Unión relativas a nacionales de terceros países.*

[348] Al hablar de estos sistemas, cabe mencionar que el SEIAV se aprobó en 2016, pero no entró en vigor hasta finales de 2022.

Por otro lado, mediante las directivas se fomentan los mecanismos de migración legal, con, entre otras, disposiciones sobre reagrupación familiar, empleo, estudio, investigación, acciones de voluntariado, e integración. Igualmente, con ellas se busca desmantelar las redes de inmigración ilegal para, de este modo, erradicar la lacra de los traficantes que tratan a los migrantes como si fueran mercancías, permitiendo que se ahoguen en el mar, se asfixien en contenedores o perezcan en los desiertos[349].

En esta línea, las directivas sobre retorno, repatriación y expulsión buscan la asistencia mutua de los Estados miembros, insistiendo en la preferencia del retorno voluntario al forzoso, y exigiendo la consideración de las circunstancias de cada caso para proteger los intereses de las personas afectadas.[350]. Al mismo tiempo, garantizan que la decisión de expulsión sea recurrible, por lo que establecen que todo extranjero tiene derecho a ser oído antes de adoptar una decisión sobre su devolución.

No obstante, en su sentencia de diciembre de 2014 en el caso *Khaled Boudjlida c. Préfet des Pyrénées*[351], el TJUE matiza que este derecho no se ejerce "*en el marco de la asistencia jurídica gratuita*" (§73) y que ha de entenderse como un mecanismo para que pueda presentar su punto de vista respecto a su irregularidad explicando

---

349 *Comunicación de la Comisión al Parlamento Europeo, al Consejo, al Comité Económico y Social Europeo y al Comité de las Regiones. Plan de acción de la UE contra el tráfico ilícito de migrantes (2015-2020)*, Bruselas, 25 de mayo de 2015.

350 La decisión de expulsión se adoptará únicamente cuando el nacional de un tercer país suponga una amenaza grave y actual para el orden público o la seguridad nacional, así como cuando éste incumpla la normativa vigente respecto a la entrada y residencia de extranjeros.

351 *Sentencia del Tribunal de Justicia (Sala Quinta) de 11 de diciembre de 2014, Khaled Boudjlida contra Préfet des Pyrénées-Atlantiques*, en relación al derecho de audiencia de todo extranjero antes de su expulsión, según queda expresado en la *Directiva 2008/115/CE del Parlamento Europeo y del Consejo, de 16 de diciembre de 2008, relativa a normas y procedimientos comunes en los Estados miembros para el retorno de los nacionales de terceros países en situación irregular.*

"*los motivos que puedan justificar, en virtud del Derecho nacional, que dicha autoridad no adopte una autoridad de retorno*" (§55).

Por otro lado, las directivas de asilo se desarrollan para promover el respeto a los derechos humanos y ofrecer garantías procesales a quienes necesiten protección internacional y asilo. Igualmente, sirven para simplificar los procedimientos y armonizar la legislación de los Estados miembros. En este sentido, cabe destacar la *Directiva 2011/51/UE*[352], que prohíbe la expulsión de las personas beneficiarias de protección internacional, al tiempo que busca su plena integración, posibilitando que puedan obtener el estatuto de residente de larga duración. De este modo, su objetivo es que tengan libertad para residir en otro Estado miembro (§5), así como que tengan el mismo trato que los ciudadanos del Estado miembro en el que residan "*en un amplio abanico de ámbitos económicos y sociales*" (§6).

Respecto a las decisiones, establecen acciones conjuntas para garantizar que los Estados miembros realizan una gestión coordinada de los flujos migratorios clandestinos. Para ello, en 2008 se creó la *Red Europea de Migración*, bajo la coordinación de la Comisión Europea, con el objetivo de que analice los datos migratorios recogidos por distintos organismos de la UE y pueda ofrecer una visión global del avance de su política común en materia migratoria y de asilo.

Cabe señalar que un buen número de decisiones se encaminan a alcanzar acuerdos de readmisión con países de origen y tránsito de los flujos migratorios, siempre teniendo en cuenta "*los derechos y garantías procesales para las personas que estén sujetas a procedimientos de retorno*"[353]. Estas decisiones se esfuerzan, dentro de los límites

---

352 *Directiva 2011/51/UE del Parlamento Europeo y del Consejo, de 11 de mayo de 2011, por la que se modifica la Directiva 2003/109/CE del Consejo con el fin de extender su ámbito de aplicación a los beneficiarios de protección internacional.*

353 *Decisión del Consejo, de 14 de abril de 2014, relativa a la celebración del Acuerdo entre la Unión Europea y la República de Turquía sobre la readmisión de residentes ilegales.*

posibles, por cumplir los derechos, obligaciones y responsabilidad internacionales, especialmente las detalladas en el *Convenio Europeo para la Protección de los Derechos Humanos y de las Libertades Fundamentales* (1950) y en la *Convención sobre el Estatuto de los Refugiados* (1951).

Por último, cabe destacar el *Nuevo Pacto sobre Migración y Asilo* (2020)[354], a través del que se busca la actuación unida de todos los Estados miembros, con una política de integración y migración legal creíble, que establezca alianzas de talento con aquellos países no comunitarios que puedan atender las demandas laborales y de habilidades de la UE.

En vez de dirimir responsabilidades atendiendo a las solicitudes, el Pacto aspira a centrarse en las personas, facilitando la reubicación y el seguimiento de los repatriados, así como la salida voluntaria y la reintegración mediante un mecanismo de seguimiento que garantice el respeto a los derechos fundamentales, con el apoyo de FRA, Frontex y la nueva Agencia de Asilo de la Unión Europea (que sustituye a la Oficina Europea de Apoyo al Asilo, EASO)[355].

La propuesta establece una serie de recomendaciones para crear un marco europeo mediante el que anticipar y abordar situaciones de crisis de forma coordinada. Para ello, plantea el uso de embarcaciones privadas, coordinadas con las estatales, con el fin de que realicen operaciones de búsqueda y rescate y contribuyan a garantizar la seguridad de la navegación. Además, presenta una serie de enmiendas a la *Directiva de Facilitadores*[356], aclarando

---

354 European Commission (2020). "New Pact on Migration and Asylum. A fresh start on migration in Europe", *Promoting our European Way of Life.*

355 *Reglamento (UE) 2021/2303 del Parlamento Europeo y del Consejo de 15 de diciembre de 2021 relativo a la Agencia de Asilo de la Unión Europea y por el que se deroga el Reglamento (UE) n.o 439/2010.*

356 Esta directiva busca proteger a quienes tengan "*conocimiento de amenazas o perjuicios para el interés público*", ya que al denunciar "*desempeñan un papel clave a la hora de descubrir y prevenir esas infracciones y de proteger el bien-*

que ésta no puede interpretarse como una forma de permitir que la actividad humanitaria exigida por la ley (ej. operaciones de búsqueda y rescate en el mar) sea criminalizada, con independencia de cómo se aplique la directiva a nivel nacional[357].

Pese a la campaña de optimismo en torno al Pacto, los medios de comunicación lo denominan el Pacto de una "*solidaridad con apellido*" y lo describen como una victoria del populismo que ha puesto fin a la redistribución de los refugiados[358]. Igualmente, ONGs como Cáritas u Oxfam comentan que la Comisión no parece buscar solucionar el problema migratorio, sino acallar el ruido político generado por los sentimientos antinmigración[359]. No obstante, es preciso subrayar que la opción presentada por la UE mediante este Pacto parece ofrecer una salida para la situación de *impasse* en la que se había entrado, retomando el diálogo migratorio.

En medio de estas luces y sombras, el análisis realizado pone de manifiesto que, pese a la deriva securitizadora del acervo legislativo de la UE, la legislación europea responde a la moderna interpretación del concepto de securitización (analizado en el tercer capítulo) y se enmarca en el respeto a las garantías jurisdiccionales, centrándose en la protección de las personas. De este modo, este repaso permite ver que la legislación de la UE pone el acento

---

*estar de la sociedad*", *vid. Directiva (UE) 2019/1937 del Parlamento Europeo y del Consejo, de 23 de octubre de 2019, relativa a la protección de las personas que informen sobre infracciones del Derecho de la Unión.*

357 Comisión Europea (2020). *Communication from the Commission. Commission Guidance on the implementation of EU rules on definition and prevention of the facilitators of unauthorised entry, transit and residence,* 23 de septiembre de 2020, Bruselas.

358 Gil, Andrés y Sánchez, Gabriela (2020). "Preguntas y respuestas para entender el pacto migratorio: Bruselas cede ante los países de la UE que no quieren acoger refugiados", *El Diario,* 23 de septiembre. Wesel, Barbara (2020). "La UE y el pacto migratorio: una victoria para los populistas", *Deutsche Welle,* 23 de septiembre.

359 Serbeto, Enrique (2020). "El nuevo pacto migratorio de la Unión Europea por proteger las fronteras y las expulsiones", *ABC,* 24 septiembre.

en la protección de personas (tanto si están en la UE como si quieren acceder a ella), revelando un amplio esfuerzo destinado a la erradicación de la trata de seres humanos y a la lucha contra las redes clandestinas que explotan la vulnerabilidad de quienes migran.

## 2. TRIBUNAL EUROPEO DE DERECHOS HUMANOS (TEDH)

La CEDH supuso la creación del TEDH en Estrasburgo, siendo éste "*el primer tribunal internacional creado en el seno del moderno sistema internacional de protección de los derechos humanos*"[360]. Fue revolucionario, ya que reconocía unos derechos individuales a las personas sometidas a la jurisdicción de los Estados e imponía a estos las correspondientes obligaciones por vía convencional. Igualmente, fue pionero en permitir "*a los individuos acudir a una instancia internacional para reclamar el respeto a sus derechos*"[361].

Con la introducción del *Protocolo Adicional N.º 11* (1998), las sentencias del TEDH se convirtieron en sentencias de fuerza obligatoria[362]. En cuanto a la presentación de demandas, de acuerdo

---

360 "*[C]on posterioridad ha servido de modelo para la constitución de la Corte Americana de Derechos Humanos y de la Corte Africana de Derechos del Hombre y de los Pueblos, con las que ha constituido recientemente el Foro Internacional de Derechos Humanos*". Escobar Hernández, Concepción (2020). "El Tribunal Europeo de Derechos Humanos: una jurisdicción en permanente reforma, *Revista de Derecho Comunitario Europeo,* 67, pp. 771-793, *vid.* p. 772.

361 Escobar Hernández, *op.cit.*

362 Gracias a lo establecido en su Protocolo Nº 11 (1998), el Tribunal pasó de reunirse dos veces al mes, a constituirse en una Corte Permanente, ante la que presentar tanto las peticiones interestatales como las individuales. Los sucesivos protocolos también han introducido reformas, como prolongar el mandato de los jueces a 9 años (no renovables), y permitir al Tribunal "*dar opiniones consultivas sobre cuestiones de principio relativas a la interpretación o aplicación de los derechos y libertades de la*

con el artículo 35 del CEDH, el recurso al TEDH puede realizarse cuando se hayan agotado las demás vías de recursos existentes en cada uno de los Estados miembros, y dentro de los cuatro meses siguientes a partir de la fecha en la que se dictase la resolución interna definitiva[363]. Si se cumplen estas premisas, el artículo 34 relativo a las demandas individuales indica que establece que cualquier persona física que se considere víctima de una violación por parte de los Estados podrá presentar una demanda ante el TEDH.

Uno de los rasgos más importantes de este Tribunal es su "*interpretación evolutiva*", ya que, a diferencia de lo que sucede en la mayoría de las normas internaciones y en los sistemas legales nacionales, interpreta las provisiones de los Tratados de acuerdo con el entendimiento del momento en el que se analiza, y no teniendo en cuenta el espíritu con el que se redactó[364]. Esta forma de actuar, como señalan DONNELLY y WHELAN, hace que el Tribunal se convierta en un mecanismo importante para la evolución progresiva en las obligaciones regionales en materia de derechos humanos.

En este sentido, y ante el creciente número de asuntos derivados de un mismo problema subyacente que se presentan ante el TEDH (conocidos como "*asuntos repetitivos*"), desde 2004, el Tribunal ha desarrollado, de forma flexible, el "*procedimiento de juicio piloto*". Aunque este procedimiento no es la solución para

---

*Convención*". European Court of Human Rights & Council of Europe (2020). *ECHR Overview 1959-2019,* Estrasburgo, febrero, p.10.

363 En base al Protocolo N.º 15, que fue ratificado por los 47 Estados miembros del Consejo de Europa, se enmendó el texto de la CEDH para que el límite para presentar una solicitud ante el TEDH pasase a ser de cuatro meses (en vez de los seis que se establecían con anterioridad). El nuevo texto entró en vigor el 1 de agosto de 2021, si bien se concedió un periodo de transición antes de hacerlo efectivo, lo que sucedió el 1 de febrero de 2022. *Vid.* ECHR 032 (2022). *The time-limit for applying to the European Court of Human Rights is four months from the date of the final domestic decision,* 1 de febrero.

364 Donnelly y Whelan, *op.cit.* p. 96.

todos los asuntos que se presentan ante el TEDH, su implementación permite resolver un amplio número de asuntos con más agilidad[365]. Al mismo tiempo, y dada la obligatoriedad de sus sentencias, promueve cambios en las legislaciones nacionales, de tal forma que se eviten nuevos asuntos sobre el mismo problema.

El procedimiento de juicio piloto se pone en marcha seleccionando uno o varios de los asuntos de entre las solicitudes derivadas de una misma causa fundamental. A través de la sentencia que resuelve el asunto piloto, el TEDH: determina si se ha producido una violación de la CEDH; identifica, en su caso, "*la disfunción de la legislación nacional que está en el origen de la infracción*" (§3.2); y da una serie de indicaciones claras para que el Estado nacional pueda eliminar la citada disfunción.

Además de la sentencia, el TEDH tiene que elaborar "*un recurso interno capaz de tratar asuntos similares (incluidos los que ya están pendientes ante la Corte en espera de la sentencia piloto), o al menos lograr la solución de todos esos asuntos pendientes ante la corte*" (§3.4).

Siguiendo con la búsqueda de una mayor eficiencia, que siga haciendo del TEDH "*une Cour qui compte*"[366], y en aras de acelerar el estudio y resolución de los asuntos, en 2009 adoptó una política de prioridad de asuntos, organizada en torno a siete categorías. Tras su revisión en 2017, se establecen siete categorías que van desde (I) los asuntos urgentes (relacionados con la vida, la salud o la situación familiar), (II) los relacionados con una cuestión de interés general, (III) aquellos que sean repetitivos y relacionados

---

[365] Otro de los cambios de gestión que ha proporcionado más agilidad al TEDH ha sido el establecimiento del filtrado de los asuntos procedentes de los cinco países contra los que se presentan más demandas (Rusia, Turquía, Rumanía, Ucrania y Polonia) desde comienzos de 2011. Gracias a la implementación del Protocolo N.º 14 de la CEDH, un único juez (en vez de tres), con la asistencia de un relator no judicial, puede declarar qué solicitudes son inadmisibles *Filtering Section speeds up processing of cases from highest case-count countries.*

[366] TEDH (2021). "*A Court that matters / Une Cour qui compte*". *A strategy for more targeted and effective case-processing*, 17 de marzo.

con los derechos fundamentales, (IV) los asuntos que puedan derivar en modificaciones legislativas, (V) las demandas con cuestiones ya tratadas en sentencias piloto, (VI) aquellas que planteen un problema de admisibilidad, hasta (VII) las que sean manifiestamente inadmisibles[367]:

La estrategia de resolución de estos asuntos requiere una estricta supervisión interna, capaz de garantizar que los asuntos de las categorías I-III, así como aquellos de la categoría IV que entren dentro de la definición de "*asuntos de impacto*", se resuelven de forma expedita. Por otro lado, implica que los demás asuntos seguirán resolviéndose de la forma más ágil posible en Comités de tres jueces, que aplicarán los procedimientos de los WECL[368].

De este modo, el flujo de evolución de una solicitud comienza cuando el TEDH recibe el asunto y realiza su examen inicial, tras el que pueden producirse tres supuestos: la decisión de inadmisibilidad (que da el asunto por finalizado); la decisión de admisibilidad que concluye con una sentencia de no violación; y la solicitud de admisibilidad y de fondo que resulta en una sentencia de violación. Si estas sentencias no se recurren, se consolidan como sentencias definitivas que se transmiten al Comité de Ministros. En ese caso, los Estados miembros del CdE tienen obligación de llevarla a cabo en el modo determinado por la sentencia con una satisfacción equitativa (como el pago de una compensación), la adopción de medidas generales que implican modificaciones legislativas o la adopción de medidas individuales (ej. restitución o reapertura del proceso).

Posteriormente, el CdE realiza un examen de la ejecución de la sentencia a través del Comité de Ministros, que determina su ejecución satisfactoria, cerrando el asunto, o insatisfactoria, lo

---

367 *La política del TEDH con respecto a la prioridad de los asuntos*, Trad. Servicios del Departamento de Constitucional y Derechos Humanos de la Abogacía del Estado.

368 TEDH (2021). *"A Court that matters / Une Cour qui compte". A strategy for more targeted and effective case-processing*, 17 de marzo.

que supone que el Estado tenga que revisar las medidas adoptadas y someterse a un nuevo examen del Comité de Ministros.

A través de las medidas citadas, el TEDH busca tener un impacto que vaya más allá del número de asuntos que resuelve y que se centre en atender aquellas cuestiones jurídicas fundamentales, así como las que tiene relevancia para los Estados y la propia Convención. Además, como resultado de esta estrategia se consigue una mayor armonización en sus sentencias, así como la creación de un mayor número de WECL, a través de los que incrementar la agilidad en la resolución de aquellas cuestiones planteadas ante el TEDH.

### *2.1. Jurisprudencia del TEDH*

El (aproximadamente) millón de solicitudes resueltas por el TEDH ha conllevado modificaciones legislativas de los Estados afectados y la recepción de compensaciones por parte de las víctimas[369]. Entre las sentencias relacionadas con el tráfico de seres humanos, cabe destacar *Chowdury y Otros contra Grecia (21884/15), L.E. contra Grecia (71545/12)* y *T.I. y otros contra Grecia (40331/10)*[370].

A través de estas sentencias el TEDH instó a Grecia a tomar medidas para identificar y proteger a las víctimas de trata de seres humanos y trabajos forzados, lo que conllevó que el país heleno adoptase un *Sistema Nacional de Reconocimiento y Referencia de Víctimas de Trata*, aumentase el número de policía destinada a comba-

---

369 CdE (2021). *Overview 1959-2020*, European Court of Human Rights (ECHR).

370 *Resolution CM/ResDH(2020)179. Execution of the judgement of the ECHR. Chowdury y otros contra Grecia*; Fecha de dictamen judicial: 30/03/2017; Fecha de resolución final: 01/09/2020, *Resolution CM/ResDH(2020)314. Execution of the judgements of the ECHR. Two cases against Greece*, que incluye la resolución de los Asuntos *L.E. contra Grecia* y *T.I. y otros contra Grecia*; la sentencia judicial final del primero fue el 21/04/2016 y la del segundo el 18/10/2020; la resolución final de ambos fue el 08/12/2020.

tir la trata, e introdujese planes de formación sobre esta materia para los profesionales que tratan con las víctimas (jueces, fiscales, policía, trabajadores sociales, funcionariado, etc.).

Otro de los grupos de sentencias relacionado con la temática de este estudio son aquellas relacionadas con los asuntos alegados por migrantes en situación irregular ante el TEDH, con el fin de revocar una sentencia de expulsión. Los asuntos se han resuelto a favor del demandante cuando se han basado en lo dispuesto en el artículo 8 del CEDH, dedicado al "*[d]erecho al respeto a la* vid*a privada y familiar*" y que, en su primer punto, establece que "*[t]oda persona tiene derecho al respeto de su* vid*a privada y familiar, de su domicilio y de su correspondencia*". No obstante, en aquellos asuntos en los que migrantes en situación irregular han desarrollado su vida familiar a sabiendas de que existía una orden de expulsión contra ellos y, posteriormente, han invocado el artículo 8.1 para revocar dicha orden de expulsión, y regularizar su estancia en alguno de los países firmantes del Convenio, el TEDH ha rechazado la solicitud.

Como ejemplo de un asunto presentado en base al artículo 8.1, puede citarse el asunto de *Darren Omoregie y Otros contra Noruega* (265/07), resuelto el 31 de julio de 2008[371]. En este caso, el TEDH

---

371 En 2001, el demandante había entrado en Noruega, donde solicitó asilo, que fue denegado en mayo de 2002. No obstante, mientras esperaba la resolución de su apelación a aquella decisión, se le permitió quedarse en Noruega, lo que no significó que se le concediese el permiso de residencia. Finalmente, su apelación quedó rechazada en septiembre de 2002 y las autoridades noruegas pidieron que abandonase el país a final de mes. Aun así, el demandante continuó residiendo en Noruega de manera irregular, llegando a contraer matrimonio con una nacional noruega en febrero de 2003. Tras su matrimonio, solicitó nuevamente el permiso de residencia, que fue denegado. También entonces decidió continuar viviendo en Noruega y, el 20 de septiembre de 2003, la pareja tuvo una hija, Selma. Finalmente, en marzo de 2007, el demandante fue expulsado a Nigeria. *Vid. Darren Omoregie and Others v. Norway* – 265/07, European Court of Human Rights, Sentencia 31.7.2008 [Section I]; Conclusión: no violación del artículo 8, respeto a la vida familiar, cinco votos contra dos.

consideró que las autoridades nacionales no habían actuado con arbitrariedad al expulsar a un inmigrante irregular, Darren Omoregie, que se había casado con una nacional, con la que había tenido un hijo. Así, el tribunal concluyó que "*[l]a injerencia en el derecho de los demandantes al respecto de su* vid*a familiar estaba de acuerdo con la ley y perseguía los objetivos legítimos de prevenir el desorden o el crimen y proteger el bienestar económico del país*".

En su sentencia, el TEDH recordó que la unión familiar, con el posterior nacimiento de una hija en común de la pareja, se había formado cuando el demandante ya conocía su estatus de estancia irregular, por lo que consideraba que "*la pareja no podía, en ningún momento previo a su matrimonio, haber tenido expectativas razonables de que al primer solicitante se le otorgaría permiso para permanecer en Noruega*", por lo que no tenían derecho a que ésta les fuese concedida como resultado de su "*presencia en el país como un hecho consumado (*fait accompli*)*" (§59). De hecho, el TEDH argumentó que, dado que el matrimonio se celebró cuando el demandante se encontraba en situación irregular en el país, contravenía la normativa de Noruega, por lo que el oficiante tenía que haberse negado a realizarlo (§60). Por ello, aunque el matrimonio tenía validez, el Tribunal consideró que no podía utilizarse para argumentar su derecho a permanecer en el país.

A este respecto, el Tribunal reiteró que la ley internacional permite a los Estados controlar la entrada y residencia de extranjeros en su territorio (§54), y ratificó la legitimidad de la expulsión, así como de la sanción administrativa de no poder entrar durante 5 años, argumentando que el propósito de la medida es "*asegurar que los inmigrantes resilientes no socaven la implementación efectiva de las reglas de control de la migración*" (§67)[372].

---

[372] Pese a que la sentencia del TEDH concluyó (con cinco votos a favor) que no se había producido violación del artículo 8.1, los jueces Malinverni y Kovleer expresaron un voto particular mostrando su disconformidad con la sentencia. Estos jueces señalaron que, aunque el matrimonio se había producido fruto de un error en la aplicación de la

En base a este precedente, el asunto *Antwi y Otros contra Noruega* (26940/10), resuelto en Estrasburgo el 14 de febrero de 2012[373], también decidió, por cinco votos contra dos, la expulsión

normativa, una vez que tuvo lugar el demandante pudo pensar que tenía derecho a presentar una solicitud de residencia y de permiso laboral. En relación con este argumento, añadían que en otros Estados del CdE "*el matrimonio en sí mismo da derecho a un extranjero a residir en el Estado del que su cónyuge es nacional*" (§8). Por ello, aunque ambos jueces consideraban que la interferencia del Estado con la vida familiar "*tenía una base legal y perseguía un fin legítimo*", diferían con la mayoría en cuanto a la proporcionalidad de la expulsión (§10). Además, añadían que, dado que el delito cometido por el demandante tenía carácter "*puramente administrativo y en ningún sentido penal*", y dado que "*era muy poco realista prever que el primer demandante viajaría solo a su país de origen y regresaría ocasionalmente para visitar a su esposa e hija en Noruega*" (§12), concluyeron que "*cuando se sopesaron los diversos intereses contrapuestos, la balanza debería haberse inclinado hacia la concesión al primer solicitante de un permiso de residencia que le permitiera permanecer en Noruega*" (§13).

373 El Sr. Antwi había llegado desde Ghana a Alemania en 1998, donde obtuvo un pasaporte falso que lo identificaba como a un nacional portugués nacido en 1969. Su pareja, también de Ghana, había llegado a Noruega en 1997 para reunirse con su padre y tres hermanos, que seguían residiendo en este país. Los dos se conocieron en un viaje que ella realizó a Alemania. En esos momentos, ella invitó al Sr. Antwi a visitar Oslo, donde pronto comenzaron a convivir. Utilizando el pasaporte falso que lo acreditaba como un nacional del Área Económica Europea (EEA), el Sr. Antwi consiguió un permiso de cinco años para residir y trabajar en Noruega (13/04/2000 a 13/04/2005). Durante ese tiempo, 2001, la pareja tuvo una hija. Posteriormente, en 2003, el Sr. Antwi solicitó el permiso de residencia en Noruega, el cual le fue denegado porque todavía no había residido en el país el tiempo suficiente. La pareja se casó en Ghana en febrero de 2005. Para este viaje, el Sr. Antwi obtuvo un pasaporte utilizando su identidad real, momento en el que su pareja descubrió este hecho. En la primavera de 2005, el Sr. Antwi volvió a solicitar el permiso de residencia en Noruega. Entretanto, en julio de 2005, mientras viajaba a Canadá, fue arrestado en Holanda, ya que las autoridades holandesas descubrieron su utilización de un pasaporte falso. Ante esta situación, el Sr. Antwi reveló su verdadera identidad a las autoridades de Noruega, a donde regresó. *Case of Antwi and Others v. Norway*. Application No. 26940/10, ECHR, Sentencia:

del Sr. Antwi a Ghana y la sanción administrativa de prohibición de entrada durante 5 años, dada la gravedad de la violación de la Ley de Inmigración (§90)[374].

Pese a que el Tribunal consideró que la "vid*a familiar*" que el Sr. Antwi había establecido con su pareja y su hija "*no podía considerarse precaria*" (puesto que la convivencia había comenzado sin que la pareja del Sr. Antwi conociese la situación irregular de éste, §67), la citada vida familiar no fue objeto de consideración a la hora de decidir la expulsión del demandante. Además, en cuanto a la disrupción de la vida familiar que suponía la marcha del padre, el TEDH consideró que no existían obstáculos para que la familia pudiese mantener su relación, bien optando por establecerse en Ghana, bien manteniéndose a distancia con contactos regulares en Ghana, donde la familia ya había estado tres veces con su hija (§98).

No obstante, en otros asuntos, el TEDH ha resuelto a favor de la solicitud de los migrantes en situación irregular, en circunstancias excepcionales, y en base al tejido de relaciones sociales establecidas durante largos periodos de residencia en el país frente al que hacían su reclamación[375]. Estas decisiones demuestran que el establecimiento de vínculos con el país de destino dificulta las posibilidades de expulsión y, aunque la jurisprudencia de Estrasburgo está lejos de afirmar que la justicia tiene el deber de reconocer el derecho a permanecer en el territorio de los migrantes en situación irregular con amplios lazos familiares, las sentencias

---

14/02/2012, Final: 09/07/2012, Judgement: Strasbourg, 14 February 2012; Final 09/07/2012.

374 El juez Sicilianos expresó una opinión disconforme con la sentencia, a la que se unió también el juez Lazarova Trajkovska. Dicha opinión expresaba que existía una contradicción entre la decisión del TEDH de expulsar al Sr. Antwi y la sentencia del asunto *Nunez contra Noruega (CM/ResDH(2013)117),* en la que el TEDH revocó la decisión de expulsión de la Sra.. Nunez teniendo en cuenta el interés superior de sus hijas. Por ello, en opinión de los jueces, debería permitirse igualmente la estancia del Sr. Antwi.

375 Costello, *op.cit.*, *vid.* pp. 82-83.

favorables otorgadas en asuntos relacionados con este tipo de situaciones apuntan a que sus decisiones avanzan en ese sentido.

Entre los asuntos que se han resuelto favorablemente para los migrantes cabe citar el asunto *Rodriguez da Silva y Hoogkamer contra los Países Bajos*, resuelto el 31 de enero de 2006, y el asunto *Nunez contra Noruega*, resuelto el 28 de junio de 2011.

En el asunto *Rodriguez da Silva*[376], el Tribunal reprochó la actitud arrogante de la demandante hacia las normas de inmigración holandesas, si bien consideró que las autoridades nacionales habían ejercido un formalismo excesivo que evitaba alcanzar un equilibrio justo entre los diferentes intereses en juego. Dado que, hasta el momento, la menor había estado bajo el cuidado materno y de los abuelos paternos, el TEDH consideró que la expulsión de la madre supondría la ruptura de los lazos desarrollados, lo que no redundaba en el interés de Rachael (la hija), que entonces contaba tres años (§42). Por ello, "*el bienestar económico del país no superaba los derechos de los demandantes en virtud del artículo 8, a pesar*

---

376 La demandante, nacional de Brasil, había llegado a Holanda en 1994, cuando comenzó a cohabitar con un nacional holandés, aunque sin solicitar un permiso de residencia. En 1996 nació Rachael, hija común de ambos, si bien la pareja se separó en 1997. Ese mismo año, la demandante solicitó el permiso de residencia, que le fue denegada en 1998 por haber trabajado ilegalmente sin pagar impuestos ni contribuir a la seguridad social. Aunque la demandante apeló la decisión, su solicitud de residencia volvió a denegarse en 1999, solicitándose que abandonase el país. Entretanto, también se dirimió la custodia de la niña. Inicialmente, se adjudicó al padre, aunque una corte regional atendió la apelación de la madre y revirtió la sentencia. Posteriormente, en 1998 la Corte Suprema anuló aquella decisión, refiriendo el asunto a un Tribunal de Apelación que, en 1999, devolvió la custodia al padre, lo que la Corte Suprema ratificó en 2002 Ese mismo año la demandante volvió a solicitar el permiso de residencia, que le fue rechazado. *Case of Rodrigues da Silva and Hoogkamer v. The Netherlands*, Application no. 50435/99, European Court of Human Rights, Former Section II, Judgement, Strasbourg, 31 January 2006, Final 03/07/2006.

*de que el primer demandante había estado residiendo ilegalmente en los Países Bajos en el momento del nacimiento de Rachael*" (§44).

Con esta sentencia, el TEDH reconoció que se había producido una violación del artículo 8.1 tanto en el respeto a la vida familiar como en el respeto a la vida privada. Además, tuvo en cuenta que la demandante hubiera tenido derecho a solicitar el permiso de residencia en base a su relación con un nacional holandés entre junio de 1994 y enero de 1997, matizando que, aunque "*no ha[bía] duda de que se [podía] reprochar gravemente la actitud de la primera demandante hacia las normas de inmigración holandesas*", también estaba claro que "*no podían esperar razonablemente en ningún momento poder continuar la* vid*a familiar en el país de acogida*" (§43).

Por tanto, la sentencia, adoptada de forma unánime, sostuvo que se había producido una violación del artículo 8 de la CEDH, si bien consideró que no era necesario otorgar compensación económica alguna, entendiendo que la resolución favorable de su solicitud de permanecer en Holanda constituía satisfacción suficiente. No obstante, dictó a favor de una compensación económica para cubrir los costes del proceso (§1-4, decisión).

El otro ejemplo de resolución favorable que se mencionaba anteriormente es el asunto de *Nunez*, en el que el TEDH falló favorablemente para la demandante en virtud del interés de sus dos hijas menores, y teniendo en cuenta los obstáculos que impedirían la convivencia familiar de la demandante con sus hijas en caso de que la madre fuera expulsada[377]. Además, el Tribunal

---

377 El asunto de la Sra. Nunez, a quien se refiere la sentencia, se remonta a 1996 cuando fue deportada desde Noruega a la República Dominica, de la que era nacional, prohibiéndole la entrada en el país europeo durante dos años. No obstante, desoyó la sentencia y, asumiendo una identidad falsa, volvió a entrar en el país cuatro meses después, casándose con un nacional noruego. Con la obtención de permisos fraudulentos, continuó residiendo y trabajando en el país. Tras su divorcio, cohabitó con un no-nacional establecido en Noruega y en 2002 y 2003 tuvo dos hijas. Con anterioridad, en 2001, una fuente anónima había avisado a la policía de su estancia ilegal en el país, por lo que fue detenida, tras

reprochó a las autoridades nacionales que, siendo conscientes del estatus migratorio de la demandante, habían tardado varios años en llevarlo a cabo, lo que había permitido la intensificación de los lazos de la demandante con el país en el que se encontraba.

Por todo ello, aunque la estancia en Noruega había sido irregular y la demandante había infringido las leyes migratorias, el TEDH, teniendo en cuenta el interés superior del niño recogido en el artículo 3 de la *Convención de las Naciones Unidas*, no se mostró satisfecho con que las autoridades noruegas hubieran actuado "*dentro de su margen de apreciación al buscar un equilibrio justo entre su interés público para asegurar un control efectivo de la migración [...] y la necesidad de la solicitante de poder permanecer en Noruega con el fin de mantener el contacto con sus hijas en su mejor interés*" (§84).

Así, concluyó que expulsar a la demandante durante dos años constituía una violación del artículo 8 del Convenio (§85). Además, en virtud de la regla 39 de las *Reglas del Tribunal*[378], indicó

lo que confesó el uso de su apellido paterno en el pasaporte, en vez del apellido materno que figuraba en el primer pasaporte con el que había entrado a Noruega anteriormente. En 2002, el Directorado de Inmigración revocó sus permisos de estancia, por lo que se dirigió a la Junta de Apelaciones, que rechazó su solicitud en 2004. En 2005, la citada Junta decretó su expulsión, si bien, en enero de 2006, permitieron que se quedase en el país hasta la resolución de su nueva apelación, que fue denegada en febrero de 2007. Volvió a recurrirla, pero la Junta ratificó su expulsión en junio de ese mismo año. En este intervalo, en octubre de 2005, se separó de su pareja, asumiendo el cuidado de sus hijas. No obstante, el tribunal revertió la sentencia de custodia en 2007, cuando comprendió la escasa probabilidad de que la demandante pudiese revertir su expulsión. *Vid. Case of Nunez v. Norway, Application N.° 55597/09*, Sentencia: 28/07/2011, Final: 28/09/2011.

378 "*Regla 39. Medidas provisionales. 1. La Sala o, en su caso, el Presidente de la Sección o un juez de turno designado de conformidad con el párrafo 4 de esta regla podrá, a petición de una de las partes o de cualquier otra persona interesada, o de oficio, indicar a las partes cualquier medida cautelar que considere debe adoptarse en interés de las partes o de la buena marcha del procedimiento*", *Rules of Court*, Registry of the Court, Estrasburgo, última actualización de 1 de febrero de 2022.

que era "*deseable, en aras de la buena marcha del procedimiento, no expulsar a la solicitante hasta que la presente sentencia [fuera] definitiva o se dict[ase] nueva orden*" (§3, decisión).

La sentencia incluyó el voto particular concurrente del juez Jebens, que señaló que se tenía que haber incidido más en el efecto que la expulsión hubiera producido sobre las menores. Sobre este punto, añadía que la protección de los menores en circunstancias como las de este asunto se había vuelto más clara, e incluso aumentado, gracias a la utilización de otros instrumentos legales internacionales (ej. CDN, art. 3). Por todo ello, quedaba claro que la expulsión de la demandante constituiría una violación del artículo 8 del CEDH.

Por otro lado, el voto particular en desacuerdo de los jueces Mijović y De Gaetano expresó que la sentencia de expulsión y prohibición de entrada de dos años no violaba el artículo 8 de la TEDH, sino que había mantenido el equilibrio entre el respeto a la vida familiar y el derecho legítimo del Estado para asegurar de forma efectiva sus intereses públicos. Añadían que "*estaban particularmente preocupados porque este asunto podría enviar una señal equivocada, a saber, que las personas que residen ilegalmente en un país pueden, de alguna manera, conseguir que su residencia quede* "legitimada" *por medio de un matrimonio de conveniencia o teniendo descendencia*" (§1).

Otras sentencias del TEDH desarrolladas en torno al artículo 8 de la CEDH se han resuelto de una forma que se asemeja con lo expresado en el voto particular de Mijović y De Gaetano en el asunto *Nunez*. En este sentido, en aquellos casos en los que las ofensas cometidas por los demandantes hayan sido graves, el Tribunal ha manifestado que los vínculos con el Estado, e incluso el nacimiento en el mismo, no son impedimento para decretar la expulsión de migrantes de segunda generación cuando la gravedad de las ofensas cometidas constituya un criterio decisivo[379].

---

379 Costello, *op.cit.*, *vid.* p. 116.

Así, en los asuntos *Üner contra los Países Bajos*[380], *Kilic contra Di-*

[380] El demandante, que había llegado de Turquía a los 12 años y conseguido el permiso de residencia en 1988, fue deportado a su país de origen en 1998 tras haber sido condenado por varios disturbios y delitos, el último de los cuales fue un homicidio por el que, en 1994, fue condenado a siete años de prisión, siendo liberado al cumplir los dos tercios de la sentencia. En el momento de su expulsión tenía dos hijos, pero el TEDH señaló que, habiendo puesto fin a la cohabitación con la que era su pareja, apenas había residido con el primero y que nunca lo había hecho con el segundo, por lo que sus hijos no podían ser argumento para evitar la expulsión del demandante. En esta misma línea, pese a que el demandante tenía fuertes lazos en Holanda, el Tribunal consideró que también los tenía con su país de origen, por lo que podría desarrollar ahí su vida. Además, en caso de que sus hijos le acompañasen, nada impedía que estos pudieran regresar a Holanda cuando así lo deseasen, puesto que eran nacionales de este país. En esta ocasión, el TEDH consideró que el interés de la familia quedaba superado por la seriedad de las ofensas cometidas por el demandante (quien, por otro lado, podría regresar a Holanda transcurridos los diez años de veto), por lo que, en una decisión tomada con 14 votos a favor, y tres en contra, sentenció que no se había producido violación del artículo 8 de la CEDH. *Case of Üner v. The Netherlands* – Application no. 46410/99, European Court of Human Rights, Grand Chamber, Juicio '5/07/2005, referido a la Gran Sala, sentencia: 18/10/2006.

*namarca*[381] y *Kaya contra Alemania*[382], el TEDH sentenció que las órdenes de expulsión en cada uno de ellos eran proporcionales y necesarias en una sociedad democrática, ya que las sentencias mantenían el respeto a la vida privada de los solicitantes (que podían seguir desarrollándola en el tercer Estado del que procedían), al

---

381 El asunto hace referencia a un joven turco que, a los tres años, llegó a Dinamarca con su madre para reunirse con su padre. La sentencia recapitula cómo, a medida que fue creciendo, se fueron acumulando infracciones y delitos, incluyendo el homicidio, así como el consumo de estupefacientes. Además, señala sus problemas de comportamiento, abandono escolar y su ausencia de trabajo para destacar la escasez de vínculos que mantenía con la comunidad. No obstante, en virtud de lo expresado en la sentencia del asunto *Nunez*, el TEDH reconocía que, por el hecho de haber residido durante más de década y media en Dinamarca se entendía que había desarrollado una vida privada. No obstante, dado que su familia mantenía propiedades en Turquía y el joven había visitado el país en varias ocasiones, el TEDH consideró que también tenía lazos suficientes con aquel país para seguir desarrollando su vida privada. Por ello, teniendo en cuenta la gravedad de sus delitos y que en el momento en que Dinamarca había ordenado su expulsión no estaba casado ni tenía hijos, el TEDH sentenció que la interferencia en su vida privada "*quedaba apoyada por razones suficientes y relevantes y era proporcionada ya que lograba un justo equilibrio entre, por un lado, el respeto al derecho de la* vid*a privada del demandante y, por otro, su propensión a la violencia extrema*". Por ello, rechazó su solicitud de revocar la orden de expulsión de carácter indefinido, que tendría que ejecutarse al término de su estancia en prisión. El primo de Kilic, que le acompañó en varios de los delitos, recibió la mima sentencia. *Ferhat Kilic against Denmark* – Application no. 20730/05, ECHR, Sentencia: 22/01/2007.

382 Este asunto hace referencia a la apelación de Erka Kaya (nacido en Alemania de una familia procedente de Turquía) ante su expulsión del país germano en 1999. La decisión del tribunal alemán se tomó en base a la gravedad de los delitos de Kaya (intento de trata de seres humanos, agresión agravada y delito de drogas. Revisado el asunto, el TEDH consideró que, ante la particular seriedad de los delitos cometidos, la sentencia de expulsión era proporcional y necesaria para poder mantener la seguridad pública y prevenir el crimen en una sociedad democrática. *Case of Kaya v. Germany* – Application no. 31753/02, ECHR, Sentencia, 28/06/2007, Final 28/09/2007.

tiempo que velaban por la prevención del crimen y el desorden en el Estado que había sentenciado su expulsión.

No obstante, respecto a este tipo de sentencias, el TEDH lamentaba la imposición de una sanción más dura ante un crimen para un nacional extranjero, por su condición de extranjería, y concluía con una nota esperanzadora en la que señala que "*la Convención es un instrumento vivo que debe interpretarse a la luz de las condiciones actuales*". Seguidamente, añadía que les "*hubiera gustado que este enfoque dinámico de la jurisprudencia tendiera a una mayor protección de los extranjeros (incluso a los delincuentes) en lugar de aumentar las penas dirigidas específicamente a ellos*" (§18)[383].

Relacionada con este tipo de sentencias se encuentra el *Asunto Saber y Boughassal c. España*[384], que, tras ser resuelto el 18 de diciembre de 2018, fue recurrido por la administración de justicia española ante el TEDH, donde se encuentra actualmente en revisión. En 2010 y 2011, las Subdelegaciones de Gobierno en Girona y Barcelona decretaron la expulsión de ambos demandantes, así como su prohibición de entrada (durante cuatro y diez años, respectivamente) en base a sus condenas penales, relacionadas con delitos contra la salud pública (cultivo, elaboración y tráfico de drogas), así como "*robos con violencia o intimidación, desobediencia a agentes de la autoridad y quebrantamiento de condena*" (§5).

A diferencia de lo sucedido en los tres últimos asuntos analizados, en *Saber y Boughassal*, el TEDH admitió las demandas respecto al artículo 8, por considerar que se vulneraba su "*derecho al respeto a la* vid*a privada y familiar*". Revisado este asunto, y pese a lo que decían los tribunales españoles respecto a que la comisión de delitos y la falta de respeto a "*las normas de convivencia del país de acogida*" eran sintomáticas de una falta de arraigo, el TEDH consideró que:

> *"el Tribunal Superior de Justicia no ha[bía] tomado en consideración en sus resoluciones la duración de la estancia de los deman-*

383 *Case of Üner v. The Netherlands* – Application no. 46410/99, ECHR, Gran Sala.

384 *Asunto Saber y Boughassal c. España. Demandas N.° 76550/13 y 45938/14.*

> *dantes en España (especialmente el hecho de que estuvieran escolarizados en España al menos desde los 12 años y hubieran pasado gran parte de su adolescencia y juventud en este país), la situación familiar del segundo demandante o la solidez de las relaciones sociales, culturales y familiares que los interesados mantenían en el país anfitrión, España, y con el país de destino, Marruecos".*

Por ello, la sentencia revocó las expulsiones de ambos demandantes. No obstante, el voto particular concurrente de la jueza Keller señalaba que "*las autoridades nacionales disponen de cierto margen de apreciación para analizar la necesidad, en una sociedad democrática, de una injerencia en el ejercicio de un derecho protegido por el artículo 8 del Convenio*" (§5).

A esto añadía que el TEDH siempre había entendido la especial dureza que ha de mostrarse con quienes "*contribuyen activamente a la propagación de esta lacra*". Igualmente, señalaba que "*las circunstancias personales y familiares de los demandantes [eran] similares a las de los demandantes de*" otros asuntos en los que se había cometido delitos relacionados con la droga y en los que el TEDH había considerado "*que no se había producido violación del artículo 8 del Convenio ya que las autoridades nacionales habían logrado un equilibrio adecuado entre los intereses que estaban en juego al ordenar la expulsión de los demandantes a raíz de su condena por delitos en materia de drogas*" (§4).

Concluía su argumentación señalando que "*el TEDH hubiera debido informarse, en el momento del examen de su caso, sobre la situación actual de los demandantes, y en particular sobre su lugar de residencia*" (§5). Esta observación lleva a pensar que la revisión del caso podría equiparlo con aquellos en los que la expulsión no se consideraba una violación del artículo 8 a tenor de la gravedad de los delitos cometidos por los demandantes.

Otras de las sentencias más relevantes del TEDH en el ámbito de la migración, fue la dada en el asunto *Hirsi Jamaa y otros c. Italia*[385],

---

[385] En aquella ocasión, 6 de mayo de 2009, los demandantes fueron once ciudadanos de Somalia y trece de Eritrea que "formaban *parte de un grupo de aproximadamente doscientos individuos que abandonaron Libia a bordo*

que supuso la extensión de la protección de asilo a los migrantes interceptados en altamar. De este modo, el TEDH declaró que se había "*producido una violación del artículo 3 del Convenio en razón de la exposición de los demandantes al riesgo de ser sometidos a malos tratos en Libia y rechaza la excepción preliminar del Gobierno sobre la falta de condición de víctima de los demandantes[, así como] en razón de la exposición de los demandantes al riesgo de ser repatriados a Somalia y Eritrea*" (§7-8). Igualmente, declaraba que se había "*producido una violación del artículo 4 del Protocolo N.º4*", que prohíbe las expulsiones colectivas de los extranjeros, así como un "*agravio relativo al artículo 13 examinado en relación con el artículo 3 del Convenio y con el artículo 4 del Protocolo N.º 4*".

Concurriendo con esta sentencia, el juez PINTO DE ALBURQUERQUE realizó un voto particular en el que señaló que "*Una persona no se convierte en refugiado por el reconocimiento, sino que es reconocida porque es refugiado. Dado que la determinación de la condición de refugiado es meramente declaratoria, el principio de no devolución se aplica a quienes aún no han tenido su condición declarada (solicitantes de asilo) e incluso a quienes no han expresado su deseo de ser protegidos*" [Énfasis en el original][386]. Por ello, concluía que "*el Estado tiene el deber de investigar de oficio cualquier situación de necesidad de protección internacional*", especialmente cuando los hechos son "*conocidos an-*

---

*de tres embarcaciones con el objetivo de llegar a la costa italiana*" (§9) y fueron interceptados por el Servicio de Vigilancia Aduanera de la policía italiana cuando se encontraban dentro del "*área de responsabilidad del Servicio de búsqueda y salvamento maltés*" (§10). La demanda expresaba que la policía italiana no procedió a la identificación de los pasajeros y los devolvió a Libia sin informarles de a dónde los llevaba. Además, indicaba que no se atendió la negativa de los migrantes a desembarcar en Libia, poniéndolos en manos de las autoridades de aquel país. Por su parte, el Gobierno italiano indicó que actuó en el marco de los acuerdos bilaterales con Libia, que habían entrado en vigor el 4 de febrero de 2009, representando "*un cambio decisivo en la lucha contra la inmigración clandestina*" (§13). *Case of Hirsi Jamaa and Others v. Italy. Application N. º 27765/09.*

386 *Case of Hirsi Jamaa and Others v. Italy. Application N. º 27765/09*

*tes del traslado del demandante y podían determinarse libremente a partir de un gran número de fuentes".*

Tras la publicación de esta sentencia, el TEDH constató que las autoridades italianas tomaron las medidas necesarias para otorgar las compensaciones a los demandantes, así como para garantizar que no fueran objeto de un tratamiento incompatible con el artículo 3 de la CEDH y que no fuesen arbitrariamente expulsados a Eritrea o Somalia. Igualmente, obtuvieron "*firmes garantías [de las autoridades italianas] de que las aclaraciones de [esta] sentencia en cuanto a los requisitos del Convenio se ha[bían] incorporado a la legislación y prácticas italianas para evitar retrocesos como los [de] este asunto*". Por ello, el TEDH dio el asunto por cerrado[387].

En la actualidad, el TEDH tiene bajo su supervisión un asunto similar (*Khlaifia y otros contra Italia*[388]) por los hechos sucedidos durante la Primavera Árabe, cuando el barco en el que viajaban fue interceptado por las autoridades italianas y reconducido a Libia. La sentencia del TEDH de 15 de diciembre de 2016, actualmente recurrida por la administración de justicia italiana, indicaba que se habían producido violaciones del artículo 4 del Protocolo N.º 4 de la CEDH, así como del artículo 13 de la convención.

Además, también está revisando el asunto de *M.S.S. contra Bélgica y Grecia*[389] con motivo del arduo proceso que este nacional de Afganistán tuvo que seguir para realizar su solicitud de asilo en 2009, ya que (siguiendo la regulación de Dublín) Bélgica ordenó que procesase su solicitud regresando a Grecia, donde acabó viviendo en la calle y en centros de detención.

Con este asunto, el TEDH quería sentar jurisprudencia para otros asuntos futuros. Así, destacando la dificultad de hacer frente

---

387 *Resolution CM/ResDH(2016)2021. Execution of the judgement of the ECHR. Hirsi Jamaa and Others against Italy.*

388 *Asunto de Khlaifia y otros contra Italia, Demanda N.º 16483/12, sentencia:* 15/12/2016.

389 *Case of M.S.S. v. Belgium and Greece. Application N.ª 30696/09,* Sentencia: 21/01/2011.

al número de solicitudes de asilo recibidas por Grecia, el Tribunal añadía que esto no era impedimento para que el país proporcionase una asistencia digna a los refugiados y solicitantes de asilo. El TEDH sentenció al país heleno a resolver la solicitud de asilo con la mayor eficacia posible, señalando que no podía proceder a la expulsión del demandante en tanto se estudiaba su solicitud. Por otro lado, dictaminó que ambos países tenían que proporcionar una compensación económica al demandante, por la situación degradante que había tenido que vivir durante todo el proceso.

Dado el número de refugiados y solicitantes de asilo que han llegado a Europa desde 2015, el modo en que el TEDH resuelva esta apelación tendrá un amplio impacto en la UE, especialmente en los países de la vertiente mediterránea.

Continuando con las sentencias relacionadas con la migración dictadas por el TEDH, cabe destacar dos asuntos actualmente en revisión y que atañen a decisiones adoptadas en los tribunales españoles.

El primero, *A.C. y otros c. España*[390], hace referencia a 30 demandas presentadas por un grupo de migrantes de origen saharaui llegado a España entre 2011 y 2012. Los demandantes presentaron su solicitud ante el TEDH cuando agotaron las vías del sistema español para que se aprobasen sus solicitudes de asilo. Éstas se habían denegado porque el Ministerio del Interior español consideró que "*estaban basadas en alegaciones contradictorias e insuficientes, siendo sus exposiciones de hechos vagas e imprecisas respecto de los motivos que dan origen a la alegada persecución*" (§42). Revisados los hechos, la sentencia del Tribunal señalaba que "*[e]l TEDH [era] consciente de la necesidad de los Estados enfrentados a un gran número de solicitantes de asilo de disponer de los medios necesarios para afrontar tal contencioso, así como de los riesgos de saturación del sistema*" (§104). No obstante, recordando el artículo 6 del Convenio, el TEDH urgía a

390 *Asunto A.C- y Otros c. España. Demanda N.º 6528/11*, Sentencia: 22/04/2014.

organizar las "*jurisdicciones, de manera que les permitan responder a las exigencias de esta disposición*" (§104).

Por ello, el TEDH consideró que se había producido una violación del artículo 13 del CEDH (*Derecho a un recurso efectivo*), ya que los demandantes no habían tenido a su disposición un recurso acorde con el Convenio y que les "*permitiese reclamar sus pretensiones al amparo de los artículos 2 [Derecho a la* vid*a] y 3 [Prohibición de la tortura] del Convenio. Por consiguiente [había] habido violación del artículo 13 del Convenio combinado con los artículos 2 y 3*" (§105).

Será necesario esperar a la revisión de la sentencia para conocer los dictados finales al respecto, que, dada la constante evolución del TEDH, pueden sufrir modificaciones en su interpretación. Así lo muestran las sentencias relacionadas con el cruce de fronteras en Melilla (aplicables también para el caso de Ceuta) que, por su relevancia para este estudio, se analizan de forma independiente en el siguiente apartado.

## *2.2. El TEDH ante el cruce irregular de fronteras en Ceuta y Melilla*

Las entradas irregulares en las fronteras de Ceuta y Melilla se multiplicaron de forma exponencial durante 2014, registrándose más de 74.000[391]. Esta situación hizo necesario reforzar los

---

391 La virulencia de los cruces comenzó ya en 2013, cuando 21 inmigrantes entraron en Melilla "*a lo kamikaze*", derribando las alambradas, las puertas fronterizas e hiriendo a cinco personas, entre las que se encontraban tres policías marroquíes (*vid.* Agencias (2013). "Los 21 inmigrantes que entraron en Melilla a lo kamikaze, devueltos", *El País*, 13 de febrero. En aquella ocasión, los migrantes se devolvieron "*en caliente*", en virtud de la aplicación del acuerdo de repatriación entre España y Marruecos. (*vid. Aplicación provisional del Acuerdo entre el Reino de España y el Reino de Marruecos relativo a la circulación de personas, el tránsito y la readmisión de extranjeros entrados ilegalmente, firmado en Madrid el 13 de febrero de 1992*; y *Acuerdo entre el Reino de España y el Reino de Marruecos sobre la cooperación en el ámbito de la prevención de la emigración ilegal de menores no acompañados, su protección y su retorno concertado, hecho en Rabat el 6 de marzo de 2007*).

controles fronterizos con el fin de garantizar la seguridad, tanto del territorio español como de quienes trataban de acceder a él.

A modo de ejemplo, y ante la detección, en febrero de 2014, de una llegada simultánea a Ceuta de unos 200 migrantes que mostraban "*una inusitada actitud violenta, agrediendo continuamente con palos y piedras al personal del ejército marroquí que trataba de contenerlos*"[392], la Guardia Civil puso en marcha un dispositivo disuasorio, trazando una frontera acuática a modo de barrera disuasoria. Los migrantes fueron rechazados de forma inmediata, quedando a cargo de la administración marroquí, si bien se "*cifra*

---

Esta técnica *kamikaze,* aunque no es la más habitual, ha continuado utilizándose por las mafias migratorias, dado que les permite "*consumar*" su entrada en territorio español "*antes de que el coche [sea] interceptado por las fuerzas de seguridad marroquíes*" (*vid.* Sánchez, Paqui (2015). "Quince inmigrantes intentan entrar a Melilla en un coche kamikaze", *El Mundo,* 23 de enero; y Sánchez, Paqui (2017). "Seis inmigrantes cruzan la frontera de Melilla en un coche kamikaze", *El Mundo,* 26 de marzo). Ante estas situaciones, el Delegado de Gobierno de Melilla insistía en "*que no debemos resignarnos a este tipo de migración que beneficia a las mafias que trafican con seres humanos y que pone en riesgo la* vid*a de inmigrantes[,] las* vid*as de los miembros de las Fuerzas y Cuerpos de Seguridad del Estado que custodian el puesto fronterizo y también [las de] quienes pasan por la frontera*" (*vid.* Europa Press (2014). "El Delegado del Gobierno en Melilla defiende la devolución de inmigrantes 'kamikazes'", *Diario Sur,* Málaga, 25 de febrero). El Juzgado de Instrucción número 5 de Melilla, así como la Sección Séptima de la Audiencia provincial de Málaga con sede en Melilla, archivaron los procedimientos que diversas ONG iniciaron contra las actuaciones realizadas para prevenir la entrada de los migrantes a bordo de los vehículos, que se habían saltado los controles fronterizos a gran velocidad (*vid.* EFE (2016). "Varias ONG de Melilla llevan a España al TEDH por devoluciones de inmigrantes", *La Vanguardia,* 15 de julio). Cabe destacar en este punto que las denominadas devoluciones "*en caliente*" responden a detenciones llevadas a cabo para luchar contra la inmigración irregular, en un intento por evitar que las mafias vulneren los derechos humanos de los migrantes.

392 Rodríguez, J. A. (2014). "Una tragedia de 10 minutos y 14 muertos", *El País,* 13 de febrero.

*en 14 los fallecidos en el incidente, [de los que] solo se han recuperado 11 cadáveres, dos en aguas españolas y el resto en Marruecos*"[393].

A raíz de aquel desenlace, y dada la mayor recurrencia y organización de los asaltos al perímetro fronterizo de Ceuta y Melilla, el Ministerio del Interior español estableció un protocolo de actuación integral para abordar este tipo de situaciones[394]. Dicho protocolo establece que la actuación policial, en permanente estado de observación y alerta, ha de evitar "*la entrada ilegal de personas por puntos no habilitados*"; conducirse "*conforme a los principios de oportunidad, congruencia y proporcionalidad, procurando en todo momento minimizar sus consecuencias*", adoptar "*las mayores medidas de seguridad posibles que traten de evitar posibles caídas tanto de los inmigrantes como de los agentes*" y, en caso de interceptar "*a un migrante que haya consumado la entrada ilegal a nuestro país, [proceder] a su entrega documentada en la Comisaría Nacional de Policía*".

La preocupación pública ante la gravedad de los acontecimientos que tenían lugar en Ceuta y Melilla, también hizo que "*un grupo de ONG entre las que figuran la Coordinadora de Barrios y CEAR*"[395] presentase causa contra varios agentes por presuntos delitos de

---

393 Rodríguez, *op.cit.*

394 Ministerio del Interior (2014). "El Ministerio del Interior culmina un protocolo de actuación integral en los perímetros fronterizos de Ceuta y Melilla", *Sala de Prensa*, 22 de octubre. A este protocolo hay que sumar el *Procedimiento de coordinación operativa para el traslado y ubicación de inmigrantes en puertos de España rescatados en la mar*, firmado el 2 de septiembre de 2019, y elaborado por la Jefatura Fiscal y de Fronteras de la Guardia Civil, la Comisaría General de Extranjería y Fronteras de la Policía Nacional, Marina Mercante, la Dirección de la Sociedad de Salvamento y Seguridad Marítima, la Unidad de Emergencias de Cruz Roja, y la Autoridad de Coordinación de las actuaciones para hacer frente a la inmigración irregular en la zona del Estrecho de Gibraltar, mar de Alborán y aguas adyacentes, del que fuera titular en aquel entonces D. Félix Blázquez González, General de División de la Guardia Civil, *vid. Respuesta del Gobierno a (184) Pregunta escriba congreso.*

395 EP (2015). "Imputan a 16 a agentes de la Guardia Civil por la muerte de 15 migrantes en Ceuta", *El Confidencial*, 11 de febrero.

homicidio y lesiones imprudentes respecto los hechos sucedidos en Melilla en agosto de 2014. No obstante, la justicia española sobreseyó el asunto, ya que al estudiar el material videográfico de los hechos no se interfería "*ningún indicio incriminatorio*", ni se deducía "*ningún atisbo de un uso imprudente del material antidisturbios*"[396].

Tras esta respuesta, diversas ONGs presentaron el *Asunto N. D. y N. T. c. España*[397] ante el TEDH. Durante el procedimiento, la Abogacía Española argumentó que, utilizando los canales establecidos, los demandantes podrían haber obteniendo acceso a los correspondientes procedimientos administrativos y jurisdiccionales, y añadía que "*no existe un derecho internacional de los extranjeros al acceso por cualquier sitio en ningún país miembro del Consejo de Europa*" (§79). Además, la administración española expuso que "*los demandantes podían haber presentado una solicitud de protección internacional en el puesto fronterizo cuando se encontraban en territorio marroquí, lo que […] les hubiera permitido disfrutar de los correspondientes procedimientos administrativos y jurisdiccionales*" (§111).

Pese a estos argumentos, el TEDH, en su sentencia de 3 de octubre de 2017, sostuvo que las acciones realizadas para llevar a cabo el control fronterizo, y que conllevaron la devolución a Marruecos de los demandantes, habían incurrido en una violación del artículo 4 del *Protocolo N.º4* del CEDH (*Prohibición de las expulsiones colectivas de extranjeros*), así como del artículo 13 (*Derecho a un recurso efectivo*) leído en relación con el anterior (§122).

No obstante, dicha sentencia recogía el voto discordante del juez Dedov, quien explicaba sus motivos en los siguientes términos:

> *"Lamento no poder unirme sin reserva a la opinión de mis colegas en este caso concreto. Voté a favor de una vulneración del artículo*

---

396 El Confidencial (2015). "Archivan la causa judicial por la muerte de 15 marroquíes en la frontera de El Tarajal", *El Confidencial*, 15 de octubre.

397 *Sentencia de 3 de octubre de 2017 de la Sección Tercera del Tribunal de Derechos Humanos sobre el Asunto N. D. y N. T. c. España (Demandas nº 8675/15 y 8697/15).*

> *4 del Protocolo n° 4 del Convenio, pero creo que la declaración de la violación bastaría a efectos del perjuicio moral. Los hechos de la causa demuestran que los demandantes no se encontraban en una situación de emergencia resultante de una persecución o de una amenaza inmediata contra la vida, la integridad o la dignidad. Además, los demandantes superaron la frontera ilegalmente y violentamente. Las autoridades, en lo que a ellas respecta, han examinado las circunstancias individuales de cada uno de los demandantes cuando ha cruzado de nuevo la frontera, como lo exige Convenio. Por tanto, incluso en el fondo, la violación no puede ser considerada como grave"* (§1, voto).

Además, reflexionaba sobre la vulnerabilidad de la Guardia Civil ante aquella situación imaginando "*hasta qué punto los guarda fronteras españoles han estado desconcertados por esta invasión, cuando los candidatos [N. D. y N. T.], acompañados por numerosos inmigrantes, han atacado la frontera*" y proponiendo que "*Hay que preguntarse entonces quién era el más vulnerable en este caso concreto*" (§2, voto).

Ante la gravedad de estos hechos, y teniendo en cuenta el voto particular anterior, la administración española solicitó la remisión de esta sentencia ante la Gran Sala. Revisado el asunto, en su sentencia del 13 de febrero de 2020[398], el TEDH reconoció que "*las presiones migratorias habían sido especialmente intensas en 2014 debido a la proliferación de redes de traficantes que organizaban repetidos asaltos violentos y a gran escala a las vallas para entrar en España a través de Melilla*" (§128).

Dada esta situación, el TEDH constató "*el amplio consenso existente en la comunidad internacional en cuanto a la obligación y la necesidad de que los Estados contratantes protejan sus fronteras [...] de manera que se respeten las garantías del Convenio [de aplicación del Acuerdo de Schengen] y, en particular, la obligación de* no devolución" (§232).

La sentencia observaba que no había motivos concretos "*de hecho o de derecho [...] con arreglo al derecho internacional o nacional*

---

398 *Asunto N.D. y N. T. contra España (Demandas Nos 8675/15 y 8697/15).* Sentencia: 13/02/2020.

*[que] habría[n] impedido la expulsión de los demandantes si se hubieran registrado individualmente*" (§230). Dicha sentencia añadía que los demandantes se habían puesto en peligro aprovechando su gran número, rehusando a utilizar los "*procedimientos legales existentes para obtener la entrada legal en el territorio español* [...] *y utilizando la fuerza*" (§231). Por ello, consideró que no se produjo violación del artículo 4 del Protocolo N°4, ya que la falta de decisiones individuales de expulsión fue consecuencia de que los demandantes "*no hicieron uso de los procedimientos oficiales de entrada existentes a tal efecto, y por tanto fue consecuencia de su propia conducta*" (§231)[399].

En el siguiente punto, el TEDH precisaba que los Estados contratantes del CEDH tienen que proteger sus fronteras (tanto las interiores como las exteriores del espacio Schengen) salvaguardando las garantías ofrecidas en el Convenio y respetando el principio de no devolución. Además, ante la obligación y necesidad de proteger las fronteras, adquirida con la firma del citado *Convenio de aplicación del Acuerdo de Schengen*[400], y teniendo en cuenta la escala y la violencia de los asaltos organizados para acceder a Melilla, el TEDH "*toma[ba] nota de los esfuerzos realizados por España, en respuesta a las recientes corrientes migratorias en sus fronteras, para*

---

399 La publicación de la sentencia quedó refrendada por los comentarios de la Comisaria Europea de Interior, Ylva Johansson, quien ratificaba el derecho de los migrantes a solicitar asilo, puntualizando que éste "'*no se puede pedir en cada metro de la línea fronteriza'[, por lo] que los Estados deben tener la potestad de señalar los puntos donde se puede tramitar la solicitud*" (De Miguel, Bernardo (2020), "Bruselas respalda la sentencia a favor de las devoluciones en caliente", *El País*, 14 de febrero). Los medios de comunicación se hicieron eco del voto unánime de los 17 jueces de la Corte, resaltando que los migrantes no pueden aprovechar "*el gran número de personas [y] la fuerza [para] no utilizar los procedimientos legales existentes para entrar en el país*" (Euronews (2020). "El Tribunal de Derechos Humanos respalda las 'devoluciones en caliente' de inmigrantes en España", *Euronews*).

400 Acuerdo de Adhesión de España, de 25 de junio de 1991, al Convenio de Aplicación del Acuerdo de Schengen de 19 de junio de 1990. Modificado por el Reglamento (UE) 2018/1861.

*[...] hacer más eficaz, en beneficio de las personas que necesitan protección contra la devolución, la posibilidad de acceder a los procedimientos establecidos a tal efecto*" (§232).

De este modo, el TEDH declaró por unanimidad, en febrero de 2020, que no se había vulnerado el artículo 4 del Protocolo N°4 del CEDH, ni el artículo 13 del Convenio considerado conjuntamente con el anterior (§8-9, decisión). Así, este dictamen del TEDH ha servido para reforzar la legitimidad de las actuaciones de los cuerpos policiales a través de la jurisprudencia española. En este sentido, cabe citar la sentencia del Pleno del Tribunal Constitucional (TC) de 19 de noviembre de 2020, en la que se indica que el nuevo régimen de rechazo en la demarcación territorial de Ceuta y Melilla "*permite que la administración y sus agentes practiquen una actuación material de vigilancia orientada a restablecer inmediatamente la legalidad transgredida por el intento de cruce irregular de frontera,*" añadiendo que la singularidad geográfica de Ceuta y Melilla, como "*única frontera del espacio Schengen en tierras africanas*" justifica el establecimiento de su régimen específico (§8Cii)[401].

---

[401] *Pleno. Sentencia 172/2020, de 19 de noviembre de 2020. Recurso de inconstitucionalidad 2896-2015. Interpuesto [...] en relación con diversos preceptos de la Ley Orgánica 4/2015, de 30 de marzo, de protección de la seguridad ciudadana. Dignidad de la persona y principios de seguridad jurídica y de sometimiento de la acción de la administración al control judicial; derechos a la integridad física, intimidad, libertad de expresión e información, reunión, tutela judicial: nulidad parcial del precepto legal que tipifica como infracción grave el uso no autorizado de imágenes o datos personales o profesionales de autoridades o miembros de las fuerzas y cuerpos de seguridad; interpretación conforme con la Constitución de ese mismo ilícito administrativo, así como de los relativos al incumplimiento de restricciones de circulación peatonal o itinerario en actos públicos y a la ocupación de inmuebles contra la voluntad de su titular; interpretación conforme de la disposición que establece un régimen especial de rechazo en frontera para Ceuta y Melilla. Voto particular.*, BOE núm. 332, de 22 de diciembre de 2020.

## 3. TRIBUNAL DE JUSTICIA DE LA UNIÓN EUROPEA (TJUE)

Aunque el TJUE no es una institución específicamente diseñada para la protección de los derechos humanos, interviene en la protección de aquellos incorporados a la CDFUE, así como de los incluidos en las directivas vigentes. De este modo, la publicación de la Carta ha servido para que el TJUE actúe "*como catalizador del desarrollo de un cada vez más rico discurso de los derechos en las argumentaciones del Tribunal*"[402]. Igualmente, ha permitido que se genere una creciente preocupación en los poderes judiciales de los Estados miembros, quienes, con frecuencia, utilizan el texto de la CDFUE "*en sus cuestiones prejudiciales*".

BUSTOS GISBERT, catedrático de la Universidad de Salamanca, señala que esto ha permitido que el TJUE haya ido "*adoptando claramente un papel de liderazgo importante en materia de interpretación de derechos fundamentales*"[403]. En este sentido, el catedrático destaca que los jueces de los tribunales nacionales han de "*eliminar todo obstáculo*" que se interponga en la aplicación de la CDFUE, incluso si la oposición parte de la Constitución. De este modo, el derecho interno ha de interpretarse de acuerdo con la CDFUE, la que, si la contradicción entre ambas es insalvable, dará como resultado el desplazamiento de la norma interna. Igualmente, la interpretación de los textos y el alcance de la jurisprudencia también evoluciona en favor del derecho europeo.

En esta misma línea, los Estados miembros han de acatar las resoluciones emanadas del TJUE, estando obligados "*a reparar los daños causados a los particulares por las violaciones del Derecho comu-*

---

402 Bustos Gisbert, Rafael (2017). "La aplicación judicial de la CDFUE; un decálogo a partir de la jurisprudencia del Tribunal de Justicia de la Unión Europea", *Teoría y Realidad Constitucional*, Núm. 39, pp. 333-359, *vid.* pp. 333-334.

403 Bustos Gisbert, *op.cit.*

*nitario que les sean imputables*"[404]. De este modo, desde la creación del TJUE, se han ido sucediendo los hitos jurisprudenciales que, progresivamente, han consolidado la idea (y la práctica) de que el Derecho de la UE tiene primacía sobre el interno de los Estados miembros, de tal forma que el Tribunal de Luxemburgo ha de interpretar el Derecho de los tribunales nacionales a la luz del Derecho de la UE.

Por un lado, el *Tribunal de Justicia* (integrado por un juez de cada país, lo que hace un total de 27, más once abogados generales) está regulado en el *Título III* del *Estatuto del Tribunal de Justicia de la Unión Europea*[405] y se encarga de resolver cualquier cuestión prejudicial que planteen los tribunales nacionales, así como ciertos recursos de anulación y de casación. Los jueces, elegidos por un mandato de seis años renovables, se designan de común acuerdo con los Gobiernos de los Estados miembros. Para ser electos han de contar con una trayectoria que garantice su absoluta independencia y acredite su capacidad para tratar asuntos relacionados con las más altas funciones jurisdiccionales.

Por otro lado, el Tribunal General está integrado por dos jueces de cada país, que también se nombran en coordinación con las administraciones de cada Estado miembro entre jueces cuya carrera demuestre su independencia e imparcialidad. Dentro del Tribunal hay salas compuestas por cinco jueces, además de la Gran Sala, integrada por quince jueces y encargada de resolver casos cuya "*complejidad jurídica o importancia lo justifiquen*". Este órgano actúa de acuerdo con la regulación del *Título IV* del citado Estatuto, y tiene como función la resolución de los recursos de anulación interpuestos por los particulares y empresas, si bien, en

---

404 Ugartemendia Eceizabarrena, Juan Ignacio y Bengoetxea Caballero, Joxerramon (2014). "Breves apuntes sobre las sentencias básicas del Tribunal de Justicia de la Unión Europea", *Teoría y Realidad Constitucional,* UNED, núm. 33, pp. 443-480, *vid.* pp. 465-466.

405 *Estatuto del Tribunal de Justicia de la Unión Europea con la versión consolidada del Protocolo nº 3.*

algunos casos, también atiende los presentados por las administraciones gubernamentales de cada Estado.

A continuación, se examinan algunas de las resoluciones más relevantes del TJUE adoptadas en asuntos relacionados con la materia migratoria. Al seleccionar los casos, se ha tratado de buscar aquellos que guardasen similitud con los analizados al revisar la jurisprudencia del TEDH, ya que posteriormente, en el cuarto punto de este mismo capítulo, se realiza un breve análisis comparativo entre las sentencias dictadas para resolver las apelaciones presentadas ante uno y otro tribunal.

### *3.1. Jurisprudencia del TJUE*

Atendiendo a una de sus funciones principales, el TJUE busca garantizar que los Estados miembros cumplen con la normativa europea por encima de la nacional. En el caso de la migración, esto supone que la discreción doméstica en las actuaciones relativas al derecho de entrada y residencia queda restringida por lo expresado, entre otros documentos, en las directivas de la UE.

En base a esta prevalencia del Derecho europeo sobre el nacional, la sentencia del TJUE de 25 de julio de 2002, en el asunto *C-459 del Movimiento contra el Racismo, el Antisemitismo y la Xenofobia (MRAX) contra el Estado belga*[406], declara que, de acuerdo con el principio de proporcionalidad que rige en la UE, la legislación nacional no puede ser motivo para denegar la entrada del cónyuge de un ciudadano de un Estado miembro, aunque éste no disponga de identificación válida, siempre y "*cuando dicho cónyuge pueda probar su identidad, así como el vínculo conyugal, y si no concu-*

[406] En este litigio, el MRAX quería recurrir la circular del Consejo de Estado belga de 28 de agosto de 1997 "era incompatible con las directivas comunitarias en materia de desplazamiento y residencia dentro de la Comunidad" (§36). *Sentencia del Tribunal de Justicia de 25 de julio de 2002, en el asunto C-459/99 del Movimiento contra el Racismo, el Antisemitismo y la Xenofobia ASBL (MRAX) contra el Estado Belga.*

*rren circunstancias que permitan demostrar que representa un riesgo para el orden público, la seguridad pública o la salud pública*" (§105.1).

Esta misma sentencia declara que tampoco puede denegarse su entrada "*por el único motivo de que haya entrado ilegalmente en el territorio del Estado miembro de que se trate*" (§105.2), ni rechazar la expedición de su permiso de residencia "*por el único motivo de que su visado haya caducado antes de haber solicitado [dicho] permiso*" (§105.3).

Por último, la sentencia del asunto *MRAX* también declara que, aunque no disponga de un documento válido que acredite su identidad o no disponga de visado (por haber entrado sin él o porque éste haya caducado), el cónyuge del nacional de un Estado miembro puede recurrir la denegación de su permiso de residencia o una orden de expulsión (§105.4).

No obstante, respecto a la aplicación del Derecho comunitario a los familiares de los nacionales de un Estado miembro, en el asunto *C-60/00, de Mary Carpenter contra la Secretaría de Estado del Departamento Interior Británico*[407], el TJUE recordaba que "*cuando un nacional británico quiera prestar servicios en otro Estado miembro tiene derecho a residir en ese Estado durante el periodo de tiempo que dure la prestación y que su cónyuge tiene derecho a residir en dicho Estado durante el mismo periodo*". Seguidamente, añadía que "*dichas disposiciones no confieren ningún derecho de residencia en el territorio del Reino Unido a los nacionales británicos, que disfrutan, en todo caso, de tal derecho con arreglo al Derecho nacional, ni tampoco a sus cónyuges*" (§22).

Por otro lado, el TJUE apuntaba que "*aunque las disposiciones del Tratado relativas a la libertad de establecimiento no pueden aplicarse a situaciones puramente internas a un Estado miembro*", era preciso recordar que "*se encuentran, respecto del Estado miembro del que son*

---

407 *Sentencia del Tribunal de Justicia de 11 de julio de 2002, en el asunto C-60/00, de Mary Carpenter contra la Secretaría de Estado del Departamento Interior Británico.*

*originarios, en una situación equiparable a la de cualquier otro sujeto que goza de los derechos y de las libertades que garantiza el Tratado*" (§23).

De este modo, el TJUE mostraba la distinción entre, por un lado, situaciones como las representadas en el *asunto C-157/03*, en el que la no aplicación del Derecho comunitario a los familiares de ciudadanos comunitarios restringe la libertad de movimiento de los propios ciudadanos comunitarios, y, por otro lado, las representadas por el *asunto Carpenter*, en la "*que el nacional de un Estado miembro nunca quiso establecerse con su cónyuge en otro Estado miembro, sino que se limita a prestar servicios desde su Estado de origen*" (§27).

En el asunto *Carpenter* la disputa surgía porque en "*1994 la Sra. Carpenter, de nacionalidad filipina, [había obtenido] un permiso de entrada como visitante [...] en Reino Unido por un periodo de seis meses*", y posteriormente había continuado su estancia sin solicitar prórroga, casándose con un nacional británico en 1996 (§13). En ese momento, y en calidad de cónyuge, había solicitado el permiso de residencia, que le fue denegado en 1997 (§16).

La presentación de recursos de la Sra. Carpenter ante la justicia británica solicitando la aplicación del Derecho europeo en los términos citados en los párrafos anteriores había llevado a derivar el caso al TJUE, que, sobre la consulta de libre movimiento, se pronunció en los términos referidos antes. No obstante, el TJUE añadió que examinado el caso "*proced[ía] recordar que el legislador comunitario ha reconocido la importancia de proteger la vida familiar de los nacionales de los Estados miembros para eliminar los obstáculos al ejercicio de las libertades fundamentales garantizadas por el Tratado*" (§38).

Por ello, tomando en consideración que "*la separación de los esposos Carpenter causaría un daño a su vida familiar y, por tanto, a las condiciones de ejercicio de una libertad fundamental para el Sr. Carpenter*" (§39), el TJUE consideró que "*[l]a decisión de expulsión de la Sra. Carpender constitu[ía] una injerencia en el ejercicio por el Sr. Carpenter de su derecho al respeto de su vida familiar, en el sentido del art. 8 del CEDH [...] que forma parte de los derechos fundamentales que [...] están protegidos por el ordenamiento jurídico comunitario*" (§41).

Aunque la sentencia reconocía que la Sra. Carpenter había infringido la legislación británica al permanecer en su territorio con un visado caducado, el TJUE subrayaba que la Sra. Carpenter no había sido objeto de reproche alguno que constituyera un peligro para el orden y seguridad públicas. Además, destacaba la legitimidad del matrimonio Carpenter y la efectividad de su vida familiar, en la que la Sra. Carpenter se ocupaba "*de los hijos de su cónyuge nacidos en una primera unión*" (§44).

Por todo ello, concluyó que "*la decisión de expulsión de la Sra. Carpenter constitu[ía] una injerencia no proporcionada a la finalidad perseguida*" (§45), respondiendo así a la consulta plantada por Reino Unido "*a la luz del derecho fundamental al respeto de la vida familiar*" (§46).

En sintonía con la argumentación expuesta en las sentencias anteriores, en el asunto *C-157/03*[408], la Comisión de las Comunidades Europeas (CCE) solicitó al TJUE que declarase "*que el Reino de España había incumplido las obligaciones que le incumben en virtud del Tratado CE, al imponer a los nacionales de un país tercero, que sean miembros de la familia de un nacional comunitario que ha ejercido su derecho de libre circulación, la obligación de obtener un visado de residencia para la expedición del permiso de residencia*".

La CCE señalaba que la obligación de obtención de un visado de residencia en este caso era contraria, entre otras, a la *Directiva 68/360/CEE sobre supresión de restricciones al desplazamiento y a la estancia de los trabajadores de los Estados miembros y de sus familias dentro de la Comunidad* (§1).

---

[408] El asunto se originó cuando, en 1998 y 1999, a las esposas de dos nacionales comunitarios (que habían ejercido su derecho a la libre circulación) "*se les denegó un permiso de residencia en España por no haber solicitado, previamente, un visado de residencia en el consulado español de su último domicilio*" (§12). *Sentencia del Tribunal de Justicia (Sala Segunda) de 14 de abril de 2005 en el asunto C-157/03, de la Comisión de las Comunidades Europeas contra el Reino de España.*

La exposición de motivos de la CCE detectaba la "*incompatibilidad de la normativa española con las Directivas 68/360, 73/148 y 90/365, en lo que se refiere a los requisitos para la expedición del permiso de residencia en España a los nacionales de países terceros, que sean miembros de las familias de nacionales comunitarios que han ejercido su derecho de libre circulación*" (§15). Por ello, la CCE consideraba que se estaba limitando la libertad de movimiento de dos nacionales comunitarios al obligar a sus cónyuges a la obtención de visados (§16).

Aunque la CCE admitía la potestad de los Estados a imponer la necesidad de visado para la entrada a su territorio, señalaba que quedaban exentas de dicha restricción las personas a quienes se les aplicase el Derecho comunitario (§18-19). Por otro lado, la administración española apuntaba que la normativa comunitaria era de aplicación para los visados de corta duración, quedando los de larga duración o residencia bajo la competencia de los gobiernos nacionales (§24-25).

Ante esta situación, el TJUE reconoció "*la importancia de proteger la vida familiar de los nacionales de los Estados miembros para eliminar los obstáculos al ejercicio de las libertades fundamentales garantizadas por el Tratado*" (§26), por lo que indicaba que la exigencia del visado a los familiares de un nacional comunitario era contrario al Derecho europeo (§38). Así, en su sentencia de 14 de abril de 2005 declaró que se había incumplido el Derecho europeo (§50.1).

Además, ante la motivación de la CEE, que señalaba que, con arreglo al Derecho comunitario, la expedición del permiso de residencia tenía que adoptarse "*en el más breve plazo y, a más tardar, dentro de los seis meses siguientes a la presentación de la solicitud*", en esa misma sentencia el TJUE condenó "*en costas al Reino de España*" por la tardanza en la expedición del visado (§50.2).

Respecto a la libertad del cónyuge del nacional de un Estado miembro a residir junto a éste en un Estado de la UE distinto del de origen, y en el mismo sentido que en el asunto anterior, en el

*C-127/08 de Metock y otros contra el Ministerio de Justicia, Igualdad y Reforma Laboral de Irlanda*[409] el TJUE expresaba que:

> *"[e]xiste un reparto de competencias entre los Estados miembros y la Comunidad, en virtud del cual los Estados miembros son competentes en materia de admisión en un Estado miembro de los nacionales de terceros países procedentes del exterior del territorio comunitario, mientras que la Comunidad es competente para regular la circulación de los ciudadanos de la Unión y de los miembros de su familia dentro de la Unión"* (§44).

Además, el TJUE aclaraba que, en materia de libre circulación, el Derecho comunitario no prevé que, para la obtención de la tarjeta de residencia del familiar de un ciudadano de la Unión,

---

[409] El litigio presentado en este asunto constituía una causa acumulada de cuatro asuntos. El primero, el *Asunto Metock,* hacía referencia al recurso presentado por el Sr. Metock, su mujer e hijos. La Sra. Ngo Ikeng, procedente de Camerún y con nacionalidad británica, residía y trabajaba en Irlanda desde 2006, año en que contrajo matrimonio con el Sr. Metock, con quien tenía dos hijos. El Sr. Metock había solicitado asilo político en Irlanda en 2006, lo que fue denegado. Tras sus nupcias, solicitó un permiso de residencia "*como cónyuge de un ciudadano de la Unión*", pero su solicitud fue desestimada porque "*no cumplía el requisito de residencia legal previa en otro Estado miembro*" (§21). El segundo, el *Asunto Ikogho,* también se refiere a un nacional de un tercer país que ha contraído matrimonio con una ciudadana de la UE que reside en otro país. En esta ocasión, no obstante, su solicitud de residencia por estar casado con una ciudadana de la UE se denegó "*por considerar que, habida cuenta de la orden de expulsión de 15 de septiembre de 2005, el Sr. Ikogho residía ilegalmente en Irlanda cuando contrajo matrimonio*" (§26). El tercero, *Asunto Igboanusi,* es similar al primero, si bien la demanda no menciona que la Sra. Babucke (de nacionalidad alemana) y el Sr. Chinedu (de nacionalidad nigeriana) tengan hijos en común. El cuarto, el *Asunto Igboanusi,* presentado por el Sr. Igboanusi (de nacionalidad nigeriana) y la Sra. Batkowska (de nacionalidad polaca), es similar al anterior, con la salvedad de que al Sr. Igboanusi "*se le mantuvo en detención en ejecución de la orden de expulsión dictada contra él [y] fue expulsado a Nigeria en diciembre de 2007*" (§37). *Sentencia del Tribunal de Justicia de 25 de julio de 2008 en el asunto C-127/08, de Blaise Beheten Metock y otros contra el Ministerio de Justicia, Igualdad y Reforma Laboral de Iralanda.*

"*el Estado miembro de acogida pueda reclamar documentos que justifiquen una eventual residencia legal previa en otro Estado miembro*" (§53), sino que tal Derecho confiere a los referidos familiares "*derechos de entrada y de residencia en ese Estado miembro, sin distinguir dicho nacional de un país tercero ya haya residido legalmente o no en otro Estado miembro*" (§54).

A esta argumentación añadía que no permitir que la familia del nacional de un Estado miembro entrase en otro Estado de la UE podría disuadirle de acudir a tal Estado, lo que supondría coartar la libertad de movimiento que le garantiza el Derecho comunitario (§62-67). El TJUE añade que "*ninguna de [las] disposiciones [de la UE] exige que el ciudadano de la Unión haya fundado ya una familia en el momento en que se traslada al Estado miembro de acogida para que los miembros de su familia, nacionales de un país tercero, puedan disfrutar de los derechos establecidos por dicha Directiva*" (§87).

Por todo lo anterior, el fallo de la sentencia del TJUE de 25 de julio de 2008 se oponía a la exigencia de requisitos ajenos al Derecho de la UE para otorgar el permiso de residencia a los familiares de un nacional de un Estado miembro (§101.1). Igualmente, "*el nacional de un país tercero, cónyuge de un ciudadano de la Unión que reside en un Estado miembro del que no tiene la nacionalidad, que acompaña a ese ciudadano de la Unión o se reúne con él puede acogerse a las disposiciones de esa Directiva, independientemente del lugar o del momento en que hayan contraído matrimonio, o de las circunstancias en que ese nacional de un país tercero haya entrado en el Estado miembro de acogida*" (§101.2).

Continuando con los asuntos relacionados con el derecho de residencia de los nacionales de Estados miembros, el asunto *C-34/09 de Gerardo Ruiz Zambrano contra la Oficina Nacional de Empleo belga*[410] dirimió hasta qué punto se extienden tales derechos a

---

[410] Este litigio surge como consecuencia de la cadena de denegaciones tanto de la solicitud de asilo (1999) como de las solicitudes de regularización de la estancia del Sr. Zambrano y de su esposa (2000, 2004), ambos procedentes de Colombia, donde la situación se fue deterioran-

los progenitores cuando estos son de un tercer Estado y sus hijos, nacionales de la UE, son menores de edad.

Tras el nacimiento de sus hijos, que automáticamente se convirtieron en ciudadanos belgas y de la UE, el Gobierno de Bélgica desestimó la solicitud del Sr. Ruiz Zambrano y de su esposa diciendo que no podían aducir la condición de ciudadanía europea de sus hijos para reclamar derechos, puesto que tal situación se había derivado de no haber inscrito a sus hijos en los registros de las autoridades diplomáticas o consulares de Colombia. (§23). Ante esto, el Sr. Ruiz Zambrano recordaba al Gobierno belga que "*la adquisición de la nacionalidad belga por sus hijos menores de edad nacidos en Bélgica no se derivaba de ningún trámite que hubiera llevado a cabo en ese sentido, sino de la aplicación de la normativa belga*" (§31).

Además, el Sr. Zambrano reclamaba el derecho a percibir la indemnización por desempleo que le correspondía cuando temporalmente se encontró sin empleo, como la que le correspondió

---

do durante su estancia en Bélgica, desembocando en una guerra civil. Durante el transcurso de estas tramitaciones, el Sr. Zambrano destacó sus esfuerzos por integrarse en la sociedad belga, aprendiendo francés, escolarizando a su hijo de tres años en la escuela infantil y consiguiendo un contrato indefinido. Además, durante este periodo nacieron dos hijos más, Diego (2003) y Jessica (2005), que se convirtieron automáticamente en ciudadanos belgas, "*en virtud del artículo 10, párrafo primero, del Código de nacionalidad belga, en la medida en que la ley colombiana no concede la nacionalidad a los nacidos fuera de territorio colombiano si sus progenitores no llevan a cabo expresamente los trámites necesarios para que la adquieran*". Por ello, dado que los padres no tramitaron la solicitud de nacionalidad colombiana para Diego y Jessica, éstos se convirtieron automáticamente en ciudadanos belgas y, por ende, en ciudadanos de la UE. Otro de los aspectos significativos que han de tenerse en cuenta en este caso es que el Sr. Zambrano estuvo temporalmente "en situación de desempleo objetiva", la cual según se indica en el art. 52 del *Estatuto de los Trabajadores* es, fundamentalmente, la derivada del funcionamiento y solvencia de la empresa, por lo que da lugar a la indemnización correspondiente. *Sentencia del Tribunal de Justicia (Gran Sala) de 8 de marzo de 2011 en el asunto C-34/09 de Gerardo Ruiz Zambrano contra la Oficina Nacional de Empleo belga.*

posteriormente cuando su empleador lo despidió al día siguiente de recibir una inspección de trabajo que le comunicaba que el Sr. Ruiz Zambrano no podía estar trabajando (§27). Además, respecto a esta última, refutaba el supuesto incumplimiento de la ley de extranjería en materia de contratación de estos trabajadores (§33), ya que, dados los derechos derivados del CEDH que le corresponden como progenitor de un ciudadano de la UE menor de edad, "*estaba exento de la obligación de tener permiso de trabajo*" (§34).

Ante esta situación la administración belga se planteaba:

> *"si las disposiciones del Tratado FUE sobre la ciudadanía de la Unión deben interpretarse en el sentido de que confieren al ascendiente, nacional de un Estado tercero, que asume la manutención de sus hijos de corta edad, ciudadanos de la Unión, un derecho de residencia en el Estado miembro del que los menores son nacionales y en el que residen, al igual que una exención del requisito de tener permiso de trabajo en dicho Estado miembro"* (§36).

Revisados los hechos, el TJUE consideró que la denegación del permiso de residencia del Sr. Ruiz Zambrano conllevaría que los menores, ciudadanos europeos, se vieran obligados a abandonar la UE para poder acompañar a sus progenitores. Igualmente, estarían obligados a salir del territorio de la UE si los progenitores no contaban con un permiso de trabajo que permitiese afrontar los gastos de su cuidado y manutención. El TJUE señaló que esto impediría que los menores pudiesen disfrutar de los derechos que les confiere su condición de ciudadanos europeos (§44).

Por ello, además de indicar que el órgano jurisdiccional belga, como promotor principal del litigio, era el responsable de resolver las costas (§46), declaró que "*[e]l artículo 20 TFUE debe interpretarse en el sentido de que se opone a que un Estado miembro [...] deniegue a un nacional de un Estado tercero, que asume la manutención de sus hijos de corta edad, ciudadanos de la Unión, la residencia en el Estado miembro de residencia de éstos, del cual son nacionales*". Además, añadía que tampoco se le podía denegar "*un permiso de trabajo, en la medida en que tales decisiones privarían a dichos menores del disfrute efectivo de la esencia de los derechos vinculados al estatuto de ciudadano de la Unión*" (§46).

El asunto *Zambrano* no se resolvió, finalmente, en atención a la solicitud de asilo por la situación de guerra civil en Colombia que la pareja presentó a su llegada a Bélgica, sino como consecuencia de los derechos como ciudadanos europeos de los hijos que nacieron en tanto que la pareja trataba de regularizar su situación[411]. No obstante, otros asuntos relacionados con la concesión de asilo se han resuelto de acuerdo con la normativa existente a este respecto.

Uno de estos casos es el asunto *C-465/07*, referido al matrimonio Elgafaji que, procedente de Irak, solicitó asilo en los Países Bajos por temor ante las amenazas de muerte recibidas en su país[412]. Inicialmente, su solicitud fue denegada porque el Estado belga consideraba que no habían demostrado suficientemente "*el*

---

411 Al margen de las decisiones individuales (como las analizadas en este estudio) destinadas a regularizar la situación migratoria de los demandantes dentro del territorio europeo, diversos Estados miembros, entre los que se incluye España, han llevado a cabo procesos masivos de regularización. Esta solución se ha implementado como mecanismo que permite combatir la exclusión social y la marginalización, al tiempo que mejora la gestión de la población e incrementa la recaudación gubernamental. No obstante, la UE mantiene reticencias sobre este tipo de actuaciones, ya que no resuelven el problema raíz que genera las estancias irregulares y, en última instancia, puede constituir un efecto llamada que invalida las medidas adoptadas para luchar contra la inmigración ilegal y el tráfico de seres humanos.

412 Como apoyo de su argumentación, la pareja señaló que, al igual que su tío, el Sr. Elgafaji trabajaba en una empresa que servía a otra británica encargada de la seguridad en el aeropuerto. A continuación, añadieron que su tío "*había sido asesinado por las milicias*", presentaron el certificado de su defunción, que mostraba que había fallecido "*como consecuencia de un acto terrorista*". Igualmente, presentaron "*una carta que contenía la amenaza "muerte a los colaboradores"* que alguien había colocado en la puerta del matrimonio. *Sentencia del Tribunal de Justicia (Gran Sala), de 17 de febrero de 2009, en el asunto C-465/07, de Meki Elgafaji y Noor Elgafaji contra el Consejo de Estado de los Países Bajos.*

*riesgo real de amenazas graves e individuales al que, según ellos, se verían expuestos en su país de origen*" (§19).

Al recurrir esta resolución, el Consejo de Estado de los Países Bajos remitió la consulta al TJUE respecto al "*alcance de la protección garantizada por el artículo 15, letra c), de la Directiva en relación con la protección asegurada por el artículo 3 del CEDH, tal como lo interpreta el TEDH en su jurisprudencia*" (§27)[413].

Ante esta situación, el TJUE reconocía el hecho de que cuanto mayor sea la precisión con la que el solicitante de asilo demostrase la violencia de la que sería objeto en caso de regresar a su país, "*menos elevado será el grado de violencia indiscriminada exigido para que pueda acogerse a la protección subsidiaria*" (§39). No obstante, señalaba que la interpretación del artículo 15c de la *Directiva 2004/83/CE* no está supeditada a que el solicitante de asilo presente pruebas relativas a su situación persona, sino que las amenazas pueden quedar acreditadas por el Estado ante el que se realiza la solicitud considerando la extensión geográfica de la violencia indiscriminada y el destino del solicitante en caso de procederse a su expulsión (§40-43).

Por ello, el fallo de la Gran Sala del TJUE declaró que "*la existencia de amenazas graves e individuales contra la vida o la integridad física*" se consideraba acreditada ante el "*el grado de violencia indiscriminada que caracteriza el conflicto armado existente –apreciado por las autoridades competentes a las que se ha presentado una solicitud de protec-*

---

413 Artículo 15.c) de la *Directiva 2004/83/CE del Consejo, de 29 de abril de 2004, por la que se establecen normas mínimas relativas a los requisitos para el reconocimiento y el estatuto de nacionales de terceros países o apátridas como refugiados o personas que necesitan otro tipo de protección internacional y al contenido de la protección concedida: "las amenazas graves e individuales contra la vida o la integridad física de un civil motivadas por una violencia indiscriminada en situaciones de conflicto armado internacional o interno*". Artículo 3 del CEDH: "*Prohibición de la tortura. Nadie podrá ser sometido a tortura ni a penas o tratos inhumanos o degradantes*".

*ción subsidiaria*" (§45). Igualmente, indicó que el órgano jurisdiccional nacional promotor del litigio era responsable de sus costas.

Otra de las sentencias más relevantes relacionada con la solicitud de asilo en la UE es la derivada de los asuntos acumulados *C-411/10 y C-493/10 de N.S. y otros contra Reino Unido e Irlanda*[414], respectivamente, ya que en ella se confirmaban las deficiencias

---

[414] Este litigio reunía las solicitudes de asilo presentadas, de forma independiente, por seis nacionales de Afganistán, Irán y Argelia ante un Estado miembro diferente a aquel por el que habían accedido a la UE. No obstante, el artículo 13 del *Reglamento (UE) Nº 343/2013*, que establecía el mecanismo de revisión de solicitudes de entrada de nacionales de terceros países o apátridas, establecía que "*[c]uando, con arreglo a los criterios enumerados en el presente Reglamento, no pueda determinarse el Estado miembro responsable del examen de la solicitud de asilo, será responsable del examen el primer Estado miembro ante el que se haya presentado la solicitud de asilo*". En aras a proporcionar mayor claridad para su interpretación, este artículo quedó modificado por el 13.1 del *Reglamento (UE) Nº 604/2013*, indicando que cuando "*el solicitante ha cruzado la frontera de un Estado miembro de forma irregular por vía terrestre, marítima o aérea, procedente de un tercer país, el Estado miembro en el que haya entrado de tal forma será responsable del examen de la solicitud de protección internacional*". Teniendo en cuenta este principio de primera entrada, los tribunales nacionales ante los que se presentaron las solicitudes de asilo resolvieron devolver a los demandantes al país de la UE por el que habían accedido con el fin de que las presentasen ahí, tal y como dictaba el Derecho de la UE. Los demandantes recurrieron esta decisión alegando que el retorno al país por el que habían accedido presentaba graves insuficiencias para los solicitantes de asilo, quienes se enfrentaban a numerosas dificultades para cumplir las formalidades que se requerían para solicitar asilo. A este argumento se añadía la escasa proporción de concesión de solicitudes que resolvía el país, así como la insuficiencia de sus recursos jurisdiccionales y la inadecuación de las condiciones de acogida para los solicitantes. Ante estas consideraciones, los tribunales nacionales remitieron consulta al TJUE sobre la legalidad de atender la solicitud de asilo de nacionales de terceros Estados que habían accedido a la UE a través de un Estado miembro diferente a aquel en el que presentaban la solicitud. *Sentencia del Tribunal de Justica (Gran Sala), de 21 de diciembre de 2011, en los asuntos acumulados C-411/10 y C-493/10 de N.S. contra la Secretaría de Estado del Departamento de Interior británico y de M. E., A.S. M.,*

del Reglamento de Dublín para gestionar las solicitudes de asilo. De este modo, recordando además la existencia de informes que indicaban la necesidad de cambiar tal reglamento, el TJUE se convertía en impulsor de la reforma del sistema de asilo (como finalmente sucedió y ya se ha estudiado en secciones anteriores).

En su examen del asunto, el TJUE recordaba que cualquier texto de Derecho que se tomase como base tenía que interpretarse de tal forma que no entrase "*en conflicto con los derechos fundamentales tutelados por el ordenamiento jurídico de la Unión o con los demás principios generales del Derecho de la Unión*" (§77).

Por otro lado, reiteraba la concepción del sistema europeo de asilo como un mecanismo creado en un contexto de confianza en que todos los Estados participantes (miembros de la UE o terceros países) respetan los derechos fundamentales del ordenamiento jurídico internacional y europeo (§78). De ahí, la importancia de cumplir con el sistema regulado por el Reglamento de Dublín.

No obstante, basándose en los informes presentados por ACNUR y diversas ONGs que participaban en el caso, el TJUE señalaba las dificultades de funcionamiento que el sistema había experimentado en diferentes países, entre ellos, Grecia (§80 y 89), país que, cuando llegaron los demandantes, recibía el 90% de la inmigración irregular llegada a la UE (§90).

Por ello, recordando que la razón de ser de la UE es el respeto a los derechos fundamentales (§83), señalaba que los países de acogida tenían mecanismos para realizar una evaluación de los riesgos a los que se enfrentaban los solicitantes en caso de ser devueltos al Estado miembro por el que habían accedido a la UE (§91) y, en vista de los resultados, evitar prolongar la situación de vulnerabilidad de los demandantes y hacerse cargo de su solicitud de asilo.

---

*M. T., K. P. y E. H. contra el Comisionado de Solicitudes de Refugio y el Ministerio de Justicia, Igualdad y Reforma Laboral de Irlanda.*

Además, como justificación de la intervención de estos Estados en la tramitación de las solicitudes de asilo, el TJUE hacía referencia al artículo 80 del TFUE, que "*establece que la política de asilo y su ejecución se rigen por el principio de solidaridad y de reparto equitativo de la responsabilidad entre los Estados miembros, [incluido] el aspecto económico*" (§93). De este modo, la tramitación de dichas solicitudes no infringiría el Derecho europeo (§113), sino que, por el contrario, haría gala del respeto a los derechos fundamentales que rige a la UE.

A diferencia de lo dictado en la sentencia de los asuntos *C-411/10* y *C-493/10*, en la que los demandantes no habían solicitado asilo en otro Estado miembro de la UE, el fallo referido al asunto *673/19, de M. A. y T. contra el Ministerio de Justicia y Seguridad de los Países Bajos*[415], relativo a demandantes que ya poseían la condición de refugiados en otros Estados miembros, declaró la legitimidad de llevar a cabo una devolución forzosa a tales Estados.

El litigio ante el TJUE surgió cuando el Secretario de Estado de los Países Bajos "*declaró inadmisibles las solicitudes de protección internacional presentadas en los Países Bajos, respectivamente, por M, A y T, [porque] ya disfrutaban del estatuto de refugiado en otro Estado miembro*" (§16). Al mismo tiempo, ordenó que retornasen a los Estados en los que se les había concedido el asilo. Ante el incumplimiento de la orden, el Gobierno holandés decretó su internamiento para proceder a su traslado forzoso a los tres citados Estados miembros, una vez dichos Estados aceptaron readmitirlos. (§17).

En el recurso presentado ante el TJUE, los demandantes alegaban que su internamiento tenía que haber estado precedido de una "*decisión de retorno*" (§18), si bien, los Países Bajos consideraron que la *Directiva de Retorno* 2008/115/CE[416] no es aplicable

---

[415] *Sentencia del Tribunal de Justicia (Sala Quinta), de 24 de febrero de 2021, en el asunto C-673/19 de M., A. y T. contra el Ministerio de Justicia y Seguridad de los Países Bajos, vid.*

[416] *Directiva 2008/115/CE del Parlamento Europeo y del Consejo, de 16 de diciembre de 2008, relativa a normas y procedimientos comunes en los Estados miem-*

a quienes ya tienen derecho a residir en otro Estado miembro, por habérseles concedido la condición de refugiados; si bien, el órgano jurisdiccional holandés eleva consulta prejudicial al TJUE al respecto, decidiendo detener el procedimiento hasta conocer cuál es el mecanismo legal para su devolución al Estado miembro donde tiene concedida esa orden de protección (§20-26).

Estudiado el caso, el TJUE afirmaba que la *Directiva de Retorno* tenía que aplicarse a cualquier persona de un tercer país que se encontrase en el Estado de forma irregular, lo que incluía a los demandantes (§29-30). No obstante, también señalaba que al tener concedido el estatus de refugiado en otro Estado miembro, los demandantes estaban obligados a regresar a éste de forma inmediata (§33). Ante estas circunstancias, era preferible que el Estado permitiese la realización del viaje antes de emitir "*una orden de retorno contra él*" (§35).

Por otro lado, el TJUE señalaba que la emisión de una orden de retorno había sido jurídicamente imposible para Holanda (§38), ya que tal trámite requiere indicar el país de retorno (§39), lo que no podía hacerse en base al principio de no devolución del que los demandantes ya disfrutaban al tener el estatus de refugiados en otro Estado miembro (§40). Por ello, esta situación tan controvertida impedía al Estado adoptar una decisión de retorno con arreglo a la Directiva, sin proporcionarle otro mecanismo de actuación para solucionar el impase (§45).

Ante esta situación, y teniendo en cuenta que tanto el internamiento nacional como el traslado forzoso se conducían desde el "*pleno respeto tanto de los derechos fundamentales, en particular de los que garantiza el CEDH[...], como de la Convención sobre el Estatuto de los Refugiados*", el TJUE declaró que:

> *"los artículos 3 [definiciones], 4 [disposiciones más favorables], 6 [decisión de retorno] y 15 [internamiento] de la Directiva 2008/115 deben interpretarse en el sentido de que no se oponen a que un Estado miembro disponga el internamiento administrativo de un*

---

*bros para el retorno de los nacionales de terceros países en situación irregular.*

> *nacional de un tercer país que se encuentre en situación irregular en su territorio, con el fin de llevar a cabo su traslado forzoso a otro Estado miembro en el que disfruta del estatuto de refugiado, cuando el nacional del tercer país se haya negado a acatar la orden que se le ha impartido de dirigirse a ese otro Estado miembro y no sea posible adoptar una decisión de retorno contra él" (§49).*

Por último, dada la afluencia de MENA analizada en el primer capítulo, conviene examinar una de las sentencias del TJUE referida a un menor en situación irregular, concretamente la referida al asunto *C-441/19, de TQ contra el Ministerio de Justicia y Seguridad de los Países Bajos*[417] que "*presentó una solicitud de permiso de residencia por tiempo determinado en virtud del derecho de asilo*" (§21), alegando que, a su llegada a los Países Bajos, había sido "*víctima de trata de seres humanos y de explotación sexual, a raíz de lo cual sufr[ía] graves trastornos psíquicos*" (§22).

Examinada su solicitud, fue denegada y se decretó su expulsión, si bien se autorizó un aplazamiento en su cumplimiento hasta que el menor alcanzase los 18 años (§19). El órgano jurisdiccional belga argumentó que esta posibilidad se contempla en su legislación, así como la distinción entre los menores cuya edad es inferior a 15 años y aquellos cuya edad es igual o superior a esta cifra. En el caso de quienes tengan menos de 15 años, se realiza "*una investigación en relación con la existencia de una acogida adecuada en el Estado de retorno antes de adoptar una decisión sobre dicha solicitud*" (§29) y, en caso de que las condiciones no se cumplan, se concede un permiso de residencia ordinario al menor.

Por el contrario, cuando el menor tiene 15 años o más, no se realiza tal investigación antes de iniciar el retorno (§30), si bien se retrasa la ejecución de esta orden hasta que el menor cumpla 18 años, momento hasta el cual su estancia irregular en el país es "*tolerada*" (§31).

---

[417] *Sentencia del Tribunal de Justicia (Sala Primera), de 14 de enero de 2021, en el asunto C-441/19, de TQ contra el Ministerio de Justicia y Seguridad de los Países Bajos.*

Ante esta situación, el TJUE declaró que los Estados miembros han de atenerse a las normas y procedimientos comunes para el retorno de los nacionales de terceros países que se encuentran en situación irregular. De este modo, en virtud del interés superior del niño, es preceptivo realizar una "*apreciación general y exhaustiva de la situación [del] menor*" para cerciorarse de la existencia de una "*acogida adecuada*" antes de proceder a su devolución (§83.1).

Igualmente, declaraba que no es posible negar esta investigación en función de la edad de los MENA, ni es aceptable que, una vez expedida una orden de retorno, ésta se posponga hasta que el menor alcance los 18 años (§83.2-3).

## 4. ARMONIZACIÓN JURÍDICA Y GOBERNANZA GLOBAL A NIVEL EUROPEO

El estudio de los asuntos recopilados en las secciones correspondientes al TEDH y al TJUE ha mostrado divergencias en las resoluciones adoptadas por ambos Tribunales. De este modo, cuando se interpone un recurso ante el TEDH invocando el artículo 8 del CEDH, el asunto resulta en el estudio de la dificultad de proseguir la vida familiar si toda la unidad tuviera que trasladarse al país de origen.

Por otro lado, ante este tipo de asuntos, el foco del acervo legislativo del TJUE está en la efectividad de las libertades económicas y de la provisión de servicios transfronterizos, a través de lo que se crea un derecho estable para residir dentro de la UE. Así, el caso *Carpenter*, que se resolvió permitiendo la estancia de la familia en la UE, hubiera tenido que demostrar la imposibilidad de seguir desarrollando su vida familiar ante una expulsión a Filipinas si se hubiera juzgado en el TEDH.

Esta diferencia es también la que explica que en el caso *Metock*, el TJUE ciñó su análisis a los aspectos relacionados con la ciudadanía europea y la libertad de movimiento en vez de centrarse en el derecho a la reunificación familiar. Con su sentencia, "*el TJUE declaró que el derecho de ciudadanía a una 'vida normal' impedía a los Estados miembros incluso alentar a una familia mixta de ciudadanos de la UE y nacionales de un tercer país a establecer su hogar en otro lugar*"[418], lanzando así una velada crítica a la óptica a través de la que se presenta la reunificación familiar en el artículo 8 de la CEDH.

En cuanto al asunto *Zambrano*, analizado anteriormente, TURMO, directora del Máster de Derecho Internacional en la Universidad de Nantes, señala que "*representa un paso importante hacia el reconocimiento de un estatus real y coherente para los ciudadanos de la Unión*", ya que no restringe la aplicabilidad del Derecho de la UE a quienes "*ejercen su libertad de circulación*". Al mismo tiempo, señala que "*es un recordatorio de las contradicciones dentro de nuestras políticas de inmigración, que también pueden haber influido en la decisión de la Corte*"[419].

Vista la divergencia en el tratamiento de los casos en los tribunales europeos, se advierte la necesidad de una armonización jurídica en la UE. En opinión de WIHTOL DE WENDEN[420], estas diferencias hunden sus raíces en la actual situación que describe como una crisis de solidaridad y disuasión en la que están fallando los mecanismos de reparto de la responsabilidad de la atención y medios que hay que dedicar a los flujos migratorios.

Profundizando en el análisis de la crisis y su impacto en las instituciones, WIHTOL DE WENDEN la define, además, como una crisis de la disuasión, lo que ha llevado a que buena parte de la

---

418 Costello, *op.cit.*, *vid.* p. 133.

419 No obstante, la jurista puntualiza que "*otro resultado probable podría ser que países como Bélgica pongan fin a la adquisición automática de la nacionalidad por* ius soli", lo que aumentaría la vulnerabilidad de las personas migrantes y dificultaría sus posibilidades de conseguir permisos de residencia y de trabajo. *Vid.* Turmo, Araceli (2011). "The Zambrano case: a new milestone in the construction of European citizenship", *Centre d'études juridiques Euroepéennes,* 22 de marzo.

420 Wihtol de Wenden, Catherine (2020). "Migrants and refugees. Europe in the World and how the world sees Europe", *Refugee crisis and migration policies. From local to global,* Lexington Books, Maryland, pp. 1-15.

política migratoria de la UE esté impregnada de medidas securitizadoras. Señala que esto, a su vez, hace que los flujos migratorios busquen su entrada al continente a través de las vías ilegales que les ofrecen las mafias migratorias, lo que incrementa el número de asuntos relacionados con esta materia que pueden terminar en los tribunales.

Por ello, dado el volumen de decisiones que tendrán que adoptarse en torno a las cuestiones migratorias, y con el fin de garantizar un enfoque armónico y cohesionado, WIHTOL DE WENDEN defiende la adopción de una gobernanza global de las migraciones que se base en los valores europeos de solidaridad, armonía, protección humanitaria e inclusión[421] y que coincide con la propuesta realizada en este trabajo de investigación.

Para ello, además de las opiniones y necesidades de los países receptores de los flujos migratorios, coincidiendo con los postulados de la Agenda 2030, la autora señala que es preciso que el diálogo político tenga en cuenta a todos los actores involucrados. Propone la inclusión de las potencias emergentes conocidas como BRICS (Brasil, Rusia, India, China y Sudáfrica), así como de aquellos Estados que se han convertido en países de tránsito (Turquía, Marruecos y Méjico), sin olvidar a otros actores importantes como Argelia, Libia, los Países del Golfo y Angola. En su opinión, ésta es la única respuesta posible, ya que:

> *"[l]a falta de eficiencia en el control de las fronteras nacionales, a pesar de los discursos y prácticas de seguridad, muy cercanos a la acción militar, y la violación de los derechos humanos en casi*

---

421 La politóloga analizaba cómo las propuestas que Jean-Claude Junker realizó en mayo y septiembre de 2015 con la idea de que los países de la UE acogieran a un determinado número de solicitantes de asilo, basándose en la población y la riqueza de cada país, se encontraron con la oposición de muchos países de la Europa central y con una acogida un tanto a *regañadientes* por parte de los países de la Europa occidental. No obstante, la dirección del Nuevo Pacto Migratorio avanza en el sentido de la solidaridad y la responsabilidad compartida en cuanto a la gestión migratoria.

> *todos los operativos, ha llevado progresivamente a la idea de que un nivel supranacional de toma de decisiones tendría en cuenta factores y principios éticos más contradictorios que los Estados-nación, que se enredan en las opiniones y sentimientos públicos sobre la seguridad"*[422].

Sus ideas coinciden con las expresadas por el que fuera Secretario General de la ONU desde enero de 1997 hasta diciembre de 2006, Kofi Annan, quien en junio de 2006 propuso la creación de un foro global con el objetivo de animar a la adopción de una perspectiva integrada de la migración y el desarrollo tanto a nivel nacional como internacional[423]. En el estudio derivado de la encuesta mundial sobre economía y sociedad de 2004, las Naciones Unidas ya advertían de la importancia de tratar el reto migratorio desde la perspectiva del desarrollo, lo que se ha ido reflejando posteriormente en las sucesivas agendas con los ODS[424].

Además de la necesidad de optar por una política migratoria global, el profesor universitario BAUMGÄRTEL señala la urgencia de armonizar la jurisprudencia migratoria a nivel regional, dentro de la UE. A través de un análisis detallado de ochos casos de los tribunales europeos, cinco del TJUE y tres del TEDH, el neerlandés argumenta cómo las sentencias de estos organismos resultan contradictorias, lo que reduce su efectividad y su capacidad de influencia. Para paliar esta situación, expresa la necesidad de que las cortes de Luxemburgo y Estrasburgo desarrollen una línea de acción consistente y progresiva para tratar los casos relacionados con la migración[425].

---

422 Wihtol de Wenden, *op.cit.* p. 12.

423 UN (2006). "Annan proposes global forum examining link between migration and development", *UN News*, 6 de junio.

424 UN (2004). "Global approach to deal with migration issues needed, UN study finds", *UN News*, 29 de noviembre.

425 Baumgärtel, Moritz (2019). *Demanding rights. Europe's supranational courts and the dilemma of migrant vulnerability*, Cambridge University Press, Cambridge, Nueva York y Melbourne, *vid.* pp.3-11; 154-156.

Pese a haber seleccionado ocho de los casos que más cobertura recibieron en el ámbito público y en el académico[426], el profesor se muestra decepcionado ante su escaso impacto a la hora de marcar un giro en la política migratoria, ya que las sentencias se llevaron a cabo, bien con escasas modificaciones en la política nacional de los países afectados (ej. *Elgafaji*[427]), bien con modificaciones que se introdujeron por razones más allá de la sentencia (*Hirsi* y *Zambrano*[428]).

Sin embargo, el autor parece olvidar que otros de los casos que analiza sí que impactaron en el desarrollo de la política migratoria de los países que tuvieron que poner en práctica la sentencia correspondiente (ej. *M.S.S.*[429]). Cabe señalar que incluso Amnistía Internacional llegó a aplaudir la decisión del Tribunal europeo en el caso *Hirsi*[430].

Por ello, en vez de caer en una actitud derrotista, conviene analizar la historia y recordar que los avances en materia de derechos humanos se consiguen dando pequeños pasos, como los recogidos en estas sentencias, gracias a los que se van afianzando procedimientos y abriendo camino para presentar nuevas reivindicaciones. De hecho, el recuerdo, por un lado, de la inevitabilidad

---

426 Baumgärtel, *op.cit.* pp.8-9.

427 Asunto C-465/07, Meki Elgafaji, Noor Elgafaji y Staatssecretaris van Justitie, El Tribunal de Justicia (Gran Sala), TJUE, Sentencia del 17 de febrero de 2009; *Case of Trarkhel v. Switzerland* – Application no. 29217/12, Grand Chamber, European Court of Human Rights, Judgment Strasbourg 4/11/2014.

428 *Case of Hirsi, Jamaa and Others v. Italy* – Application no. 27765/09, European Court of Human Rights, Grand Chamber, Judgement 23 February 2012 (rectificada el 16/11/2016 bajo la regla 81de la Normativa del Tribunal),; *Gerardo Ruiz Zambrano contra Office national de l'emploi (ONEm)*, Tribunal de Justicia de la Unión Europea, Sentencia del Tribunal de Justicia (Gran Sala) de 8 de marzo de 2011.

429 *Case of M.S.S. v. Belgium and Greece* – Application no. 30696/09, ECHR, Sentencia 21 enero, Estrasburgo.

430 Amnesty International (2012). "Italy: 'Historic' European Court judgement upholds migrants' rights, *Amnesty International*, 23 de febrero.

a la que se enfrentaban los jueces del siglo XIX cuando, pese a la crueldad del hecho, tenían que reconocer el dominio del dueño sobre el esclavo, porque así lo establecía la ley, y, por otro lado, la constancia de que años después la ley sancionó esas acciones como ilegales, puede servir como ejemplo de cómo las pequeñas victorias ayudan a crear el clima social propicio para conseguir logros más grandes.

No obstante, la propuesta de BAUMGÄRTEL sobre la necesidad de que las cortes desarrollen una estrategia alternativa al actual sistema de adjudicación de casos para suprimir las ambigüedades, dudas e incoherencias contribuiría en buena medida a desarrollar una gobernanza global de la migración coherente en toda la UE. De este modo, se podría evitar que los Estados miembros adaptasen sus sentencias, dotándolas de un contenido potencialmente más restrictivo que el perfilado por el Tribunal, comportamiento al que el jurista se refiere como "*la lotería de las autoridades nacionales*"[431].

BAUMGÄRTEL propone que, en vez de adjudicar los casos de forma dilemática, caso por caso, se establezca una adjudicación estratégica que permita anticipar de forma activa cuáles serán los "*casos difíciles*". Así, confía en que las Cortes podrán establecer pautas que permitan que todos los Tribunales y las salas los aborden con una perspectiva común, al tiempo que adoptan un litigio estratégico.

Con este fin, señala la conveniencia de crear unas cortes europeas domésticas que, además de incrementar la reputación del Tribunal, recopilen precedentes de referencia, sobre cuya base el TEDH y el TJUE podrían construir unas sentencias efectivas y con mayor capacidad de influencia. Su planteamiento va incluso más allá al recurrir al concepto de vulnerabilidad, que el TEDH invoca con cierta regularidad, presentándolo como un principio legal a través del que los tribunales puedan "*desarrollar una jurisprudencia*

---

431 Baumgärtel, *op.cit.*. p. 157.

*progresiva y consistente*", defendiendo los derechos de los migrantes mediante la adopción de posiciones retadoras y controvertidas que partan de "*nuestros mejores ángeles*"[432].

COSTELLO también advierte la dicotomía entre ambos tribunales, caracterizando al de Estrasburgo con una visión más estatista, acomodada a ciertos usos que restringen los desarrollos de la jurisprudencia en materia de derechos humanos. En cambio, presenta al TJUE como una corte que, al tiempo que vela por que los Estados e instituciones europeas cumplan con la legislación vigente (respetando y defendiendo el ejercicio de los derechos humanos), va más allá de las lecturas restrictivas de las instituciones nacionales[433].

Al igual que BAUMGÄRTEL, la profesora señala que juntos, el TEDH y el TJUE constituyen una poderosa fuerza capaz de desarrollar una dinámica inclusiva que ofrezca nuevas perspectivas para abordar el reto migratorio desde el diálogo judicial. No obstante, aunque apunta que la litigación puede actuar como catalizador del activismo político, COSTELLO aboga por una gobernanza global del fenómeno migratorio al reiterar que el verdadero avance en materia de derechos humanos ha de llegar desde métodos innovadores que, además de las cortes supranacionales y los Estados nacionales, incluyan a la sociedad civil[434].

La necesidad de una gobernanza global en materia migratoria se traduce en el cambio de actitud y de paradigma hacia una estrategia global que reclamaba MOGHERINI en 2016[435]. De hecho,

---

432 Baumgärtel, *op.cit.* p. 11; 157. Al hablar de "nuestros mejores ángeles", el autor hace un guiño al volumen *The Better Angels of Our Nature* de Steven Pinker, aportando una nota positiva y de esperanza en nuestra capacidad para progresar hacia una sociedad más respetuosa con los derechos humanos.

433 Costello, *op.cit., vid.* pp.51-62.

434 Costello, *op.cit.* pp. 312-326.

435 Mogherini, Federica (2016). "Foreword", *Shared Vision, Common Action; A stronger Europe. A global strategy for the European Union's Foreign and Security Policy*, junio, pp. 3-5.

el incremento de las medidas securitizadoras de la migración no ha impedido la llegada de migrantes, sino que ha hecho que los flujos migratorios sean cada vez presa más fácil de las mafias migratorias y de las cada vez más peligrosas rutas a través de las que tratan de camuflar su llegada.

Por ello, para AMBROSETTI y PETRILLO, la reorientación que ha de experimentar la política migratoria tiene que fundarse sobre la piedra angular que constituye el respeto a los derechos humanos. En base a estos, proponen la adopción de unos criterios que permitan que los países de origen y tránsito de los flujos migratorios puedan recibir ayudas, siempre y cuando inviertan en infraestructura, respeten tanto el imperio de la ley como las prácticas democráticas y, además, trabajen con el fin de lograr la estabilidad de sus instituciones. "*Para hacerlo, el actual sistema de asilo debe reformarse a nivel de la UE. El Tratado de Lisboa estableció una política europea común a este nivel supranacional, incluso si la implementación de estas políticas aún recae en las autoridades nacionales únicas de acuerdo con el principio de subsidiariedad*"[436].

La implicación de la Comisión Europea para fortalecer la protección humanitaria conlleva, además, que se establezcan una serie de políticas que permitan reducir el riesgo al que se enfrentan los migrantes en tránsito. DIMITRIADI hace una advertencia sobre cómo la prohibición de movimientos de salida y transición a otro país, así como la ineficiencia del sistema de asilo, la ausencia de medidas de regularización y de vías legales de entrada a los países, pueden perpetuar la situación de migrantes en tránsito y, además, multiplicar el número de asuntos que han de resolverse ante los tribunales. Por ello, reclama la necesidad de que el reto de los flujos migratorios se aborde "*construyendo una respuesta política más eficaz, menos arraigada en clasificaciones estrictas de migrantes (legales*

[436] Ambrosetti, Elena y Petrillo, Enza Roberta (2017). "On the far side of crisis: moving beyond a security-based migration approach in the EU", *Escaping the Escape. Toward Solutions for the Humanitarian Migration Crisis*, Verlag Bertelsmann Stiftung, Berlin, pp. 11-33, *vid.* p. 29.

*/ ilegales / económicos / refugiados) y países (emisores / receptores) y con más probabilidades de corresponder a las realidades sobre el terreno*"[437].

En esa misma línea, AMBROSETTI y PETRILLO reiteran la necesidad de establecer vías legales de entrada que respondan tanto a las necesidades humanitarias de las personas que buscan entrar a la UE como a los retos a largo plazo a los que se enfrenta la Unión (fundamentalmente, retos económicos y de envejecimiento de la población). Su propuesta incluye el desarrollo de visas o corredores humanitarios, la reforma del sistema de la tarjeta azul para trabajadores cualificados o el desarrollo de programas de realojamiento. Esto, a su vez, reduciría la carga de los juzgados, ya que el aumento de vías regulares evitaría los problemas legales derivados de los accesos irregulares a la UE.

El análisis mostrado en estas páginas reitera la necesidad de adoptar una gobernanza global que tenga en cuenta lo que sucede más allá de las fronteras europeas para evitar la multiplicación de las entradas irregulares y, con ellas, el aumento exponencial de los asuntos que tendrán que dirimirse ante los tribunales. Esta gestión global, acorde a los derechos humanos presentes en la legislación y el ordenamiento jurídico europeo, se convierte en una obligación cuando se observan las cifras de los flujos migratorios y, yendo un paso más allá, se asocian con la falta de oportunidades a la que se enfrenta toda una generación de jóvenes africanos en un continente cada vez más joven. La suma de estas realidades:

> *"permite intuir los desafíos a los que se enfrentará Europa si la situación política y económica de África no cambia fundamentalmente para mejor en la próxima década. En ausencia de tal cambio, los desequilibrios demográficos, combinados con la inestabilidad política imperante, el deterioro de las condiciones de seguridad y el es-*

---

437 Dimitriadi, Angeliki (2019). "Transit migration. A contested concept", *Routledge Handbook of Immigration and Refugee Studies,* Londres y Nueva York, pp. 340-345, *vid.* p. 344.

> *tancamiento económico resultante de alto desempleo, darán lugar rápidamente a cifras de migración exponencialmente más altas"*[438].

La analista de la crisis humanitaria de los refugiados, WEISS, propone que el cambio que se necesita para hacer frente al reto migratorio ha de realizarse en cooperación con la sociedad civil, partiendo de la educación y empoderando a las mujeres. La politóloga y jurista belga insiste en la importancia de que las nuevas medidas de gobernanza global incluyan el desarrollo de programas de préstamo y asistencia macro financiera con el fin de impulsar reformas democráticas, económicas y de mercado, así como para fortalecer la cooperación económica y política entre la UE y África.

Además, dado que los caminos legales de la migración son escasos para aquellas personas que no huyen directamente de una situación de guerra, Weiss señala que es preciso abrir las vías de migración legales para evitar que los flujos migratorios terminen asentándose al margen de la sociedad, en situaciones de ilegalidad, con riesgo de ser deportados a sus países de origen y generando litigios que hacen que el coste migratorio también aumente en el ámbito jurídico. Ante este previsible volumen de asuntos jurídicos relacionados con las migraciones, ha de insistirse nuevamente en la necesidad de una armonización jurídica coordinada con la gestión global del fenómeno.

A este respecto, la socióloga TRIANDAFYLLIDOU[439] añade que la creación de más mecanismos de cooperación, con los países de origen y tránsito, es fundamental para prevenir que la población asuma el riesgo de viajar utilizando redes de migración irregular, que fácilmente pueden convertirse en traficantes de personas. La profesora señala que el deseo migratorio es tan profundo y

---

438 Weiss, Stephani (2017). *Escaping the Escape. Toward Solutions for the Humanitarian Migration Crisis,* Verlag Bertelsmann Stiftung, Berlin, *vid.* pp.339-340.

439 Triandafyllidou, Anna (2019). "Migrant smuggling", *Routledge Handbook of Immigration and Refugee Studies,* Londres y Nueva York, pp. 346-353.

la dinámica establecida por las redes de migración irregular está tan arraigada que estas redes han experimentado un proceso de profesionalización en los últimos quince años, relacionándose de forma muy estrecha con el tráfico de personas.

La socióloga advierte que la concepción de la migración para las mafias se ha convertido en un negocio tal que consigue sobreponerse a los mensajes de que la economía occidental está en crisis. De hecho, este tipo de anuncios no es capaz de contrarrestar el efecto de las mafias y frenar el avance de los flujos migratorios. TRIANDAFYLLIDOU concluye que la única forma de acabar con esta economía sumergida que despoja a los migrantes de cualquier tipo de apoyo, atrapándolos en formas de empleo clandestinas, muchas veces cercanas a la esclavitud, es la gobernanza global, estableciendo nexos de cooperación con los países que participan en el proceso migratorio. Igualmente, afirma que es fundamental que el ordenamiento legislativo y jurídico ofrezca vías de escape a quienes se han visto atrapados por esta nueva esclavitud.

Por otro lado, el politólogo británico BETTS[440], profesor de la Universidad de Oxford, sugiere que la gobernanza global podría orientarse al desarrollo de un "*régimen complejo del refugiado*", en el que se tuvieran en cuenta aspectos migratorios, de seguridad, humanitarios, de desarrollo y de derechos humanos, ya que todos ellos dan forma a los flujos de refugiados, así como a los de otras personas desplazadas.

En vez de mantener las definiciones tradicionales que excluyen a quienes huyen de las situaciones de extrema necesidad socioeconómica, el profesor propone que el sector privado, tanto a nivel local y nacional como a nivel transnacional, se integre en la gestión de la gobernanza global de los flujos migratorios. A estos sectores ha de sumarse el ámbito jurídico, con el fin de que las

---

440 Betts, Alexander (2019). "Global governance and forced migration", *Routledge Handbook of Immigration and Refugee Studies,* Londres y Nueva York, pp. 312-319.

definiciones relativas a la gestión migratoria se integren en un marco armonizado con el ordenamiento jurídico.

Todos los estudiosos mencionados en esta sección coinciden en señalar que, mediante la participación de las instituciones, las organizaciones no gubernamentales y el sector privado, se podrían llevar a cabo iniciativas que beneficiasen los intereses colectivos de todos los actores implicados (seguridad, ganancia económica, identidad, legitimidad), al tiempo que se ayudaría a proteger los intereses de los refugiados, migrantes y demás personas desplazadas.

A este respecto, PAGAGIANNI[441], del Servicio Europeo de Acción Exterior (EEAS), señala que el cambio de paradigma ha de acompañarse de una mutación desde el foco de la seguridad a corto plazo hacia el de la protección a largo plazo. La analista griega coincide con BETTS al subrayar la necesidad de fortalecer la autosuficiencia de los refugiados y personas migrantes, así como su integración local, vinculando las políticas de desarrollo y las de asilo. Respecto a estas últimas, añade que la flexibilidad de la legislación internacional tendría que ser capaz de ofrecer soluciones a las dimensiones multifacéticas del fenómeno de los desplazamientos de población (derivados del cambio climático o cualquier otro tipo de crisis).

Como modelo de gestión de propuestas innovadoras que incrementen el bienestar de los refugiados reduciendo el gasto, tanto BETTS como PAPAGIANNI citan al departamento de innovación de ACNUR, encargado de poner en marcha iniciativas innovadoras para promover el desarrollo de la autosuficiencia de la población en vez de la dependencia de las ayudas gubernamentales. Desde su servicio de innovación, ACNUR trata de que su personal esté equipado con el conocimiento, recursos y habilidades necesarias, para que puedan poner la innovación estructurada al servicio de la resolución de los desafíos más urgentes.

---

441 Pagagianni, Georgia (2019). "Asylum in the twenty-first century. Trends and challenges", *Routledge Handbook of Immigration and Refugee Studies*, Londres y Nueva York, pp. 320-329, *Vid.* 326-327.

En este mismo sentido conviene destacar las acciones llevadas a cabo tanto por el TEDH como por el TJUE. Aunque BAUMGÄRTEL señala el escaso impacto de las sentencias de estos Tribunales, el análisis de las sentencias presentado en este estudio ha mostrado voluntad de limar cuantos aspectos sean necesarios en la legislación de los Estados miembros (y de la UE cuando sea preciso) para armonizar la gestión migratoria.

De esta forma, ésta se va alineando en todos sus ámbitos con el respeto a los derechos reconocidos en el ordenamiento jurídico de la UE. Cabe recordar que son precisamente este tipo de transformaciones las que van calando, poco a poco, en la legislación de cada Estado miembro y que permiten la evolución hacia una gestión armonizada y en consonancia con los estándares garantistas de la UE.

Además, como ya se ha mencionado, las reformas que el TEDH ha ido introduciendo desde 2004 han permitido la creación de los *Casos de Jurisprudencia Bien Establecidos* (WECL), a través de los que se ha conseguido una mayor armonización de sus sentencias, lo que, a su vez, ha dado como resultado una mayor agilidad en la resolución de buena parte de los casos planteados ante dicho Tribunal. Igualmente, el TJUE ha adoptado la resolución conjunta de asuntos tanto para armonizar su resolución como para agilizar los procedimientos.

Igualmente, en la reunión conjunta entre los Presidentes del TEDH y del TJUE de 2011 ambos señalaban que, ante la creciente resolución de casos relacionados con la CEDH era preciso buscar una armonización entre ambos Tribunales. En aquellos casos en los que las solicitudes individuales estén dirigidas "*contra medidas adoptadas por las instituciones de la UE con posterioridad a la adhesión al Convenio*", el artículo 35.1 de la CEDH indica que han de agotarse los recursos internos, lo que "*obligará a los solicitantes que deseen acudir al CEDH a someter el asunto en primer lugar a los tribunales de la UE, de conformidad con las condiciones establecidas en la legislación de la UE*". Con esta medida pretende garantizar "*que la revisión rea-*

*lizada por el TEDH será precedida por una revisión interna llevada a cabo por el TJUE y que se respetará la subsidiariedad*"[442].

Continuando en esta senda, la *Duodécima Reunión del Grupo de Negociación* ad hoc *del Comité Directivo de Derechos Humanos (CDDH) "47+1" sobre la adhesión de la UE al CEDH*[443], celebrado entre el 7 y el 10 de diciembre de 2021, contó con la representación de ambos Tribunales. Durante su transcurso se señaló la dificultad surgida al aplicar la CEDH y sus protocolos junto al cuerpo legislativo de la UE, que es independiente de la CDFUE.

En las conclusiones generales se apuntó que la mayor discrepancia surge cuando se solapa la regulación del CEDH, por un lado, y la legislación europea, por el otro, como resultado de "*los intentos de tratarlos como pertenecientes al mismo espacio legal y, en consecuencia, exigir que uno tiene prioridad sobre el otro*". Igualmente, señalaba la dificultad de este enfoque para "*conciliar con las posiciones de que el TEDH debe ser considerado la autoridad final en asuntos de derecho del CEDH y el TJUE, lo mismo en el derecho de la UE*"[444].

Entre las propuestas para reconciliar esta situación, la Federación Rusa proponía que ambos se especializasen en su ámbito de

---

442 CURIA (2011). *Joint Communication from Presidents Costa and Skouris*, Estrasburgo y Luxemburgo, 24 de enero.

443 Desde finales de la década de 1970, se han celebrado diversas conversaciones y reuniones que expresaban el deseo de que la UE accediese a la CEDH, puesto que este paso contribuía a aumentar su credibilidad ante otros países firmantes de la CEDH con los que la UE entabla relaciones bilaterales. Con el fin de facilitar este acceso, en 2001 se constituyó un grupo de trabajo encargado de estudiar tanto las cuestiones técnicas y legales como las posibles contradicciones que pudieran existir entre el sistema legal de la UE y la CEDH. Con el fin de aumentar la consistencia entre las sentencias de los Tribunales de Luxemburgo y Estrasburgo, el grupo ha seguido trabajando tras el acceso de la UE a la CEDH, que se produjo con la entrada en vigor del Tratado de Lisboa (1 de diciembre de 2009) y del Protocolo 14 de la CEDH.

444 Council of Europe (2021). *12th Meeting of the CDDH* ad hoc *negotiation group ("47+1") on the accession of the European Union to the European Convention on Human Rights*, 7 a 10 de diciembre.

aplicación, emitiendo sus juicios sin interferir en los dictados por el otro Tribunal. Sin embargo, realizar este tipo de separación podría dar lugar a una dicotomía tan difícil de distinguir como la que existe actualmente entre los conceptos de migrante y refugiado. Dada la naturaleza de los asuntos tratados en ambos Tribunales, la armonización y el consenso en su tratamiento a través de mecanismos de coordinación que sienten una jurisprudencia basada en la adjudicación estratégica, que proponía BAUMGÄRTEL[445], parece más aconsejable que proponer su avance por dos vías separadas que, al no coordinarse, podrían dictar sentencias contradictorias.

La propuesta de una armonización jurídica, que ha de comenzar entre el TEDH y el TJUE, conjugada con la participación de todos los actores implicados en el fenómeno migratorio, hace pensar que ésta puede ser la hoja de ruta a través de la que se conseguirá una gestión más eficiente del movimiento de personas, evitando tasar en exceso a los países de llegada y contribuyendo a la mejora significativa de las vidas de las personas afectadas. Siguiendo estas pautas, esta investigación propone que la gobernanza global resultaría beneficiosa tanto para las personas de forma individual como para el conjunto de la sociedad.

Ante el análisis realizado hasta el momento, todo parece apuntar, por tanto, que una gobernanza global efectiva ha de diseñarse desde una perspectiva de los derechos humanos, contando con la colaboración de unos tribunales "*qui comptent*" y buscando la cooperación con los países de origen y de tránsito para mejorar su infraestructura, su gobernabilidad y su gestión económica. Como se ha reseñado revisando la opinión de diversos autores, la creación de un marco jurídico armonizado ha de implementarse combinando el desarrollo de programas que integren tanto los

---

445 Baumgärtel, Moritz (2019). *Demanding rights. Europe's supranational courts and the dilemma of migrant vulnerability*, Cambridge University Press, Cambridge, Nueva York y Melbourne, *vid.* p. 157.

esfuerzos públicos y privados como los de las propias personas desplazadas.

## 5. LAS GARANTÍAS DE LOS DERECHOS EN ESPAÑA

En la presente sección se hace un breve repaso del acervo legislativo que vela por el cumplimiento de las garantías jurisdiccionales de los derechos que el ordenamiento español (en sintonía con las fuentes internacionales) otorga a los extranjeros que se encuentran en España.

### *5.1. Garantías en la legislación migratoria*

Revisando la legislación migratoria española se observa que ya en la Constitución de 1876 (art. 2), España entendía que su prosperidad se beneficiaba con los flujos migratorios[446]. Un siglo después, la llegada de la democracia actual supuso la incorporación al acervo jurídico español del CIDCP y el CEDH[447] con el fin de incorporar las garantías internacionales respecto a la protección de los derechos humanos. Además, desde aquellos momentos en el comienzo del camino democrático, la Constitución Española (CE) ha expresado los derechos y libertades de los que goza la población extranjera[448].

---

446 "*Los extranjeros podrán establecerse libremente en territorio español, ejercer en él su industria y dedicarse a cualquier profesión para cuyo desempeño no exijan las leyes títulos de aptitud expedidos por las autoridades españolas*" *Constitución española de 1876*, firmada por Don Alfonso XII, por la gracia de Dios Rey constitucional de España.

447 La ratificación de ambos Convenios se llevó, respectivamente, en abril de 1977 (con entrada en vigor ese mismo año) y en noviembre de 1977 (con entrada en vigor en 1979).

448 Entre ellos, desde la firma del Tratado de la UE firmado en Maastricht (1992), se incluye el derecho al sufragio activo y pasivo en las elecciones municipales, lo que supone un avance hacia la integración política de

Desde su entrada en la UE, España ha tenido que armonizar su legislación con la europea, adaptándola a los cambios introducidos en esta última[449]. El paso hacia la incorporación a Europa supuso la reforma del Código Civil en lo referido al concepto de nacionalidad[450], así como la introducción de la *Ley 5/1984, de 26 de marzo, reguladora del derecho de asilo y de la condición de refugiado*[451] y la *Ley Orgánica 7/1985, de 1 de julio, sobre derechos y libertades de los extranjeros en España*[452], ambas con sus respectivos reglamentos[453].

Además, entre las modificaciones llevadas a cabo en la legislación española, cabe destacar la sustitución de la *Ley Orgánica*

---

los pueblos, así como en la configuración de la ciudadanía europea y la libre circulación de personas en su territorio.

449 Este paso se ha ido reflejando en las sucesivas adaptaciones de la legislación española en materia migratoria y de control de fronteras, ya que la entrada en la UE supuso aceptar el llamado "*cierre de fronteras*" alentado desde Europa tras la crisis de 1973. Así sucedió, por ejemplo, con la firma del *Acta de Adhesión del Reino de España a las Comunidades Europeas* el 12 de junio de 1985 en Madrid, y con la del *Acta Única Europea* en febrero de 1986, a través de las que "*se introdujo una cláusula que restringía la libre circulación de personas durante un periodo transitorio de siete años*", con el fin de que la legislación española relativa a la migración y al control de fronteras exteriores de la entonces Comunidad Económica Europea pudiese armonizarse con la de resto de la CEE. Conejero Paz, Enrique (2012). "La política de inmigración en España", *3 ciencias. Revista de investigación,* Área de Innovación y Desarrollo, S. L., 11 de noviembre, *vid.* p.14.

450 Gómez Movellán, Antonio (1996). "Unión Europea, inmigración y el nuevo Reglamento de la ley de "extranjería" española: un comentario crítico", *Jueces para la democracia,* N°. 26, pp. 60-68, *vid.* p. 61.

451 *Ley 5/1984, de 26 de marzo, reguladora del derecho de asilo y de la condición de refugiado,* BOE núm. 74, de 27 de marzo.

452 *Ley Orgánica 7/1985, de 1 de julio, sobre derechos y libertades de los extranjeros en España,* BOE núm. 158, de 3 de julio de 1985.

453 Cabe recordar que las reformas llevadas a cabo en las dos décadas finales del siglo XX se tradujeron en la necesidad de llevar a cabo los procesos de regularización extraordinarios, con el fin de permitir la legalización de residentes extranjeros que se habían convertido en ilegales con la nueva normativa.

*7/1985, de 1 de julio, sobre derechos y libertades de los extranjeros en España* para adecuarla a las conclusiones alcanzadas en Tampere, en octubre de 1999[454].

De esta forma, el 12 de enero del año siguiente se publicó en el Boletín Oficial del Estado la *Ley Orgánica 4/2000, de 11 de enero, sobre derechos y libertades de los extranjeros en España y su integración social*[455]. El cambio introducido por esta ley, junto a sus posteriores enmiendas, constituye una búsqueda para reforzar las garantías de los derechos al tiempo que se da a la normativa un planteamiento global y coordinado en la gestión de los flujos migratorios, a través de la adopción de una perspectiva múltiple que abarca desde el control de los flujos migratorios, hasta la integración de los residentes extranjeros, sin olvidar la colaboración en el codesarrollo de los países de origen.

De acuerdo con la política de la UE en cuanto a la lucha contra la inmigración irregular, el articulado de esta Ley persigue, entre otras cuestiones, luchar tanto contra el tráfico ilícito de personas como contra la trata de seres humanos. Por ello, anima a colaborar con los países de origen y tránsito migratorio a través de acuerdos marco que permitan coordinar "*iniciativas de cooperación al desarrollo y codesarrollo*" (art. 2bis), así como una gestión efectiva y ordenada de estos flujos. Igualmente, crea una serie de mecanis-

---

[454] Parlamento Europeo (1999). *Consejo Europeo de Tampere, 15 y 16 de octubre de 1999, Conclusiones de la Presidencia.* Durante este Consejo se concluyó que era necesario caminar hacia una política de asilo y migración común en la UE. Esta política tendría que asentarse sobre cuatro pilares fundamentales: la colaboración con los países de origen de los flujos migratorios; el establecimiento de un sistema europeo común de asilo; la creación de garantías de un trato justo a los nacionales de terceros países; y una gestión de los flujos migratorios que haga frente a la inmigración irregular, "*en especial luchando contra quienes se dedican a la trata de seres humanos y la explotación económica de los migrantes*".

[455] Esta ley tuvo que ser parcialmente modificada con la *L.O. 8/2000, de 22 de diciembre,* si bien los cambios introducidos pueden consultarse en la versión consolidada de la *Ley Orgánica 4/2000, de 11 de enero, sobre derechos y libertades de los extranjeros en España y su integración social.*

mos (foros, observatorios y comisiones) que se convierten en los pilares a través de los que salvaguardar los derechos y libertades de los extranjeros en España.

A través de sus actualizaciones, la *Ley 4/2000* ha buscado "*conceder a [los] residentes [extranjeros] derechos y libertades comparables a los de los ciudadanos de la Unión, así como [...] fomentar la ausencia de discriminación en la vida económica, social y cultural y [en el] desarrollo de medidas contra el racismo y la xenofobia*". Al mismo tiempo, "*las modificaciones efectuadas sobre su articulado [han buscado] establecer un régimen de situaciones y permisos que incentiv[en] a los extranjeros a entrar y residir en nuestro país dentro del marco de la regularidad*".

Junto a esta Ley, el resto de la legislación vigente en materia de extranjería se encarga de regular aspectos burocráticos que desarrollan la implementación de la normativa, así como aquellos relacionados con la integración de personas y su protección, a través de "*la realización de programas que fomenten la integración sociolaboral, el retorno, la reagrupación familiar, los procesos de acogida e integración, así como los programas cofinanciados por Fondos de la Unión Europea dirigidos a personas inmigrantes, solicitantes y beneficiarios de protección internacional, apatridia y protección temporal*" [456].

Por último, y a modo de reflexión sobre la evolución de la legislación migratoria en España, se puede afirmar que, en vez de centrarse exclusivamente en la vertiente securitizadora, ha enfatizado los aspectos económicos de la migración, ligándola tanto a las necesidades laborales presentes en España (a través de documentos como el *Catálogo de Difícil Cobertura*[457]) como a las con-

---

456 *Orden ESS/1423/2012, de 29 de junio, por la que se establecen las bases reguladoras para la concesión de subvenciones en el área de integración de los inmigrantes, solicitantes y beneficiarios de protección internacional, apatridia y protección temporal.*

457 Los puestos reflejados en este catálogo permiten que el empleador pueda "*tramitar la autorización para residir y trabajar dirigida a un trabajador extranjero*". Este catálogo está en revisión, promovida por el *Real Decreto 629/2022, de 26 de julio, por el que se modifica el Reglamento de la*

diciones laborales de los migrantes, al ser un requisito indispensable para su integración. En este sentido se articularon el *Plan Estratégico de Ciudadanía e Integración 2007-2010*[458] y el *Fondo Estatal de Apoyo a la Acogida e Integración de Inmigrantes y Refuerzo Educativo*[459]. De este modo,

> *"[e]n vez de enfatizar la necesidad de controlar a los migrantes con la esperanza de localizar y excluir terroristas*[460]*, las políticas migratorias [en España] después del ataque [11M] se centraron en sacar a la luz a los migrantes indocumentados y en impulsar la migración documentada de acuerdo con las necesidades del mercado laboral español"*[461].

---

*Ley Orgánica 4/2000, sobre derechos y libertades de los extranjeros en España y su integración social, tras su reforma por Ley Orgánica 2/2009, aprobado por el Real Decreto 557/2011, de 20 de abril,* para atender el desarrollo eficaz del "*Pacto por las Capacidades, que requiere impulsar a escala europea una política migratoria regular orientada a reducir la carencia de determinadas capacidades*", mediante el que se busca que las medidas adoptadas en el ámbito migratorio sean "*una palanca estratégica para agilizar la respuesta que requiere el mercado laboral en este contexto*".

458 Ministerio de Trabajo y Asuntos Sociales (2006). *Plan Estratégico Ciudadanía e Integración 2007-2010.*

459 *Resolución de 22 de agosto de 2005, de la Secretaría General Técnica, por la que se da publicidad al Convenio de colaboración entre el Ministerio de Trabajo y Asuntos Sociales y la Consejería de Bienestar y Familia de la Generalidad de Cataluña, para el desarrollo de actuaciones de acogida e integración de personas inmigrantes así como de refuerzo educativo, Ministerio de Trabajo y Asuntos Sociales.*

460 Respecto a la relación entre securitización y migración, cabe señalar que los atentados del 11 de marzo de 2004 (11M) en Madrid no produjeron un efecto securizador en la legislación migratoria de nuestro país. Las mejoras en los controles fronterizos se realizaron para luchar contra el crimen organizado y terminar con las prácticas relacionadas con la inmigración ilegal, pero no se presentaron bajo una óptica que relacionase la migración con el terrorismo.

461 Carlà, Andrea (2018). "Not securitizing migration? Lessons from Spain", *A European Crisis. Perspectives on Refugees, Solidarity and Europe,* ibidem-Verlag, Stuttgart, *vid.* p.107.

### *5.2. Garantías constitucionales*

El cambio de una España emigrante a otra receptora de inmigrantes, comenzado a partir de la década de 1980, coincidió con la entrada en la UE y la incorporación del CEDH y la CDFUE, que se sumaron al cuerpo legislativo nacional destinado a ofrecer garantías en torno al respeto de los derechos humanos. Todo ello se sitúa dentro del marco constitucional español, en el que se articula un sistema completo y eficaz para garantizar los derechos y libertades fundamentales que corresponden a un Estado de Derecho democrático.

El profesor MARÍN GÁMEZ[462] define las garantías como los "*instrumentos jurídicos y técnicos de aseguramiento de los derechos y libertades y, por ende, del valor normativo de la Constitución*". De esta forma, se encargan de preservar los derechos, o restablecerlos cuando sean vulnerados, ya sea por actuaciones privadas o por aquellas llevadas a cabo por los poderes públicos.

Cabe señalar en este punto que, desde la *Declaración de Derechos del Hombre y del Ciudadano*, promulgada en Francia en 1789, se afirma que aquella sociedad "*en la que no esté establecida la garantía de los Derechos [...] no tiene constitución*" (artículo 16). En el caso de la CE, el documento establece un sistema de tres tipos de garantías (institucionales, normativas y jurisdiccionales) a través de las que proteger los derechos y libertades fundamentales.

Conviene aclarar aquí que el concepto de derechos fundamentales se refiere a "*aquellos derechos inherentes a todo ser humano que han sufrido un proceso de positivación, gozando, por tanto, de plena efectividad frente a terceros*"[463]. En la Carta Magna están regulados en el

---

462 Marín Gámez, José Ángel (2004). "Una visión de los derechos y garantías constitucionales de los extranjeros en España", *Revista de Derecho Político*, Núm. 61, pp. 37-78, *vid.* p. 70.

463 Ureña Carazo, Belén (2016). "Constitución, garantías jurisdiccionales y derechos fundamentales", *La maquinaria del derecho en Iberoamérica. Constitución, derechos fundamentales y administración*, pp.297-315, *vid.* p. 297.

Título I, "*De los derechos y deberes fundamentales*", en cuya Sección 1ª, artículos 15 a 29 se recoge el catálogo de los derechos fundamentales y de las libertades públicas.

Este primer Título está encabezado por el precepto constitucional que establece que no se hace distinción entre nacionales y extranjeros, con independencia de su nacionalidad o de la situación de regularidad o irregularidad administrativa en la que se encuentren en el país (art. 10.1). Así, establece como principio básico "*[l]a dignidad de la persona, los derechos inviolables que le son inherentes, el libre desarrollo de la personalidad, el respeto a la ley y a los derechos de los demás*", entendiéndose todos ellos como "*fundamento del orden político y de la paz social*".

A este respecto, la *Sentencia 115 de 1987 del TC* recuerda que:

> *"[l]a completa igualdad de derechos entre españoles y extranjeros en lo relativo a derechos y libertades públicas se produce en aquellos que pertenezcan a la persona humana en cuanto tal. Son de igual contenido para españoles y extranjeros y respecto a estos derechos y libertades la Constitución garantiza su configuración igual, respecto al contenido esencial del derecho dentro de su especifica regulación"*[464].

La universalidad en la aplicación de este artículo se reitera en su segundo punto (art. 10.2), en el que se dicta que: "*[l]as normas relativas a los derechos fundamentales y a las libertades que la Constitución reconoce se interpretarán de conformidad con la Declaración Universal de Derechos Humanos y los tratados y acuerdos internacionales sobre las mismas materias ratificados por España*".

---

[464] Sentencia 115/1987, de 7 de julio del Pleno del Tribunal Constitucional "En el recurso de inconstitucionalidad núm. 880/85, promovido por el Defensor del Pueblo, contra los arts. 7, 8, 26 y 34, de la Ley Orgánica 7/1985, de 1 de julio, sobre derechos y libertades de los extranjeros en España. Ha sido parte el Letrado del Estado en representación del Gobierno, y ha sido Ponente el Magistrado don Miguel Rodríguez-Piñero y Bravo-Ferrer, quien expresa el parecer del Tribunal".

A su vez, el artículo 13.1 de la CE reitera la garantía con la que los extranjeros disfrutan de las libertades contenidas en el Título I de la Constitución "*en los términos que establezcan los tratados y la ley*". En el punto 2 matiza que la participación en asuntos públicos, así como la participación política, incluido el acceso a cargos públicos, solamente se reconocen a los españoles, tal y como queda expresado en el artículo 23. Como salvedad menciona las elecciones municipales, en las que podrán participar con derecho a sufragio activo y pasivo "*atendiendo a los criterios de reciprocidad*".

El hecho de que el artículo 13 refiera la previsión constitucional de las libertades de las que gozan los extranjeros en España a los términos dictados por los tratados internacionales y la ley interna española no tiene una finalidad restrictiva. Así, tal y como queda expresado en la *Sentencia 107/1984*, de 23 de noviembre, del TC, tal previsión no buscaba la desconstitucionalización de la posición jurídica de los extranjeros en cuanto a sus derechos y libertades públicas, "*de modo que los derechos y libertades reconocidos a los extranjeros siguen siendo derechos constitucionales y, por tanto, dotados -dentro de su específica regulación- de la protección constitucional, pero son todos ellos sin excepción en cuanto a su contenido derechos de configuración legal*". Además, añadía que "*Derechos tales como el derecho a la vida, a la integridad física y moral, a la intimidad, la libertad ideológica, etc., corresponden a los extranjeros por propio mandato constitucional, y no resulta posible un tratamiento desigual respecto a ellos en relación a los españoles*"[465].

El Capítulo 4 del Título I la Constitución regula de forma explícita las garantías y los derechos y libertades fundamentales, indicando el procedimiento que ha de seguirse según el derecho o libertad del que se trate. De este modo, el artículo 53 indica que los derechos y libertades reconocidos en el Capítulo 2 del citado Título I vinculan a todos los poderes públicos, lo que exige que todas las leyes deberán respetar su contenido esencial. El cumpli-

---

[465] *Sentencia 107/1984, de 23 de noviembre del Tribunal Constitucional*, BOE núm. 305, de 21 de diciembre de 1984.

miento de este artículo queda bajo la tutela del TC de acuerdo con lo establecido en el artículo 161, según el cual se podrá presentar un "*recurso de inconstitucionalidad contra leyes y disposiciones normativas con fuerza de ley*" (art. 161.1.a).

Por su parte, los tribunales ordinarios son los encargados de tutelar las libertades y derechos expresados en el artículo 14 de la Constitución, así como los recogidos en la Sección 1ª del Capítulo 2. Si se produce su incumplimiento, también cabe presentar, ante el TC, un "*recurso de amparo por violación de los derechos y libertades referidos en el artículo 53, 2*" (art. 161.1.b). Por último, los principios rectores de la política social y económica a los que se refiere el Capítulo 3 del Título I "*sólo podrán ser alegados ante la jurisdicción ordinaria, de acuerdo con lo que dispongan las leyes que los desarrollen*"[466].

Antes de revisar las garantías jurisdiccionales que el ordenamiento español ofrece a los derechos y libertades vinculados a la extranjería, conviene desglosar brevemente a qué hacen referencia. La citada *Sentencia 107 de la Sala Segunda del Tribunal Constitucional de 23 de noviembre de 1984* distingue entre tres tipos de derechos:

- *Grupo I*: los inherentes a la dignidad humana y que corresponden a cualquier persona que se encuentre en territorio español, independientemente de la regularidad de su situación;
- *Grupo II*: aquellos de participación política (directa e indirecta) y acceso a cargos públicos, que pertenecen de forma exclusiva a quienes poseen la nacionalidad española;
- *Grupo III*: los reconocidos a los extranjeros dependiendo de los tratados, legislación y acuerdos de reciprocidad, así como los derechos socioeconómicos regulados para aque-

---

466 Carpio, Montserrat (2013). "Los derechos y deberes fundamentales. La protección y suspensión de los derechos fundamentales. Protección jurisdiccional de los derechos fundamentales de la persona", *MC Consulting*, pp. 1-16, *vid.* p.8.

llos extranjeros con residencia legal y en situación regular en España, con las restricciones que figuran en la ya analizada *Ley Orgánica 8/2000* (capítulo 3.5).

A continuación, se examinan brevemente los tres tipos de garantías jurisdiccionales que ofrece la Constitución para tutelar los derechos y libertades fundamentales.

### 5.2.1. Garantías normativas

En cuanto a las garantías normativas, MARTÍN GÁMEZ[467] señala que éstas "*se caracterizan, entre otros rasgos, por integrarse en el devenir del propio derecho que se garantiza, de manera que con su regulación y con su ejercicio queda determinada su propia protección*". Añade que éstas:

> *"giran en torno a la vinculación de los poderes públicos y los particulares, a la reserva de la ley, a las garantías sobre el contenido de los derechos, a las garantías que adoptan la forma de los derechos, a la exención de obligaciones, a las exigencias y prohibiciones a los poderes públicos y también a la rigidez constitucional"*[468].

De este modo, el artículo 9.1 de la Carta Magna dicta que "*[l] os ciudadanos y los poderes públicos están sujetos a la Constitución y al resto del ordenamiento jurídico*". Este dictado queda reiterado en el ya citado artículo 53 en el que tanto los poderes públicos (art. 53.1) como cualquier ciudadano (art. 53.2) están vinculados al contenido esencial de los derechos recogidos en el Capítulo 2 del Título I (arts. 14 a 38). La integración, reconocimiento, respeto y protección de los "*principios rectores de la política social y económica*" recogidos en el Capítulo 3 del Título I de la Constitución (arts. 39 a 52) queda garantizada en el artículo 53.3 al afirmarse que estos "*informarán la legislación positiva, la práctica judicial y la actuación de los poderes públicos*", si bien matiza que "*[s]ólo podrán ser alegados ante*

---

467 Marín Gámez, *op.cit.*, *vid.* p. 70.

468 Marín Gámez, *op.cit.*

*la Jurisdicción ordinaria de acuerdo con lo que dispongan las leyes que los desarrollen*".

Los preceptos constitucionales recogidos en estos artículos, especialmente en el 9.1 y en el 53.1, son, de acuerdo con la terminología empleada por la *Sentencia 21 de 1981 del TC*, "*origen inmediato de derechos y de obligaciones y no meros principios programáticos*"[469]. Además, el artículo 10 de la Carta Magna se convierte en el sistema de valores que conforma nuestra organización jurídica y política en el "*fundamento del orden jurídico y de la paz social*".

Estos preceptos vinculan al poder legislativo, de tal forma que la *Sentencia 53/1985, de 11 de abril del Pleno del TC* indica que:

> *"[d]e la significación y finalidades de estos derechos dentro del orden constitucional se desprende que la garantía de su vigencia no puede limitarse a la posibilidad del ejercicio de pretensiones por parte de los individuos, sino que ha de ser asumida también por el Estado. [...] Ello obliga especialmente al legislador, quien recibe de los derechos fundamentales «los impulsos y líneas directivas», obligación que adquiere especial relevancia allí donde un derecho o valor fundamental quedaría vacío de no establecerse los supuestos para su defensa"*[470].

Su vinculación al Poder Judicial queda claramente expresada en el artículo 24 de la Constitución, que recoge, quizá, el más importante de los derechos-garantía, al reconocer la tutela efectiva de los jueces y tribunales. Esta vinculación se reitera en el artículo 124.1 cuando encomienda al Ministerio Fiscal la promoción de "*la acción de la justicia en defensa de la legalidad, de los derechos de los ciudadanos y del interés público tutelado por la ley, de oficio o a petición de los interesados, así como velar por la independencia de los Tribunales y procurar ante éstos la satisfacción del interés social*".

---

469 *Sentencia 21/1981, de 15 de junio, de la Sala Primera del Tribunal Constitucional.*

470 *Sentencia 53/1985, de 11 de abril, del Pleno del Tribunal Constitucional*, BOE núm 119, de 18 de mayo de 1985.

La implementación de la tutela judicial queda reiterada tanto en la Ley Orgánica del Poder Judicial como en el Estatuto Orgánico del Ministerio Fiscal. La *Ley Orgánica 6/1985, de 1 de julio, del Poder Judicial*[471] (LOPJ) dicta en su artículo 7.1 que "*[l]os derechos y libertades reconocidos en el Capítulo Segundo del Título I de la Constitución vincula, en su integridad, a todos los Jueces y Tribunales y están garantizados bajo la tutela efectiva de los mismos*".

De esta forma, las resoluciones judiciales no podrán "*restringir, menoscabar o inaplicar*" el contenido de los derechos enunciados en el artículo 53.2 de la Constitución (art. 7.2). Igualmente, "*[l]os Juzgados y Tribunales protegerán los derechos e intereses legítimos, tanto individuales como colectivos, sin que en ningún caso pueda producirse indefensión*" (art. 7.3). Con este fin, aclara que las corporaciones, asociaciones y grupos que resulten afectados estarán legitimados para la defensa y promoción de estos derechos.

Igualmente, en su artículo 541, la LOPJ reitera el mandato constitucional del Ministerio Fiscal. Entre estas misiones, relacionadas en el tercer artículo del Estatuto Orgánico del Ministerio Fiscal (EOMF), destaca la de "*[v]elar por el respeto de las instituciones constitucionales y de los derechos fundamentales y libertades públicas con cuantas actuaciones exija su defensa*"[472].

Algunos de los ejemplos más claros respecto a la tutela judicial de los derechos fundamentales quedan recogidos en varios artículos de la Constitución, cuando establece la necesidad de una resolución judicial para realizar una entrada y registro en un domicilio (art. 18.2); para intervenir el secreto de las comunicaciones, especialmente las postales, telegráficas y telefónicas (art. 18.3); para "*acordarse el secuestro de publicaciones, grabaciones y otros medios de información*" (art. 20.5); y para suspender o disolver las actividades de una asociación (art. 22.4);

---

471 *Ley Orgánica 6/1985, de 1 de julio, del Poder Judicial*, BOE núm. 157, de 2 de julio de 1985.

472 *Ley 50/1981, de 30 de diciembre, por la que se regula el Estatuto Orgánico del Ministerio Fiscal*, BOE núm. 11, de 13 de enero de 1982.

De acuerdo con la *Sentencia 89/1985 de la Sala Segunda del TC*[473], el derecho a la tutela judicial es un derecho de configuración legal cuyo ejercicio se presta "*por los cauces que el legislador establece*". A este respecto, la *Ley Orgánica 4/2000* dedica su Capítulo III a las "*Garantías jurídicas*" que asisten a los extranjeros en España. Su artículo 20 regula el derecho a la tutela judicial efectiva, reiterando que los procedimientos administrativos establecidos en materia de extranjería "*respetarán en todo caso las garantías previstas en la legislación general sobre procedimiento administrativo, especialmente en lo relativo a publicidad de las normas, contradicción, audiencia del interesado y motivación de las resoluciones*". Como salvedad establece el procedimiento relacionado con la expedición del visado, que se regirá por el artículo 27 de la misma Ley.

En sus puntos 2 y 3, el citado artículo 20 de la *Ley 4/2000* legitima la intervención de "*organizaciones constituidas legalmente en España para la defensa de los inmigrantes, expresamente designadas por éstos*", así como aquellas corporaciones, asociaciones, sindicatos, grupos y entidades que resulten afectadas o estén legítimamente habilitadas para la defensa de los derechos e intereses legítimos colectivos, de acuerdo con lo establecido en los artículos 18 y 19.1.b) de la *Ley reguladora de la Jurisdicción Contencioso-Administrativa*[474].

El artículo 21 de la citada *Ley 4/2000* garantiza el derecho al recurso en los actos administrativos "*con arreglo a lo dispuesto en las leyes*", siendo el régimen de ejecutividad de los actos administrativos "*el previsto con carácter general en la legislación vigente*", con la excepción del trámite de expedientes de expulsión preferente, que estarán sujetos a lo dispuesto en el Título III, "*De las infracciones en materia de extranjería y su régimen sancionador*", de dicha Ley.

El derecho a la asistencia jurídica gratuita, incluida la asistencia letrada y "*la asistencia de intérprete si no comprenden o hablan la*

---

473 *Sentencia 89, de 19 de julio de 1985, de la Sala Segunda del Tribunal Constitucional,* BOE. Núm. 194, de 14 de agosto de 1985,.

474 *Ley 29/1998, de 13 de julio, reguladora de la Jurisdicción Contencioso-Administrativa,* BOE núm. 167, de 14 de julio de 1998.

*lengua oficial que se utilice*" queda refrendado en el artículo 22 de esta Ley.

Para concluir este apartado, cabe destacar que el artículo 106 de la CE también garantiza la vinculación del poder ejecutivo a lo dictado en los artículos 9.1 y 53.1, ampliando la tutela de las administraciones a los Tribunales, quienes "*controlan la potestad reglamentaria y la legalidad de la actuación administrativa, así como el sometimiento de ésta a los fines que la justifican*" (art.106.1).

### 5.2.2. Garantías jurisdiccionales

Anteriormente, se ha mencionado cómo el artículo 53.1 de la CE prevé que los derechos y libertades recogidos en el Capítulo 2 del Título I de la Carta Magna se tutelan de acuerdo con el recurso de inconstitucionalidad ante el TC, regulado en el artículo 161.1.a del citado documento; y como la tutela de los artículos 14 a 29, se realiza igualmente a través de la jurisdicción ordinaria por vía de los principios de preferencia y sumariedad, también recogidos en la *Ley 62/1978, de 26 de diciembre, de Protección Jurisdiccional de los Derechos Fundamentales*[475].

En la sección anterior se ha avanzado la importancia de la tutela judicial, expresada en el artículo 24 de la Carta Magna, como garante de los derechos y libertades fundamentales. Este precepto se refuerza con lo establecido en el artículo 117.3 de la CE, en el que "*[e]l ejercicio de la potestad jurisdiccional en todo tipo de procesos, juzgando y haciendo ejecutar lo juzgado, corresponde exclusivamente a*

---

475 *Ley 62/1978, de 26 de diciembre, de Protección Jurisdiccional de los Derechos Fundamentales*, BOE núm. 3, de 3 de enero de 1979. A esto cabe añadir que el derecho a la objeción de conciencia reconocido en el artículo 30.2 de la Constitución podrá tutelarse a través de un recurso de amparo ante el TC cuando su reparación no haya sido posible mediante las vías ordinarias ante Jueces y Tribunales. *Vid. Sentencia 160 de 1987, de 27 de octubre, del Pleno del Tribunal Constitucional*.

*los Juzgados y Tribunales determinados por las leyes, según las normas de competencia y procedimiento que las mismas establezcan*".

No obstante, la referencia a la tutela judicial queda incompleta si no se hace mención del recurso al *habeas corpus*, cuya raigambre en el derecho histórico español se remonta a las provisiones existentes en el Reino de Aragón, el *Fuero de Vizcaya*, así como en las *Constituciones de 1869* y *1876*.

En el artículo 17.4 de la Constitución actual, el *habeas corpus* queda establecido como el procedimiento a través del cual proteger la libertad de la ciudadanía. De esta forma, cumpliendo el mandato constitucional, la *Ley Orgánica 6/1984* cumple con el compromiso de los poderes públicos en cuanto a la protección de la libertad ciudadana. A través de esta Ley, el *habeas corpus* queda configurado como una comparecencia de la persona detenida ante el juez, con el fin de que tenga oportunidad de exponer las alegaciones que considere oportunas contra las causas o condiciones que han motivado su detención. Ante lo expuesto, el Juez resolverá si la detención se ha practicado conforme a Derecho.

La tutela judicial de la libertad queda claramente establecida gracias a la pretensión de universalidad de la *Ley Orgánica 6/1984* que rige el *habeas corpus*. Por su parte, las garantías contencioso-administrativas, laborales y civiles están desarrolladas en la *Ley 13/2009*, la *Ley 36/2011* y la *Ley 1/2000*[476], respectivamente. A través de ellas se regulan los procedimientos que han de seguirse, bajo tutela judicial civil, en caso de que se haya producido la lesión de algún derecho fundamental o libertad pública en estas materias.

---

[476] *Ley 13/2009, de 3 de noviembre, de reforma de la legislación procesal para la implantación de la nueva Oficina Judicial*, que modifica a la *Ley 29/1998, de 13 de julio, de la Jurisdicción Contencioso-Administrativa*; *Ley 36/2011, de 10 de octubre, reguladora de la jurisdicción social*; *Ley 1/2000, de 7 de enero, de Enjuiciamiento Civil*.

### 5.2.3. Garantías institucionales

El artículo 54 de la Constitución prevé la "*institución del Defensor del Pueblo, como alto comisionado de las Cortes Generales*", quienes designan esta figura con el fin de que defienda los derechos comprendidos en el Título I constitucional para todas las personas, nacionales o extranjeros, independientemente de su situación legal, administrativa, ya que "*no es jurídicamente admisible recortar el nivel, estándar o eficacia que tiene un derecho cuando su titular es un extranjero*"[477], si bien es lícito imponer aquellas limitaciones que obedezcan a cualquiera de las manifestaciones del principio de legalidad y que estén sujetas a reglas de ponderación y proporcionalidad.

Para ello, el Defensor del Pueblo tiene potestad para supervisar la actividad llevada a cabo por la Administración, teniendo que dar cuenta de su proceder ante las Cortes Generales. Sus funciones están reguladas en la *Ley Orgánica 3/1981*, modificada en 1992 a través de la que se sustituyeron "*las comisiones de relación con el Defensor del Pueblo*" existentes en el Congreso y en el Senado por una única Comisión Mixta con miembros de ambas cámaras.

Además de la institución a nivel nacional, existen figuras equivalentes en cada una de las comunidades autónomas. La relación entre ellas se establece en la *Ley Orgánica 6/1985*, a través de la que también se añadió una Disposición Final Única a la *Ley Orgánica 3/1981* con el fin de atribuir al Defensor del Pueblo las funciones del *Mecanismo Nacional de Prevención de la Tortura*. Dadas sus funciones como órgano de cooperación técnica y jurídica en la prevención de la tortura, su *Reglamento de Organización y Funcionamiento se modificó con la Resolución de 25 de enero de 2012*, estableciéndose una mesa de expertos y especialistas (incluyendo magistrados y abogados, además de médicos, psicólogos, etc.) cuya finalidad es la inspección de esta materia, así como la realización de informes y propuestas.

---

477 Marín Gámez, *op.cit.* p. 74.

Por otro lado, las *Comisiones de Investigación del Congreso y Senado* establecidas en el artículo 76 de la CE, ante las que ha de comparecerse de forma obligatoria previo requerimiento (art. 76.2), son otro recurso institucional para garantizar los derechos y libertades fundamentales. Pueden establecerse para esclarecer cualquier asunto de interés público, *motu propio* o tras "*recibir peticiones individuales y colectivas*" (art. 77.1). Aunque las conclusiones y resultados de sus investigaciones no son vinculantes para los tribunales ni pueden afectar a las resoluciones judiciales, éstas pueden comunicarse "*al Ministerio Fiscal para el ejercicio, cuando proceda, de las acciones oportunas*" (art- 76.1).

Los mecanismos de control institucionales para garantizar los derechos y libertades fundamentales se complementan con los mecanismos establecidos entre los artículos 111 y 113 de la Carta Magna. Así, el poder gubernativo y cada uno de sus miembros queda sometido a preguntas, interpelaciones, mociones y cuestiones de confianza a través de las que se les exigirá responsabilidad política. Si el ejercicio de estos mecanismos pusiera de manifiesto que se ha perdido la confianza del Congreso, esto abocaría a su dimisión.

Por último, junto a estas instituciones, de naturaleza constitucional, el Ministerio de Asuntos Exteriores, Unión Europea y Cooperación cuenta con la Dirección General de Naciones Unidas, Organismos Internacionales y Derechos Humanos, que es la encargada del "*seguimiento de las actividades de los organismos y foros multilaterales en que se aborden los derechos humanos [...], así como todos los órganos de control de cumplimiento de los tratados internacionales de los que España forme parte*"[478].

Atendiendo al Real Decreto, esta Dirección General es la responsable de planificar, coordinar, proponer y ejecutar la política

---

478 *Real Decreto 644/2020, de 7 de julio, por el que se desarrolla la estructura orgánica básica del Ministerio de Asuntos Exteriores, Unión Europea y Cooperación, y se modifica el Real Decreto 139/2020, de 28 de enero, por el que se establece la estructura orgánica básica de los departamentos ministeriales.*

exterior de España en materia de protección y promoción de los derechos humanos, convirtiéndose así en otra garantía más para su impulso.

En esta misma línea, la *Dirección General de Relaciones Internacionales y Extranjería*, dependiente del Ministerio del Interior español, tiene encomendada la coordinación de las comunicaciones e informes relacionados con materia de derechos humanos. Esta función hace que disponga de la información necesaria para que su labor de planificación, coordinación y seguimiento de las líneas estratégicas en materia de extranjería tengan en cuenta los derechos y libertades fundamentales.

En este capítulo se ha podido ver que, pese a las sombras, la historia ha ido arrojando luz en el avance de los derechos humanos y las garantías jurisdiccionales en las que hallan sustento legal para su defensa. El repaso del trabajo realizado por distintas instituciones internacionales, junto al análisis de distintos casos resueltos por los Tribunales europeos, ha mostrado avances en la protección jurídica de quienes migran, si bien todavía es preciso realizar cambios sustanciales para favorecer la existencia de una migración sostenible basada en el pleno respeto a los derechos humanos. El próximo capítulo explora uno los mecanismos y estrategias que pueden utilizarse para conseguir que los flujos migratorios resulten beneficiosos (y sostenibles) para todas las partes implicadas.

*Capítulo V.*

# *Una jugada maestra para resolver el dilema migratorio desde la gobernanza multinivel*

## 1. PROSPECTIVA MIGRATORIA EN LA UE

Al analizar la evolución de la densidad de flujo en las rutas migratorias del Mediterráneo (incluida la fachada occidental de África, con los desplazamientos realizados hasta las Islas Canarias) se ha mostrado la naturaleza pendular de estos movimientos de personas. No obstante, las medidas de gestión de estos flujos, incluida la vertiente securitizadora de las fronteras exteriores de la UE, no han conseguido extinguir el fenómeno. De hecho, éste ha continuado incluso en medio de las restricciones de movimiento derivadas de la pandemia.

Ante esta situación, la ONU señala que la combinación de conflictos ya en desarrollo con los efectos del cambio climático y el impacto de la pandemia han incrementado considerablemente las necesidades humanitarias. Así, la estimación de personas en necesidad de ayuda humanitaria (que ya era la mayor de la historia a comienzos de 2021, ascendiendo a 235 millones) alcanzó los 274 millones en las previsiones para 2022 y sigue creciendo[479]. Por ello, desde la ONU se advierte que "*[l]a infancia, especialmente las niñas, se está perdiendo la educación. Los derechos de las mujeres están amenazados. Se avecinan múltiples hambrunas. Vidas y medios de*

---

[479] ACNUR (2021). *Global Humanitarian Overview 2022.*

*subsistencia individuales, estabilidad regional y nacional, y décadas de desarrollo están en riesgo*"[480].

La gravedad de esta situación tiene especial importancia para Europa, porque estas crisis humanitarias, producidas mayoritariamente en los países de origen de los flujos migratorios que atraviesan el Mediterráneo, pueden conllevar un aumento significativo de estas travesías[481].

El análisis de riesgos de Frontex apunta que el incremento de desigualdades sociales y la asimetría en las posibilidades de recuperación económica se traducirán, previsiblemente, en mayores intentos por atravesar la frontera con la UE de forma irregular[482]. La Agencia advierte que, además, es previsible que las mafias del crimen organizado hagan uso de estos flujos para incrementar su campo de actuación, utilizando las redes migratorias para conducir fenómenos delictivos que incluyen, además de la propia inmigración irregular y la trata de personas, el tráfico de sustancias

---

480 Griffiths, Martin (2021). "Foreword by the Emergency Relief Coordinator", *UN's Global Humanitarian Overview 2022, vid.* p.4.

481 De las quince principales crisis humanitarias en activo, ocho se están produciendo en África (Sahel, Lago Chad, República Centroafricana, República Democrática del Congo, Mozambique, Somalia, Etiopía y Sudán); cuatro en Oriente Medio (Líbano, Siria, Afganistán y Yemén); una en Asia (Birmania-Bangladesh); una en América central (Haití) y otra en América del Sur (Venezuela). Trece de estos países constituyen un punto de origen de los flujos migratorios irregulares que han atravesado el Mediterráneo desde el comienzo de la crisis analizada en este estudio. *Vid.* Europa Press (2023). "Las 15 principales crisis humanitarias que marcarán 2023", *Europa Press Internacional,* 7 de enero. A ellas hay que sumar la crisis humanitaria tras el estallido del conflicto entre Israel y Palestina en octubre de 2023, ante el que la ONU advierte del vertiginoso empeoramiento de la situación humanitaria en la franja de Gaza. *Vid.* Noticias ONU (2023). "Israel-Palestina: La situación humanitaria empeora vertiginosamente en Gaza", *Mirada Global. Historias Humanas,* 14 de octubre.

482 Frontex (2023). *Risk analysis for 2022/2023,* Varsovia, Polonia.

estupefacientes (drogas y tabaco), coches robados, armas y documentación fraudulenta.

Frontex señala que, como se desprende del movimiento pendular de las migraciones observado en este estudio (especialmente en el caso de las Islas Canarias), las redes migratorias pueden buscar reactivar rutas cuyo volumen haya disminuido en los últimos años, e incluso crear otras nuevas.

Dada la variedad de crisis (gubernativas, sociales y económicas), y la frecuencia con la que sucesos extremos (tanto climáticos como sanitarios) transforman por completo el panorama mundial, el presente atraviesa una situación de volatilidad extrema. La lección derivada de todos los acontecimientos sucedidos en los últimos años, cuyo impacto migratorio en la vertiente mediterránea se ha ido desgranando a lo largo de este estudio, es que todos estos fenómenos están interconectados y se reflejan en las tendencias migratorias de cada momento.

Esta situación sobre la realidad migratoria invita a la adopción de una nueva perspectiva de análisis que fructifique en la creación y desarrollo de asociaciones a largo plazo, tanto entre los países de la propia UE como con el resto de actores implicados en el fenómeno migratorio.

### *1.2. Una nueva perspectiva de análisis*

El examen de las causas subyacentes a las migraciones, la legislación y la jurisprudencia migratoria muestran que el fenómeno del cruce irregular de fronteras no es una situación aislada. Por el contrario, los flujos migratorios están inextricablemente unidos al conjunto de realidades que los rodean, tanto en el país donde se origina el movimiento como en los de tránsito y destino. Igualmente, las reacciones al propio fenómeno y las prácticas políticas a las que dan lugar están relacionadas con el momento histórico y con el pulso social en otras dimensiones. Esta pluralidad de conexiones refleja las relaciones recogidas en los objetivos de desarrollo sostenible (ODS) trazados en la Agenda 2030 y que impelen a una solución conjunta, que puede abordarse desde la teoría de juegos.

La aldea global en la que vivimos está llena de incertidumbres, nuevos riesgos y amenazas, dispuestos a demostrar que "*el presente es siempre un periodo de penoso cambio*"[483], que en seguida se convierte en pasado. Así, el cambio demuestra ser uno de los elementos consustanciales de la realidad humana, produciéndose cada vez con tal vertiginosidad que parecen haber conseguido que la esfera del mundo se aplane[484].

FRIEDMAN habla de una triple convergencia de actores, escenarios y procesos de colaboración horizontal derivados de diez "*aplanadores*" (o niveladores) a través de los que se ha reconfigurado el planeta[485] con nuevos flujos comerciales, económicos y de conocimiento. Estos incluyen cambios políticos, innovaciones,

---

483 McLuhan, Marshall y Powers, Bruce R (1995). *La aldea global. Transformaciones en la vida y los medios de comunicación mundiales en el siglo XXI.* Trad. Claudia Ferrari. Editorial Gedisa, 3ª ed. Barcelona, *vid.* p.13.

484 Friedman, Thomas L. (2007). *The World is Flat. A Brief History of the Twenty-First Century*, Picador/Farrar, Straus and Giroux, Nueva York, 3ª ed., *vid.* p. 5 y p. 211.

485 En el segundo capítulo, Friedman va desgranando uno a uno los cambios más importantes que han alisado el mundo. El primero de ellos es la caída del muro de Berlín (1989), que el autor asocia con una nueva era de creatividad. La conectividad ofrecida por internet desde mediados de los noventa, liderada inicialmente por Netscape, se convierte en el segundo de estos agentes. En tercer lugar, hace referencia a los estándares y sistemas operativos que han permitido introducir un flujo de trabajo global, posibilitando que distintos elementos de una misma producción se realicen en puntos completamente distintos del planeta. A este se suman los desarrollos comunales, la subcontratación, la deslocalización, las cadenas de suministro internacionales, la logística de la distribución, los navegadores de búsqueda y la digitalización de la realidad, que hace que la tecnología sea cada vez más esencial en nuestra vida. Todos ellos completan el elenco de eventos y realidades que han vuelto a hacer del mundo una superficie plana. Friedman, *op.cit.* pp.51-199.

así como las grandes compañías que desde mediados de la década de 1990 han posibilitado nuevas herramientas y modos de actuar que, ya entrado el siglo XXI, han conseguido suprimir la redondez del orbe, facilitando el intercambio de bienes e ideas. No obstante, la supresión de fronteras económicas no ha conseguido tener el mismo impacto en materia de derechos humanos y garantías jurisdiccionales.

No obstante, la celeridad e interconexión con la que se producen los cambios que nos rodean también impactan notablemente sobre los flujos migratorios. De ahí la conveniencia de analizarlos a través de una serie de herramientas, como la teoría de juegos, la gobernanza multinivel y la Agenda 2030, con el fin de apreciar la multidimensionalidad del fenómeno desde distintos prismas, que permitan apreciar todos sus vértices y aristas. Además, conviene tener presente que el fenómeno de la migración afecta de forma directa a las personas que emprenden el viaje, así como a los lugares a los que llegan y en los que han de integrarse para continuar desarrollando su vida. Por ello, una gestión eficiente de estos flujos sería aquella que, teniendo un resultado beneficioso para quienes migran, también permita que las sociedades de acogida puedan absorber la nueva población sin que esto suponga ni un lastre económico ni alteraciones sociales.

El diseño de una política migratoria que otorgue recompensas para todas las partes implicadas responde a la tendencia del ser humano a actuar movido por recompensas y castigos. Siguiendo esta línea, la teoría de juegos aplicada a la migración permite que los distintos aspectos de la política y la ciudadanía, que conviven a diario con el fenómeno, aprecien las ganancias que éste ofrece. Por ello, este tipo de planteamientos puede convertirse en el mejor defensor de las garantías jurisdiccionales de quienes migran.

No obstante, el trazado de este tipo de políticas ante una situación global en continuo movimiento no resulta sencillo. La celeridad de los cambios que se han producido en las últimas décadas ha hecho que vivamos en un mundo VUCA[486]. Incluso, dando todavía un paso más en el camino de la incertidumbre y la inestabilidad, los acontecimientos derivados de la irrupción de la pandemia han hecho que incluso el desequilibrio transmitido por el concepto VUCA pareciese insuficiente para describir la complejidad de la situación actual.

Por ello, en 2020, el antropólogo americano Jamais Cascio se refirió a la situación actual acuñando el término BANI[487], cuyas siglas en inglés hacen referencia a: la fragilidad (*Brittle*), el colapso puede llegar en cualquier momento ante una nueva catástrofe; la ansiedad y el sentido de emergencia (*Anxious*), especialmente en el mundo laboral, donde hay que tomar decisiones casi instantáneas; la no linealidad (*Nonlinear*), que genera sensación de desconexión y desbarata los planes a largo plazo; y lo incomprensible (*Incomprehensible*), referido a los malentendidos generados al encontrar una respuesta que al instante deja de tener validez, obligando a reconocer nuestra carencia de control sobre lo que sucede.

Como resultado de esta situación, la sociedad se ha vuelto impredecible, lo que exige que quienes la lideran y tejen las estructuras que regulan nuestra vida sean capaces de tomar decisiones sin tener datos concretos, anticipando las consecuencias de sus acciones y realizando prospectivas a través de las que trazar cursos de acción flexibles que puedan moldearse para adaptarse a la evolución de los acontecimientos[488].

---

486 Concepto creado en la década de 1980, en el contexto de la guerra fría, mediante cuyas siglas en inglés se hace referencia a los términos volatilidad (*volatility*), incertidumbre (*uncertainty*), complejidad (*complexity*) y ambigüedad (*ambiguity*) que caracterizan a nuestro entorno.

487 Sridharan, Mithun (2020). "BANI: a new framework to make sense of a chaotic world?", *Think Insights.*

488 Minciu, Mihaela; Berar, Florin Aurel; y Dima, Cristina (2019). "The Opportunities and threats in the context of the VUCA. world", *Proceedings of the 13th international management conference "Management Strategies for High Performance"*, pp.1142-1150; *vid.* p. 1143.

Ante la gestión del reto migratorio, el pensamiento estratégico se convierte en la única herramienta capaz de conciliar la voluntad de actuación con el curso de acción posible. Así, la teoría de juegos invita a anticipar las reacciones de las demás partes negociadoras y las consecuencias de sus decisiones a largo plazo. De este modo, anima a ir más allá de los beneficios inmediatos, instando a la búsqueda de planteamientos que obtengan soluciones óptimas y perdurables.

En cada uno de los juegos, la teoría expone los posibles resultados para resolver un conflicto o dilema en términos cooperativos o no cooperativos, teniendo en cuenta la situación presente y atendiendo tanto a las tentaciones (distractores) que la rodean como a sus recompensas (beneficios). Igualmente, se ocupa de prever los posibles desenlaces futuros de cada una de las opciones.

Aunque la teoría de juegos comenzó a utilizarse en las ciencias sociales desde la década de 1980 sus beneficios para el análisis de los flujos migratorios no han comenzado a verse hasta el presente siglo. Pese a la novedad de su aplicación, uno de los puntos fuertes del empleo de la teoría de juegos para el análisis del fenómeno migratorio es, siguiendo el planteamiento del profesor HÅKANSSON[489], que, en vez de buscar su fundamentación en puntos de vista sociológicos o psicológicos, ésta se sustenta sobre los principios de la racionalidad, lo que la convierte en una valiosa herramienta para los Estados e instituciones como la UE.

Para valorar los resultados, la teoría de juegos recurre a una función de utilidad, a través de la que se miden los beneficios que cada una de las partes extraería con cada una de las opciones disponibles. La utilización de esta función evita analizar la motivación para elegir una u otra opción desde postulados psicológicos y se convierte en una teoría descriptiva centrada en la observación de los jugadores. De este modo, busca predecir, de la forma más

---

489 Håkansson, Martin (2005). *The Economization of Migration. Games played in the arena of migration.* Facultad de Derecho, Universidad de Lund, *vid.* pp.7-22.

objetiva posible, cuál será el comportamiento de cada participante al interactuar en un juego o negociación.

Además, la teoría de juegos permite estudiar diversas posibilidades de actuación mediante la integración de varios planteamientos y juegos, a través de los que se obtiene "*el análisis de la interacción intencional de las personas con intereses parcialmente conflictivos en un grupo o sociedad*"[490]. La función de utilidad presente en la solución de cada uno de los juegos entronca con la tradición utilitarista de Jeremy BENTHAN (1829), quien, citando una de las sátiras de Horacio, la define como la madre de la justicia y la equidad: "*utilitas, jiusti prope mater et aequi*"[491].

A través del análisis de las funciones de utilidad de la teoría de juegos, el estratega debería ser capaz de acercarse a decisiones más justas y equilibradas, primando la diplomacia para lograr un desarrollo sostenible, pacífico y democrático[492]. No obstante, como recuerda HÅKANSSON, los organismos gubernamentales no son actores morales, ni siquiera cuando esgrimen argumentos de ese tipo en la justificación o promoción de sus actuaciones, sino que están motivados por otro tipo de intereses y objetivos. De ahí la idoneidad de llevar a cabo simulaciones basadas en la teoría de juegos para objetivar qué línea de acción conviene trazar ante determinada situación, como la que ahora nos ocupa.

---

490 Trockel, Walter (2004). "Game theory. The language of social science?", Center for Mathematical Economics Wokring Papers, Nº 257, Bielefeld University.

491 Rosen, Frederik (2003). *Classical Utilitarianism form Hume to Mill*, Routledge, Taylor & Francis Group, Londres y Nueva York, *vid.* p. 15.

492 USAID (2012), *3D Planning Guide. Diplomacy, Development, Defence. Predecisional working draft.* 31 de julio de 2012.

## 2. EFICIENCIA Y COOPERACIÓN EN EL ANÁLISIS DE LA MIGRACIÓN PARTIENDO DE LA TEORÍA DE JUEGOS

*Grosso modo*, la teoría de juegos ofrece a los jugadores un gradiente de posibilidades comprendidas entre la cooperación y la deserción. Así, se puede escoger bien la coordinación y colaboración para resolver el problema, bien el abandono del resto de jugadores a su suerte. Esta última opción suele preferirse bajo la creencia de que así se maximizará el beneficio propio, si bien ése no suele ser el resultado (especialmente a largo plazo).

Para optar por una u otra alternativa, cada una de las partes negociadoras se basa en la información que tiene a su alcance. En un supuesto ideal, todas las partes dispondrían la información completa, pero, a diferencia de lo que sucede en una partida de ajedrez, en las situaciones reales no es habitual que todos los movimientos y alternativas sean visibles para quien observa y analiza el juego. A menudo, los efectos inmediatos pueden ser los únicos conocidos (o los únicos a los que se presta atención).

De acuerdo con los WU y HOLME[493], centrarse en el beneficio inmediato dificulta que las poblaciones egoístas escojan la opción cooperativa. Con frecuencia, optan por la deserción (opción no cooperativa) al considerar que puede reportarles un mayor número de beneficios inmediatos. Aunque esta teoría se formó para analizar el comportamiento entre distintas colonias de organismos vivos, sus hallazgos encuentran resonancia en el ámbito de las negociaciones burocráticas interestatales.

De este modo, imaginemos que un Estado (jugador 1) tiene la posibilidad de adoptar un acuerdo con otro Estado o con el conjunto de la UE (jugador 2), cuya aceptación implica el desembolso de un gasto inicial. Al estudiar sus posibilidades, el Estado

493 Wu, Zhi-Xi y Holme, Petter (2009). "Effects of strategy-migration direction and noise in the evolutionary spatial prisoner's dilemma", *Physical Review E-Statistical Nonlinear, and Soft Matter Physics*, Vol. 80, Núm. 2, *vid.* pp. 1-19.

es consciente de que la ratificación del acuerdo (opción cooperativa) podría suponer beneficios para ambas partes, aunque serían visibles únicamente a largo plazo. Por el contrario, observa que si opta por abandonar el acuerdo (deserción) su acción obtendría un mayor beneficio a corto plazo (evitaría la inversión inicial y podría destinar ese importe a financiar otras partidas que le reportasen una buena imagen inmediata ante su electorado).

WU y HOLME señalan que en los entornos donde abundan las tentaciones o posibilidades de beneficio inmediato, los jugadores tienden a escoger la deserción, optando así por maximizar el beneficio propio. Con esta opción, rehuyendo el acuerdo, el Estado podría conseguir un mayor número de votantes en las siguientes elecciones, presentar la idea de una mejora de las posibilidades económico-financieras a corto plazo, etc.

Por ello, ambos autores indican que para escoger la opción cooperativa el jugador ha de evitar visiones cortoplacistas. Para ello, es preciso que recurra a una perspectiva de análisis que contemple las ganancias a largo plazo, buscando beneficios perdurables para todas las partes implicadas en la negociación. En este caso, el Estado tendría que considerar el coste inicial en el acuerdo como una inversión para lograr mayores beneficios posteriores (p. ej. potenciar el desarrollo de una población con mayor capacidad de movilidad y mejor formación, capaz de contribuir a la sostenibilidad y bienestar del Estado).

En esta línea, el estudio de HÅKANSSON[494] también demuestra que la cooperación es la opción más ventajosa para los jugadores[495], si bien ésta se lleva a cabo únicamente si existe la sufi-

---

494 Håkansson, *op.cit.*

495 Como excepción, el autor señala los juegos de suma cero (*zero-sum game*), en los que solo puede haber un ganador. De hecho, la filosofía del ganador único es incompatible con la propia estructura de la UE: si un Estado buscase maximizar su propio beneficio a costa del de los demás y de la propia UE, también se vería perjudicado como miembro de una institución que ha resultado erosionada en el proceso negociador. De este modo, las negociaciones binarias que siguen el esquema todo o

ciente garantía de que todas las partes implicadas adoptarán una estrategia cooperativa. Siguiendo con el ejemplo de la firma de un acuerdo entre Estados, si las dos partes lo suscriben, ambas compartirán el coste de la inversión y, posteriormente, se repartirán los beneficios. Por el contrario, si tan sólo una de las partes lo suscribe, tendrá que sobrellevar el coste de la inversión inicial de forma individual y arriesgarse a que, en el futuro, el otro Estado reciba parte de los beneficios (sin haber hecho gasto alguno).

Ante esta situación, el miedo a que el otro Estado no suscriba el acuerdo puede llevar a que ninguno escoja la opción cooperativa.

---

nada, en el que tan sólo una de las partes se erige como ganadora, no resultan nada atractivas para este tipo de estudio. Además, resulta complejo mantener una disyuntiva de ganancia o pérdida absoluta cuando son más de dos las partes implicadas entre las que se dirimen las negociaciones. Como ejemplo de este juego se puede plantear una situación en la que sólo hay una entrada para ver un espectáculo, de manera que, si el jugador 1 la consigue, el jugador 2 no puede utilizarla, y viceversa. No obstante, la cuestión migratoria no puede analizarse en términos de todo o nada, por lo que no se analizan aquí. Además, la visión de la realidad en términos absolutos puede ocultar muchos de sus aspectos, impidiendo ver que hay muchas más opciones disponibles. Siguiendo con el ejemplo anterior, y en aras a demostrar la inconveniencia de medir situaciones reales con el juego de suma cero, podría suceder que quien finalmente no pueda disfrutar de la entrada al espectáculo, puede, en cambio, tener la posibilidad de observar una lluvia de estrellas o el paso de un cometa. Así, queda claro que centrarse únicamente en un elemento de la negociación (quién disfruta de la entrada) oculta las demás opciones que existen (ej. otros planes para pasar la tarde). Por ello, si en vez de negociar con términos absolutos, quienes participan en este reparto se acercan a él desde una perspectiva de cooperación, pueden lograr conciliar una solución que ofrezca aspectos interesantes para todos ellos. Por ejemplo, quien consiga la entrada puede ofrecerse a llevar a la otra persona al lugar donde se celebra la lluvia de estrellas y recogerla al terminar. Aunque no resulta sencillo encontrar la solución idónea en cada caso, es importante entender que una negociación tenderá a tener más éxito cuanto más se base en el principio de reciprocidad, entendido éste como la posibilidad de que todas las partes negociadoras consigan alguno de sus objetivos y/u obtengan algún beneficio.

De este modo, a menos que el compromiso sea creíble, los jugadores tienden a optar por otras alternativas. Así, aplican la función de utilidad y renuncian al posible beneficio futuro, evitando un gasto presente. Se trata de una opción racional que evita tener que asumir el coste de la cooperación de forma exclusiva, lo que sucedería en caso de que un jugador suscribiese el acuerdo y los demás no aceptasen el compromiso.

Para decidir cuál sería la mejor opción para todas las partes implicadas, los dilemas planteados en la teoría de juegos hallan el punto de solución más eficiente, denominado *punto óptimo o eficiencia de Pareto.* Alcanzarlo significa que la obtención de una nueva mejora para cualquiera de los elementos supondría un perjuicio para el otro u otros jugadores implicados. En la mayoría de los casos, esta solución óptima se alcanza con la toma de decisiones cooperativas, en las que los actores implicados entienden que la obtención del mayor beneficio posible requiere conjugar tanto los beneficios en términos individuales como en términos colectivos. En el caso que nos ocupa, esto supone la cooperación de las instituciones de la UE, así como de las de todos los Estados miembros para buscar el mayor beneficio para el conjunto y para las partes, así como que éste sea lo más duradero posible.

Así, cuestiones como las de los flujos migratorios invitan a la cooperación entre las partes negociadoras con el fin de poder hallar un punto de equilibrio que satisfaga a todos, tal como el llamado *equilibro de Nash*[496]. Éste no implica la consecución del resultado óptimo para ninguna de las partes negociadoras, sino que busca maximizar las ganancias del conjunto en función del comportamiento de los demás elementos negociadores. Por otro lado, al estudiar los planteamientos de cada juego o negociación se descubre la existencia de más de un punto de equilibrio de Nash, que, a su vez, no tiene por qué coincidir con el punto de Pareto. Dependiendo de las habilidades negociadoras y de la capacidad para distinguir entre los beneficios a corto y largo plazo, las partes

---

496 Håkansson, *op.cit.* pp. 7-22.

negociadoras (jugadores) pueden no escoger la solución óptima y favorecer, en cambio, aquella mediante la que pueden evitar que se produzca el peor de los desenlaces o soluciones posibles.

Con el fin de analizar el debate sobre las cuestiones migratorias entre la UE y todos los Estados miembros, se analizarán dos matrices de resultados con los puntos más significativos de las funciones de utilidad que pueden establecerse durante el proceso negociador. Cada uno de los posibles resultados queda expresado a través de una cifra, siendo la de valor más alto la representante de la mejor opción en cada caso. Seguidamente, se ha elaborado la tabla de resultados situando en ella las cifras correspondientes a cada una de las posibles soluciones. De esta forma, se obtiene una clara referencia visual de los posibles beneficios y perjuicios que tendría cada parte negociadora (jugador) a tenor de las opciones que decida escoger cada una de las partes implicadas. Las tablas muestran claramente cómo las acciones de todas las partes están conectadas e impactan sobre los demás actores (jugadores).

Con el fin de representar el proceso negociador de una forma ágil, cada uno de los diagramas se ha elaborado incluyendo las opciones para dos jugadores, reflejando el posible impacto que produciría cada una de las alternativas. De esta forma, el jugador 1 indica las opciones y resultados disponibles para un Estado miembro de la UE, mientras que el jugador 2 representa las opciones al alcance de todos los demás (así como para el conjunto de UE)[497].

---

[497] Pese a la simplificación, el tipo de representación escogida esbozará una clara imagen de las posibilidades de negociación que se abren en torno al fenómeno migratorio. Esto es posible puesto que tan pronto como uno de los Estados (jugador 1) opta por la deserción y escoge una opción diferente a la del conjunto (jugador 2), el impacto de esa decisión afectará de igual forma a los demás Estados (el conjunto de la UE, que está representada como jugador 2). Igualmente, la representación recogida en cada una de las tablas, que se analizarán en las secciones siguientes, será válida cuando el jugador 1 (Estado individual) escoge imitar el comportamiento de todos los demás Estados (jugador 2, conjunto de la UE).

### 2.1. *El dilema del prisionero y la hipocresía organizada aplicados a la migración*

El dilema del prisionero es un claro ejemplo de cómo no disponer de toda la información puede llevar a que ninguna de las partes negociadoras obtenga el mayor beneficio posible una vez se resuelva la situación. Al no haber seguridad sobre cuál será la opción escogida por el otro Estado, ambas partes optarán por la estrategia dominante de la defección, creyendo que así evitan las consecuencias derivadas del peor de los escenarios (ser la única parte que opta por la cooperación). Igualmente, el juego ilustra a la perfección la necesidad de observar la cuestión desde el punto de vista de la consecución del desarrollo sostenible delineado en la Agenda 2030.

Ante el reto migratorio y actuando desde el respeto a los derechos humanos y las garantías jurisdiccionales, cada uno de los Estados puede escoger, *grosso modo*, cooperar con la política migratoria conjunta de la UE (estableciendo cauces legales que favorezcan la migración), o bien, llevar a cabo una política migratoria individual de blindaje de sus fronteras que sólo tenga en cuenta sus intereses. Cabría añadir que el Estado que se incline por esta segunda opción estaría únicamente interesado en aquellos beneficios que se puedan recoger a corto plazo. De este modo, los resultados que se presentan ante cada una de las partes negociadoras son:

**Tabla 1. El dilema del prisionero aplicado a la gestión migratoria en la Unión Europea.**

| Conjunto UE<br>Estado | Medidas favorables a la migración regular (cooperación) | Blindaje frente a la migración (defección) |
|---|---|---|
| Medidas favorables a la migración regular (cooperación) | 3,3<br>*Recompensa por cooperación mutua* | 0,4<br>*Castigo para el Estado cooperador por "hacer el primo"* |
| Blindaje frente a la migración (defección) | 4,0<br>*Si toda la UE coopera, un Estado miembro puede tener la tentación de no hacerlo* | 2,2 / 1,1 / 0,0<br>*Castigo si ambos escogen llevar a cabo políticas restrictivas* |

- *Desmarcarse de la cooperación, optando por una política migratoria que busque la protección del Estado.* Dicha política se implementaría a través del blindaje de sus fronteras para evitar poner en riesgo su sistema, que podría verse colapsado ante la llegada de una avalancha migratoria. Esta opción, además, evitaría ser el Estado receptor de los rebotes migratorios producidos por la posible adopción de políticas restrictivas por parte de otros Estados.
- Además, esta opción se centra en el ahorro a corto plazo que la adopción de esta política puede suponer para los Estados. Por un lado, no tiene que incurrir en los gastos derivados de la implementación de la política cooperativa. Por otro, tampoco ha de invertir excesivamente en seguridad, puesto que los flujos migratorios disponen de otras opciones más atractivas hacia las que encaminarán su viaje (todos los países que sí han optado por la cooperación de la que este Estado se ha desmarcado). Por ello, el valor asignado a esta opción sería 4 para el Estado que abandona la opción cooperativa, mientras que supondría un 0 para la parte negociadora que escoge cooperar.
- *Trabajar en pro de una política migratoria común que favorezca la llegada regular de flujos migratorios.* Esta opción supone que las dos partes optan por una política de cooperación, lo que supone que compartirán los beneficios derivados de sus acciones. Para lograr su máximo desarrollo, esta política tendría que desarrollarse desde el respeto a los derechos humanos y las garantías jurisdiccionales, permitiendo que quienes acuden al viejo continente puedan poner a disposición de la UE todo su potencial.

  La contrapartida de esta opción es que necesita de una inversión previa para establecer los canales y la infraestructura necesaria para garantizar la recepción y gestión adecuada de estos flujos. Además, ha de invertirse en estrategias de acogida que permitan la integración de los flujos migratorios y fomenten una convivencia pacífica desde el respeto mutuo. Por otro lado, gracias a esta inversión se evitará que la migración se convierta en un potenciador de riesgo para la UE.

El balance entre el coste inicial para implementar esta opción y los amplios beneficios que todas las partes pueden obtener de la migración hace que esta alternativa se valore con un 3 para todas las partes implicadas en la negociación, convirtiéndola en la opción que representa el punto óptimo o punto Pareto. Además, esta opción representa uno de los dos posibles puntos de equilibrio (o equilibrio Nash) que podrían alcanzarse durante un proceso negociador de este tipo.

- *Apostar por una política migratoria común de corte restrictivo.* A través de esta política se impediría la llegada tanto de futuras olas migratorias como el efecto rebote derivado de las políticas restrictivas aplicadas en otros puntos geográficos[498]. Dado que todo el entorno aplicaría las mismas medidas, ningún Estado se convertiría en destino preferido frente al resto. Pese a que esta opción evita generar costes para ocuparse de los flujos migratorios, obliga a aumentar los derivados de las medidas que fortalezcan la seguridad de las fronteras. Además, impide cosechar los beneficios derivados de los flujos migratorios.

  Por otro lado, la cancelación de los cauces legales para la migración no elimina el fenómeno, sino que lo transforma en un incremento de los flujos migratorios irregulares y de una mayor creatividad de las redes migratorias, que buscan eludir los controles a través de nuevas alternativas. Esto, a su vez, hace que aumente el riesgo de que los flujos migratorios se vean explotados por otro tipo de amenazas globa-

498 Este término se emplea como referencia al flujo migratorio llegado a un determinado país de destino, cuando éste se ha convertido en la única opción viable ante el cierre de las fronteras de los demás países de la zona o el endurecimiento de sus controles de acceso.

les (como las ya citadas mafias de crimen organizado y tráfico de seres humanos que emplean los flujos migratorios para expandir el radio de acción de su actividad delictiva).

De este modo, al coste de implementar esta política ha de añadirse la ausencia de beneficios de la migración. Frente al ahorro inicial por no implementar una política cooperativa, se sitúa el coste que supondrá hacer frente al incremento de los flujos irregulares. Teniendo en cuenta todos estos factores, el valor asignado a esta opción sería el mismo para todos los jugadores, alcanzándose así un nuevo punto de equilibrio Nash.

Este valor podría ser considerado un 2 para ambos Estados, si la securitización logra frenar el crecimiento de los flujos irregulares; un 1 para ambos, si los gastos en securitización aumentan exponencialmente para lograr hacer frente a unos flujos migratorios de los que los Estados no logran beneficiarse; o un 0, cuando, pese a las medidas securitizadoras, los flujos irregulares consiguen desbordar toda previsión y colapsan a los Estados receptores.

Como puede verse, a medida que se incrementa el gasto en securitización, sin poder obtener beneficio alguno de los flujos migratorios, esta opción va convirtiéndose cada vez en menos atractiva. Aunque, sin duda, los flujos migratorios son los peor parados en esta situación, cabe prever que el índice de popularidad de los Estados irá cayendo, pues no consigue contentar a quienes buscan soluciones más sostenibles y solidarias, ni tampoco al sector opuesto.

Por ello, pese a lograr este equilibrio de Nash, no es una opción deseable en el proceso negociador objeto de estudio. No obstante, el temor a ser el único Estado que se mantiene en la opción cooperativa, mientras el resto se desmarca (opción siguiente) hace que ésta sea, precisamente, la opción que tiende a escogerse. De nuevo, el miedo y la falta de información impiden llegar a una solución más beneficiosa para todas las partes implicadas.

- *Desmarcarse de la opción no cooperativa y adoptar una política migratoria favorable a la llegada de flujos migratorios.* Esta opción implica no seguir la política de cierre o endurecimiento de las fronteras adoptada por el resto de los Estados. A cambio, se escoge implementar una política acorde a la salvaguarda de los derechos humanos y al respeto a las garantías jurisdiccionales de los migrantes.

  La exclusividad en la apertura de sus fronteras convierte a este Estado en el receptor del efecto rebote derivado de la política restrictiva del resto de Estados. Esto hace que se multipliquen los costes de la gestión migratoria, lo que conducirá a un eventual colapso del sistema. El Estado que escoge esta opción se convierte en el único receptor de los flujos migratorios, teniendo que hacerse cargo, humana y económicamente, de su gestión. Además, una vez realizada la inversión de acogida, parte de esos flujos podría, ante el colapso del Estado, decidir abandonarlo, sin haber contribuido a su sostenibilidad.

  Por ello, esta situación entraña un amplio coste humano y económico, al tiempo que elimina los posibles efectos positivos que se derivarían de unos flujos migratorios menos masificados. Dado que sólo entraña gastos y los posibles beneficios migratorios quedan suprimidos, el valor asignado a esta opción es 0 para el Estado que escoge la opción cooperativa y 4 para los que escogen la deserción (opción no cooperativa).

La exposición anterior muestra la conjugación de las opciones disponibles para cada una de las partes negociadoras. De acuerdo con ellos, la opción de cooperar para implementar una política migratoria común favorable a la migración regular representa un punto de equilibrio Nash (3, 3). A su vez, como se ha comentado, esta opción constituye un punto óptimo o de Pareto para el bien común. En este caso, se reparte tanto la carga migratoria como sus beneficios, y, además, prevalece el respeto a los valores humanitarios defendidos en la legislación internacional.

Pese a la racionalidad de la opción cooperativa, la tabla presenta otras opciones más tentadoras para aquellos Estados que prefieran desmarcarse de la política común. El miedo a que el otro jugador no cumpla el acuerdo de cooperación (y la tentación de ser el Estado que incumpla), ahorrándose el coste de la gestión migratoria, dificulta alcanzar este punto de equilibrio (3, 3).

Como se ha indicado, escoger una política de blindaje de las fronteras frente a la migración cuando el resto de los Estados opta por medidas de cooperación favorables a estos flujos (4,0) puede suponer un ahorro a corto plazo, evitando los gastos derivados de la implementación de medidas de acogida. Además, el hecho de que Europa siga inmersa en un clima favorable al refuerzo de las fronteras[499] puede convertirse en una política popular ante parte del electorado. De este modo, el hecho de que una parte de la ciudadanía sea partidaria de primar la seguridad frente a las garantías de los derechos humanos se convierte en una tentación que empuja a no cooperar en la implementación de medidas favorables a la migración.

Igualmente, el miedo a ser el único Estado que opte por una política de medidas que promuevan la migración regular, desde el respeto a los ideales fundacionales de la UE, evita que algunos Estados sean partidarios de las políticas favorables a la migración. Los Estados temen que adoptar una política cooperativa hacia la migración, si el resto de los Estados o el conjunto de la UE escoge otra de blindaje de fronteras, supondría hacer "el primo"[500] y daría lugar a un colapso migratorio (0, 4).

---

499 Promovido desde los acontecimientos ocurridos en Nueva York el 11 de septiembre de 2001 y reforzado por la oleada de atentados islamistas que sufrió Europa entre 2015 y 2017.

500 "*Hacer el primo*" se utiliza aquí como una traducción del inglés "*suckers payoff*" para hacer referencia a la situación producida cuando un jugador mantiene la opción cooperativa, mientras el otro opta por su abandono. De este modo, quien persiste en la opción cooperativa actúa en contra de sus intereses, puesto que pierde todo beneficio, que va a parar a manos del otro jugador (que recibe la ganancia de los esfuerzos

En resumen, pese a que la adopción conjunta de medidas favorables a la migración regular ofrece amplios beneficios a todas las partes implicadas, los Estados la perciben como una opción arriesgada. Así, aunque no sea sostenible en el tiempo, la opción de una política de blindaje resulta tentadora. Por otro lado, la amplitud del rédito que un Estado puede conseguir a corto plazo a través de la opción securitizadora, puede llevarle a caer en la tentación de entrar en un juego de hipocresía en el que se produzca una escisión entre la retórica y la práctica.

### 2.1.1. La hipocresía organizada en juego

La hipocresía, entendida según los postulados de Rousseau y Maquiavelo, "*se genera por el particular tipo de dependencia que define las relaciones políticas*"[501]. La combinación de la hipocresía organizada con el dilema del prisionero hace que los Estados adopten un discurso que no se corresponde con las acciones que llevan a cabo. Esta dualidad crea una correlación inversa de causalidad que permite que los Estados salven las apariencias, e incluso que mantengan la legitimidad ante quienes representan demandas contradictorias.

De este modo, la hipocresía se convierte en el modo de operar de forma simultánea con valores que entran en conflicto. Esta aparente falta de racionalidad es un rasgo fundamental para garantizar la pervivencia de las instituciones y organizaciones, ya que permite desemparejar las acciones de los discursos simbólicos[502]. Así, a la voluntad

---

realizados por el "primo"). Jurisic, Marko, Kermek, Dragutin; y Konecki, *Mladen* (2012). "A review of iterated prisoner's dilemma strategies". P*roceedings of the 35th International Convention.*

501 Grant, Ruth Weissbourd (1999). *Hypocrisy and Integrity: Machiavelli, Rousseau, and the Ethics of Politics,* University of Chicago Press, *vid.* p. 176.

502 Brunsson, Nils (2002). *The Organization of Hypocrisy: Talk, Decisions and Actions in Organizations,* Copenhagen Business School Press, Abrakt Fort. Brunsson, Nils (1985). *The irrational organization: irrationality as a basis for organizational action and change,* Wiley & Sons.

del Estado de conseguir la función de utilidad que le proporcione los mejores resultados, se une su deseo de salvar las apariencias respecto a los ideales sobre los que se asienta. Para ello, el Estado no duda en predicar las bondades de la política cooperativa a través de un discurso que apoya la salvaguarda y protección de los derechos humanos. Sin embargo, a la hora de actuar, opta por implementar una política opuesta, favoreciendo el refuerzo fronterizo.

De este modo, el Estado es consciente de que los acuerdos adoptados en torno a los derechos humanos y las garantías jurisdiccionales se convierten en un acto grandilocuente para salvar las apariencias. A través de este discurso busca mantener la legitimidad internacional, presentándose como baluarte de los valores que promueven la dignidad humana. Al mismo tiempo, al emplear este tipo de acuerdos como un recurso de hipocresía utilitarista destinada a ganar prestigio, el Estado se da cuenta de que los demás Estados firmantes pueden estar haciendo lo mismo. De ahí surge el miedo a cooperar.

Si el incumplimiento de los acuerdos no tiene consecuencias, estos pueden ser fácilmente utilizados como mecanismos de hipocresía organizada. Ante esta previsión, los Estados temen ser los únicos que respeten el acuerdo de gestión coordinada de la migración. Esto significaría que tendrían que realizar todo el esfuerzo de gestión, invirtiendo recursos económicos y humanos, mientras los demás Estados se quedarían al margen. Por otro lado, la inversión no impediría que el resto de los Estados pudieran cosechar parte de los beneficios derivados de la migración[503].

En un escenario en el que tan sólo uno de los jugadores optase por una política cooperativa, éste recibiría, por tanto, un castigo. De ahí que la estrategia de la defección (política de blindaje ante la migración) se muestre como la opción más racional para que cada Estado evite el peor de los resultados. Por ello, como

---

503 Esta situación situaría en la casilla (0,4), del analizado dilema del prisionero, a aquel Estado que se mantiene en el acuerdo, mientras el resto abandona la opción cooperativa.

estrategia para evitar los costes de la hipocresía organizada, los Estados adoptan políticas de refuerzo de la seguridad frente a la migración. Esta opción de la *Tabla 1* representa un punto de equilibrio de Nash, ya que todas las partes obtiene el mismo beneficio. No obstante, conlleva un castigo o pérdida para todos los actores, puesto que ninguno consigue amplios márgenes de recompensa. De hecho, estos se van reduciendo cuanto más aumenten los flujos irregulares y se vaya incrementando el gasto en securitización necesario para hacerles frente.

Pese a su coste, la opción se presenta como la estrategia dominante, ya que garantiza que ninguna de las partes conseguirá el peor de los resultados. Se trata del *mal menor* por el que se opta cuando no se dispone de toda la información y se carece de plena confianza en la actitud cooperativa de los otros miembros que toman parte en el juego o negociación.

Además, y pese a no suponer la opción óptima, cuando se alcanza este equilibrio de Nash y se tienen en cuenta las posibilidades de acción de las otras partes implicadas, ninguna tiene incentivos para cambiar su estrategia. El temor a convertirse en el único país que acoja a los flujos migratorios, asumiendo toda la carga, perpetúa la opción por el refuerzo de las medidas de seguridad y la ausencia de una gestión eficiente de los flujos migratorios. Ninguna de las partes quiere arriesgarse a un eventual colapso de su sistema y a una considerable merma de sus recursos (lo que, además, tendría un previsible duro impacto en los siguientes resultados electorales).

El temor a que los demás Estados no cumplan con los acuerdos alcanzados se disiparía si aumentasen las consecuencias de su quebrantamiento. De este modo, las políticas alcanzadas serían garantes de la actuación cooperativa de los Estados y los acuerdos dejarían de verse incumplidos "*por anteponer cálculos electorales, económicos o demográficos a proteger el valor supremo de la vida de las personas*"[504].

La relación de posibilidades expuesta en la *Tabla 1* permite ver cómo cuantas más dudas existan sobre la fidelidad de los Estados a los acuerdos migratorios alcanzados, mayor será también el número de Estados que vea el blindaje ante la migración como la única alternativa viable. De este modo, independientemente de cuál fuera su discurso y sus creencias iniciales, los Estados se inclinarán hacia posturas menos cooperativas si temen que los demás puedan no cumplir los acuerdos favorables a la migración regular.

De este modo, el miedo vuelve a alimentar discursos de intolerancia y actitudes xenófobas hacia los inmigrantes, derivados de la conceptualización de la migración como un problema de seguridad. Esto, a su vez, conlleva el aumento de la desestabilización social[505] y bloquea la posibilidad de aplicar una legislación migratoria acorde con los principios de solidaridad de la UE. De este modo, todas las partes implicadas pierden los beneficios a largo plazo que se derivarían de una gestión cooperativa favorable a la migración. Para conseguir que el juego de los flujos migratorios se transforme y cambie la estrategia dominante, es preciso que toda la información se ponga sobre la mesa.

### 2.1.2. La opción de jugar de forma cooperativa

Al observar el juego desde un punto de vista cooperativo, disponiendo de toda la información y confiando en las partes implicadas, la función de utilidad del equilibrio de Nash mostrada en la *Tabla 1* deja de ser la estrategia dominante. Este supuesto se basa en que, cuando los agentes negociadores disponen de toda la información y de garantías para cumplimiento de los acuerdos, pueden analizar las consecuencias a medio y largo plazo, lo que

---

504 Rojas, Alberto (2015). Europa se salta sus propias leyes de asilo. *El Mundo*, 22 de septiembre.

505 Valero Escandell, *op.cit.* pp. 115-123.

les hace conscientes de que la cooperación ofrece un rédito mayor que la defección. De ahí que se proponga que la obtención de la solución óptima para el reto migratorio pasa, por tanto, por una gestión cooperativa, que supere la gestión basada en el ocultamiento de jugadas y el miedo a la defección del resto de los agentes negociadores.

Dado que es el miedo a la posible ruptura del pacto el que hace que finalmente no se lleve a cabo, es preciso cambiar las reglas del juego para instrumentar las soluciones deseables. Esto exige la imposición de castigos, sanciones o consecuencias que perjudiquen a quienes incumplan o se salgan de las normas establecidas en los pactos alcanzados. Al igual que todos los ODS trazados en la Agenda 2030, la solución a los retos migratorios requiere acciones cooperativas, estableciendo sinergias entre las partes afectadas.

Como se ha visto al analizar los Eurobarómetros, la llegada masiva de migrantes a la UE a raíz de la crisis de 2015 generó, inicialmente, fuertes reticencias contra una política común migratoria. Como consecuencia de aquella situación, países como Polonia, Francia o Italia proponían un endurecimiento de las fronteras y más restricciones a la llegada de flujos migratorios, en vez de querer aceptar un pacto de ubicación de migrantes[506]. Además, el crecimiento de los movimientos populistas antinmigración ha hecho que los Estados miembros hayan visto restringida su capacidad de acción por sus propios marcos jurídicos. Ante esta situación, y pese a la existencia del *Nuevo Pacto Migratorio*, la normativa europea podría parecer poco más que un ejercicio teórico.

Este análisis permite observar que la obtención del equilibrio necesario para garantizar el desarrollo sostenible, tanto de la UE como del resto del planeta, redunda en el interés colectivo. Por ello, la solución de los retos no puede dejarse al albur de actuacio-

---

506 DW (2018). "Where do countries stand on migration?", *DW*, 22 de junio.

nes independientes, sino que ha de realizarse sumando acciones y aunando esfuerzos que vayan en el mismo sentido. Será preciso que el sector político lidere la concienciación de la población para que ésta apoye acciones cooperativas, haciendo realidad una política común y sostenible.

## *2.2. El juego de la garantía y llevarse la guinda con la migración*

La necesidad de diálogo y cooperación para hallar la solución óptima ante el reto migratorio vuelve a hacerse evidente al analizar la situación desde los supuestos propuestos por el juego de la garantía (*assurance game*). Este planteamiento se acomoda fácilmente a la situación en la que se encuentran los países miembros de la UE al abordar la cuestión migratoria. En el juego vuelven a barajarse dos aspectos contrapuestos. Por un lado, los beneficios que reporta la migración, así como la necesidad de que esta ofrezca todo su potencial para mantener el nivel de prosperidad y desarrollo de la UE. Por otro, persiste la creencia cortoplacista de que la defección (optar por una política securitizadora y restrictiva frente a la migración) puede resultar la opción individual más ventajosa.

Al observar la posible relación de resultados desde el punto de vista individual de cada Estado, el rédito que puede obtenerse con cada alternativa es el siguiente:

**Tabla 2. El juego de la garantía aplicado a la gestión migratoria en la Unión Europea.**

| Conjunto UE<br>Estado | Medidas favorables a la migración regular (cooperación) | Blindaje frente a la migración (defección) |
|---|---|---|
| **Medidas favorables a la migración regular (cooperación)** | **4,4**<br>*Recompensa por cooperación mutua* | **1,3**<br>*Castigo para el Estado cooperador por "hacer el primo"* |

| | | |
|---|---|---|
| **Blindaje frente a la migración (defección)** | **3,1**<br>*Si toda la UE coopera, un Estado miembro puede tener la tentación de no hacerlo* | **2,2 / 1,1 / 0/0**<br>*Castigo si ambos escogen llevar a cabo políticas restrictivas* |

- La mayor ganancia, con un valor 4 para todas las partes negociadoras, resulta al escoger una política migratoria común que sea favorable a la llegada de flujos migratorios. Esta opción ancla sus políticas en el respeto a los derechos humanos y las garantías jurisdiccionales de los migrantes. En ella, todos los Estados se implican en la adopción de medidas conjuntas y comparten los beneficios. Constituye un punto de equilibrio de Nash, puesto que todos los Estados obtienen el mismo beneficio. Igualmente, esta opción representa el equilibrio de Pareto u óptimo, ya que ningún Estado podría alcanzar mayor beneficio sin perjudicar a otro.

  En este supuesto, la migración se concibe como una oportunidad gracias a la que la UE puede enriquecer su patrimonio, tanto desde el punto de vista económico como desde la pluralidad y diversidad cultural. Además, con la llegada de los flujos migratorios, también se atienden las necesidades de los Estados miembros, ya que aumenta la población que colabora en el mantenimiento del estado de bienestar.

- En el puesto inmediatamente inferior, con un valor 3, se encuentra el supuesto en el que un Estado adopta la política opuesta: la opción por una política migratoria restrictiva, cuando el resto de la UE mantiene una política favorable a la migración. Mientras el Estado que abandona la opción cooperativa obtiene un alto rédito a corto plazo (no ha de realizar inversiones para gestionar los flujos migratorios que, además, se irán a los Estados con políticas más favorables), el otro jugador (conjunto de la UE) se ve castigado teniendo que hacerse cargo de toda la gestión.

En esta ocasión, la narrativa empleada por el Estado desertor presenta la migración como una posible avalancha ante la que hay que protegerse para impedir que su llegada colapse el sistema. En este razonamiento persiste el miedo a que una política migratoria favorable conlleve un efecto rebote que atraiga la migración rechazada por las políticas restrictivas de otros Estados.

- La tercera opción, con el mismo valor para todos los jugadores, supone el alcance de un nuevo equilibrio de Nash, si bien, en esta ocasión, no supone la mayor ganancia posible para ninguna de las partes implicadas, que escogen una política de no cooperación. Al igual que en el juego anterior, esta situación puede equilibrarse en cualquiera de tres posibles valores, dependiendo de la cuantía y la efectividad del gasto invertido en securitización. Dichos valores oscilan entre el 0 (cuando, pese al elevado volumen de gasto securitizador, se sufre el impacto de la migración irregular) y el 2 (cuando la inversión en el blindaje de fronteras da muestras de cierta efectividad).

  Esta opción es la derivada del miedo a que otros Estados puedan desertar de la opción cooperativa reseñada anteriormente. Ante el peligro de ser el único Estado que opte por una política de gestión positiva de los flujos migratorios, los Estados, uno a uno, se van decantando por esta opción; de nuevo, el miedo provoca una deserción en masa de la cooperación positiva para evitar la peor de las consecuencias. Hay que tener en cuenta que la gestión de los flujos migratorios implica a un amplio número de actores, lo que multiplica las posibilidades de deserción e incrementa la incertidumbre. Así, el miedo a las consecuencias negativas que provocaría la deserción de una de las partes negociadoras aumenta la probabilidad de que se opte por una política restrictiva consensuada.

  Tal supuesto evita la presumida avalancha migratoria, así como el posible efecto rebote de los flujos migratorios de otros Estados. Sin embargo, esta política de precaución también impide cosechar los beneficios de la migración, al tiempo que aumenta la presión de los flujos migratorios irregulares. De este modo, la visión cortoplacista hace que, en vez de resolver el reto, lo convierta en un problema que no se aborda teniendo en cuenta su impacto futuro.

Por otro lado, las restricciones en la política migratoria no anulan la voluntad migratoria ni ponen fin a este tipo de flujos, sino que los reconducen hacia alternativas menos seguras. Esto obliga a invertir más recursos en securitización, mientras aumentan los beneficios de las mafias que explotan la vulnerabilidad y desesperación humana que recurre a la migración irregular.

- Por último, con valor 1, está la opción de un Estado que opta por una política favorable a los flujos migratorios cuando el resto de la UE se ha decantado por la imposición de medidas restrictivas y securitizadoras. En este supuesto, al actuar desde el máximo respeto a los derechos humanos y las garantías jurisdiccionales, el Estado se convierte en el "*primo*"[507]. Su persistencia en la opción cooperativa hace que tenga que sufragar todos los gastos, mientras el resto de jugadores ven reducida su presión migratoria.

  No obstante, a diferencia de lo que sucedía en el dilema del prisionero, en el juego de la garantía se considera que la abundancia de flujos migratorios no cancela todos sus beneficios, sino que los recorta. Por otro lado, en este mismo supuesto, la parte negociadora que opta por el blindaje

[507] Al igual que en el dilema del prisionero, "*hacer el primo*" se utiliza también aquí como una traducción del inglés "*suckers payoff*", refiriéndose a la situación producida cuando un único jugador mantiene la opción cooperativa, mientras que el otro ha decidido abandonarla. Así, quien persiste en una actitud cooperativa consigue actuar en contra de sus intereses, perdiendo todo beneficio posible, ya que éste va a parar a manos del otro jugador. Jurisic et al. *op. cit.*

tampoco obtiene el mayor beneficio posible, sino que alcanza un 3. De este modo, se factoriza la pérdida que supone no contar con unos flujos migratorios bien gestionados, que colaboren en el sostenimiento de la sociedad.

Como puede verse (*Tabla 2*), al utilizar la teoría de juegos desde los parámetros de la cooperación, disponiendo de toda la información (gastos beneficios, a corto, medio y largo plazo), el rédito más alto (punto de Pareto y uno de los puntos de equilibrio Nash) se alcanza únicamente cuando todas las partes cooperan. No obstante, como en el dilema del prisionero, existe otro punto de equilibrio Nash, al que se llega al atender el deseo de evitar el mal peor y buscar un acuerdo securitizador de la migración, que comparta el gasto entre los Estados (pero que también evita cosechar sus beneficios).

No obstante, en este supuesto, la opción cooperativa (cooperación en la búsqueda de soluciones para fortalecer los canales de la migración regular) produce el resultado óptimo para todas las partes negociadoras (4, 4), lo que incrementa la motivación para lograr alcanzar un acuerdo. De nuevo, una actitud de diálogo y cooperación, unida al establecimiento de unas garantías eficaces, que permitan confiar en el cumplimiento de los acuerdos adoptados, se muestra como la clave para alcanzar el punto óptimo. De este modo, todas las partes podrán disfrutar de los beneficios derivados del reto migratorio.

Los acontecimientos recogidos en los medios durante la última década han permitido comprobar que el establecimiento de medidas securitizadoras propicia un clima de desconfianza que impide beneficiarse de los flujos migratorios, sin que estos muestren una reducción significativa. De ahí la necesidad de hallar una solución cooperativa que permita maximizar la función de utilidad para todas las partes implicadas, aunque, inicialmente, pueda parecer que genera una pérdida, como se analiza en el siguiente supuesto.

### 2.2.1. Una pérdida que encierra una ganancia

En esta línea, si se observan todas las opciones del juego migratorio de la garantía con más atención, es posible atisbar una instancia del juego de llevarse la guinda (*cherry-picking*). En este supuesto, la opción que *a priori* se dibujaba como una pérdida para el Estado que optaba por una política favorable a los flujos migratorios incluso cuando los demás dejaban de hacerlo (1, 3) puede transformarse en una opción beneficiosa a largo plazo. Tomar conciencia del beneficio que la migración reportaría a largo, e incluso a medio plazo, puede propiciar una mayor voluntad de cooperación entre los actores implicados.

En este juego, la guinda es obtener el mayor beneficio a largo plazo haciendo la mínima inversión. Las partes negociadoras han de calibrar hasta qué nivel de pérdida están dispuestas a llegar las demás, mientras hacen lo posible por llevarse la guinda. En el caso de la migración, una supuesta pérdida inicial del Estado que decide acoger a los flujos migratorios de forma independiente, sin colaboración del resto de la UE, puede suponer una ganancia futura en términos de multiplicación de los incrementos de riqueza cultural, pluralidad, flexibilidad y capacidad de innovación, capital humano, productividad, emprendimiento, aumento del estado de bienestar, etc. De esta forma, la inversión inicial en material y capital humano para gestionar y hacerse cargo de la llegada masiva de flujos migratorios, permitiría, a largo plazo, llevarse un trozo mayor del pastel con la guinda incluida.

Este supuesto no parte de un ideal abstracto, sino que está amparado en la relación establecida entre migración y desarrollo. Por ello, el informe de la Comisión Global sobre Migración Internacional de 2005 enfatizaba la necesidad de superar los enfoques dedicados a reducir la migración. Como alternativa, proponía realizar una mejor gestión de la migración para aumentar el crecimiento[508]. Para ello, el documento establecía cinco ejes temáticos a través de los que gestionar la migración mejorando la protección internacional y evitando la explotación laboral y la exclusión. Igualmente, buscaba la promoción del desarrollo a través de la migración, aumentando el impacto de las medidas adoptadas. No obstante, la puesta en práctica de tan ambicioso programa requiere de la cooperación de todas las partes implicadas, incluidos aquellos terceros países desde los que parten o por los que transitan los flujos migratorios.

Nuevamente, la teoría de juegos permite profundizar estratégicamente en las opciones disponibles para gestionar los flujos migratorios, demostrando que la opción cooperativa ofrece una alternativa sostenible a largo plazo.

### 2.3. *Coompetición y comperación*

Los análisis expuestos respecto a la migración utilizando la teoría de juegos muestran que optar por una política cooperativa reporta más beneficios a largo plazo, y para un mayor número de actores, que desertar de una política común que favorezca la migración regular. Sin embargo, las decisiones en este plano no son netamente racionales[509], sino que, al tomarlas, intervienen otros factores que no permiten olvidar el aspecto competitivo del juego (ej. se compite por el voto para la siguiente legislatura y, además de seguir las directrices políticas de la UE, se ha de mantener la legitimidad y las apariencias ante el electorado y la red de apoyo).

Con el fin de conciliar la cooperación y la competitividad que intervienen en la toma de decisiones, junto a la teoría de juegos, ha ido ganando terreno la estrategia de la *coompetición* (*coopetition*), cuyo nombre refleja la conjugación de la cooperación y la compe-

---

508 International Centre for Migration Policy Development (ICMPD) (2013). *Migration and Development Policies and Practices. A mapping study of eleven European countries and the European Commision.*

509 Brunsson, Nils (1985), *op.cit.*

titividad, al buscar beneficiarse de los dos aspectos contrapuestos que aparecen en cada negociación de un resultado. Aunque no es realmente una estrategia novedosa para abordar los negocios (ya existía en la colaboración establecida entre agentes competidores en la antigua Roma), el concepto moderno de *coompetición* no se acuñó hasta la década de los noventa[510]. Tras introducción en el mundo de la gestión empresarial por parte de BRANDENBURGER y NALEBUFF, profesores de Harvard y Yale, respectivamente, se popularizó, aunque todavía resulta novedoso en ámbitos como el que se propone a través de esta investigación.

Inicialmente la *coompetición* se entendía como la ocurrencia simultánea (y beneficiosa) de competición y colaboración entre actores que mantienen una relación de negocios al mismo nivel (eje horizontal)[511]. En investigaciones posteriores, su ámbito de acción se ha ido extendiendo hasta considerarla como una estrategia aplicable a una red o un ecosistema integrado por distintas compañías, así como por otro tipo de actores[512].

Además de alinearla con la teoría de juegos, SAMMUT-BONNICI propone enriquecer la estrategia de *coompetición* con la teoría de la complejidad. A través de esta última describe cómo las interacciones colaborativas entre competidores permiten obtener perspectivas cruciales mediante las que se puede lograr un alto nivel de adaptación. Como resultado de estas interacciones, se

---

510 Battista Dagnino, Giovanni (2007). "Preface: Coopetition strategy – toward a new kind of inter-firm dynamics?", *International Studies of Management & Organization*, Vol. 37, Nº. 2, Verano, Taylor & Francis, *vid.* pp. 3-10.

511 Bengtsson, Maria; y Kock, Sören (2000). "'Coopetition' in business networks – to cooperate and compete simultaneously", *Industrial marketing management*, Vol. 29, Nº.5, *vid.* pp. 411-426.

512 Golnan, Arash; Ritala, Paavo; y Wegmann, Alain (2014). "Coopetition within and between value networks – a typology and a modelling framework", *Int. J. Business Environment*, Vol. 6, Nº. 1, *vid.* pp. 47-68.

pueden generar sistemas adaptativos complejos (*Complex adaptative systems*, CAS)[513].

El punto fuerte de la aplicación de esta estrategia a los juegos de negociación reside en que su capacidad de adaptación, organización y cooperación permite generar alianzas que avancen movidas por el beneficio mutuo. Esto, a su vez, posibilita la solución de problemas comunes, como el del reto migratorio. Además, la utilización del marco de la *coompetición* abre la vía para crear nuevas posibilidades de crecimiento sostenible para todas las partes implicadas en la negociación. Para ello, la cooperación convive con la competición, permitiendo que todas las partes negociadoras coordinen su actuación con el fin de obtener un beneficio común, pero dejando margen para que también puedan atender objetivos particulares (que, por supuesto, han de ser compatibles con aquellos trazados en el marco común).

Con el fin de observar la migración desde la perspectiva de la *coompetición*, es preciso identificar todos los actores que participan en la red tejida en torno al fenómeno. Para ello, en primer lugar, hay que trazar una distinción entre quiénes son los colaboradores, quiénes los competidores y quiénes pueden alternar entre ambos papeles. En segundo lugar, es necesario analizar cómo es la interacción con y entre cada uno de ellos. La *Imagen 1* muestra un diagrama para analizar la red existente en torno a la gestión que cada Estado realiza de los flujos migratorios. En ella se ha realizado una ligera modificación de los cinco actores propuestos por los economistas BRANDERBURGER y NALEBUFF[514].

Imagen 1. Diagrama sobre los actores que cada Estado ha de tener en cuenta en la gestión migratoria. Adaptación propia del propuesto por los economistas Branderburger y Nalebuff para las prácticas empresariales.

---

513 Sammut-Bonnici, Tanya (2015). "Coopetition", *Wiley Encyclopedia of Management*, Vol. 12, Strategic management, John Wiley & Sons, Ltd., enero.

514 Brandenburger, Adam M. y Nalebuff, Barry J. (1996). *Co-opetition*, Currency Doubleday, Nueva York.

En el modelo original, aplicado al mundo de los negocios, los profesores sitúan la compañía objeto de análisis en el centro y la rodean de proveedores, competidores, clientes y complementos. Para el estudio que nos ocupa se ha colocado al Estado en el centro. Además, se ha considerado que es más apropiado sustituir el término clientes por destinatarios (pese a que comparten muchas similitudes). Igualmente, se ha preferido emplear el término aliados en vez de complementos. No obstante, en cierto modo, cabe reconocer que el establecimiento de alianzas permite una gestión complementaria y coordinada del fenómeno migratorio.

### 2.3.1. Estado

La referencia central al Estado (que, en este caso, también puede entenderse como el conjunto de la UE) se debe a que éste es quien tiene que tomar una decisión en base a sus relaciones con el resto de los actores. Para ello, ha de tener en cuenta los beneficios que cada uno puede obtener con su interacción. Entre sus consideraciones, ha de pensar en cómo afectará la llegada de los flujos migratorios a su población. En la ecuación, tendrá que factorizar tanto el coste generado al acoger a estos flujos como los beneficios futuros que se derivarán de su contribución al mantenimiento del estado de bienestar. Entre los costes, también tendrá que incluir los programas de sensibilización para que la población sea consciente de la necesidad de una gestión coordinada para alcanzar la sostenibilidad.

Por otro lado, tendrá que analizar con qué aliados cuenta, qué grado de fiabilidad ofrecen y en qué medida se comprometen a ayudar. Para ello, tendrá que valorar si los posibles acuerdos alcanzados superan la retórica y conllevan una gestión coordinada, compartiendo sus gastos y, en un futuro, obteniendo también un beneficio mutuo.

Además, tendrá que considerar los competidores, entendidos como aquellas fuerzas que se opongan a su política, buscando huecos para quebrarla y causar desestabilidad. Al pensar en ellos, será necesario que tenga en cuenta el gasto que asumirá para hacerles frente (medidas de securitización, campañas de sensibilización para que la población no consuma los bienes proporcionados por las mafias que explotan la vulnerabilidad de la migración, etc.).

Por último, es importante que tenga en cuenta a quienes proporcionan los flujos migratorios (Estados de origen de las migraciones). Además del factor humanitario que se desprende de la inversión realizada al ayudar a los nacionales de los Estados cuya población se encuentre en una situación vulnerable, el Estado (UE) no puede olvidar los beneficios futuros de establecer una política de cooperación con terceros Estados.

Pese a la importancia del altruismo, no se puede olvidar que la humanidad (y, por ende, los Estados que la integran) encuentra su motivación en la búsqueda de recompensa y la huida del castigo. Por ello, la colaboración de la UE con estos proveedores puede verse, además de como una colaboración para beneficiarles, como una acción que extiende el área de influencia de la Unión (limitando la de otros Estados, como China o Rusia), lo que puede ser importante de cara al futuro.

### 2.3.2. Proveedores

El término proveedores se mantiene en la *Imagen 1* igual que en el diagrama propuesto por BRANDERBURGER y NALEBUFF. No obstante, en este caso el término hace referencia a los países de origen y tránsito de los flujos migratorios, que son quiénes proveen a los Estados con el capital humano que toma (o se ve obligado a tomar) la decisión de partir hacia un nuevo destino.

Es importante contar con ellos en la negociación, puesto que ahí es donde han de abordarse las causas raíz que originan el fenómeno, implementando programas que satisfagan a todas las partes. Ha de tenerse en cuenta que esta inversión inicial redunda en una mejor gestión de los flujos migratorios y, además, traza la senda para convertir a estos Estados en futuros aliados.

### 2.3.3. Competidores

En el extremo izquierdo de la *Imagen 1* se encuentran los competidores, representados por todos los agentes que buscan reducir los posibles beneficios que el Estado pueda obtener de los flujos migratorios. Al mismo tiempo, tratan de lastrarlos con el coste de su política de actuación. Aquí se sitúan tanto aquellos Estados que no aceptan cooperar en la gestión de los flujos migratorios como aquellos líderes de Estados frágiles, fallidos o débiles, que rechazan las ayudas, dando lugar a movimientos incontrolados de personas. Además, incluye a las mafias, grupos terroristas y organizaciones criminales internacionales, que promueven el caos migratorio para aumentar el alcance de sus actividades ilícitas. Así, aprovechan las vías de migración irregular y las políticas humanitarias de los países receptores para explotar a las personas vulnerables.

Aunque no es inviable contar con representantes de este grupo en las negociaciones, han de tenerse en cuenta a la hora de trazar las medidas de gestión migratoria, buscando soluciones para atajar sus problemas. Dichas soluciones abarcarán desde las fórmulas de concienciación para mostrar a los Estados no cooperativos los beneficios de una gestión cooperativa sostenible hasta la acción exterior con misiones que busquen el restablecimiento de una situación de estabilidad democrática en los Estados fallidos, con el fin de mejorar su situación y forjar nuevas alianzas.

### 2.3.4. Aliados

En el grupo de los aliados o actores complementarios (*Imagen 1*), comparten los beneficios de la gestión migratoria recibidos por el Estado (UE), se sitúan todos los Estados miembros que siguen una política común migratoria, así como las organizaciones internacionales que comparten valores, principios y agendas de actuación similares o compatibles. En el caso de los Estados miembros, una gestión eficaz de los flujos migratorios a nivel europeo evita que un único Estado tenga que sufrir las consecuencias de unos flujos incontrolados, viendo cómo se colapsan sus sistemas. Al mismo tiempo, una gestión coordinada que conduce a la sostenibilidad hace que la UE se convierta en un actor internacional más relevante, lo que redunda en el beneficio de todos sus Estados miembros, que reciben las ventajas derivadas de una mejor situación de la UE en el panorama geopolítico internacional.

En el plano de las organizaciones institucionales cabe destacar, entre otras, tanto a la ONU y sus agencias como a la OTAN. En este caso, la existencia de unos flujos migratorios legales evita los gastos invertidos al hacer frente a la migración irregular. Por otro lado, una gestión sostenible y coordinada entre los Estados miembros, así como con los países de origen y tránsito, redunda en la mejora de la situación de un amplio número de personas (y Estados), lo que, eventualmente, reduce el gasto de estas organizaciones en ayuda humanitaria y misiones desarrolladas en los puntos de origen y tránsito de las migraciones.

En el plano no institucional se sitúan tanto las organizaciones no gubernamentales (ONGs) como los grandes empresarios y compañías multinacionales con capacidad de acción a gran escala. Una gestión sostenible de los flujos migratorios satisface a los primeros, puesto que así ven cumplidos sus objetivos humanitarios. Por otro lado, el sector privado se beneficia del establecimiento de alianzas en nuevos territorios donde puede diversificar sus acciones, al tiempo que aumenta su faceta de actor humanitario, contribuyendo a la creación de una imagen positiva ante sus inversores y clientes.

A medida que se vaya realizando una gestión más efectiva de los flujos migratorios, este grupo irá incorporando a países de origen y tránsito de las migraciones. De este modo, éstos adoptarán un doble papel, como aliados y como proveedores, consiguiendo así aumentar el rédito obtenido en este tipo de gestión.

### 2.3.5. Destinatarios

Finalmente, entre los destinatarios (*Imagen 1*) cabe distinguir dos grupos: quienes llegan y quienes ya están integrados en la población receptora. Las personas inmersas en un proceso migratorio son quienes reciben un impacto más directo de las políticas adoptadas en esta materia y, por tanto, se convierten en el primer grupo destinatario de las acciones llevadas a cabo por el Estado (UE). Las negociaciones han de tener en cuenta a este grupo considerando las dificultades a las que se enfrentan y la ayuda que necesitan para establecerse en el nuevo país. Con este fin, para que la gestión migratoria sea un éxito, es preciso implementar programas que tengan en cuenta estos aspectos para que los recién llegados mejoren su situación y, además, puedan contribuir a mejor la situación de la comunidad que los ha acogido.

Por otro lado, la población que se encuentra en el propio Estado constituye el segundo grupo a quién va destinada la gestión. Su mención en segundo lugar no ha de ocultar la prioridad de los Estados por favorecer el bienestar de su ciudadanía. Es importante que los programas de gestión migratoria si sitúen a nivel local y tengan en cuenta la necesidad de concienciar a la población de los beneficios que se derivan de una gestión sostenible de estos flujos para evitar caldos de cultivo del discurso del odio.

Por último, al considerar a los destinatarios, el Estado (UE) ha de hallar un equilibrio que satisfaga a quienes le apoyan, conjugando la vertiente humanitaria en la gestión migratoria con la respuesta a las necesidades de la ciudadanía a la que representa.

## *2.4. La importancia de participar en el juego negociador: Coompe-ración*

Como se ha venido reiterando en estas páginas, la identificación de todos los actores antes de comenzar a tomar cualquier decisión es importante, ya que la inclusión de cada uno de ellos en el juego negociador hace que éste cambie. En el caso de la migración, el Estado (UE), los proveedores (países de origen y tránsito), los competidores (Estados opuestos a una gestión coordinada y mafias), los aliados (Estados miembros, instituciones, ONGs y sector privado) y los destinatarios (quienes migran y la población que les recibe) son los elementos fundamentales que han de tenerse en cuenta al trazar cualquier política de gestión migratoria que busque la sostenibilidad.

Junto a los actores, primera "palanca" presente en las negociaciones, BRANDENBURGER y NALEBUFF identifican otras cuatro: el valor añadido que aporta cada uno de los participantes, cuáles son las reglas de interacción, cuáles son las tácticas empleadas y cuál es su ámbito de actuación e influencia[515]. Es posible refinar esta estrategia identificando tres tipos de interacción (motivación, proceso y resultado) y cuatro niveles de actuación[516], que, al aplicarse al modelo del caso migratorio, se descubren en las acciones llevadas a cabo por los Estados (nivel micro), las realizadas por el conjunto de la UE, aquellas trazadas en coordinación con los terce-

---

515 En inglés, estas palancas constituyen el acrónimo PARTS (partes): *Players* (actores o jugadores), *Added value* (valor añadido), *Rules* (reglas), *Tactics* (tácticas o estrategias) y *Scope* (ámbito o rango de aplicación e influencia). Brandenburger y Nalebuff, op.cit.

516 Bengtsson, Maria; Eriksson, Jessica; y Wincent, Joakim (2010). "Cooperation: new ideas for a new paradigm", *Coopetition. Winning Strategies for the 21st centuries,* Edward Elgar Publishing Limited, Northampton, Masschussets, *vid.* pp. 19-39.

ros Estados e instituciones internacionales y, por último, las que implican al conjunto del ecosistema o red migratoria (nivel macro).

BENGTSSON, ERIKSSON y WINCET defienden que, con el fin de trazar una actuación de la que se deriven los mejores resultados, la estrategia de la *coompetición* requiere adoptar una perspectiva transversal desde los niveles micro hasta los niveles macro. Para ello es preciso tratar de descubrir las posibles fuentes de tensión entre unos y otros, con el fin de poder conciliarlas. Así, la transversalidad y la adopción de una óptica multinivel permitiría descubrir las fuentes de conflicto que surgen en otros niveles al realizar cambios en otro. Eliminando la miopía generada al centrarse en una única dimensión e integrando dinámicas cooperativas entre todos los elementos de la red, se podrían modelar soluciones que prevean las consecuencias y eviten perjudicar al resto de los niveles

Al mismo tiempo, bajo el paraguas de la cooperación a nivel macro, y sin perder de vista los objetivos comunes, se podría igualmente mantener ciertas instancias de competitividad. Esto permitiría que las actuaciones conjuntas redundasen en el refuerzo de la motivación y el compromiso hacia el beneficio común, sin olvidar el rédito particular de cada actor-jugador.

Los defensores de esta estrategia apuntan que, desde el comienzo de su aplicación, la *coompetición* permite superar los prejuicios derivados de la mentalidad competitiva tradicional. En esta última, se establecen una serie de limitaciones, compensaciones y sustituciones, con el fin de equilibrar tanto el coste como el rédito final obtenido por cada una de las partes implicadas.

A diferencia del marco conceptual anterior, la estrategia de la *coompetición* busca corregir ese sesgo de imposibilidad de conciliar los intereses de distintos actores. Para ello busca que las partes implicadas entiendan la negociación como un proceso en el que han de ir tomándose una serie de decisiones. De este modo, durante la aplicación de la estrategia tendrán que elegir quiénes recibirán determinados beneficios, quiénes sufragarán una serie de gastos y quiénes asumirán un número de contrapartidas, buscando conciliar los costes y beneficios de tal forma que ninguno de los actores salga perjudicado.

La *coompetición* conduce al cambio de las reglas del juego cuando éstas generan resultados no deseados, siguiendo así el lema de LASKI[517], quien afirmaba que era posible cambiar las reglas del juego cuando estas eran inadecuadas para la victoria. Por ello, dado que las reglas del juego de la gestión migratoria atomizada (que no tiene en cuenta a todos los actores implicados ni sus efectos a largo plazo) no están conduciendo a soluciones satisfactorias para ninguna de las partes implicadas, conviene hacer un replanteamiento de dicho juego.

La máxima puede sorprender, ya que choca con el tradicional dicho popular "*no se pueden cambiar las reglas a mitad de la partida*". Efectivamente, las reglas de la transparencia y la justicia impelen a terminar cada juego con las reglas con que se comenzó. No obstante, la propuesta que aquí se realiza es compatible con esa máxima puesto que, en realidad, lo que se propone, por un lado, es evitar la adicción a un juego anquilosado que, cual tragaperras, genera gastos y origina una amplia problemática. Y, por otro lado, comenzar un nuevo juego, cuyas reglas puedan ir adaptándose hasta que permitan alcanzar una solución que satisfaga los intereses y las necesidades de todas las partes implicadas.

Las nuevas reglas derivadas de la aplicación de la estrategia de la *coompetición* han de evitar las trampas mentales tejidas por la

---

517 El teórico político y economista inglés de origen judío, Harold L. Laski, siguió esta máxima durante el curso de su vida. A lo largo de su obra evolucionó en sus postulados, defendiendo cambios de reglas cuando, ante la irrupción de fenómenos como la gran depresión o la segunda Guerra Mundial, consideró que las reglas que había no se ajustaban a los nuevos parámetros de la realidad. Con independencia de su pensamiento político, su máxima puede aplicarse a la teoría de juegos para evitar obcecarse en un supuesto, permitiendo así que siga la búsqueda de otros nuevos, hasta lograr uno que se ajuste a las necesidades de todos los jugadores o actores de la negociación. LASKI, H.J. (2014). *The Works of Harold J. Laski*, Routledge.

costumbre y superar las soluciones que sirvieron en determinado momento y ante una situación particular. Esta estrategia debería servir para redefinir el juego, adoptando una visión de conjunto que no excluya a ninguno de los elementos del tablero. No obstante, para que las nuevas reglas generen mejores resultados que los vistos hasta el momento, es preciso tanto aprender las lecciones proporcionadas por la experiencia como tomar conciencia de la interrelación entre todos los actores implicados.

El éxito de la *coompetición* exige, por tanto, que se tengan en cuenta todos los actores, desde los globales a los locales, incluidos los gubernamentales y los no gubernamentales, así como todas las dimensiones a través de las que cada una de las partes entra en contacto. Así, la *coompetición* busca una actuación coordinada y cooperativa, pero permitiendo cierta competencia que mantenga la esencia que evita la mimetización y distingue a cada una de las partes, permitiéndoles aportar su valor añadido a la gran aldea global.

De este modo, la *coompetición*, que propongo pase a llamarse *coomperación*, invita a una actuación conjunta que puede integrarse en el marco de los ODS trazados en la Agenda 2030. Tanto el término *coompetición* como *coomperación* realizan una fusión de la competición y la cooperación. No obstante, el primero (*coompetición*) parece poner más énfasis en la parte competitiva. Dado que aquí se quieren enfatizar los aspectos cooperativos, he optado por modificar el término para resaltar dicha faceta: de ahí mi propuesta del término *coomperación* para referirse a este marco que fusiona los aspectos competitivos con los cooperativos.

El concepto de *coomperación* encaja con la *Estrategia de Seguridad 360º* que aprobó la OTAN durante la *Cumbre de Madrid* en junio de 2022[518], con la que se busca "*incorporar una mirada integradora*" que cuente con todos los actores que intervienen en "*el entorno estraté-*

---

518 EFE (2022). "La OTAN aprueba su nueva estrategia ante los desafíos para la próxima década", *Agencia* EFE, Madrid, 29 de junio.

*gico al que se enfrenta la Alianza, con amenazas y desafíos provenientes de todas las direcciones estratégicas y que afectan a los cinco dominios operacionales: tierra, mar, aire, ciber y espacio. Es por ello que el concepto 360 grados toma ahora una dimensión y una importancia crucial*"[519].

Siguiendo este concepto, el marco negociador entre la UE y la OTAN se convierte en un espacio de *coomperación* que da cabida a los intereses de todas las partes. De este modo, la coordinación de esta estrategia entre la UE y la OTAN permite que ambas se enfrenten a los desafíos comunes de forma conjunta. Al mismo tiempo, ambas mantienen su capacidad de actuación para hacer frente a aquellas líneas de acción que les son propias, si bien han de realizarse de tal forma que no obstaculicen los intereses comunes. Así, la gestión migratoria de la UE se convierte en materia de *coomperación,* incorporando la colaboración entre Estados, organizaciones e instituciones, permitiendo un enfoque integral que tenga en cuenta a todos los actores que, de uno u otro modo, participan o se ven afectados por el fenómeno.

## 3. GOBERNANZA MULTINIVEL: DE LO GLOBAL A LO LOCAL, PASANDO POR LOS BIENES COMUNALES

Los destinos de localidades y realidades sin apenas conexión hace unas décadas están ahora inextricablemente unidos, dependientes de la evolución de la gestión de factores de impacto internacional, como las cuestiones migratorias. Así, los límites entre política interior y exterior se desdibujan contante y progresivamente. De ahí que la gestión de los retos actuales requiera un enfoque multidisciplinar y multinivel, que tenga en cuenta tanto la

---

519 Colomina, Javier (2022). "La Alianza y su aproximación 360° a la seguridad", *El futuro de la OTAN tras la Cumbre de Madrid 2022. Cuadernos de Estrategia 211,* Instituto Español de Estudios Estratégicos, Ministerio de Defensa, pp. 85-96, *vid.* p. 87.

dimensión global de los acontecimientos como las repercusiones locales derivadas de su gestión[520].

Esta fusión de lo exterior e interior también sucede a nivel de las relaciones entre la UE tanto con los Estados miembro como con terceros países. Por ello, mediante políticas como la de vecindario (PEV) o las medidas de externalización de las fronteras, se busca fortalecer lazos que liguen el avance de unos y otros para lograr la armonización de sus actuaciones hacia intereses comunes. Igualmente, la llegada de flujos migratorios, impulsados por sucesos tanto de latitudes cercanas como distantes, demuestra la interconexión de la UE con el resto del planeta y la automática globalización de los acontecimientos. No obstante, pese a las fuerzas homogeneizadoras de la globalización, los acontecimientos se tamizan a través de los prismas locales a los que llega su influencia. Así, a la hora de abordar el reto migratorio, no puede olvidarse que "*toda la política es local*"[521].

Afirmar que la gestión migratoria requiere una gobernanza multinivel parte de considerar lo local y lo global como dos aspectos de un único sistema internacional que da forma a las políticas estatales. En estas últimas impactan tanto los procesos internos (reacciones muchas veces ante fenómenos externos) como los producidos en otros Estados y en las interacciones mantenidas con éstos[522]. Al mismo tiempo, los prismas locales moldean la percepción y los discursos generados en torno a los acontecimientos globales que impactan en cada comunidad, lo que puede generar miedos, tensiones y actitudes radicales de xenofobia o rechazo. De este modo, la globalización permite la llegada de flujos migratorios, ideas y nuevas adaptaciones tecnológicas, pero también

---

520 Bolívar Botía, Antonio (2001). "Globalización e identidades. (Des)territorialización de la cultura", *Revista de Educación*, N° extraordinario: globalización y educación, *vid.* pp.265-288.

521 Afirmación del que fuera portavoz de la Cámara de Representantes de EEUU durante una década, O'NEILL. *Vid.* Sahagún, *op.cit.*, p. 38.

522 Waltz, Kenneth Neal (1988). *Teoría de la Política Internacional.* GE Latinoamericano, *vid.* p. 108.

alienta que cualquier elemento identificado como foráneo sea rechazado por quienes defienden las tradiciones y costumbres como si de bienes inmutables se tratara.

Pese a los intentos de evitar estas conexiones, la convivencia entre lo global y lo local ha dado lugar a la *glocalización*[523], entendida como la construcción de lo local en respuesta a la influencia e interacción que tiene con lo global. De este modo, la globalización adquiere múltiples representaciones individuales a través de lo local, que no puede permanecer ajeno a su entorno, mutable y cambiante como un ser vivo, adaptándose a la realidad circundante para maximizar sus opciones de supervivencia. Así, la glocalización se convierte en un fenómeno derivado de la globalización que, pese a ello, permite mantener la esencia de lo local, transformándolo en nuevas realidades que siguen manteniendo la heterogeneidad que enriquece el mundo.

Frente a la glocalización se contrapone la *grobalización*[524], resultante de la voluntad de crecimiento expansivo de aquellas organizaciones, corporaciones y Estados que desatienden las peculiaridades del entorno en el que se expanden, subsumiéndolo bajo logotipos, hábitos y costumbres neoimperialistas. Evitarlo es esencial para el éxito de la política migratoria, que ha de conjugar la interacción entre lo global y lo local sin caer en la grobalización.

---

523 Roland Robertson acuñó el término *glocalización* (del japonés *dochaku*, quien vive en su tierra), para subrayar que "*la globalización conlleva la particularización del universalismo y la universalización de la particularidad*". (Roudemotof, Victor (2015). "Theorizing glocalization: Three interpretations", *European Journal of Social Theory*, Sage, pp. 1-18). Aunque muchas referencias atribuyen su acuñación al sociólogo alemán Ulrich Bech (*La sociedad del riesgo global*, 2002, Ed. Siglo XXI, Madrid), fue Robertson quien lo utilizó por primera vez: Robertson, Roland (1992). *Globalization: Social Theory and Global Culture*, Sage, Londres.

524 El término combina el vocablo inglés *growth* (crecimiento) y globalización, refiriéndose así al ansia expansiva y de crecimiento contenida en la globalización homogeneizadora. Ritzer, George (2003). "Rethinking globalization: glocalization / grocalization and something / nothing", *Sociological Theory*, Vol. 21, N° 3, *vid.* pp. 193-203.

Esto implica la cooperación para hallar el equilibrio justo que permita atender las necesidades y requisitos de todas las partes, logrando objetivos comunes e interdependientes.

Teniendo en cuenta la dilación del debate migratorio y la diametral oposición de las soluciones propuestas hasta el momento, resultaría útil coordinar la política de cooperación en torno al círculo virtuoso de las 3R de Galtung[525]. Dicho círculo se construye en torno a la *Resolución*, la *Reconstrucción* y la *Reconciliación*. No obstante, las tres acciones definidas con las 3R no han de entenderse únicamente como referencias a la resolución de las raíces de los procesos migratorios, la reconstrucción de los países de origen y la reconciliación de la población migrante con las instituciones que han de velar por su protección, sino que han de centrarse también en los procesos internos que la migración ha despertado en la UE[526].

Por ello, para conseguir que la nueva política migratoria resuelva el reto migratorio y fortalezca la relación entre los Estados miembros de la UE, es importante que la política acordada aborde la resolución de las causas profundas que han generado el desacuerdo ante la gestión de los flujos migratorios. Partiendo de este proceso de diálogo se podrá llegar a la reconstrucción de una relación de confianza y a la reconciliación *de facto* de todos los Estados. De este modo, generando un marco de confianza, los Es-

525 Galiana Marina, Fernando Javier (2019). "Perspectiva de género en los procesos de paz. Construyendo una cultura de paz desde la educación", *Revista Española de Relaciones Internacionales*, Vol. 10, pp. 19-97, *vid.* p. 34.

526 No puede olvidarse que la cuestión migratoria se convirtió en el caballo de batalla esgrimido durante la campaña que desembocó en el Brexit. Entre las exigencias británicas se encontraba la de reforzar la seguridad de las fronteras ante la migración, lo que hizo que temblasen los pilares sobre los que se asienta la Unión. Guimón, Pablo (2016). "La lucha partidista lleva la inmigración al debate del 'Brexit'. El avance del UKIP cambió el discurso de Cameron sobre la relación con la UE", *El País*, Londres, 17 de febrero. Ross, Tim (2014). "David Cameron: my seven targets for a new EU", *The Telegraph*, 15 de marzo.

tados podrán armonizar la actuación de sus intereses particulares al tiempo que cooperan para perseguir objetivos comunes.

### *3.1. Superando la tragedia de los bienes comunales*

La gestión migratoria entendida como una política dirigida a lograr un bien común puede hacer pensar en la *trampa social colectiva o tragedia de los comunes.* La expresión hace referencia al modelo definido por el ecólogo americano HARDIN en 1968, cuando señalaba que la gestión común de los bienes estaba destinada al fracaso[527]. De acuerdo con sus postulados, la búsqueda del máximo beneficio individual hace que las personas implicadas en la explotación y cuidado de un bien colectivo se fijen en el corto plazo. Esto lleva a un comportamiento que, en términos actuales, se denomina no sostenible y que deriva en una sobreexplotación, cuyos efectos a largo plazo sufre toda la comunidad (a nivel global e individual). Pese a lo predecible de este hecho, HARDIN consideraba que no era posible hacer nada para evitarlo: de ahí que bautizase su teoría con los términos de trampa y tragedia.

La revisión de distintos comportamientos comunales, incluso en nuestro entorno, puede hacernos ver que la teoría de HARDIN no está falta de razón. Si por bienes comunes entendemos los servicios públicos y contemplamos la suciedad o la falta de cuidado con la que se emplean, parece utópico pensar en una solución común a retos tan amplios y complejos como la migración. Cabe pensar que, en vez de lograr un acuerdo para llegar a un disfrute de los bienes más equilibrado y prolongado en el tiempo, se corre el riesgo constante de la sobreexplotación de los servicios por parte de la comunidad. Este fenómeno también se recoge en la sabiduría popular del castellano, en dichos como "*el uno por el otro, la casa sin barrer*", haciendo referencia a la escasa voluntad de

---

[527] Hardin, Garrett (1968). "The tragedy of the commons", *Science*, Vol. 162, Nº. 3859, pp. 1243-1248.

implicación de las partes cuando el beneficio o las obligaciones son compartidos[528].

Sin embargo, viendo la teoría de HARDIN desde el prisma del diagrama del prisionero, parece claro que es preciso cambiar las reglas del juego. De este modo, se evitaría el peor de los equilibrios de Nash, dejando atrás la búsqueda del máximo beneficio individual a corto plazo, ya que, eventualmente, esta postura da lugar a un comportamiento no sostenible. Para ello, es preciso permitir que los 'jugadores' hablen, con el fin de lograr un consenso que redunde en el mayor beneficio para la totalidad de las partes negociadoras y durante el mayor tiempo posible. Así, será preciso que la política comience con el diálogo coordinado y el entendimiento, desde el respeto a los derechos humanos, buscando no menoscabar los intereses legítimos de ninguno de los jugadores.

No obstante, la coordinación de este tipo de comportamiento no es sencilla, incluso cuando se permite la comunicación entre las partes implicadas. Este nudo gordiano quedaba patente al analizar el dilema del prisionero y el juego de la garantía. En ambos casos, la solución para obtener el beneficio óptimo requería un diálogo abierto y fluido entre las partes negociadoras. Igualmente, en el caso de la gobernanza multinivel, que busca la consecución de objetivos comunes y quiere evitar la tragedia de los comunales, se requiere lograr un consenso y que éste sea creíble entre quienes lo suscriben.

Ante este tipo de dilema, OSTROM[529], galardonada con el Premio Nobel de Economía en 2009, reiteraba que el consenso nego-

---

528 La profundidad de esta creencia se refleja en la multitud de lenguas que contienen un equivalente de este refrán. Entre ellos, cabe destacar el dicho alemán "*lo que deben hacer todos, no lo hace nadie*"; el polaco "*donde hay seis cocineras, no hay nada para comer*" y el euskera "*el jardín gobernado por muchos está lleno de mala hierba*".

529 Ostrom, Elinor (1998). "A behavioral approach to the rational choice theory of collective action. Presidential address, American Political

ciador sólo podía obtenerse si todas las partes negociadoras eran capaces de ganarse la confianza de los demás actores partícipes en la negociación. La autora se refirió a la teoría de la tragedia de los comunes como falacia, ya que, según sus estudios, cuando se permite que las partes entablen un diálogo significativo, estableciendo actuaciones a través de las que granjearse la confianza de los demás, es posible superar las actitudes derrotistas, y de cierto pasotismo, que envuelven al mito de la imposibilidad de gestionar los bienes comunales de forma efectiva.

En esta línea, a lo largo de su obra, OSTROM reiteraba que el ingrediente esencial para que los mecanismos de gobernanza puedan funcionar es la existencia de confianza entre las partes implicadas, a todos los niveles. Además, señalaba que uno de los mecanismos disponibles para generar confianza es la articulación de un conjunto apropiado de reglas, a las que consideraba como el ADN de las relaciones entre las partes de un proceso de negociación. Dichas reglas han de entenderse como un conjunto de instrucciones que permiten navegar una situación determinada. No obstante, para conseguir resultados óptimos, el conjunto de reglas empleado ha de ser capaz de recoger la complejidad que existe en las interacciones de quienes las emplean.

Aunque el trabajo de OSTROM se centra en la gobernabilidad de los bienes comunes, sus hallazgos pueden hacerse ex-

---

Science Association, 1997", *American Political Science Review,* Vol. 92, Nº. 1, marzo; Ostrom, Elinor; Burger, Joanna; Field, Christopher B.; Norgaard, Richard B; y Policansky, David (1999). "Revisiting the Commons: Local Lessons, Global Challenges", *Science,* Vol. 284, Nº. 5412, pp. 278-282, 9 de abril. Ostrom, Elinor (1990). "Governing the commons. The evolution of institutions for collective action", Cambridge University Press. Ostrom, Vincent y Ostrom, Elinor (2003). *Rethinking Institutional Analysis: interviews with Vincent and Elinor Ostrom, with introductions by Vernon Smith & Gordon Tullock. Commemorating a lifetime of achievement,* Mercatus Center, George Mason University. Hess, Charlotte; y Ostrom, Elinor (2007). *Understanding Knowledge as a Commons. From theory to practice,* MIT press, Cambridge (Massachussets) y Londres (Reino Unido).

tensivos a ámbitos como el de la gestión migratoria que ahora nos ocupa. La investigadora mantenía que hay más probabilidades de que la actuación individual respete y conserve los bienes comunes cuando cada parte implicada dispone de información creíble y fiable sobre los costes y beneficios que generarían, a corto y largo plazo, cada una de las decisiones que podrían adoptarse. Aplicando esta premisa a la gestión del reto migratorio es previsible que haya más opciones de que las partes implicadas cooperen para la obtención de beneficios mutuos si los acuerdos se realizan de forma transparente. De esta forma, conociendo cuáles serían los costes y los beneficios de cada una de las opciones, tanto a corto como a largo plazo, sería más fácil realizar una elección informada y optar por una gestión cooperativa que use la gobernanza multinivel para lograr el desarrollo sostenible de todas las partes implicadas.

En sus discursos, OSTROM reiteraba la necesidad de generar un clima de confianza para que las partes negociadoras pudiesen entablar una relación de reciprocidad. Esta última implica la decisión de cooperar con aquellos actores en los que se confía, mientras que conlleva el rechazo (y el castigo) tanto de quienes no actúan con reciprocidad como el de quiénes abusan de la confianza prestada por los demás[530]. De ahí que para que prospere la gestión migratoria común desde el respeto a los valores fundacionales de la Unión, la UE ha de establecer unas bases vinculantes que vayan más allá de la retórica y garanticen el cumplimiento del compromiso de quienes acepten los acuerdos.

En los casos y ejemplos que ilustran la obra de OSTROM se muestra que cuando las personas que se harán cargo de los costes y disfrutarán de los beneficios derivados de una decisión tienen la oportunidad de escoger las reglas del juego, para así decidir el curso de acción que han de seguir, se consigue que su implicación sea mayor. De este modo, se logra avanzar hacia una gestión más efectiva y sostenible. Por ello, propugnando una gobernanza mul-

---

530 Ostrom, Elinor (1998), *op.cit*, *vid.* pp. 1-22.

tinivel, la autora también defendía que, antes de alcanzar acuerdos de ámbito global, era preciso incluir a los agentes locales en los procesos de toma de decisiones[531]. Igualmente, abogaba por la necesidad de explorar soluciones ingeniosas e innovadoras que cambiasen los puntos de vista para buscar soluciones óptimas que huyesen de panaceas, ya que ninguna solución es válida para todos los contextos y variantes situacionales.

La enseñanza que se deriva de la obra de la investigadora refuerza, una vez más, la aplicación de una estrategia cooperativa para la gestión de los flujos migratorios, contando con la participación multinivel de todas las partes implicadas. Con una afirmación que recuerda la política interna del mundo de HABERMAS[532], OSTROM insistía en la necesidad de llevar a cabo una gobernanza multinivel organizada dentro de un marco conceptual multidisciplinar. A través de este marco, la Premio Nobel confiaba en que la sociedad fuera capaz de abrazar la complejidad del tiempo en que vivimos, adoptando políticas anidadas para conseguir objetivos comunes. Destacaba la importancia de que, aunque las acciones adoptadas a nivel nacional, regional, subregional, comunal, de barrio o familiar no tengan por qué ser coincidentes, sí que han de remar en un mismo sentido[533].

### *3.2. Agenda 2030: crecimiento sostenible a través del fortalecimiento de vínculos*

El análisis de la gestión migratoria desde la teoría de juegos y la gobernanza global indican que se requiere la cooperación

---

531 Forsyth, Tim y Johnson, Craig (2014). "Elinor Ostrom's Legacy: Governing the Commons and the Rational Choice Controversy", *Development and Change*, Institute of Social Studies, La Haya, agosto, pp. 1-18, *vid.* p.6.

532 Ferrajoli, *op.cit.*

533 Ostrom, Elinor (2005). *Understanding Institutional Diversity*, Princeton University Press, Princeton y Oxford, *vid.* pp. 11-15.

transversal, multinivel y multidisciplinar entre todos los actores implicados. Esto conlleva abandonar esquemas netamente competitivos basados en la exclusión y requiere implementar nuevas metodologías apoyadas en la capacidad de aunar esfuerzos hacia objetivos comunes que permitan, a su vez, conseguir otros particulares. La senda hacia la sostenibilidad, por tanto, parece avanzar en el mismo sentido que la de la solidaridad, que incluye el respeto a los derechos humanos y las garantías jurisdiccionales, también de quienes migran. Así, parecen aunarse los objetivos políticos y los proclamados por algunos líderes religiosos[534].

En definitiva, el análisis realizado hasta el momento apunta a que la posibilidad de solucionar el reto migratorio pasa por la cooperación tanto de todos los Estados implicados en el proceso como del resto de la sociedad civil. Igualmente, solucionar el reto requiere la búsqueda de la solución y el trazado de actuaciones paralelas para hacer frente a los demás objetivos de desarrollo sostenible, pues la sinergia e interconexión entre todos ellos hace que el éxito de los unos se cimiente y solidifique sobre y junto a los demás.

Curiosamente, la novedad de la Agenda 2030 (predicando la interconexión planetaria) recuerda la sabiduría ancestral recogida en forma de mitos y leyendas en distintos rincones del planeta. Una de las que más claramente hace referencia a las cuerdas invisibles que conectan unas personas con otras, así como con todos los seres vivos, es la del reno blanco de los Sami[535]. El mito explica que procedemos de la misma tierra so-

---

534 Así lo demuestran las palabras reiteradas por el Papa Francisco, que se alinean con la ruta de acción trazada en la Agenda 2030: "*[e]l camino de la solidaridad necesita de la subsidiariedad: no hay verdadera solidaridad sin participación social, sin la contribución de las familias, las asociaciones, las pequeñas empresas, la sociedad civil*". Papa Francisco, "El camino de la solidaridad", *X* [antigua *Twitter*], 23 de septiembre, 1:30 p.m..

535 Berens, Marta (en proceso). *The Northern People Tales: Sami*; Harris, Rebecca (2007). "The deer that reigns", *Cultural Survival Quarterly Magazine*, septiembre.

bre la que se extienden las venas (ríos), piel (bosques), estómago (océano) y cornamenta (montañas) del citado reno, cuyo latido se replica en el de la humanidad. Concluye diciendo que mientras sigamos sintiendo ese latido, la tierra continuará viva, proporcionando el alimento, herramientas y vestimenta que la humanidad necesita.

La combinación de modernidad y tradición para lograr la gestión integrada y coordinada de los objetivos de desarrollo sostenible de la Agenda 2030 puede ser la palanca que buscaba Arquímedes para conseguir mover el mundo. La afirmación anterior puede parecer fraseología grandilocuente, especialmente teniendo en cuenta que agendas anteriores, como los objetivos del milenio, no alcanzaron todas sus metas. Sin embargo, la consecución de la agenda no es una utopía si se aborda paso a paso, y teniendo en cuenta las sinergias y dependencias de cada uno de los objetivos, metas e indicadores.

La *Agenda de Objetivos de Desarrollo del Milenio* (ODM)[536] no alcanzó las 8 metas propuestas, pero los 15 años de trabajo hacia su consecución "*nos enseñaron cómo los Objetivos Globales pueden motivar y mantener el progreso, afectando el cambio a gran escala*"[537]. Otra de las lecciones aprendidas de aquella agenda es la necesidad de que las siguientes se construyan sobre los avances ya realizados, maximizando la flexibilidad del marco de acción para incorporar a todos los agentes implicados. Las 10 recomendaciones derivadas de la experiencia de la Agenda del Milenio revelan importantes lecciones que han de tenerse en cuenta en la gestión de los flujos migratorios. Por ello, además de las políticas de cooperación internacional con los países de origen y de tránsito,

---

536 La Agenda comenzó a trazarse con la Declaración del Milenio en el año 2000 y estuvo vigente hasta 2015, momento en el que se sustituyó por la Agenda 2030.

537 UNDP (2016). *From the MDGs to Sustainable Development for All. Lessons from 15 years of practice,* United Nations Development Programme, noviembre, *vid.* p. 2.

los postulados de interconexión y las sinergias detalladas en la Agenda 2030 subrayan la importancia de fortalecer las actuaciones a nivel local.

La incidencia en lo local no debería limitarse a la implementación de programas en regiones y puntos concretos de los países de origen y tránsito de las migraciones. Por el contrario, requiere también importantes actuaciones con los agentes locales de los Estados de acogida. Esta enseñanza se desprende de la revisión de las recomendaciones derivadas de la Agenda del Milenio con las que se ha ido perfilando la Agenda 2030:

1. Actuar pronto para no dejar a nadie atrás, lo que implica que las políticas migratorias han de lograr mayor coordinación entre los Estados para mejorar las condiciones de los migrantes. A diferencia de otras propuestas, urge a una actuación rápida que no se olvide de quienes ya han llegado o están en tránsito. Para implementarla es preciso reforzar los sistemas de acogida, con el fin de que puedan tomar las medidas necesarias para contar con las plazas y los recursos suficientes para atender y gestionar las necesidades de quienes llegan. El objetivo a medio-largo plazo es conseguir que estos sistemas se integren plenamente con las políticas migratorias globales, de tal modo que todas las partes del proceso trabajen de forma armonizada.
2. Establecer metas que reflejen prioridades futuras. Dadas las repercusiones que la migración tiene para toda la sociedad, es importante establecer canales de diálogo para transformar los objetivos de la política europea en otros de carácter nacional, adaptados al sentir y las necesidades de la población. Desde un diálogo integrador, pueden desvanecerse mitos que buscaban frenar la implementación de soluciones creativas y beneficiosas para todas las partes. Al mismo tiempo, cooperando con los agentes locales, se pueden trazar las rutas que canalicen la atención a las necesidades de los flujos migratorios, lo que presenta también una

oportunidad para ir avanzando en el bienestar y el cuidado de la comunidad que los acoge.

3. Empoderar a los agentes de cambio local. Dado que los discursos del odio y las notas xenófobas presentes en determinadas corrientes populistas consiguen cambiar las percepciones sobre la realidad migratoria a nivel local y vecinal, es preciso actuar a estos niveles para erradicar sus efectos. De este modo, además de consensuar políticas de actuación a gran escala, es necesario trabajar con los representantes y agencias locales.

   A través de los actores locales y vecinales se pueden organizar campañas que ayuden a difundir el uso del pensamiento crítico, con el fin de que éste disipe los miedos que conducen a actitudes e incidentes contrarios a la migración. Estos agentes han de ser los encargados de implementar y difundir iniciativas lanzadas desde los niveles macro[538]. Con este tipo de iniciativas, la población, comenzando por el sector más joven, dispondrá de herramientas y estrategias que le ayuden a recabar la información necesaria para saber cómo reaccionar ante la necesidad de cooperación que se precisa para lograr (o mantener) el desarrollo sostenible de su entorno.

---

538 Como ejemplo, cabe citar la iniciativa lanzada por la UE a través de su página web, mediante la que proporciona una pequeña caja de herramientas educativas destinada a enseñar cómo detectar y luchar contra la desinformación. Con la colaboración del ámbito local, esta campaña permitirá que la sociedad en el nivel micro tenga acceso a las políticas realizadas desde los niveles macro. La campaña *Spot and fight disinformation* se lanzó en febrero de 2021 para ayudar a combatir la desinformación en torno a la pandemia. No obstante, las dinámicas y rutinas de pensamiento que utiliza pueden emplearse igualmente para ayudar a la sociedad a detectar cualquier otro tipo de desinformación. De este modo, contando con una sociedad más informada, se puede aspirar, como señalaba Elinor Ostrom, a promover acciones consensuadas que redunden en el beneficio de todas las partes implicadas.

4. Invitar compromisos amplios. Las políticas migratorias elaboradas por los Estados en conjunto con el resto de la UE, y todas las instituciones implicadas en los procesos de decisión, tienen más posibilidad de prosperar si definen unos objetivos de difusión claros. A través de ellos ha de buscarse obtener el compromiso de amplios sectores de la sociedad, especialmente de aquellos más afectados por las medidas adoptadas. Para que las estrategias de difusión tengan éxito, las recomendaciones derivadas de la Agenda del Milenio proponen que se solicite la colaboración de la comunidad a través de grupos y asociaciones. Gracias a estos se podrá articular la colaboración de la comunidad, así como realizar el seguimiento de los avances y promover la responsabilidad mutua.

5. Realizar estrategias subnacionales. Uno de los puntos calientes en la política migratoria deriva del hecho de que ésta se decide en el nivel macro (el más alejado del pulso social), mientras que las administraciones locales y regionales son las que han de enfrentarse a la realidad diaria. Por ello, la agenda propone fortalecer la cooperación transversal y multinivel entre todas las administraciones, articulando el impacto de la política migratoria desde los objetivos globales y nacionales hasta la dimensión local.

   Es importante robustecer la responsabilidad y la transparencia de las administraciones locales en su gestión y supervisión de los recursos movilizados. Para conseguirlo, conviene establecer metas e indicadores que, aunque alineados con los objetivos nacionales y globales, sean específicos al entorno de cada comunidad en la que se actúe. A través de estas herramientas se ha de medir el impacto específico de los objetivos globales en cada comunidad, haciendo seguimiento tanto de sus necesidades y los retos a los que se enfrenta como de sus contribuciones en el ámbito regional o subregional.

6. Optar por oportunidades que contemplen el panorama general. Esta recomendación invita a los Estados a tomar las medidas necesarias para que el árbol no les impida ver el bosque. De este modo, aplicado al caso migratorio, proponen la toma de conciencia de la integración indivisible de este fenómeno con todos y cada uno de los ODS. Partiendo de cada meta, propone ir detallando cada una de las iniciativas e inversiones precisadas para su consecución. A continuación, invita a tomar las medidas necesarias para construir los escenarios que posibiliten su realización.

   Así, como objetivo o panorama general se busca alcanzar una gestión efectiva e integrada de estos flujos, de tal forma que contribuyan al desarrollo sostenible de la comunidad en la que se encuentran y promuevan, a su vez, el avance paulatino de la comunidad de origen. Exige, igualmente, que no existan casos de explotación, trata o vulneración de los derechos humanos y las garantías jurisdiccionales de los migrantes[539]. Partiendo de este objetivo, invita a analizar qué inversiones e iniciativas son necesarias para lograrlo. De este modo, identificadas las necesidades, la Agenda propone trabajar sobre ellas estableciendo mecanismos y estrategias que permitan el avance multidimensional de los objetivos[540].

---

539 Por ejemplo, conseguir mayor inversión para acabar con las mafias que explotan la vulnerabilidad de las personas que se ven forzadas a migrar. Igualmente, sería necesario reforzar la oferta de posibilidades de integración que permitan que la población migrante pueda acceder a los recursos disponibles en la comunidad. De este modo, se facilitará que puedan alcanzar su potencial, enriqueciendo la sociedad a la que han llegado y convirtiéndose en elementos que contribuyen al bienestar social, al tiempo que disfrutan de él.

540 Como ilustración puede citarse cómo el empoderamiento de la comunidad migrante a través de programas que faciliten su acceso a recursos educativos puede conducir a su acceso a trabajos dignos, lo que, a su vez, mejorará sus posibilidades de conseguir una vivienda apropiada. Además, en el caso de las mujeres migrantes, este proceso las dotará de

7. Priorizar las políticas aceleradoras. Ligada con la recomendación anterior, la nueva Agenda propone identificar aquellas medidas cuya implementación pueda acelerar la consecución de varios de los objetivos. Por ejemplo, la proporción de más recursos a los centros de acogida puede contribuir a que la población recién llegada se sienta más segura y tenga más facilidad para acceder a programas de formación. A su vez, ésta será la llave que favorecerá el avance hacia su integración en la sociedad, ya que en estos centros se trabaja para dotar a quienes llegan con las herramientas, estrategias y destrezas necesarias (ej. las lingüísticas) para conseguir un trabajo, acceder a la vivienda, etc.
8. Fortalecer la adaptación de capacidades. La utilidad de esta recomendación se ha visto con la urgencia generada por la pandemia, cuya gestión ha requerido impulsar las soluciones creativas para reacondicionar y adaptar recursos disponibles con el fin de contribuir a una pronta y eficaz gestión del reto sanitario al que se ha enfrentado la sociedad en su conjunto. Empresas, industrias y trabajadores han tenido que hallar mecanismos para modificar su quehacer diario con el fin tanto de mantener su trabajo (y con él sus ingresos y su nivel de vida), aunando esfuerzos para que el conjunto de la sociedad pudiera frenar el avance y las consecuencias de la pandemia. La flexibilidad y la capacidad de innovación para buscar soluciones adaptativas han sido y siguen siendo primordiales en este proceso.

Los flujos migratorios no han sido inmunes a esta realidad pandémica, lo que hace todavía más acuciante la necesidad de que tanto los gobiernos como la sociedad civil adapten los recursos disponibles para la gestión migratoria, cuyo impacto tiene, además de las consabidas ramificaciones económicas, importantes repercusiones sanitarias, traí-

---

las estrategias y recursos necesarios para luchar contra los casos de trata y explotación laboral.

das a primer plano con la irrupción del COVID-19. Así, la Agenda reitera la urgencia de transformar las capacidades y recursos disponibles para atender las necesidades reales.

9. Construir una carpa amplia. Esta lección reitera la necesidad de cooperación entre todo tipo de agentes, alineándose así con la teoría de juegos, la estrategia de la *coompración* y las recomendaciones de gobernanza multinivel de OSTROM. Con la creación de un amplio espacio para afrontar los retos, la agenda recomienda involucrar al mayor número posible de agentes. La gran carpa ha de entenderse como un lugar de trabajo cuya amplitud vaya más allá del espacio físico, incluyendo la amplitud de puntos de vista y posicionamientos que fomenten el debate para lograr soluciones transversales y beneficiosas para todas las partes implicadas.

   Esta recomendación recuerda que los retos económicos, sociales, medioambientales, de seguridad y desarrollo están entrelazados. Por ello, ante la estrecha relación entre unos y otros es preciso hacer partícipes a actores que, hasta el momento, no solían incluirse en las negociaciones. De ahí la necesidad actual de construir una carpa suficientemente amplia para que tengan cabida todas las partes que pueden contribuir a solucionar cada una de las aristas y vertientes (climática, paz, seguridad, migratoria, etc.) del gran reto de la sostenibilidad abordado en la Agenda 2030.

10. Involucrar al conjunto de la sociedad mediante los informes sobre los ODS. Las lecciones aprendidas con los Objetivos del Milenio indican que los informes sobre los ODS han de servir para garantizar que el público se mantiene informado sobre su evolución. Igualmente, han de convertirse en un elemento motivador para que el público retroalimente a las administraciones, fomentando la participación e implicación colectiva.

    Las lecciones aprendidas con los objetivos del milenio indican que, a menos que la población esté concienciada sobre la necesidad de realizar una actuación común para lograr un desarrollo sostenible, éste no se puede lograr. Sin su participación, se corre el peligro de entrar en un círculo vicioso de posturas contrarias a la migración que, además de sembrar discursos del odio, perjudiquen el mantenimiento del estado de bienestar. Por ello, los documentos trazados para involucrar al conjunto de la sociedad han de erigirse como guías ilustrativas útiles para aquellas organizaciones y agrupaciones dispuestas a colaborar con los ODS[541]. De este modo, la sociedad tendrá a su disposición información transmitida por fuentes fiables, con la que se podrá contrarrestar la demagogia difundida desde sectores con intereses particulares alejados del interés global de la Agenda 2030.

Cabe destacar que una de las más importantes lecciones aprendidas es que, incluso si no se logran alcanzar todas las metas previstas para el año 2030, seguir las recomendaciones de lo aprendido contribuye a poner en marcha la transformación social hacia la sostenibilidad. Mediante estas acciones se puede promover el cambio necesario para erradicar los males generados por una gestión ajena a la interconexión de todos los seres y bienes del planeta. De este modo, el citado elenco de recomendaciones permite ver cómo el trabajo en torno a la Agenda 2030 está diseñado con el fin de que la complejidad de los objetivos no sirva de excusa para el derrotismo o la inacción. Al contrario, su discurso está orientado a imbuir a todos los actores planetarios del sentido de la responsabilidad sobre la contribución que pueden realizar para

541 Gracias a estas guías e informes, cualquier persona, asociación, pequeña empresa u organización, independientemente de su ámbito, podrá identificar sus áreas de acción y establecer hojas de ruta que guíen sus acciones y plasmen sus contribuciones. De este modo, mediante la elaboración de estas guías claras, cada una de las personas, organizaciones y agrupaciones colaboradoras podrá aprovechar sus fortalezas y experiencias, contribuyendo así al avance paulatino, paso a paso, hacia la consecución de los objetivos globales.

acelerar la consecución del objetivo final: un desarrollo sostenible para todo el planeta.

### *3.3. La Agenda 2030 como una oportunidad para convertir los flujos migratorios en una vía de sostenibilidad*

La consecución plena de los ODS supone lograr la gestión eficiente de la migración, puesto que, aunque no se ha redactado un objetivo que explícitamente se denomine "*migración*", sus metas están inextricablemente unidas a las diversas facetas del fenómeno migratorio. De este modo, la atención a los flujos del movimiento de personas se convierte en una presencia transversal en los 17 ODS de la Agenda 2030. Un rápido repaso a estos objetivos permite identificar entre ellos varias de las razones que suelen citarse entre los motivos impulsores de los flujos migratorios forzosos. Si bien la migración voluntaria es deseable, a través de los ODS se busca acabar con aquella de naturaleza forzada, especialmente en todas las instancias en las que conculca cualquier tipo de garantía jurisdiccional y explota las vulnerabilidades de las personas que se ven obligadas a migrar.

La Agenda 2030 está articulada de tal forma que, su plena implementación lograría erradicar las situaciones que generan la necesidad imperiosa de migrar. A su vez, esto facilitaría la gestión de unos cauces migratorios legítimos para permitir el flujo de personas y el enriquecimiento humano y cultural que conllevan. Por ello, la búsqueda de la gestión eficiente de los flujos migratorios invita a participar activamente en la puesta en práctica de las metas detalladas en la Agenda.

Los problemas de pobreza, nutrición, salud, bienestar, educación, igualdad, acceso a bienes y recursos, paz y justicia están interconectados con el reto migratorio. Esto significa que la inyección económica que se está proporcionando a las instituciones públicas para hacer frente a cada uno de los objetivos de la Agenda puede aprovecharse para promover políticas que impacten directamente en la gestión de las distintas vertientes de la migración. Por ello, la definición de los objetivos de la Agenda en las instituciones públicas no puede pasar por alto la interconexión de la llegada de flujos migratorios con el resto de los ámbitos. La UE ha de aprovechar el articulado de la Agenda para ofrecer una solución legal a la migración, de tal forma que estas personas puedan acceder a una vida digna, para así contribuir al bienestar de la sociedad a la que llegan.

Atendiendo a las metas detalladas en la Agenda 2030 puede advertirse que, de forma indirecta, ésta busca diseñar e implantar programas que garanticen el acceso a los recursos necesarios por parte de la población migrante. La importancia de la migración se descubre al comprobar el efecto de algunas de sus acciones, como el envío de remesas a sus países de origen. Con estas últimas, los migrantes contribuyen a la consecución de varios de los ODS, ya que pueden convertirse en el motor de cambio capaz de facilitar la transformación global hacia el desarrollo de una economía social y sostenible. De este modo, mediante la implantación de medidas en esta línea, la Agenda busca favorecer la mejora del bienestar en los países de origen, al tiempo que fomenta el establecimiento de lazos con los países de acogida. Este tipo de actuaciones posibilitaría un beneficio para todas las partes implicadas, lo que anima a que se promueva la cooperación en la puesta en marcha de aquellas acciones necesarias para lograr los objetivos.

La Agenda 2030 permite observar el fenómeno migratorio desde una perspectiva global, evitando encasillarlo únicamente en un problema de securitización de fronteras y de drenaje del gasto público. La solución para el reto de la migración forzosa[542]

---

542 A modo de reflexión, el término se usa aquí más allá de la acepción jurídica que hace referencia a la ausencia de libertad como consentimiento libre y no viciado. Esta referencia apunta a la migración forzosa en un sentido más amplio (más filosófico), señalando las causas y las raíces que están en el sustrato motivador de los crecientes flujos migratorios. Se atiende por tanto a la decisión de aquellas personas que buscan escapar de situaciones en las que no pueden alcanzar su auténtico potencial ni desarrollar una vida plena disfrutando de plenitud de sus derechos

pasa por la interconexión de las soluciones a través de las que se consiga erradicar la pobreza (ODS1) y acabar con el hambre (ODS2); mejorar la salud y el bienestar (ODS3); promover la educación de calidad (ODS4), avanzando hacia la igualdad (ODS5); tener acceso a agua limpia y sistemas de saneamiento (ODS6); disponer de energía asequible y no contaminante (ODS7); disfrutar de un trabajo decente que posibilite el crecimiento económico (ODS8); mejorar la infraestructura industrial con soluciones innovadoras (ODS9); reducir las desigualdades (ODS10); crear ciudades y comunidades sostenibles (ODS11); promover la producción y el consumo responsables (ODS12); actuar a favor del clima (ODS13), de la vida submarina (ODS14) y de los ecosistemas terrestres (ODS15); realizar acciones que avancen hacia la paz, la justicia y la solidez de las instituciones (ODS16); y solidificar alianzas para conseguir el conjunto de los objetivos (ODS17).

Como puede verse, la lectura de los ODS en clave de migración subraya la interconexión de todas las dimensiones de la Agenda con el reto migratorio, ya que es precisamente el deseo de alcanzar estos objetivos el que impele los distintos tipos de migración forzosa. Por ello, la solución implica que la migración sea una cuestión omnipresente en la gestión de todos los puntos de la agenda. De este modo, el reto migratorio podrá convertirse en una oportunidad para todas las partes implicadas, permitiendo un desarrollo sostenible tanto en sus puntos de partida como en sus puntos de llegada. Todo apunta a que cuando los procesos migratorios sigan cauces sostenibles, servirán para promover la sinergia entre ideas, poblaciones y territorios, convirtiéndose en una solución hacia un mundo más sostenible y habitable.

En este sentido, el ODS 17, que plantea la solidificación de alianzas para conseguir el conjunto de los objetivos, es fundamen-

---

y gozando de un estado de bienestar en convivencia pacífica. En términos jurídicos la decisión no está viciada, se toma "libremente", si bien, en términos más amplios se ve motivada (o forzada) por las condiciones circundantes.

tal para crear los canales de comunicación entre todos los ODS. Este objetivo pone sobre la mesa la necesidad inmediata de iniciar programas para solucionar las diversas consecuencias del cambio climático (reflejado en buena parte de la problemática abordada en la Agenda). Con este fin, resultaría beneficioso establecer canales de migración legítimos entre, por un lado, las regiones que, fruto de situaciones derivadas del impacto climático, no pueden atender a toda su población y, por otro, aquellas que buscan su repoblación. De esta forma se descolapsarían las zonas más vulnerables, facilitando la llegada de población a los lugares en los que su desarrollo sostenible resultaría beneficiado con la llegada de flujos migratorios. Ésta podría ser la ruta hacia la prosperidad compartida de la que habla el Banco Mundial.

Desde 2020, la pandemia ha puesto en evidencia la necesidad de replantearse algunos de los principios de la globalización y, de hecho, algunas empresas comienzan a plantearse la viabilidad de la descentralización de su producción. Nos encontramos ante un nuevo cambio de modelo productivo que ha de aprovecharse para convertirlo en otro más sostenible, tanto en términos medioambientales como en aquellos económicos y humanos. En este sentido, la *Conferencia de Seguridad de Munich* realizada en 2020 se refería ya a este nuevo modelo al advertir la desoccidentalización de la globalización. Esto entronca directamente con la promoción de una serie de valores que, como indica la *Resolución A/69/700* de la ONU[543], todas las voces están pidiendo. De este modo, los valores que se busca promover, en sintonía con la Agenda 2030, son la integración de las dimensiones social y medioambiental junto a la económica.

A su vez, esta combinación ha de realizarse en tales términos que garantice patrones de crecimiento inclusivos y sostenibles,

---

543 *Resolución A/69/700*, Naciones Unidas, Asamblea General, 4 de diciembre de 2014, *El camino hacia la dignidad para 2030: acabar con la pobreza y transformar* vid*as protegiendo el planeta, vid.* punto C. *Ambiciones compartidas para un futuro compartido.*

que no dañen el planeta ni la vida que acoge. Esta expresión de deseos y voluntades está directamente relacionada con la gestión de los flujos migratorios, que ha de llevarse a cabo desde una perspectiva mucho más integral que la aplicada hasta el momento. La solución a los retos planteados en la Agenda, tanto de forma explícita como implícita, ha de ser respetuosa con el medioambiente[544] y con los objetivos planteados en el *Acuerdo de París*. Esto hará necesario redefinir varios de los parámetros que rigen buena parte de la producción y el intercambio de bienes. De esta manera, la solución a los retos climáticos y migratorios puede invitar a una redistribución de la población hacia territorios que permitan garantizar el crecimiento sostenible del planeta y de todos sus habitantes.

Estas iniciativas han de proporcionar a quienes migran a los nuevos territorios la seguridad de cubrir sus necesidades básicas. A partir de ellas, podrán seguir desarrollándose con el fin de que tengan la posibilidad de seguir creciendo en todas las dimensiones de su vida y alcanzando todo su potencial. Para que sea sostenible a largo plazo, también ha de ser económicamente viable para todas las partes implicadas en la iniciativa.

Ante la amalgama de retos derivados de la volatilidad, incertidumbre, complejidad y ambigüedad (VUCA[545]), así como de su fragilidad, ansiedad, no linealidad e incomprensibilidad (BANI), del mundo actual, el pensamiento estratégico ha de erigirse como una virtud que permitirá comprender y aportar claridad a lo que

---

544 Scholz, Imme (2020). "Reflecting on the right to development from the perspective of global environmental change and the 2030 agenda for sustainable development", *Sustainable Development Goals and Human Rights*, Springer, pp. 191-206,

545 Minciu, Berar y Dima, *op.cit.*; *vid.* p. 1143. De acuerdo con estos postulados, la situación actual parece indicar que, ante la volatilidad, se requiere visión (*volatility – vision*); ante la incertidumbre, comprensión (*uncertainty–understanding*); ante la complejidad, claridad y compasión (*complexity – clarity and compassion*); y ante la ambigüedad, agilidad (*ambiguity – agility*).

sucede para, de forma ágil, proporcionar soluciones y nuevas líneas de acción. Asimismo, la situación invita a cultivar capacidades como la resiliencia, la empatía, la adaptación y la transparencia como herramientas para colaborar en la búsqueda de soluciones ante los retos actuales. Igualmente, tanto la multidisciplinaridad como la transversalidad de la Agenda 2030 también parecen ser las cualidades que podrían ofrecer una mejor comprensión de la situación migratoria desde distintas perspectivas.

De este modo, se podría ganar mayor agilidad y claridad para lograr una visión completa capaz de convertir este momento de cambio en una oportunidad para el desarrollo sostenible. Gracias a la implementación de los planteamientos de la Agenda para el desarrollo sostenible se podrá hacer realidad la propuesta de que nadie se quede atrás y que todas las personas puedan disfrutar de la dignidad que les corresponde.

Los seis elementos esenciales que se articulan en la Agenda 2030 están presentes en el texto de la *Resolución A/69/700* de la ONU[546]. El documento está jalonado por una serie de citas de grandes personajes de la historia, cuyo contenido sintetiza la necesidad de coordinar esfuerzos para avanzar hacia un futuro global sostenible. Los seis elementos a los que hace referencia son: las personas, cuya salud, conocimiento e inclusión ha de garantizarse; la dignidad, que ha de poner fin a la pobreza y combatir la desigualdad; la prosperidad, para establecer una economía inclusiva y transformadora; la justicia, para promover sociedades seguras y pacíficas, así como instituciones fuertes; la colaboración, para catalizar la solidaridad global hacia un desarrollo sostenible; y el planeta, buscando proteger los ecosistemas, tanto para la generación actual como para las venideras.

De acuerdo con este análisis, es preciso realizar un cambio en el enfoque y la percepción de los flujos migratorios para conse-

---

546 *Resolución* A/69/700, Naciones Unidas, Asamblea General, 4 de diciembre de 2014, *El camino hacia la dignidad para 2030: acabar con la pobreza y transformar* vid*as protegiendo el planeta.*

guir la implementación de la Agenda 2030, así como para que sus objetivos sean el adalid a través del que transformar la gestión migratoria en una oportunidad para todas las partes implicadas. Con el apoyo de la Agenda y amparándose en el *Marco de Sendai para la Reducción del Riesgo de Desastres 2015-2030*[547], los flujos migratorios han de pasar a valorarse con un papel activo.

### *3.4. Las enseñanzas de la pandemia para la gestión de los retos globales*

La pandemia ha demostrado lo que ya anunciaba la teoría de juegos: a menos se produzca un avance conjunto que considere las necesidades de todos los actores involucrados, el sistema puede colapsarse en cualquier momento. El grado de interconexión e interdependencia mundial derivado de la globalización nos torna vulnerables a fenómenos como la pandemia. La única forma de hacer frente a sucesos similares en el futuro es la cooperación para mejorar los sistemas sanitarios y fortalecer la economía capaz de sostener dicho sistema. Igualmente, la pandemia ha demostrado que es preciso luchar contra la vulnerabilidad alimentaria a través de la creación de sinergias entre los actores que intervienen en la gestión de cada uno de los objetivos presentes en la Agenda 2030.

BATTERSBY[548] señala cómo la obtención de la seguridad alimentaria (ODS2) supone la creación de ciudades y comunidades sostenibles (ODS11), lo que implica resolver la contradicción entre la medida del desarrollo como la transferencia de población del campo a la ciudad y la necesidad de fortalecer las áreas rurales, que han de ser el mecanismo para garantizar la soberanía alimentaria y su producción sostenible. Esto urge a la creación de

---

547 Naciones Unidas (2015). *Marco de Sendai para la Reducción del Riesgo de Desastres 2015-2030.*

548 Battersby, Jane (2016). "MDGs to SDGs – new goals, same gaps: the continued absence of urban food security in the post-2015 global development agenda", *African Geographical Review,* 18 de agosto.

mayores conexiones entre el desarrollo urbano y el rural, puesto que no pueden avanzar ni entenderse de forma aislada, ya que el progreso urbano se sustenta sobre la existencia de despensas autóctonas (desarrolladas en las áreas rurales), a través de las que poder alimentar a la población de forma saludable (y a precios asequibles).

La pandemia parece haber puesto de manifiesto que nuestra pervivencia (y, por ende, el desarrollo sostenible) parece exigir el fortalecimiento de vínculos que incluyan, además de a los distintos entes y organismos públicos, al sector privado, las agencias no gubernamentales y otras organizaciones. La Agenda 2030 indica, además, que todo ello ha de ir unido al apoyo del conjunto de la ciudadanía, tanto a nivel local, regional y nacional como a nivel internacional.

No obstante, a la hora de organizar los programas de colaboración (especialmente si se sufragan con fondos públicos) debería garantizarse que no se pierda de vista que el interés de dicha cooperación tiene como objetivo principal el desarrollo sostenible del conjunto global del planeta. Si bien es cierto que el sector público ha de aprender la eficiencia que suele caracterizar al sector privado, el sector privado ha de imbuirse del sentido de servicio a la sociedad que ha de regir las actuaciones del sector público. De ahí que el sector público tenga que convertirse en punto de referencia para evitar que el diálogo quede acaparado por los intereses de determinadas industrias que deseen centrarse en objetivos cortoplacistas (que les resulten más rentables a título individual).

Aunque es importante que el sector privado consiga alcanzar una estructura sostenible en las zonas más vulnerables, su mantenimiento allí no debería sobreponerse a los objetivos globales a largo plazo. Para aclarar esta afirmación conviene recordar cómo BATTERSBY menciona que, en aquellas políticas relacionadas con el ODS2 (hambre cero), se advierte una primacía de los intereses del sector privado frente a los objetivos de desarrollo sostenible. En este sentido, la autora explica cómo se está produciendo un fenómeno de acaparamiento por parte de algunas empresas.

Como consecuencia, determinadas políticas agrícolas se están articulando para favorecer los intereses de inversores extranjeros a costa de la sostenibilidad de las zonas en las que se llevan a cabo. De este modo, en vez de fomentar la autonomía y el autoconsumo sostenible, estas actuaciones contribuyen a perpetuar el empobrecimiento de las nuevas sociedades urbanas, desatendiendo el objetivo real de la Agenda.

De acuerdo con los argumentos que presenta BATTERSBY, se observa cómo las ciudades de aquellas regiones en las que se implementan estas medidas continúan sin tener acceso a los alimentos que necesitan. Esto se debe a que los productos nutritivos no llegan a los supermercados (o no lo hacen a precios accesibles). Como resultado de este análisis, la investigadora señala la necesidad de revisar las medidas adoptadas para que realmente primen los intereses globales de sostenibilidad a largo plazo. Es preciso buscar una fórmula conciliadora que haga viable el interés del sector privado en los lugares en desarrollo, pero insistiendo en que la meta final sea la sostenibilidad de la población (y no maximizar, a cualquier precio, los beneficios de las compañías privadas).

La pandemia ha subrayado la interconexión entre los distintos objetivos, ya que aquellos lugares que no tenían acceso a una producción sostenible para cubrir sus necesidades han tenido más dificultades para gestionarla. Como resultado, sufrirán sus efectos de forma más aguda y tardarán más en recuperarse. Ante las dificultades que algunos países y regiones tendrían para superar la pandemia, en 2020 la ONU insistió en la interconexión planetaria, advirtiendo que el sistema de salud global es tan fuerte como aquel del país más débil[549]. Por ello, instaba a que todas las partes interesadas se coordinasen para crear alianzas capaces de avanzar hacia el desarrollo sostenible, insistiendo en que el éxito de lidiar

---

[549] United Nations (2020). *Sustainable Development Outlook 2020. Achieving SDGs in the wake of COVID-19: Scenarios for policymakers.* Department of Economic and Social Affairs, *vid.* p.9.

con cualquier posible crisis de salud futura exige prestar atención a todos los ODS.

Aplicando al ámbito migratorio los tres posibles escenarios detallados en el documento de la ONU, nos encontramos, en primer lugar, con un escenario pre-covid-19, en el que no se estaban logrando los objetivos necesarios para erradicar la pobreza, el hambre o conseguir los objetivos de crecimiento y empleo diseñados en la Agenda. Igualmente, tampoco los objetivos para convertir el reto migratorio en una oportunidad favorable para todas las partes implicadas tenían visos de alcanzarse.

En 2019, el informe anual del *Centro Internacional para el Desarrollo de Políticas Migratorias* (ICMPD) insistía en que la creciente migración es consecuencia de los conflictos y los efectos del cambio climático. Además, preveía una presión migratoria al alza mientras persistiesen los conflictos globales y la ayuda humanitaria continuase siendo insuficiente en los territorios y regiones afectadas[550]. En 2020 esta situación continuaba, con la llegada a Europa de migrantes procedentes de las rutas habituales, siendo la del Mediterráneo y la de los Balcanes dos de las más destacadas. A ellas, ante el endurecimiento de la política migratoria de EEUU, se sumó el incremento de migrantes sudamericanos que llegaban a la EU escapando de las redes y mafias del crimen organizado.

En resumen, el escenario pre-pandemia indicaba que los flujos migratorios seguían avanzando a un ritmo no controlado, pese a los grandes esfuerzos por el control de fronteras. Esta situación estaba generando un coste creciente al conjunto de la UE, al tiempo que estaba suponiendo el despilfarro del talento de las personas integrantes de estos desplazamientos. El informe concluía que las mafias se erigían como las únicas beneficiadas por esta situación, que había incrementado el sufrimiento de los migrantes.

El informe continuaba trazando un escenario pesimista post-covid-19, que coincidía con algunas de las perspectivas indicadas

---

550 ICMPD. *Making Migration Better. Annual Report 2019.*

en el elaborado por el ICMPD para 2021. Ambos documentos indicaban que una gestión dispar de la crisis sanitaria con un reparto desigual de las vacunas generaría mayores desequilibrios en los territorios, incrementando la presión migratoria y provocando rebrotes de la pandemia, como así fue sucediendo. Las consecuencias negativas de esta gestión se verían incrementadas si la UE no era capaz de hacer realidad el pacto migratorio que establece el reparto equitativo de la gestión de los flujos migratorios.

Este escenario, que ya ha comenzado a desarrollarse, seguirá progresando si no se aprenden las lecciones de la crisis migratoria de 2015. Además, para evitar su perpetuación, es preciso atender las enseñanzas de la crisis sanitaria, que expresan la necesidad de sincronización y coordinación de las actuaciones para frenar las crisis globales y lograr un desarrollo sostenible a nivel planetario.

Por último, la ONU y la ICMPD esbozaban un escenario optimista post-covid-19 que sería posible siempre y cuando se aprendiesen las lecciones ya señaladas y se extendiese la cooperación, creando espacios sostenibles para aprovechar el talento. Al mismo tiempo, indicaban que había que buscar el bienestar de la población global a través de una cooperación estratégica, centrada en las necesidades humanas, sin dejar de lado la salud y el bienestar del propio planeta. Pese a lo utópico de estas palabras y la distancia que queda para llegar a este tipo de escenario, la pandemia ha puesto de manifiesto que es posible cambiar el comportamiento de todo el planeta para hacer frente a una amenaza común. Aunque la respuesta no ha sido enteramente coherente, sino un tanto fragmentada (oscilando, en algunos sectores, entre el alarmismo y el negacionismo), la crisis sanitaria ha mostrado que hacer frente a otros retos colectivos, como el cambio climático y los flujos migratorios, está a nuestro alcance.

La cooperación necesaria para abordar este conjunto de retos puede anclarse en los objetivos de la Agenda 2030, cuyo poder de transformación radica en las sinergias que se encuentran entre los

ODS[551]. Esta Agenda coincide con la *Agenda de recuperación del COVID-19* esbozada por la ONU[552]. En ambas se reitera que la erradicación de la pobreza (ODS1) está intrínsecamente relacionada con la migración, los conflictos y el cambio climático. Igualmente, señalan que el alimento y seguridad, base de la pirámide de las necesidades humanas, son prioritarias para el avance hacia la consecución de "*capacidades mejoradas*" (acceso a la salud, educación de calidad, tecnología y resiliencia ante imprevistos sobrevenidos).

La pandemia ha hecho patente la necesidad de que los estándares de gestión de la crisis vayan más allá de la securitización inmediata de las fronteras y del coste de la acogida brindada a las personas recién llegadas. Al aplicar la teoría de juegos, a esta situación se reitera la importancia de adoptar un enfoque integral que vaya más allá de las declaraciones en manifiestos y agendas europeas. Desatender las necesidades de los flujos migratorios supone poner en riesgo a la población europea, así como desaprovechar el potencial humano y cultural que ofrecen con su llegada. Esto requiere esfuerzos coordinados que permitan garantizar que la población migrante tenga condiciones de vida dignas, disfrutando de acceso al sistema sanitario que les proteja (para así proteger también al resto de la población), así como de trabajo y vivienda dignos. Igualmente, es preciso que dispongan de una educación de calidad, para que descubran y aprovechen su potencial, al tiempo que realizan contribuciones a la nueva sociedad de llegada, e incluso a la de origen, al convertirse en puentes (personas bisagra) para facilitar la cooperación internacional en distintos ámbitos.

---

551 Timko, Joleen et al. (2018). "A policy nexus approach to forests and the SDGs: tradeoffs and synergies", *Current Opinion in Environmental Sustainability*, Núm. 34, pp.7-12.

552 UNDP (2020). *COVID-19 and human development: Assessing the crisis, envisioning the recovery*, United Nations Development Programme, Nueva York, *vid.* p. 24.

Una vez más, este análisis reitera cómo una gestión migratoria sostenible exige su coordinación con los ODS de la Agenda 2030. A la luz de estos postulados, la securitización de las fronteras va más allá del trazado de vallas, alambradas o de patrullar fronteras marítimas, terrestres y/o aéreas. De acuerdo con la Agenda de sostenibilidad global, la verdadera securitización se consigue al velar tanto por la protección de quienes están dentro de nuestras fronteras como por la de quienes potencialmente llegarán o desean hacerlo. La ambición del objetivo de la Agenda supone alcanzar un desarrollo sostenible en un contexto de seguridad mediante la cooperación internacional para no dejar a nadie atrás. Para ello, es preciso que la EU adopte un enfoque transversal en sus medidas, dialogando con los actores de todos los niveles que forman parte de la negociación.

Amparándose en el legado de OSTROM, la pandemia ha puesto de manifiesto que es preciso maximizar las oportunidades de diálogo entre las partes para fortalecer la confianza. Su recuperación y reconstrucción por parte de todos los actores es vital para que los acuerdos alcanzados no se conviertan en papel mojado. Para ello, las nuevas cooperaciones políticas (en materia sanitaria, social, económica y ecológica) han de establecer sanciones ejemplares que no permitan tan si quiera considerar el quebranto de los acuerdos alcanzados en beneficio de la sostenibilidad colectiva.

Lograr estas metas exige no cerrar los ojos a ninguno de los aspectos que interactúan en el complejo tapiz migratorio. Esta perspectiva hace ver, igualmente, que la necesidad de cooperación y de hallar soluciones sostenibles para todas las partes implicadas no puede convertir las fronteras de la UE en una especie de goma elástica en la que reboten todas las llegadas (por vía marítima, terrestre o aérea) que arriban al continente.

Para llevar a cabo la implementación de la Agenda 2030, favoreciendo la gestión migratoria, es preciso fortalecer la gobernabilidad, adhiriéndose a los principios universales de inclusión, igualdad, paz y justicia. No obstante, éstos han de contextualizarse para tener en cuenta las necesidades de cada comunidad, sin olvidarse de los grupos marginales o de aquellos en desventaja[553]. Con el fin de garantizar la efectividad de la gobernabilidad, ésta ha de ir acompañada de una serie de incentivos que promuevan las reformas en las condiciones estructurales, requeridas para atender las necesidades sociales reales.

Así, siguiendo la oratoria al estilo del calagurritano Quintiliano, la UE ha de ser *suaviter in modo, fortiter in re*, introduciendo una serie de directrices para favorecer el desarrollo sostenible y la gestión eficiente de los flujos migratorios. Al mismo tiempo, ha de complementarlas con una serie de consecuencias a través de las que se sancione su incumplimiento. Por otro lado, los últimos movimientos geoestratégicos indican que, de no lograrse una cooperación armónica para afrontar el reto migratorio, seguirán proliferando focos de ayuda descoordinados, a través de los que parece que, en vez de querer paliar los efectos de la pandemia, algunos Estados buscan establecer nuevos satélites que recuerdan dolorosos momentos de la historia mundial. En caso de que esta tendencia se consolide, podrían volver a primer plano algunos de los momentos más dolorosos del pasado.

## 4. ENVEJECIMIENTO, MIGRACIÓN Y ESTADO DE BIENESTAR

### *4.1. Pirámides invertidas e invertir la pirámide poblacional*

Durante las últimas décadas, el mundo ha asistido a un progresivo envejecimiento de la población, con una edad media de 30,9 años[554]. Este dato se torna más preocupante cuando se tiene en

---

553 Timko et al., *op.cit*, pp.7-12.

554 ATHLOS (2020). *Aging Demographic Data Sheet 2020*, Wittgenstein Centre, International Institute for Applied Systems Analysis.

cuenta que "*la población más vieja aumenta más rápidamente que la población total*"[555], siendo los países del hemisferio norte los globalmente más envejecidos. Antes de la irrupción de la pandemia en 2020, una de las estimaciones de la ONU indicaba que la población mundial podría superar los nueve billones para el año 2050. Este progresivo aumento de la población suele ir unido, además, a su mayor urbanización, lo que conlleva la concentración de la población en determinados puntos del planeta, mientras que otros están sufriendo el proceso contrario, vaciamiento[556].

El fenómeno del envejecimiento es considerablemente significativo en Europa, donde se ha consolidado la tendencia creciente de una media cada vez mayor, lo que aumentará considerablemente el número de personas dependientes. Ante esta situación, la Comisión Europea ha propuesto una hoja de ruta instando a responder al cambio demográfico[557]. La vulnerabilidad de una población de estas características se puso de manifiesto durante la primera oleada de la pandemia, que afectó de forma más virulenta a aquellos países con población envejecida[558], al tiempo que se experimentaba una reducción significativa de la ya menguada tasa de natalidad[559]. Esto hace previsible el incremento de la proporción de personas jubiladas en relación

---

555 Atlas de las migraciones. *Rutas de la humanidad,* Le Monde diplomatique en español, UNED, *Vid.* p. 59.

556 Robinson, Sir Ken (2011). *Out of our minds. Learning to be creative. Fully revised and updated edition,* Capstone Publishing Ltd, Wiley Company, Chichester, Reino Unido, *vid.* p.35.

557 Secretariat General European Commission (2020). *European Commission on the Impact of Demographic Change.*

558 Kashnitsky, Ilya y Aburto, José Manuel (2020). "COVID-19 in unequally ageing European regions", *World Development,* Vol. 136, diciembre.

559 Segura, Cristian; y Sosa Troya, María (2021). "The coronavirus effect: Spain sees sharp decline in births, *El País,* 8 de marzo. Mallet, Victor; Dombey, Daniel; y Arnold, Martin (2021). "Pandemic blamed for falling birth rates across much of Europe", *Financial Times,* 10 de marzo. Hegarty, Stephanie (2021). "Covid: From boom to bust – why lockdown hasn't led to more babies", *BBC News,* 18 de marzo; BBC (2021).

con las personas en activo, que en el caso español puede llegar a duplicarse para 2050[560].

El bajo índice de natalidad europeo, y la elevada cifra de población que supera los 65 años contrasta con la realidad africana. El desequilibrio demográfico entre las masas terrestres situadas al norte y al sur del *Mare Nostrum* se evidencia al señalar que la media de edad en África es menos de mitad que la europea, sin apenas previsión de aumento para 2050[561]. La disparidad demográfica entre Europa y África, cuyas pirámides poblaciones tienen un sentido inverso, así como la ampliación que la pandemia está creando en la brecha existente entre ambos, hacen previsible que las llegadas de flujos migratorios desde el joven continente sigan aumentando en el futuro próximo.

La prospectiva que anuncia una Europa envejecida con falta de mano de obra que atienda las necesidades crecientes de una población dependiente no ha de verse desde una lectura alarmista, sino desde la voluntad de introducir los cambios necesarios para evitar que llegue a producirse. Así, el conocimiento de este posible marco de desarrollo ha de servir para cambiar las circunstancias y alterar el resultado. La información ha de servir para evitar la previsión del escenario de una Europa envejecida que no es capaz de beneficiarse de la oportunidad que supone la llegada de flujos migratorios, sino que, por el contrario, sufre las consecuencias negativas derivadas de las rutas clandestinas y el tráfico de seres humanos.

De este modo, el análisis de los datos recogidos, y de las prospectivas realizadas a este respecto, ha de llevar a la UE a tomar las medidas necesarias para evitar lo que sería un escenario catastrófico. El primero de los pasos en este sentido sería potenciar los canales migratorios legales, así como las medidas de integración

---

560 Bosley, Catherine; Jamrisko, Michelle (2021). "Global baby drought of Covid-19 crisis risks population crunch", *Bloomberg*, 14 de marzo.

561 ATHLOS (2020). *Aging Demographic Data Sheet 2020,* Wittgenstein Centre, International Institute for Applied Systems Analysis.

que permitan aprovechar la diversidad de talento que llega al continente. Estos cambios han de comenzar en la palabra, eliminando la radicalización que se siembra con la introducción de elementos xenófobos en determinados medios y discursos políticos, proyectando una imagen contraria a la migración para beneficiar intereses mediáticos y/o partidistas.

Diversos estudios han demostrado que cuando la imagen que se proyecta sobre los flujos migratorios cambia, la población la recibe de forma más positiva, dejando de ver a quienes llegan como una amenaza o competencia desleal. Al mismo tiempo, comienza a entenderse que forman parte de la solución a los retos actuales[562]. Por ello, la gestión eficiente de los flujos migratorios debería acompañarse de un cambio en la narrativa que presente la migración como una oportunidad para Europa. Con esta narrativa se contribuiría a orientar la gestión hacia la consecución de los ODS dentro de un marco de respeto a los derechos humanos y las garantías jurisdiccionales.

Además, esta narrativa debería incorporarse junto a programas y espacios seguros que permitan que la población migrante se integre en la sociedad, superando los traumas de la situación que le obligó a realizar el salto migratorio. Todo apunta a que la sostenibilidad del desarrollo se obtiene cuando se prepara *por personas para personas*, teniendo en cuenta cada situación y atendiendo las necesidades de todas las partes.

### *4.2. Migración, envejecimiento, emprendimiento y civismo*

El descenso de la natalidad unido a épocas de pujanza económica, como las vividas en España durante la primera década del siglo XXI, hicieron que se diese la bienvenida a la llegada de numerosos migrantes, que podían así cubrir la deficiencia de mano

---

562 Bhoyroo, Farha (2018). "'We are part of the solution', say young refugees", *UNHCR, The UN Refugee Agency*, 10 de mayo.

de obra descualificada que necesitaba nuestro país. La burbuja inmobiliaria requería, "*en línea opuesta a los objetivos marcados en la Agenda de Lisboa*"[563], mano de obra para cubrir puestos en los sectores de la construcción, hostelería y el servicio doméstico.

Convertida en el tercer país del mundo en la recepción de extranjeros durante el primer decenio del presente siglo, España vio llegar un amplio número de personas, procedentes en su mayor parte de Latinoamérica y la Europa del Este, dispuestas "*a trabajar en unos empleos cuya ocupación se estaba problematizando*"[564]. No obstante, la posterior recesión vivida a finales de aquella década llevó a una fuerte caída en los niveles de ocupación que afectó, de forma más significativa, al colectivo extranjero. En aquellos momentos, la coincidencia de un momento económico delicado en Europa con la irrupción de la llamada crisis de los refugiados de 2015-2016 llevó a fomentar un discurso que contemplaba la migración como una amenaza contra un estado de bienestar, que entonces comenzaba a mostrar su fragilidad. La sensación de vulnerabilidad de Europa parecía exacerbarse con el cambio en el tipo de migrantes, que entonces procedían en su mayoría de Oriente Medio y África, latitudes con costumbres y religión diferentes a las corrientes culturales mayoritarias de Europa.

Ante esta situación, las voces más alarmistas hablaban de que abanderar la fraternidad dando la bienvenida a nuevos flujos migratorios estaba conduciendo, de forma irrefrenable, al suicidio de la civilización europea como se había entendido hasta el momento[565]. Ese discurso comenzó a llenarse de términos como desasimilación e invasión, asemejando a los nuevos flujos migratorios con el agua, irrefrenable al toparse con un muro y capaz de hallar

---

563 Muñoz Comet, Jacobo (2016). *Inmigración y empleo en España. De la expansión a la crisis económica*, Centro de Investigaciones Sociológicas, núm 299, Madrid.

564 Id., *vid.* p. 15.

565 Dandrieu, Laurent (2017). *Église et immigration. Le grand malaise. Le pape et le suicide de la civilisation européenne*, Presses de la Renaissance, Paris, *vid.* pp.14-17.

otro camino para adentrarse en el corazón de Europa hasta lograr inundar el territorio.

El paso de este discurso a la popularización de la relación entre migración y aumento del crimen se vio acentuado entre las posturas más populistas[566]. Esta tendencia no consiguió frenarse con la publicación de estudios que señalaban la falacia de tal relación, apuntando que había surgido como fruto del miedo promovido por representaciones maniqueístas de aspectos culturales, políticos y mediáticos[567]. Por otro lado, otros estudios señalaban la importancia de los programas de inserción laboral para proporcionar medios de vida legales que favorezcan la integración, evitando el recurso al crimen para subsistir[568]. Igualmente, añadían que, para ser efectiva, dicha integración ha de venir acompañada de la aceptación de los valores de ciudadanía europea.

De esta forma, la integración de la población migrante en el mercado laboral parece resolver varios de los retos a los que se enfrenta la sociedad actual. Por un lado, permite el acceso a condiciones de vida dignas a quienes han llegado al continente. Por otro lado, posibilita la ocupación de puestos de trabajo cuya cotización contribuye a sustentar el estado de bienestar.

---

566 Bianchi, M., P. Buonanno, y P. Pinotti (2008): “Immigration and crime: an empirical analysis,” Temi di discussione (Economic working papers) 698, Bank of Italy, Economic Research Department. Spenkuch, Jörg L. (2013): “Understanding the impact of immigration on crime", American Law and Economics Review, Vol. 16, Núm. 1, pp. 177-219.

567 Nunziata, Luca (2014). “Immigration and crime: New empirical evidence from European Vitimization Data”, *IZA Discussion Paper Series,* Núm. 8632, noviembre.

568 EU (2016). “EU research disproves link between immigration and increased crime”, *European Commission news.* Fasani, Francesco; Mastrobuoni, Giovanni; Owens, Emily G.; y Pinotti, Paolo (2019). *Does immigration increase crime? Migration policy and the creation of the criminal immigrant,* Cambridge University Press, Cambridge, Nueva York, Melbourne, Singapur, *vid.* pp.160-161.

Pese a la opinión pública magnificada desde los sectores contrarios a la migración, diversos estudios apuntan que la llegada de migrantes no repercute de forma negativa en el mercado laboral de la población autóctona, siendo su impacto en este sentido "*pequeño y a menudo no significativo*"[569]. De hecho, la relación complementaria que se establece entre los trabajos de unos y otros redunda en un incremento salarial para la población nativa[570]. Por otro lado, RATNIA señala que el talento real de la población migrante no se utiliza debido a la dificultad para convalidar sus estudios y adquirir fluidez en la nueva lengua. Una solución para aprovechar el potencial de la población migrante, obteniendo así un beneficio mutuo, pasaría por el establecimiento de programas de emprendimiento e inserción laboral que fueran acompañados de la introducción de mejoras en los sistemas de convalidación, así como de programas de aprendizaje lingüístico.

---

569 Grinblat, Joseph Alfred (2010), "La inmigración, un asunto de importante preocupación", *Atlas de las migraciones. Rutas de la humanidad,* Le Monde diplomatique en español, UNED, pp. 8-9), apunta que los partidarios de la migración utilizan cifras que demuestran sus beneficios económicos, mientras que sus detractores utilizan cifras distintas para probar lo opuesto. El impacto objetivo sobre el resto de la población no se presenta como un objetivo fácil de medir. Sin embargo, los estudios recopilados por Nazmun Ratnia (a saber, Longhi et al. 2005, Addison y Wolrswik, 2002, Islam y Fuasten, 2008; y Peri, 2014) indican que, pese al impacto que la migración pueda tener en determinados grupos de población activa autóctona, su efecto no llega a ser adverso en términos generales. Ratnia, Nazmun N. (2016). "Are migrants good for the host country's economy?", *Routledge Handbook of Immigration and Refugee studies,* ed. Anna Traindafyllidou, pp. 75-81, *vid.* p.79. En este mismo sentido, un informe parlamentario presentado en Francia en 2020 también señala que la inmigración tiene un impacto neutro sobre el mercado de trabajo, desbancando mitos sobre su efecto negativo en este sector. Poing, Guillaume (2020). "L'immgration a un impact neutre sur la croissance et l'emploi, selon un rapport parlementaire", *Le Figaro,* 22 de enero.

570 Ratna, Nazmun N. (2016). "Are migrants good for the host country's economy?", *Routledge Handbook of Immigration and Refugee studies,* ed. Anna Traindafyllidou, pp. 75-81, *vid.* p.80.

Para esto último, la teleformación desde equipos disponibles en los centros de acogida y de referencia puede ofrecer una oportunidad de diseño de experiencias de aprendizaje personalizadas que permitan compaginar la situación e intereses de quien ha de aprender la lengua con el resto de sus obligaciones en el país de llegada. Además, podrían fomentar la colaboración público-privada, invitando a las empresas a diseñar e implementar aquellos programas que tengan más posibilidad de éxito para cubrir las necesidades laborales del mercado.

El beneficio mutuo de países de origen y de destino puede favorecer el establecimiento de programas de emprendimiento conjunto, lo que permitiría equilibrar los flujos migratorios de entrada y salida tanto en Europa como en el resto de los continentes. A su vez, esto permitiría ampliar el sistema de bienestar más allá de su vertiente económica, promoviendo la expansión de los valores de respeto a los derechos humanos y las garantías jurisdiccionales. Igualmente, permitiría un auténtico crecimiento global sostenible que tendría a la dignidad humana como su motor principal.

Por ello, sería interesante que las medidas a favor del emprendimiento fuesen de la mano de programas, acciones y proyectos que fomenten la asunción y aceptación de un código ético de ciudadanía europea, que incluya el respeto a los derechos humanos, a los pilares sobre los que se sustenta la UE (tales como el estado de derecho, la democracia, la igualdad de oportunidades y el respeto a la diversidad) y a las instituciones que los respaldan. De este modo, dado que la participación en estos programas iría ligada a la aceptación de los valores de la Unión, se evitaría la expansión de comportamientos e ideologías contrarios a los derechos humanos y las garantías constitucionales, impidiendo retroceder en el tiempo en cuanto a este tipo de avances sociales se refiere.

Esto implica que formar parte de la ciudadanía europea debería llevar implícita la conciencia de que existe una norma moral superior a la libertad propia (bien sea religiosa, sexual o de cualquier otra índole). Igualmente, esto convertiría a los migrantes en impulsores del sistema de libertad democrática, lo que favorecería la exportación de estos valores a sus lugares de origen, reforzando así la labor realizada por las misiones de paz, a través de las que se educa a la población receptora en materia de derechos humanos.

## 5. PUEBLOS VACÍOS VS. PERSONAS SIN HOGAR

En 1857, el doctor David LIVINGSTONE[571] rogó dirigir la atención hacia África, abriendo canales comerciales y de intercambio cultural para aprovechar las posibilidades que se extendían ante un continente que, hasta el momento, describía como cerrado. Igualmente, el africanista vitoriano IRADIER afirmó a finales del mismo siglo que África era el futuro de España y, con la solidaridad como característica definitoria de su trabajo, impulsó la investigación y la exploración de ese continente, desde el respeto y con gran interés por su cultura[572].

Estas palabras vuelven a resonar hoy, cuando África ofrece la posibilidad de nutrir a Europa de sangre joven que, además de revitalizar las comunidades a las que llegan y propagar los valores de la Europa cívica a otros puntos del globo, podrían ser la solución para mantener el estado de bienestar de una sociedad envejecida. África, además, como afirmaban los exploradores y eruditos del siglo XIX, es un continente lleno de posibilidades de las que Europa no puede distanciarse.

---

571 Livingstone, David (1857) "Lecture I", pp.1-24. En *Dr. Livingstone's Cambridge Lectures: together with a prefatory letter by the Rev. Professor Sedgwick*, *vid.* p.24.

572 Más información sobre su exploración en tierras de África en García del Junco, Francisco (2016). *Esto no estaba en mi libro de historia*, ed. Almuzara.

### *5.1. Comunidades de repoblación: reducción del riesgo y sostenibilidad*

En el caso español, la llegada migratoria es especialmente necesaria para repoblar la España vaciada. Cabe destacar que, según los datos proporcionados por el Instituto Nacional de Estadística (INE)-[573], más de la mitad de las Comunidades Autónomas (un total de 10) experimentó una pérdida de población cercana o superior al 50% entre 1998 y 2018. Las demás también sufrieron pérdidas, que oscilaron entre aquellas situadas en torno al 25% (Comunidad Valenciana, Cataluña y País Vasco), las que giraban alrededor del 10% (Murcia) y dos casos en los que fueron ligeramente inferiores al 5% (Islas Baleares y Madrid).

Ante esta realidad, es importante desarrollar programas que redirijan a la población migrante a aquellos puntos en los que su presencia supondría una ganancia para todas las partes implicadas. Con esta mira, algunos pueblos ya han puesto en marcha iniciativas para dar la bienvenida y acoger a la población que traen los flujos migratorios[574]. La acogida de estas personas permite la sostenibilidad de pueblos en los que, de otra forma, comienza a ser inviable contar con servicios básicos como una escuela o una farmacia. Gracias a estas iniciativas la población migrante se integra en la vida del pueblo, del que pasa a formar parte, contribuyendo de forma activa a su sustento.

Por otro lado, este tipo de iniciativa conjuga los objetivos de la Agenda 2030 con el plan trazado en el *Marco de Sendai para la Reducción del Riesgo de Desastres 2015-2030*, ya que deja de observar a la población migrante como víctima, pasando a considerarla como agente de cambio. Este tipo de acciones pone el foco en el empoderamiento y la inclusión de los flujos migratorios que,

---

573 Europa Press (2019). "Así es la España vacía: 12 gráficos para entender el problema de la despoblación en nuestro país", *El economista,* 4 de octubre.

574 Jones, Sam (2020). "'We need people here': the Spanish towns welcoming migrants", *The Guardian,* 10 de agosto.

gracias a estos programas, se convierten en parte activa de la sociedad, con la que comienzan una convivencia plena.

La propuesta de este trabajo es que las experiencias pioneras que ya están teniendo lugar en algunos puntos de España se conviertan en comunidades de acogida que sirvan como punto de partida para ofrecer una de las vertientes de solución sostenible hacia el reto migratorio. De este modo, este tipo de comunidades, como ya se hiciera desde los tiempos de Alejandro y del Imperio Romano, pueden servir para consolidar la expansión de la ciudadanía europea basándola, no en una etnia o el color de la piel, sino en una forma de vida y en el seguimiento de unos principios de convivencia.

### *5.2. Hibridaciones fértiles y ciudadanía europea*

La llegada de migrantes a Europa con prácticas culturales contrapuestas a la raíz judeo-cristiana que subyace a los valores de la Unión parecía, en opinión de autores como el comentarista político MURRAY[575], estar poniendo en riesgo la supervivencia de esta ciudadanía europea. En su opinión, la llegada de migrantes procedentes de latitudes con valores diferentes a los europeos hace peligrar los principios de igualdad, tolerancia, y respeto a los demás y a los valores que permean las instituciones europeas.

Esta sensación de peligro se deriva, en parte, de la difusión de corrientes islamistas revividas por los grupos más radicales. Estos grupos son los responsables de los atentados que han herido el corazón de occidente y que están transmitiendo el "*mensaje dogmático e intransigente de los que insisten que el islam consiste en rituales, prohibiciones y el rechazo del otro*"[576]. Sin embargo, voces como la de BAHLOUL, la primera mujer imam de Francia, se esfuerzan por hacer visible una alternativa que sintoniza con los objetivos de la

575 Mourray, *op.cit.*

576 Soage, Ana Belén (2021). "Libertad o islamismo", *Agenda Pública,* 8 de mayo.

Agenda 2030 y la creación de comunidades de encuentro en las que se pueda desarrollar la ciudadanía europea del respeto.

Recordando las palabras del politólogo alemán TIBI, la autora defiende un ejercicio religioso que encaja dentro de los valores europeos de libertad, igualdad y respeto a los derechos humanos. Propone la práctica de un islam liberal, alejado del discurso fundamentalista que describe como minoritario pero ensordecedor[577]. Sostiene que la mayoría silenciosa de fieles del islam se identifican con los postulados liberales, buscando huir de la manipulación de la opinión pública llevada a cabo por el islam político. Por ello, insiste en la necesidad de "*[l]a existencia de una mezquita liberal [que] permit[a] ir más allá de la indispensable relectura de los textos*"[578]. La imán otorga a la mezquita un fuerte simbolismo a través del que las nuevas generaciones pueden reapropiarse de la religión de la que les han privado decenios de ideologías integristas y fundamentalistas.

Retomando las palabras del poeta místico sufí y sabio musulmán andalusí Ibn Arabi, BAHLOUL recuerda que el islam es una religión de amor y fe que se conjuga con la aceptación del prójimo, aunque su religión sea distinta de la propia[579]. Su discurso, que también denuncia la interpretación que buena parte de los códigos islamistas hacen de la mujer (condenándola a una minoría de edad vitalicia), promueve la igualdad de géneros. Igualmente, defiende la creación de una nueva mezquita como espacio de convivencia en el que las personas se sientan bienvenidas, independientemente de su religión.

La revitalización de la corriente islamista que floreció en Al-Ándalus durante el califato abasí vuelve a poner a España en el foco de la reconciliación, como el lugar perfecto para la creación de comunidades ancladas en los valores de ciudadanía europea.

---

577 Beyer, Caroline (2021). "Kahina Bahloul, imame: «Le discourse fondamentaliste est minoritaire mais assourdissant», *Le Figaro*, 13 de abril.

578 Bahloul, Kahina (2021). *Mon Islam, ma liberté*, Ed. Albin Michel.

579 Bahloul, *op,cit.*

Éstas deberían servir como puntos de encuentro intercultural desde la igualdad, el respeto y la aceptación del otro. Esta práctica concuerda con los ideales de libertad y anclaje en los derechos humanos que caracterizan a la UE, permitiendo también la llegada de nuevas influencias que facilitan la adaptación de Europa a las necesidades de su población.

Al mismo tiempo, la promoción de los valores de ciudadanía europea parece presentarse como la solución para evitar el choque violento de civilizaciones que vaticinaba el analista HUNTINGTON a finales del siglo pasado[580]. Gracias a la difusión de los valores de ciudadanía europea, la llegada de flujos migratorios a Europa puede contribuir al reencuentro pacífico de civilizaciones.

El fenómeno de hibridación fértil que se propone al fomentar la convivencia de la población migrante con las distintas comunidades que se encuentran en Europa no es algo novedoso. Por el contrario, se trata de los procesos socioculturales a través de los que nuestro continente ha ido renaciendo a las distintas etapas históricas por las que ha atravesado. De hecho, el antropólogo argentino GARCÍA CANCHINI propone evitar los procesos de definición de la identidad europea que se basan en "*un proceso de abstracción de rasgos (lengua, tradiciones, [y] ciertas conductas estereotipadas)*". En su opinión, una definición en tales términos llevaría a desprenderla de las "*prácticas de la historia de mezclas en que se form[ó]*" y terminaría "*obturando la posibilidad de modificar la cultura*", lo que resulta vital para su pervivencia y adaptación al presente y al futuro[581].

---

580 Huntington, Samuel P. (1993). "The Clash of civilizations?", *Foreign Affairs*, Vol. 72, Núm 3, pp. 22-49; (1996) *The clash of civilizations and the remaking of world order*, Ed. Simon & Schuster, Nueva York.

581 García Candini, Néstor (2004). "La globalización: ¿productora de culturas híbridas?, *Construyendo colectivamente la convivencia en la diversidad: los retos de la migración*, Universidad Libre para la Construcción Colectiva, Sevilla, pp. 81-94, *vid.*87-88.

Para evitar el anquilosamiento cultural que puede conducir a la extinción, los flujos migratorios han de aprovecharse como una llegada de corrientes revitalizadoras a través de cuyas contribuciones puedan surgir formas de creatividad tanto individual como colectiva. De este modo, con las aportaciones de los flujos migratorios se pueden alcanzar soluciones novedosas a los retos a los que se enfrenta la sociedad. Para ello, es preciso que, por un lado, exista una aceptación de los valores de ciudadanía europea desde el respeto y, por otro, que Europa se deje sorprender por las contribuciones que los flujos migratorios aportan. De esta forma, podrá seguir evolucionando para convertirse en una nueva sociedad capaz de enfrentarse a los retos actuales.

### *5.3. Emprendimiento sostenible y regeneración cultural*

Además de la promoción de espacios de ciudadanía europea, el desarrollo de comunidades con mayor grado de autonomía, gracias a la llegada de población migrante, permitiría cumplir varios objetivos de forma simultánea. Por un lado, facilitaría el aprovechamiento de los recursos del territorio, revitalizando su economía de una forma sostenible y permitiendo que la población autóctona mantenga bienes y servicios que garanticen su participación en el estado de bienestar. Igualmente, sintonizando con los puntos estratégicos que Europa necesita reforzar, estas iniciativas pueden revitalizar la agricultura y la ganadería de territorios en los que se había abandonado, así como potenciar decisiones de desarrollo de energía sostenible.

Por otro lado, gracias a este tipo de propuestas, la población migrante halla un espacio de seguridad en el que desarrollar su potencial y, gracias al uso de las tecnologías de la información y la comunicación, pueden recibir formación y apoyo adicional para lograr su integración. Al mismo tiempo, estarán contribuyendo al sostenimiento de la comunidad, tanto desde el punto de vista económico como desde el de la revitalización y regeneración de la cultura[582].

Estos programas de acogida han de fomentar el emprendimiento de los migrantes, permitiendo que pongan en práctica el talento y las capacidades que poseen, al tiempo que se les ofrece formación lingüística. Cabe mencionar que, dado que las comunidades de acogida se encontrarán, previsiblemente, en puntos dispersos de la geografía española, la formación a través de medios tecnológicos, con colaboración privada, se presenta como la opción más viable.

Esta propuesta de programas de acogida de la migración se alinea perfectamente con las 130 medidas frente al reto demográfico del *Plan de Recuperación* propuesto por el Ministerio para la Transición Ecológica y el Reto Demográfico[583]. Los 10 ejes de acción buscan el impulso de la igualdad de oportunidades, así como la vertebración territorial a través de una serie de medidas que ponen en valor el territorio y lo conectan para hacerlo sostenible y luchar contra la despoblación.

El citado plan asegura que el desequilibrio que se ha generado entre los territorios es, además de injusto, "*insostenible desde un punto de vista medioambiental, económico y social*" [584]. Para abordarlo, propone 10 ejes: impulso de la transición ecológica, transición digital y plena conectividad territorial, desarrollo e innovación en el territorio, impulso del turismo sostenible, igualdad de derechos y oportunidades de las mujeres, fomento del emprendimiento y de la actividad empresarial, refuerzo de los servicios públicos e

582 Gracias a la formación y servicios de apoyo a distancia, el coste de estos programas puede reducirse significativamente. El gasto sería todavía menor si se lograse implicar al conjunto de la sociedad en forma de voluntarios cualificados que destinen franjas de su tiempo a participar en este tipo de iniciativas solidarias.

583 Ministerio para la transición ecológica y el reto demográfico (2021). "Plan de Recuperación: 130 medidas ante el Reto Demográfico".

584 Id., *vid.* p. 8.

impulso de la descentralización, bienestar social y economía de los ciudadanos, promoción de la cultura y reformas normativas e institucionales para abordar el reto demográfico.

La aplicación de este plan de mejora con una perspectiva y una mirada migratoria permitiría, además de la sostenibilidad ambiental y territorial, hacer frente al reto demográfico y migratorio, ofreciendo una integración plena a quienes llegan a estos nuevos territorios. De este modo, la acogida de flujos migratorios en la España despoblada (y en cualquier otro territorio europeo que atraviese una situación similar) conseguiría un beneficio mutuo. No obstante, para conseguir su implantación de forma eficiente, debería recabarse la ayuda del sector privado, las organizaciones no gubernamentales y demás entidades no públicas. Lograr que se involucren en la potenciación e impulso de estos programas redundaría en la consecución de un beneficio sostenible para todas las partes implicadas.

Pese a que la inversión inicial podría llevar a pensar que se trata de una empresa no beneficiosa, no hay que perder de vista que fomentar el desarrollo de estas comunidades reportaría un cúmulo de beneficios. Entre los beneficios a largo plazo, conviene señalar que las empresas colaboradoras conseguirían una potencial cartera de clientes. Tampoco pueden olvidarse los beneficios a corto plazo, ya que las empresas y organizaciones colaboradoras proyectarían una imagen solidaria y preocupada por la sostenibilidad de las comunidades en las que operan. Por ello, sus acciones se convertirían en una campaña publicitaria que mejoraría su imagen ante la sociedad.

Otro de los puntos fuertes de este tipo de programas sería la potenciación de la formación para revitalizar aquellas profesiones necesarias para el sostenimiento de la comunidad de acogida. Igualmente, esta formación tendría que incluir aspectos referidos al emprendimiento y al fomento de la capacidad de negocio, con el fin de convertir el medio de vida de quienes llegan en un proyecto sostenible y beneficioso tanto para la familia que lo implementa como para la comunidad que lo acoge.

Para la formación en torno a profesiones que pueden estar cayendo en desuso se podría, además, impulsar la colaboración de la tercera edad, permitiendo prolongar su conexión con el mundo laboral, al tiempo que se facilita el traspaso de su saber y experiencia a las nuevas generaciones. De esta forma, la regeneración cultural bebería tanto del saber tradicional de la comunidad como de las nuevas costumbres y usos traídos por la población migrante.

Este tipo de modelos permitiría impulsar iniciativas en la agricultura y ganadería de una manera sostenible, en línea con la *Política Agrícola Común de la UE*, en territorios que estaban quedando abandonados. Igualmente, facilitaría la recuperación de la cultura y la artesanía popular, integrando las costumbres existentes junto a las aportaciones de quienes se asientan en la comunidad. Además, estas iniciativas validarían el rasgo de *fusión y acogida* que forma parte de nuestro ADN, tanto de la península ibérica como del resto de Europa, en donde tantos pueblos han convivido y dejado una huella que ha desembocado en la construcción de la Unión en la que ahora vivimos.

Estas comunidades de acogida, integradoras del saber de nuestros mayores con la revitalización de quienes llegan a ellas, se alinean con la propuesta del Libro Verde de la Comisión Europea *Frente a los cambios demográficos, una nueva solidaridad entre generaciones*[585]. El documento invita a realizar una gestión transparente de los flujos migratorios, al tiempo que propone llevar a cabo un replanteamiento de la vida activa de la población.

El impulso de comunidades sostenibles en las que la población migrante pueda adaptarse a las costumbres y modo de vida europeo, aprendiendo el idioma mientras participan de forma activa en la comunidad, puede alinearse también con todos los objetivos de desarrollo sostenible de la Agenda 2030. Para ello, conviene

---

585 Comisión Europea (2005). *Frente a los cambios demográficos, una nueva solidaridad entre generaciones. Libro verde*, Dirección General de Empleo, Asuntos Sociales e Igualdad de Oportunidades.

reiterar la necesidad de que los programas de acogida y emprendimiento vayan acompañados de formación de calidad basada en la igualdad, así como de programas de empoderamiento de los sectores más vulnerables. Es preciso prestar especial atención a aquellas mujeres que lleguen de lugares en los que sus derechos se hayan visto vulnerados, puesto que necesitarán más apoyo y atención para incorporase de forma plena a la sociedad europea.

A la hora de determinar los empleos y las iniciativas sostenibles que se desarrollarán en cada comunidad es fundamental tener en cuenta las aptitudes y cualificación de cada uno de los migrantes. Ha de trabajarse para que puedan desarrollarlas con plenitud, con el fin de garantizar una mayor integración en la sociedad. Este esfuerzo, a su vez, redundará en una revitalización y mejor funcionamiento de la sociedad, que aumentará su capacidad de innovación y de reacción a los nuevos retos.

Gracias a la implementación de este tipo de programas se podría contribuir a la solución del reto migratorio de una forma sostenible al tiempo que se comenzaría a poner fin a una de las grandes contradicciones de la modernidad. Paradójicamente, por un lado, existen territorios capaces de ofrecer recursos para desarrollar una vida sostenible que se encuentran vacíos y, por otro, personas buscando un lugar donde establecer su hogar en el que haya posibilidad de acceder a recursos. Mediante los programas de acogida adecuados, se favorecería la utilización de los recursos disponibles para generar un estado de bienestar en el que todos sus miembros contribuyesen a su sostenibilidad.

De ahí la necesidad de que existan canales migratorios legales que permitan asegurar que las personas que llegan asumen el compromiso moral de respetar los derechos humanos y los valores que hacen de Europa lo que es. Por supuesto, es imperativo que los programas de acogida no se conviertan en mecanismos de adoctrinamiento, sino en lugares que hagan honor a su nombre y sirvan como espacios de acogida en el que la población migrante pueda comenzar una nueva vida con dignidad. Los programas formativos de acogida deberían permitir que los migrantes desarrollasen sus destrezas y recibiesen las herramientas necesarias para su integración.

Dado que los recursos para implementar estas acciones son limitados, una posibilidad sostenible es que estos programas recurran a la idea del intercambio dentro de la comunidad. De esta forma, al tiempo que se aprenden nuevas destrezas, se pueden ir poniendo en práctica las que ya se tienen para, así, colaborar, desde el comienzo, en la sostenibilidad y revitalización cultural del lugar de acogida. A través de este modo de actuar, estas comunidades pondrían en valor el conocimiento y destrezas que cada migrante puede aportar, ayudándoles a integrarse en la sociedad con un perfil basado en sus capacidades.

Cabe destacar que, a la hora de difundir estos principios, conviene comenzar por quienes ya forman parte de la Unión[586], pasando por quienes llegan y terminando por aquellas personas que aspiran a formar parte de la UE en el futuro. Todos han de aceptar las reglas del juego que permite la sostenibilidad del estado de bienestar y la regeneración cultural del continente, asumiendo su parte de responsabilidad y contribuyendo para que éste sea perdurable de forma sostenible[587].

La promoción de este tipo de programas de acogida y emprendimiento, no debería ser, como plantean autores como MOURRAY, una cuestión de a qué nivel de diversidad se quiere llegar en Europa[588]. Por el contrario, la supervivencia del ideal e ideario que significa Europa depende de aceptar cualquiera que sea el grado de diversidad de la sociedad, siempre y cuando ésta se organice dentro del respeto a los derechos humanos, a las instituciones y a los códigos que las sustentan.

---

586 Por ejemplo, con formación e información en torno a la condena de la trata de seres humanos con fines sexuales.

587 Esto incluye que, al mismo tiempo que se buscan canales migratorios legales y sostenibles para terceros estados, también se permitan fórmulas que favorezcan los movimientos intracomunitarios.

588 Mourray, *op.cit.* p.34-35.

La historia nos da lecciones de las que hemos de aprender que las soluciones más duraderas a cualquier conflicto o problema son aquellas que proporcionan un estado de bienestar que respeta y se adhiere a los derechos humanos. Esto supone dejar atrás los nacionalismos radicales que proceden de una época westfaliana. La sociedad actual requiere abrazar los ideales de europeización que proporcionan los pilares sobre los que construir una sociedad abierta, a la que todas las personas puedan contribuir y en la que sea posible disfrutar del del estado de bienestar. La implicación de todos los Estados desde el nivel macro (a través de la creación de los programas adecuados) hasta el nivel local (llevando a cabo su implementación) podría ofrecer la solución necesaria para abordar el actual reto migratorio.

Los pueblos, las razas y las culturas no son sino una evolución de la vida y de la historia que transita por determinados espacios en un marco temporal dado. Como parte de la vida, todos ellos están en constante evolución. Del mismo modo que los luditas no pararon la industrialización por mucho que se opusieron a ella, tampoco hoy podemos (ni deberíamos) detener el libre movimiento de personas. La solución al reto migratorio, así como a buena parte de los ODS planteados en la Agenda 2030, invitan a proporcionar mecanismos para que estas personas llegadas a través de los flujos migratorios puedan contribuir activamente a la sociedad. De esta forma, todas las partes "*ganan*", al tiempo que permiten fortalecer la dignidad y la legitimidad del conjunto de la sociedad.

Los nacionalismos radicales, los fanatismos religiosos y las líneas rojas que se reiteran en discursos extremistas únicamente crean conflicto, segregación y dolor, que van resquebrajando la sociedad hasta provocar su eventual destrucción. Los flujos migratorios no son el caballo de Atila a cuyo paso no crecía la yerba. Es preciso un cambio de narrativa que permita contemplar la migración como el flujo sanguíneo intrépido cuyo coraje y arrojo revitalizará a una Europa que parecía haber perdido el rumbo. Europa añadirá nuevos colores a su piel, nuevos matices a su cultura, pero permanecerá viva siempre y cuando ofrezca garantías jurisdiccionales que sostengan el respeto a los derechos humanos y permitan que la población tenga una vida digna, contribuyendo a y disfrutando de un estado de bienestar.

## *Conclusiones*

I. Las llegadas de flujos migratorios a la UE por el Mediterráneo, en torno a 2015, propiciaron una narrativa con tropos relacionados con desastres, caos y violencia, generando así una sensación de alarma, y propagando incluso la idea de que la UE no era capaz de absorber la migración que estaba recibiendo. Esto abonó el terreno para diseminar un clima antinmigración, impactando negativamente en cómo se percibe la migración y convirtiéndola en una de las preocupaciones prioritarias para la sociedad europea. Esta situación, unida a la inestabilidad económica que todavía atravesaba el continente, y apoyada en la angustia social generada por el reparto de recursos y la integración social de los migrantes, propició el desarrollo de un discurso que presentaba a la migración como una competidora *irregular*.

II. Este tipo de discursos ha favorecido determinadas agendas políticas, que han aprovechado el clima de descontento social para canalizarlo hacia el cuestionamiento de pilares fundamentales de la UE y el rechazo a elementos multiculturales. Con esta retórica se ha sembrado la radicalización, la disensión y la polarización social, al tiempo que se ha ocultado el impacto positivo que pueden generar los flujos migratorios, en el afán de relacionarlos con cualquier tipo de problemática social.

III. La alarma social en torno a los movimientos migratorios, unida a la polarización sembrada a través de los discursos antinmigración, ha coincidido con un aumento en el volumen de crímenes de odio relacionados con el racismo y la xenofobia, así como en aquellos relacionados con las creencias o prácticas religiosas (especialmente contra quienes profesan el islam). Por otro lado, la caída de estas cifras en 2020 no indica una reducción real de este fenómeno delictivo, sino que refleja la dificultad que existió para llevar a cabo estas acciones durante los periodos de confinamiento impuestos por las medidas para atajar la pandemia.

IV. La concepción de la migración como una problemática para la UE ha generado un incremento en la demanda de medidas securitizadoras en torno a esta materia. El clima antinmigración ha trasladado las cuestiones relacionadas con este ámbito a los foros políticos, desde los que se ha decidido el aumento de las medidas securitizadoras en torno a las migraciones.

V. La adopción de este tipo de medidas ha provocado, a su vez, un incremento en los titulares relacionados con el fenómeno en diferentes medios de comunicación, fomentando que persista la percepción de la migración como un generador de alarmas, inestabilidad e inseguridad. De esta manera, la adopción de medidas securitizadoras ha contribuido a incrementar la sensación de alarma, lo que vuelve a potenciar la solicitud de más medidas, generándose así un círculo vicioso entre alarma y securitización.

VI. La combinación entre el incremento de los flujos migratorios llegados a las costas europeas y su gestión, incluidas las medidas de interdicción para frenar las actuaciones de las mafias migratorias, han provocado una evolución pendular de los flujos migratorios, desplazándose de occidente a oriente (y a la inversa). Esta situación impide declarar el cierre de las rutas, puesto que, en realidad, permanecen en estado latente hasta que las circunstancias provocan su reactivación.

VII. Las medidas de gestión implementadas contribuyen a que las mafias cambien la elección de las rutas utilizadas, buscando los puntos más vulnerables. Esto hace que incremente la peligrosidad de los desplazamientos, lo que supone un mayor riesgo para la vida de los migrantes. Ante estos acontecimientos, la UE ha de mantener sus acciones de gestión y securitización en la vertiente mediterránea, tanto para evitar la migración irregular como para erradicar la trata de personas.

VIII. La continuidad de las operaciones resulta clave para frenar a las mafias migratorias en el mar Mediterráneo en general, y, en particular, en la ruta occidental. El trabajo realizado por las instituciones pertenecientes a los países europeos del sur se ha convertido en el epicentro de la gestión migratoria en Europa.

IX. El incremento de la securitización no elimina la llegada de los flujos migratorios, sino que transforma las rutas de acceso. Las situaciones derivadas del cambio climático, los conflictos en Oriente Medio y en África, así como la diferencia de oportunidades entre el hemisferio norte y el sur, intensificada aún más por la pandemia, no se resuelven con el blindaje de las fronteras. Por ello, mientras sigan existiendo las causas que fuerzan los desplazamientos de personas, la migración continuará.

X. Ante la inevitabilidad del fenómeno migratorio, es fundamental que, tanto desde el ordenamiento jurídico y legislativo como desde la gestión operativa de los flujos, se proporcionen canales de migración regular a través de un nuevo régimen migratorio, que ha de ser capaz de superar las definiciones tradicionales de migrante económico y refugiado, integrando las cuestiones de seguridad y desarrollo. Igualmente, ha de empoderar a los migrantes para que se conviertan en agentes activos, que promuevan la sostenibilidad de la gestión de estos flujos, evitando que la migración se convierta en un mecanismo de coacción por parte de mafias y de aquellos gobiernos que buscan explotar el compromiso de la UE con los derechos humanos.

XI. Resulta precisa la coordinación y la armonización judicial entre el TEDH y el TJUE, de manera que se favorezca la coherencia entre ambos organismos judiciales para evitar la adjudicación dilemática de cada caso, al tiempo que se permite establecer un litigio estratégico, basado en la creación de unas pautas comunes. Así, el uso de una perspectiva común europea evita publicar sentencias con interpretaciones contrapuestas. Igualmente, consigue superar las lecturas más restrictivas de las instituciones nacionales y del TEDH.

XII. La gestión eficiente del creciente volumen de casos relacionados con la migración requiere la creación de un sistema de cortes europeas domésticas, que, bajo una actuación coordinada, amplíen la capacidad de influencia de los Tribunales europeos. Las citadas cortes europeas domésticas tienen el propósito de agilizar la resolución de asuntos y, a través de sus sentencias, fomentar el avance hacia la armonización de las distintas legislaciones nacionales. Al mismo tiempo, estas cortes nacionales permiten recopilar precedentes de referencia que, a su vez, favorecen el progreso de la jurisprudencia hacia actuaciones más consistentes en los demás tribunales del sistema.

XIII. La cooperación necesaria entre todos los actores que participan en la gestión migratoria ha de reconciliarse con la voluntad de competición de cada una de las partes desde el marco de la *coomperación*, interpretado a partir de la teoría de juegos. De este modo, todos los actores afectados por los flujos migratorios pueden coordinar sus actuaciones para buscar un beneficio común, sin dejar de atender sus objetivos particulares, que han de ajustarse para que sean compatibles con los del conjunto. Esto supone que se pueda aprovechar el potencial creador y la capacidad de emprendimiento de los flujos migratorios, favoreciendo su contribución al estado de bienestar europeo, al tiempo que se potencian los lazos con los países de origen, en cuyo desarrollo se invierte.

XIV. A la luz de la Agenda 2030, y ante la magnitud del fenómeno migratorio, que hace imposible abordar su gestión de forma individual, se requiere la adopción de una fórmula de actuación coordinada, multidisciplinar y multinivel, que tenga en cuenta todas las dimensiones y actores implicados. Por ello, la UE ha de adoptar una respuesta homogénea y organizada, que permita beneficiar a todos los actores que intervienen en los procesos migratorios. De esta política depende la sostenibilidad de los flujos migratorios, así como del propio estado de bienestar europeo.

XV. La integración de la población migrante requiere la implementación de programas de acogida y aprendizaje personalizados, que atiendan sus necesidades, ayudándoles a superar los traumas derivados del proceso migratorio, al tiempo que fomentan su integración en la sociedad receptora. Para implementarlos han de utilizarse los recursos ofrecidos por las tecnologías de la información y la comunicación, contando con el apoyo del sector privado, que se encargará de realizar las conexiones necesarias para ampliar los lugares en los que proporcionar herramientas lingüísticas y mecanismos de integración, tales como las dedicadas a la inserción laboral.

XVI. La convivencia armónica de la población supone la aceptación de los valores cívicos, las normas de convivencia y las instituciones que han permitido que Europa se convierta en un espacio de libertad, seguridad y justicia. Esto requiere la implementación de programas de sensibilización en dos direcciones. Por un lado, es preciso que la población europea sea consciente de los beneficios de la migración y de cómo ésta ha contribuido a crear y modelar la Europa de hoy en día. Por otro lado, la población que llega ha de recibir formación sobre qué significa formar parte de la ciudadanía europea, aprendiendo a respetar los valores que la caracterizan. Para ello, es preciso crear espacios interreligiosos que ayuden a comprender que la profesión de distintas fes aporta matices enriquecedores a la cultura y la fortalece, siempre y cuando se mantenga el nexo común a los valores democráticos que Europa representa (respeto a los demás y a los derechos humanos, así como a los principios democráticos de igualdad y tolerancia).

XVII. La promoción del emprendimiento sostenible y la conectividad territorial se presenta como una respuesta para hacer frente a la despoblación de las zonas rurales y al decrecimiento demográfico que está experimentando Europa, así como potenciando proyectos que impulsen prácticas agrícolas, ganaderas y energéticas sostenibles. Para lograr este propósito, han de dar cabida a iniciativas de aprendizaje a través de las que recuperar tradiciones rurales que están a punto de perderse, revitalizándolas con la puesta en valor de las aportaciones de quienes llegan.

XVIII. La sostenibilidad de la gestión migratoria, buscando contribuir al estado de bienestar europeo, precisa un cambio de narrativa, que ha de basarse en la multidisciplinariedad multinivel, coordinándose desde el respeto a los derechos humanos y las garantías jurisdiccionales, contando con la implicación público-privada. Con estas herramientas la UE podrá convertir la migración en un reto sostenible, eficaz y beneficioso para todas las partes implicadas en el proceso.

# *Bibliografía*


Abejón, Manuel; Arroyo, Fernando; Camarero, Concepción; y Morán, José Manuel (1986). *La Europa de los Doce y La Rioja,* Aula Abierta Salvat, Madrid.

Abraham, David (2015). "Law and Migration. Many constants, few changes", *Migration Theory. Talking across disciplines,* Routledge, Nueva York y Londres, pp.289-317.

Al Najjar Trujillo, Tamer y Alex Iván Arévalo Salinas (2019). "La cobertura periodística de los atentados de Barcelona y Cambrils en *Eldiario.es*: análisis del tratamiento informativo del islam", *Análilsi. Quaderns de Comunicació i Cultura,* 60, pp. 81-96.

Aladro Vico, E. y Requeijo Rey, P. (2020). Discurso, estrategias e interacciones de Vox en su cuenta oficial de Instagram en las elecciones del 28-A. Derecha radical y redes sociales. Revista Latina de Comunicación Social, (77),203-229.

Ambrosetti, Elena y Petrillo, Enza Roberta (2017). "On the far side of crisis: moving beyond a security-based migration approach in the EU", *Escaping the Escape. Toward Solutions for the Humanitarian Migration Crisis,* Verlag Bertelsmann Stiftung, Berlin, pp. 11-33.

Atlas de las migraciones. *Rutas de la humanidad,* Le Monde diplomatique en español, UNED.

Bahloul, Kahina (2021). *Mon Islam, ma liberté,* Ed. Albin Michel.

Barbé, Esther (2014). "La Unión Europea en las relaciones internacionales. Debates para el análisis", *La Unión Europea en las Relaciones Internacionales.* Esther Barbé (dir.), Tecnos, pp. 17-31.

Battista Dagnino, Giovanni (2007). "Preface: Coopetition strategy – toward a new kind of inter-firm dynamics?", *International Studies of Management & Organization,* Vol. 37, Nº. 2, Verano, Taylor & Francis.

Bauman, Zygmunt (2003). *Modernidad líquida,* Trad. Mirta Rosenberb y Jaime Arrambide Sauirru, Fondo de cultura económica, México.

Baumgärtel, Moritz (2019). *Demanding rights. Europe's supranational courts and the dilemma of migrant vulnerability,* Cambridge University Press, Cambridge, Nueva York y Melbourne.

Bayona Aznar, Bernardo (2007). "El periplo de la teoría política de Marsilio de Padua por la historiografía moderna", *Revista de Estudios Políticos* (nueva época), Núm 137, julio-septiembre, Madrid, *vid.* p. 115.

Beaulac, Stéphane (2003), "Emer de Vattel and the Externalization of Sovereignty", *Journal of the History of International Law*, pp. 237-292.

Bengtsson, Maria; Eriksson, Jessica; y Wincent, Joakim (2010). "Cooperation: new ideas for a new paradigm", *Coopetition. Winning Strategies for the 21st centuries*, Edward Elgar Publishing Limited, Northampton, Masschussets.

Bengtsson, Maria; y Kock, Sören (2000). "'Coopetition' in business networks – to cooperate and compete simultaneously", *Industrial marketing management*, Vol. 29, N°.5, *vid.* pp. 411-426.

Bénoit, Francis-Paul (1978), "La doctrine économique libérale", *La démocratie libérale*, pp. 65-84.

Betts, Alexander (2019). "Global governance and forced migration", *Routledge Handbook of Immigration and Refugee Studies*, Londres y Nueva York, pp. 312-319.

Bianchi, M., P. Buonanno, y P. Pinotti (2008): "Immigration and crime: an empirical analysis," Temi di discussione (Economic working papers) 698, Bank of Italy, Economic Research Department. Spenkuch, Jörg L. (2013): "Understanding the impact of immigration on crime", American Law and Economics Review, Vol. 16, Núm. 1, pp. 177-219.

Bielefeldt, Heiner (2000). "'Western' versus 'Islamic' Human Rights Conceptions? A critique of cultural essentialism in the discussion of Human Rights", *Political Theory*, Vol. 28, N°1, (Febrero), pp. 90-121.

Bigo, Didider. (1998). "Sécurité et immigration: vers une gouvernementalité par línquiétude?" *Culture et conflicts*, Vol. Sécurité et immigration, 32-31, pp. 1-17, pp. 2-4.

Bilgic, Ali (2013). *Rethinking security in the Age of Migration. Trust and emancipation in Europe.* Routledge.

Bobbio, Norberto (1982). *El problema de la guerra y las vías de la paz*, Barcelona, Gedisa.

Bobbio, Norberto (1997). *El tercero ausente*, Cátedra, Teorema, Madrid.

Bolívar Botía, Antonio (2001). "Globalización e identidades. (Des)territorialización de la cultura", *Revista de Educación*, N° extraordinario: globalización y educación.

Bourbeau, Philippe (2011). *The Securitization of Migration. A study of movement and order.* Routledge, Taylor Francis Group, Londres y Nueva York.

Brandenburger, Adam M. y Nalebuff, Barry J. (1996). *Co-opetition*, Currency Doubleday, Nueva York.

Brandt, Mark J. y Christine Reyna (2017). "Individualistic Differences in the Resistance to Social Change and Acceptance of Inequality Predict System Legitimacy Differently Depending on the Social Structure", *European Journal of Personality*, Vol. 31, pp.266-278.

Brenner Stiftung, Otto (2020). "Migration coverage in Europe's media. A comparative analysis of coverage in 17 countries, *OBS Working Paper 39*.

Brettel, Caroline B. (2015). "Theorizing migration in anthropology. The cultural, social and phenomenological dimensions of movement", *Migration Theory. Talking across disciplines*, Routledge, Nueva York y Londres, pp.148-197.

Brown, Gillian y Yule, George (1983). *Discourse Analysis*, Cambridge University Press, Avon, Nueva York y Melbourne.

Brunsson, Nils (1985). *The irrational organization: irrationality as a basis for organizational action and change*, Wiley & Sons.

Brunsson, Nils (2002). *The Organization of Hypocrisy: Talk, Decisions and Actions in Organizations*, Copenhagen Business School Press, Abrakt Fort.

Bustos Gisbert, Rafael (2017). "La aplicación judicial de la CDFUE; un decálogo a partir de la jurisprudencia del Tribunal de Justicia de la Unión Europea", *Teoría y Realidad Constitucional*, Núm. 39, pp. 333-359, *vid.* pp. 333-334.

Buzan, B; Wæver, O. y Wilde, J. (1998). *Security: A new framework for analysis*, Boulder, Lynne Rienner Publishers, Colorado y Londres.

Calderón, Daniel et al. (2018). *Antinmigración. El auge de la xenophobia populista en Europa*, Fundación porCausa de Periodismo e Investigación. p.3.

Campo Vidal, Manuel (2019). "Tratamiento en medios de la inmigración", *El fenómeno migratorio en España. Reflexiones desde el ámbito de la Seguridad Nacional*, Ministerio de la Presidencia, Relaciones con las Cortes e Igualdad, Madrid, pp. 17-24.

Cañedo Andalia, Rubén y Karell Marí, Caridad (2004). "Apuntes para una historia universal", *ACIMED*, vol. 12, núm. 1, Ciudad de la Habana, enero-febrero.

Carlà, Andrea (2018). "Not securitizing migration? Lessons from Spain", *A European Crisis. Perspectives on Refugees, Solidarity and Europe*, ibidem-Verlag, Stuttgart, *vid.* p.107.

Carpio, Montserrat (2013). "Los derechos y deberes fundamentales. La protección y suspensión de los derechos fundamentales. Protección jurisdiccional de los derechos fundamentales de la persona", *MC Consulting*, pp. 1-16.

Carrillo, Jesús (2002). "La experiencia de lo natural en el nuevo mundo. Monstruos y prodigios en la Historia General y Natural de las Indias de Gonzalo Fernández de Oviedo", En Fermín Del Pino Díaz (2002), *Demo-*

*nio, religión y sociedad entre España y América*, Madrid: Departamento de antropología de España y América, Consejo Superior de Investigaciones Científicas, pp.115-138.

Casas-Cortes, Maribel; Cobarrubias, Sebastian; y Pickles, John (2014). "'Good neighbours make Good fences': Seahorse operations, border externalization and extra-territoriality", European Urban and Regional Studies, Vol. 23, Núm. 3.

Cassirier, Ernst (1968), *Antropología filosófica. Una introducción a la filosofía de la cultura,* Fondo de la cultura económica, México, 1ª ed. 1944.

Castles, Stephen; de Haas, Hein; y Miller, Mark J. (2014). *The Age of Migration.* Palgrave Macmillan: Hampshire, Reino Unido y Nueva York, 5ª Ed.

Cerezo Prieto, Marta y Marcos Ramos, María (2020). "Migración y medios de comunicación: representación y percepción en la sociedad de la información", *Derechos humanos y migraciones. Una mirada interdisciplinaria,* Tirant Lo Blanch, Valencia, pp. 179-200.

Chetail, Vincent (2019). *International migration* law. Oxford University Press, Oxford.

Clancy-Smith, Julia A. (2011), "Introduction: Peoplings", *Mediterraneans. North Africa and Europe iin an age of migration c. 1800-1900,* The Fletcher Jones Foundation, Universidad de California, Berkeley, Los Ángeles, Londres.

Colomina, Javier (2022). "La Alianza y su aproximación 360º a la seguridad", *El futuro de la OTAN tras la Cumbre de Madrid 2022. Cuadernos de Estrategia 211,* Instituto Español de Estudios Estratégicos, Ministerio de Defensa, pp. 85-96, *vid.* p. 87.

Conejero Paz, Enrique (2012). "La política de inmigración en España", *3 ciencias. Revista de investigación,* Área de Innovación y Desarrollo, S. L., 11 de noviembre.

Costello, Cathryn (2019). *The Human Rights of Migrants and Refugees in European Law,* Oxford Studies in European Law.

Dandrieu, Laurent (2017). *Église et immigration. Le grand malaise. Le pape et le suicide de la civilisation européenne,* Presses de la Renaissance, Paris.

Del Teso Martín, Enrique (2020). "Cómo tratar con la propaganda fascista sin futuro ni pasado", *La U. Revista de cultura y pensamiento,* 30 de abril.

Delclós, Tomàs (2013). "La inmigración y el lenguaje", *El País,* 16 de junio.

Desantes-Guanter, José María (1989), "Los mensajes simples en el "ius communicationis" de Francisco de Vitoria", *Persona y Derecho: Revista de fundamentación de las Instituciones Jurídicas y de Derechos Humanos,* Núm 20., pp.191-209.

Dimitriadi, Angeliki (2019). "Transit migration. A contested concept", *Routledge Handbook of Immigration and Refugee Studies,* Londres y Nueva York, pp. 340-345.

Donnelly, Jack (2013). *Universal Human Rights in Theory and in Practice.* Cornell University Press, Ithaca y Londres, 3ª edición.

Donnelly, Jack y Whelan, Daniel J. (2018). *International Human Rights,* Routledge, Dilemmas in World Politics, 5ª edición, Nueva York y Adington (Oxon, Reino Unido).

Education and World Affairs (1970). *The International Migration of High-level Manpower: Its Impact on the Development Process,* New York, Praeger Publishers.

Edwards III, George C. (2009). *The Strategic President. Persuasion and Opportunity in Presidential Leadership,* Princeton University Press, Princeton y Oxford.

Entzinger, Han; y Biezeveld, Renske (2003). *Benchmarking in Immigrant Integration.* European Research Centre on Migration and Ethnic Relations (ERCOMER), Facultad de Ciencias Sociales, Universidad de Rotterdam, agosto.

Escobar Hernández, Concepción (2020). "El Tribunal Europeo de Derechos Humanos: una jurisdicción en permanente reforma, *Derecho Comunitario Europeo,* 67, pp. 771-793.

Eugenis, Katherine (2013). *Who will tell the story? Terrorism's Relationship with the international mass media,* Department of Political Science, University of Nevada, Las Vegas, mayo.

Fairchild, Henry Pratt (1914). *Immigration, A world movement and its American significance.* Nueva York: The Macmillan Company.

Fasani, Francesco; Mastrobuoni, Giovanni; Owens, Emily G.; y Pinotti, Paolo (2019). *Does immigration increase crime? Migration policy and the creation of the criminal immigrant,* Cambridge University Press, Cambridge, Nueva York, Melbourne, Singapur, *vid.* pp.160-161.

Fawcett, James T. (1989). "Networks, Linkages, and Migration Systems", International Migration Review, Vol. 23, N° 3, Special Silver Anniversary Issue: International Migration an Assessment of the 90's, otoño, pp. 671-680.

Feinberg, Joel (1980). *Rights, Justice and the Bounds of Liberty: Essays in Social Philosophy,* Princeton University Press, Princeton, *vid.* p. 150.

Fernández Sánchez, Pablo Antonio (2019). *El derecho de los inmigrantes irregulares a tener derechos,* Tirant lo Blanch, Valencia.

Ferrajoli, Luis (2004). *Razones jurídicas del pacifismo,* Ed. Gerardo Pisarello, Editorial Trotta, Madrid.

Fields, Harold (1932). "Closing inmigration throughout the world", *The American journal of American Law,* Volumen 26, Número 4, Octubre, pp. 671-699.

FitzGerald, David Scott (2015). "The sociology of international migration". *Migration Theory. Talking across disciplines,* Routledge, Nueva York y Londres, pp.115-147.

Forsyth, Tim y Johnson, Craig (2014). "Elinor Ostrom's Legacy: Governing the Commons and the Rational Choice Controversy", *Development and Change,* Institute of Social Studies, La Haya, agosto, pp. 1-18.

Foucault, Michel (1980). *Power/Knowledge: selected interviews and other writings, Michel Foucault, 1972-1977.* Ed. Colin Gordon; Traducido al inglés: Colin Gordon, Leo Marshall, John Mepham y Kate Soper. The Harverter Press, Brighton.

Friedman, Thomas L. (2007). *The World is Flat. A Brief History of the Twenty-First Century,* Picador/Farrar, Straus and Giroux, Nueva York, 3ª ed.

Fry, Douglas P. (2013). *War, Peace, and Human Nature. The convergence of evolutionary and cultural views,* Oxford University Press, Oxford.

Gabaccia, D.R. (2015). "Time and temporality in Migration Studies". *Migration Theory. Talking across disciplines.* Routledge, Nueva York, pp.37-66.

Galiana Marina, Fernando Javier (2019). "El ADN de la Guardia Civil: Arrojo, Dedicación y Nobleza de Espíritu", *Cuadernos de la Guardia Civil. Revista de Seguridad Pública, 175 Aniversario Guardia Civi-2019,* Centro de Prospectiva de Análisis y Prospectiva de la Guardia Civil, Madrid, pp.83-107.

Galiana Marina, Fernando Javier (2019). "Perspectiva de género en los procesos de paz. Construyendo una cultura de paz desde la educación", *Revista Española de Relaciones Internacionales,* Vol. 10, pp. 19-97, *vid.* p. 34.

García del Junto, Francisco (2016). *Esto no estaba en mi libro de historia,* Almuzara.

Gatrell, Peter (2019). *The Unsettling of Europe. How migration reshaped a continent.* Hachette, Nueva York.

Godenau, Dirk; Rinken, Sebastián; Martínez de Lizarrondo Artola, Antidio; y Moreno Márquez, Gorka (2014). *La integración de los migrantes en España: una propuesta de medición a escala regional.* Observatorio permanente de la inmigración (OPI). Ministerio de Empleo y Seguridad Social, Madrid.

Golnan, Arash; Ritala, Paavo; y Wegmann, Alain (2014). "Coopetition within and between value networks – a typology and a modelling framework", *Int. J. Business Environment,* Vol. 6, Nº. 1.

Gómez Movellán, Antonio (1996). "Unión Europea, inmigración y el nuevo Reglamento de la ley de "extranjería" española: un comentario crítico", *Jueces para la democracia*, N°. 26, pp. 60-68.

González Enríquez, Carmen (2019). "Inmigración en España: una nueva fase de llegadas", *Real Instituto Elcano*, 5 de marzo.

Goodnow, Jacqueline J. y Collins W. Andrews (1990). *Development according to parents. The nature, sources and consequences of parents' ideas.* Erlbaum (Hillsdale), Nueva Jersey, p. 313.

Harari, Yuval Noah (2014). *Sapiens. A brief history of humankind*, Vintage Books, Londres.

Gould, Chandre (2007). "Countering the 'scourge': the time for evidence and reason on human trafficking", South African Crime Quarterly, núm. 22, diciembre, pp. 7-12.

Grant, Edwin E. (1925). "Scum from the melting pot", *American Journal of Sociology*, 30, pp. 641-651

Grant, Ruth Weissbourd (1999). *Hypocrisy and Integrity: Machiavelli, Rousseau, and the Ethics of Politics*, University of Chicago Press.

Greenhill, Kelly M. (2008). "Strategic engineered migration as a weapon of war", *Civil Wars*, Vol. 10, N°1, pp.6-21.

Greenhill, Kelly M. (2010). *Weapons of Mass Migration: Forced Displacement, Coercion, and Foreign Policy*, Cornell Studies in Security Affairs, Cornell University Press.

Grinblat, Joseph Alfred (2010). "La inmigración, un asunto de importante preocupación", *Atlas de las migraciones. Rutas de la humanidad*, Le Monde diplomatique en español, UNED, pp. 8-9.

Griso, Susanna (2019). "Mamadou", *El fenómeno migratorio en España. Reflexiones desde el ámbito de la Seguridad Nacional*, Ministerio de la Presidencia, Relaciones con las Cortes e Igualdad, Madrid, pp. 43-47.

Grocio, Hugo (1925). *Del derecho de la guerra y de la paz. Versión directa del original latino por Jaime Torrubiano Ripoll*, Libro II.

Guier, Jorge Enrique (1966). "Derecho en la prehistoria", *Revista de Ciencias Jurídicas*, Núm 8, pp.7-59. *vid.* págs. 24-25.

Guillet, Edwin C. (1937, 2nd Ed. 1963). *The Great Migration. The Atlantic Crossing by sailing-ship since 1770.* University of Toronto Press, Canada.

Gurr, Ted Robert (2000). "Ethnic warfare on the wane", *Foreign Affairs*, Vol. 79, núm. 3, mayo/junio, Nueva York, pp. 52-64.

Gurthrie, W. K. C. (1984). *Historia de la Filosofía Griega. I. Los primeros presocráticos y los pitagóricos*, Ed. Alberto Medina González, Editorial Gredos, Madrid, 3ª reimpresión; original en inglés, 1962.

Habermas, Jürgen (1999). *La inclusión del otro. Estudios de teoría política.* Traducción: Juan Carlos Velasco Arroyo, Ed. Paidós, Barcelona, pp. 29-71.

Håkansson, Martin (2005). *The Economization of Migration. Games played in the arena of migration.* Facultad de Derecho, Universidad de Lund.

Hall, William Edward (1890) *A Treatise on International Law*, 3ª ed., Clarendon Press, Oxford, Part I.

Harcourt, Bernard E. (2017). "Introduction to Satyagraha", *Uprising 13/13*, Columbia Center for Contemporary Critical Thought, Columbia University, 17/18 Seminar Series, 25 de noviembre.

Hardin, Garrett (1968). "The tragedy of the commons", *Science*, Vol. 162, Nº. 3859, pp. 1243-1248.

Harris, Rebecca (2007). "The deer that reigns", *Cultural Survival Quarterly Magazine*, septiembre.

Hatton, Timothy J. y Williamson, Jeffrey G. (1992), "What drove the mass migrations from Europe in the late nineteenth century?" *NBER working paper series on historical factors in long run growth*, Historical paper nº 43, National Bureau of Economic Research, Cambridge, Massachussets.

Hess, Charlotte; y Ostrom, Elinor (2007). *Understanding Knowledge as a Commons. From theory to practice*, MIT press, Cambridge (Massachussets) y Londres (Reino Unido).

Hofstede, Geert (2011). "Dimensionalizing Cultures: The Hofstede Model in Context", *Online Readings in Psychology and culture*, International Association for Cross-Cultural Psychology, Unit 2 *Theoretical and Methodological Issues*, Subunit 1 *Conceptual Issues in Psychology and Culture*, Article 8, pp. 3-26, *vid.* pp. 8-16.

Hudson, Manley O. (1930). "The First Conference for the Codification of International Law", *The American Journal of International Law*, Volumen 24, Número 3, julio, pp. 447-466.

Huntington, Samuel P. (1993). "The Clash of civilizations?", *Foreign Affairs*, Vol. 72, Núm 3, pp. 22-49; (1996) *The clash of civilizations and the remaking of world order*, Ed. Simon & Schuster, Nueva York.

Huysmans, Jef (2006). *The politics of insecurity: Fear, migration and asylum in the EU*, Routledge, Taylor y Francis Group, Londres y Nueva York.

Ibahim, Maggie (2005). "The securitization of migration: a racial discourse", *International Migration*, Vol. 43, Núm 5, pp.163-187, *vid. pp.* 163-164.

International Centre for Migration Policy Development (ICMPD) (2013). *Migration and Development Policies and Practices. A mapping study of eleven European countries and the European Commision.*

Ishay, Micheline R. (2008). *The history of Human Rights: from ancient times to the globalization era,* University of California Press, Berkeley, Los Ángeles y Londres, 2ª edición.

Battersby, Jane (2016). "MDGs to SDGs – new goals, same gaps: the continued absence of urban food security in the post-2015 global development agenda", *African Geographical Review,* 18 de agosto.

Jessup, Philip (1948), "Responsibility of States for injuries to individuals", *A modern law of nations. An introduction.* The Macmillan Company, Nueva York, pp. 94-122.

Jiménez, Pedro Jesús (2007). "Teorías del yin y yang a revision", *Taichichuan,* 12, verano.

Juncker, Jean Claude (2019), "The World Needs Europe", *Project Syndicate. On Point: The year ahead 2019,* 14 de enero.

Jurisic, Marko, Kermek, Dragutin; y Konecki, Mladen (2012). "A review of iterated prisoner's dilemma strategies". P*roceedings of the 35th International Convention.* IEEExplore.org.

Kant, Immanuel (1994). "Probable inicio de la historia humana", En *Ideas para una historia universal en clave cosmopolita y otros escritos sobre Filosofía de la Historia.* Trad. Concha Roldán Panadero y Roberto Rodríguez Aramayo, Ed. Tecnos, Madrid, 2ª ed., pp. 113-127.

Kant, Immanuel (2005). *Hacia la paz perpetua, un esbozo filosófico,* Biblioteca Nueva, Madrid. 2ª edición. Traducción de Jacobo Muñoz.

Karamanidou, L. (2015), "The securitization of European Migration Policies; perceptions of threat and management of risk", *The Securitization of Migration in the EU: Debates since 9/11,* Ed. Lazaridis y Wadia, Instituto de Estudios Europeos, Palgrave-Macmillan, Hamshire, pp.37-61.

Kashnitsky, Ilya y Aburto, José Manuel (2020). "COVID-19 in unequally ageing European regions", *World Development,* Vol. 136, diciembre.

Kent, James (1826-30), "Lecture 2: Of the Rights and Duties of Nations in a State of Peace", *Commentaries on American Law (1826-30).*

Klyosov, Anatole A. y Rozhanskii, Igor L. (2012). "Re-examining the "Out of Africa" Theory and the Origin of Europeoids (Caucasians) in light of DNA Genealogy", *Advances in Anthropology,* Vol. 2, Nº. 2, mayo.

Koskenniemi, Martti (2008). "Into positivism: Georg Friedrich von Martens (1756-1821) and Modern International Law", *Constellations,* Volumen 15, Número 2, Blackwell Publishing Ltd, Oxford, pp. 189-207.

Krijtenburg, Margriet (2016). "Schuman in Times of Upheaval", *Governance and Security Issues of the European Union. Challenges Ahead*, Springer, Asser Press, Berlín, pp. 33-51.

Kristinsson, Axel (2012). "Indo-European Expansion Cycles", *The Journal of Indo-European Studies*, Volumen 40, Números 3-4, otoño/ invierno, pp.365-433.

Lee, Everett S. (1966). "A theory of migration", Demography, Vol. 3, Nº1, pp.47-57.

Livingstone, David (1857) "Lecture I", pp.1-24. En *Dr. Livingstone's Cambridge Lectures: together with a prefatory letter by the Rev. Professor Sedgwick, vid.* p.24.

Lizcano Fernández, Emmánuel (sin fecha). "Nietzche y el problema del conocimiento", *Portal UNED*.

Londoño Jaramillo, Patti (2010). "Las Naciones Unidas y la acción preventiva", *Oasis*, Vol. 6, pp. 34-57.

Mirazón Lahr, M. et al. (2016). "Inter-group violence among early Holocene hunter-gatherers of West Turkana, Kenya", *Nature*, núm. 529, pp. 1-50, 20 de enero.

Mallet, Victor; Dombey, Daniel; y Arnold, Martin (2021). "Pandemic blamed for falling birth rates across much of Europe", *Financial Times*, 10 de marzo,.

Malthus, Thomas Robert (1789). *An Essay on the Principle of Population*, London.

Mangas Martín, Araceli (2018). "Unión Europea: derechos humanos y desarrollo sostenible", *Objetivos de desarrollo sostenible y derechos humanos: paz, justicia e instituciones sólidas / Derechos humanos y empresas*, Instituto de Estudios Internacionales Europeos Francisco de Vitoria, Colección Electrónica, nº. 9, pp. 13-26.

Marín Gámez, José Ángel (2004). "Una visión de los derechos y garantías constitucionales de los extranjeros en España", *Revista de Derecho Político*, Núm. 61, pp. 37-78.

Mariño Menéndez, Fernando M. (1996). "Los derechos de los extranjeros en el Derecho Internacional", *Derecho de extranjería, asilo y refugio*.

Mawdudi, Mawlana (1976). *Human Rights in Islam*, Leicester, The Islamic Foundation.

McLuhan, Marshall y Powers, Bruce R (1995). *La aldea global. Transformaciones en la* vid*a y los medios de comunicación mundiales en el siglo XXI*. Trad. Claudia Ferrari. Editorial Gedisa, 3ª ed. Barcelona.

Mesa, M (2008). "La prevención de conflictos y la construcción de la paz en el seno de Naciones Unidas: de las palabras a la acción", *Annuario CEIPAZ 2*, pp. 45-68.

Minciu, Mihaela; Berar, Florin Aurel; y Dima, Cristina (2019). "The Opportunities and threats in the context of the VUCA world", *Proceedings of the 13th international management conference "Management Strategies for High Performance"*, pp.1142-1150.

Modood, Tariq (2003). "Muslims and the Politics of Difference", *The Politics of Migration: Managing Opportunity, Conflict and Change*, Blackwell Publishing Ltd., Oxford.

Moreno-Lax, Violeta (2018).."The EU Humanitarian Border and the Securitization of Human Rights: The 'Rescue-Through-Interdiction/Rescue-Without-Protection' Paradigm", *Journal of Common Market Studies. Special Issue: EU Refugee Policies and Politics in Times of Crisis*, enero, pp.119-140.

Moreras, Jordi (2001). "¿Del asentamiento a la integración? Diez cuestiones en torno al colectivo marroquí en Cataluña". *Arxius de Ciències Socials*, 5, noviembre, pp. 93-110.

Mukhortikova, Tatiana (2018). "Representación metafórica de la crisis migratoria europea en la prensa española y rusa en 2017", *Comunicación y medios*, N.º 38, pp. 12-26.

Muñoz Comet, Jacobo (2016). *Inmigración y empleo en España. De la expansión a la crisis económica*, Centro de Investigaciones Sociológicas, núm 299, Madrid.

Murray, Douglas (2018) *The strange death of Europe. Immigration, identity, Islam.* Bloomsbury Continuum. Londres.

National Geographic, 2018, "Introduction", *Jesus and the origins of Christianity*, edición especial, diciembre.

Neumayer, Eric (2005). "Bogus refugees? The determinants of asylum migration to western Europe", *International Studies Quarterly*, Núm. 49, pp. 389-409.

Nieto-Navia, Rafael (no consta). "State Responsibility in respect of International Wrongful Acts of Third Persons: The Theory of Control", *Institut de Droit International.*

Norman, Angell (2012). *The Great Illusion. A study of the Relation of Military Power to National Advantage*, Project Gutenberg, publicado por primera vez en 1910.

Nunziata, Luca (2014). "Immigration and crime: New empirical evidence from European Vitimization Data", *IZA Discussion Paper Series*, Núm. 8632, noviembre,.

Ortega y Gasset, José (1930). *La Rebelión de las Masas*, Ed. Instantes.

Ostrom, Elinor (1990). "Governing the commons. The evolution of institutions for collective action", Cambridge University Press.

Ostrom, Elinor (1998). "A behavioral approach to the rational choice theory of collective action. Presidential address, American Political Science Association, 1997", *American Political Science Review*, Vol. 92, N°. 1, marzo.

Ostrom, Elinor (2005). *Understanding Institutional Diversity*, Princeton University Press, Princeton y Oxford.

Ostrom, Elinor; Burger, Joanna; Field, Christopher B.; Norgaard, Richard B; y Policansky, David (1999). "Revisiting the Commons: Local Lessons, Global Challenges", *Science*, Vol. 284, N°. 5412, pp. 278-282, 9 de abril.

Ostrom, Vincent y Ostrom, Elinor (2003). *Rethinking Institutional Analysis: interviews with Vincent and Elinor Ostrom, with introductions by Vernon Smith & Gordon Tullock. Commemorating a lifetime of achievement*, Mercatus Center, George Mason University.

Pagagianni, Georgia (2019). "Asylum in the twenty-first century. Trends and challenges", *Routledge Handbook of Immigration and Refugee Studies*, Londres y Nueva York, pp. 320-329.

Pakerham, Thomas (1991). *The Scramble for Africa.* Londres, Ed. Abacus, Hachette.

Palomares Lerma, Gustavo (2017). "La cuestión de los refugiados y las responsabilidades de la UE: respuestas desde la política exterior y de seguridad común, de cooperación y ayuda", *Revista Universitaria Europea*, n.° 27, julio-diciembre, pp. 23-60.

Parker, Geoffrey (2010). *Historia de la guerra.* Editorial Akal, Madrid. Traducción de José Luis Gil.

Pérez Martín, Juan Luis (2017). "Seguridad global y seguridad interior". *Monografías. Las migraciones internacionales, percepción y realidad. Un análisis desde la perspectiva de seguridad.* Ministerio de Defensa, pp. 109-155.

Perocco, Fabio (2017). "Precarización del trabajo y nuevas desigualdades: el papel de la inmigración", *Revista Interdisciplinar da Mobilidade Humana*, Brasilia, v. 25, n. 49, abril, pp. 79-94

Petersen, William (1958). "A general typology of migration", *American Sociological Review*, Vol. 23, N°3, junio, pp.256-266.

Petersen, William (1978). "International migration", *Annual Review of Sociology*, Vol. 4, 1978, pp. 533-575.

Phillimore, Robert (1879), *International Law*, Volumen 1.

Pinker, Steven (2011), *The better angels of our nature: why violence has declined. A history of violence and humanity*. Penguin.

Pinker, Steven (2014). "Has the Decline of violence reversed since *The Better Angels of Our Nature* was written?", Harvard University.

Porrúa Pérez, Francisco (2005). *Teoría del Estado. Teoría política,* Editorial Porrúa, 39ª Ed. (1ª ed. 1954), México.

Portes, Alejandro; Bórócz, József (1989). "Contemporary immigration: theoretical perspectives on its determinants and modes of incorporation", *International Migration Review,* Vol. 23, Nº3, Special Silver Anniversary Issue: International Migration, an Assessment for the 90's, otoño, pp.606-630.

Poulain-Ceccato, Hélène (2010). "Tras la estela de los grandes navegantes", *Atlas de las migraciones. Rutas de la humanidad,* Le Monde diplomatique–UNED, pp.48-49.

Pratt, John (2002). *Punishment and civilization: penal tolerance and intolerance in modern society,* Sage Publications Ltd, Londres, Thousand Oaks (California) y Nueva Delhi.

Prieto-Andrés, Antonio (2017). "Discurso político sobre la Ley de Extranjería en la prensa española", *El profesional de la información,* Núm. 26, Vol. 4, pp. 695-704.

Ratna, Nazmun N. (2016). "Are migrants good for the host country's economy?", *Routledge Handbook of Immigration and Refugee studies,* ed. Anna Traindafyllidou, pp. 75-81.

Ravenstein, Ernst Georg (1876). "Census of the British Isles, 1871. Birthplaces and migration", *The Geographical Magazine,* Julio, Vol. III, pp.173-177.

Ravenstein, Ernst Georg (1885). "The Laws of migration", *Journal of Statistical Society,* 48, pp. 167-227.

Ritzer, George (2003). "Rethinking globalization: glocalization / grocalization and something / nothing", *Sociological Theory,* Vol. 21, Nº 3.

Rives, James B. (1995). "Human sacrifice among Pagans and Christians", *The Journal of Roman Studies,* Vol. 85, *vid.* pp. 65-85.

Roberts, D. F. (1993), "Genetic perspectives on human evolution", *El origen del hombre moderno en el suroeste de Europa,* UNED, Madrid, pp.431-442.

Robertson, Roland (1992). *Globalization: Social Theory and Global Culture,* Sage, Londres.

Robinson, Sir Ken (2011). *Out of our minds. Learning to be creative. Fully revised and updated edition,* Capstone Publishing Ltd, Wiley Company, Chichester, Reino Unido.

Root, Elihu (1910). "The basis of protection to citizens residing abroad", *The American Journal of International Law*, Volumen 4, Número 3 (julio), pp. 517-528.

Rosado, Ana y Lara, Rafael (2020). "Balance Migratorio 2019", *Derechos humanos en la Frontera Sur*, Asociación Pro Derechos Humanos de Andalucía.

Rosen, Frederik (2003). *Classical Utilitarianism form Hume to Mill*, Routledge, Taylor & Francis Group, Londres y Nueva York.

Roudemotof, Victor (2015). "Theorizing glocalization: Three interpretations", *European Journal of Social Theory*, Sage, pp. 1-18.

Rubio-Pueyo, Enrique (2019). *Vox: ¿una nueva extrema derecha en España?*, Rosa Luxemburg Stiftung, Nueva York, *vid.* p. 13.

Ryan, Bernard (2010). "Extraterritorial Immigration Control: What Role for Legal Guarantees?". En Ryan, Bernard; y Mitsilegas, Valsamis, eds. (2010). *Extraterritorial Immigration Control. Legal challenges.* Martinus Nijhoff: Leiden, Boston, pp.3-37.

Sahagún, Felipe (2004). *De Gutenberg a Internet. La Sociedad Internacional de la Información.* 2ª edición, Editorial Fragua, Madrid.

Sammut-Bonnici, Tanya (2015). "Coopetition", *Wiley Encyclopedia of Management*, Vol. 12, Strategic management, John Wiley & Sons, Ltd., enero.

Sanz Mulas, Nieves (2019). "Mundo globalizado y violación de derechos humanos. Un enfoque desde el derecho penal", *Los derechos humanos 70 años después de la Declaración Universal*, Tirant lo Blanch, Valencia, pp. 167-212.

Scholz, Imme (2020). "Reflecting on the right to development from the perspective of global environmental change and the 2030 agenda for sustainable development", *Sustainable Development Goals and Human Rights*, Springer, pp. 191-206.

Schuster, Liza (2016). "Unmixing migrants and refugees", *Routledge Handbook of Immigration and Refugee Studies*, Londres y Nueva York, pp. 297-303.

Schwarcz, H. (1993), "Problems and limitations of absolute dating of the appearance of modern man in Southwestern Europe", *El origen del hombre moderno en el suroeste de Europa*, UNED, Madrid, pp.23-45.

Seara Ruiz, José María (2010). *La inmigración. Un fenómeno universal*, Dykinson, S.L. Ministerio del Interior, Gobierno de España, Madrid.

Secondat, Charles Louis de (1906). *El Espíritu de las leyes*, traducción: S. García del Mazo, Madrid, Librería General de Victoriano Suarez. Primera edición en francés: 1748.

Shachar, Ayelet (2020), "Las fronteras, cada vez más móviles e invisibles, siguen siendo auténticas barreras", *Correo de la UNESCO. Un solo mundo, voces múltiples,* Volumen 3, Gran angular, septiembre.

Smith, Stephen William (2019). *La huida hacia Europa. La joven África en marcha hacia el viejo continente,* arpa. Traducción de Javier García Soberón de *La rue vers l'Europe* (2018).

Spencer, Sarah, ed. (2003). *The Politics of Migration: Managing Opportunity, Conflict and Change,* Blackwell Publishing Ltd., Oxford.

Squire, V (2015). "The securitization of migration: an absent presence?", *The Securitization of Migration in the EU: Debates since 9/11.* G. Lazaridis y K. Wadia, Eds. *Institute for European Studies,* Palgrave Macmillan, Hampshire, pp.19-36.

Sridharan, Mithun (2020). "BANI: a new framework to make sense of a chaotic world?", *Think Insights.*

Stoeva, Preslava (2002). "Review. The Helsinki Effect: International Norms, Human Rights, and the Demise of Comunism by Daniel C. Thomas", *International Affairs (Royal Institute of International Affairs,* Vol. 78, N° 3 (Julio), *vid.* pp. 608-609.

Suñol, Viviana (2012). *Más allá del arte: mímesis en Aristóteles,* Edulp, La Plata.

Thiel, Markus. (2007). "Identity, societal security and regional integration in Europe", *Jean Monnet/ Robert Schuman Paper Series,* Vol. 7, Núm 6, *vid.* p.5.

Tibi, Bassam (2010). "Ethnicity of Fear? Islamic migration and the ethnicization of Islam in Europe", *Studies in Ethnicity and Nationalism,* Vol. 10, Núm 1, pp. 126-157; y (2010). "Euro-Islam: an alternative to Islamization and Ethnicity of Fear", *The Other Muslims,* Palgrave Macmillan, Nueva York.

Timko, Joleen; Le Billon, Philippe; Zerriffi, Hisham; Honey-Rosés, Jordi; de la Roche, Ian; Gaston, Chris; Sunderland, Terry CH; y Kozak, Rob A (2018). "A policy nexus approach to forests and the SDGs: tradeoffs and synergies", *Current Opinion in Environmental Sustainability,* Núm. 34, pp.7-12.

Torpey, John (2000). *The Invention of Passport. Surveillance, Citizenship and the State,* Cambridge University Press, Cambridge, Nueva York, Melbourne y Madrid.

Triandafyllidou, Anna, Ed. (2019). *Routledge Handbook of Immigration and Refugee Studies,* Londres y Nueva York, Routledge.

Trockel, Walter (2004). "Game theory. The language of social science?", Center for Mathematical Economics Wokring Papers, N° 257, Bielefeld University.

Turmo, Araceli (2011). "The Zambrano case: a new milestone in the construction of European citizenship", *Centre d'études juridiques Euroepéennes,* 22 de marzo.

Ugartemendia Eceizabarrena, Juan Ignacio y Bengoetxea Caballero, Joxerramon (2014). "Breves apuntes sobre las sentencias básicas del Tribunal de Justicia de la Unión Europea", *Teoría y Realidad Constitucional,* UNED, núm. 33, pp. 443-480, *vid.* pp. 465-466.

Ureña Carazo, Belén (2016). "Constitución, garantías jurisdiccionales y derechos fundamentales", *La maquinaria del derecho en Iberoamérica. Constitución, derechos fundamentales y administración,* pp.297-315.

USAID (2012). *3D Planning Guide. Diplomacy, Development, Defence. Pre-decisional working draft.* 31 de julio de 2012.

Valero Escandell, José Ramón (2005). "Miedo a los migrantes", *La ciudad y el miedo: VII Coloquio de geografía urbana,* pp. 115-123.

Van Gelderen, Martin (2009). "«Mare liberum»: Hugo Grocio, entre la defensa del colonialismo y los derechos de 'otros'", *Pedralbes,* Núm. 29, pp. 195-212.

Vattel, Emer de (1758). *Le droit des gens ou principes de la loi naturelle, appliqués à la conduite & aux affaires des Nations & des souverains,* Londres.

Velasco Arroyo, Juan Carlos (1999). "Introducción. Orientar la acción. La significación política de la obra de Habermas", en Habermas, Jürgen (1999). *La inclusión del otro. Estudios de teoría política.* Ed. Paidós, Barcelona, pp. 11-22.

Vitoria, Francisco de (1975). *Relecciones sobre los indios y el derecho de la guerra,* Espasa Calpe, Madrid, 3ª edición.

Vogel, Dita (2019). "The challenge of irregular migration", *Routledge Handbook of Immigration and Refugee Studies,* Londres y Nueva York, pp. 333-339.

Wæver, Ole. (1989). *Security, the Speech Act. Analysing the politics of a word, Working paper.*

Walters, W. (2010). "Imagined migration world: the European Union's anti-illegal immigration discourse", *The politics of international migration management,* Ed. Geiger y Pécoud, Palgrave Macmillan, Hampshire y Nueva York, pp. 73-95.

Waltz, Kenneth Neal (1988). *Teoría de la Política Internacional.* GE Latinoamericano.

Walzer, Michael (2001). *Guerras justas e injustas. Un razonamiento moral con ejemplos históricos.* Editorial Paidós Ibérica, Barcelona.

Weaver, Timothy D. (2014), "Tracing the paths of modern humans from Africa", *Proceedings of the National Academy of Sciences of the United States of America* (PNAS), Vol. 111, nº 20, pp. 7170-7171, 7 de mayo.

Weiss, Stephani (2017). "Escaping the Escape – A Résumé", *Escaping the Escape. Toward Solutions for the Humanitarian Migration Crisis,* Verlag Bertelsmann Stiftung, Berlin, pp. 337-348.

Whitman, Richard (2005). "No and after: options for Europe", *International Affairs,* Vol. 81, Núm 4, pp. 673-687.

Wiedemer, Patricia (1993). "The idea behind Coudenhove-Kalergi's pan-European union", *History of European Ideas,* Vol. 16, Núm. 4-6, pp. 827-833.

Wihtol de Wenden, Catherine (2020). "Migrants and refugees. Europe in the world and how the world sees Europe", *Refugee crisis and migration policies. From Local to Global,* Lexington Books, Lanham, Boulder, Nueva York y Londres, pp. 1-15.

Wolff, Christian (1934). *Ius Gentium Methodo Scientifica Pertractatum,* Traducción del original de 1764 al inglés: Joseph H. Drake. Colección "The Classics of International Law", Clarendon Press, Oxford y Humphrey Milford, Londres,.

Wolfle, Dael (1971). *The Uses of Talent,* Princeton Legacy Library, Princeton U.P.

Wu, Zhi-Xi y Holme, Petter (2009). "Effects of strategy-migration direction and noise in the evolutionary spatial prisoner's dilemma", *Physical Review E-Statistical Nonlinear, and Soft Matter Physics,* Vol. 80, Núm. 2.

Zerzan, John (2001). "Futuro primitivo", *Futuro Primitivo y Otros Ensayos,* Numa Ediciones, Valencia, pp. 7-35. En Christopher M. Stojanowski, Andrew C. Seidel, Laura C. Fulginiti, Kent M. Johnson & Jane E. Buikstra (2016). "Contesting the massacre at Nataruk", *Nature,* núm. 539, E8-E10(2016), 23 de noviembre.